500

Félix Guattari

Schizoanalytische Kartografien

Aus dem Französischen von Christian Driesen

Merve Verlag

Deutschsprachige Erstausgabe

»Cartographies Schizoanalytiques« de Félix Guattari
Copyright © Éditions Galilée, 1989

Die Übersetzungsarbeit von Christian Driesen wurde vom Deutschen Übersetzerfonds durch ein Johann-Joachim-Christoph-Bode-Stipendium gefördert. Mentor für den Übersetzer war Bernd Schwibs, der auch das Lektorat des Bandes besorgt hat.

Der Verlag dankt Christian Driesen und Bernd Schwibs für die durchweg angenehme Zusammenarbeit bei diesem anforderungsreichen Vorhaben.

Das Übersetzungshonorar des vorliegenden Bandes wurde durch das Ministère français chargé de la culture – Centre National du livre bezuschusst.

© 2023 Merve Verlag Leipzig

Printed in Germany

Druck- und Bindearbeiten: Alfa print, Martin

Umschlagentwurf: Merve, Leipzig

Redaktorat: Tom Lamberty, Leipzig

ISBN 978-3-96273-059-8

www.merve.de

INHALT

EINFÜHRUNG

Das klassische Denken hielt die Seele zur Materie und das Wesen des Subjekts zum Räderwerk des Körpers auf Abstand. Die Marxisten wiederum setzten die subjektiven Überbauten den basalen Produktionsverhältnissen entgegen. Wie lässt sich heute von Subjektivitätsproduktion sprechen? In einem ersten Schritt muss anerkannt werden, dass die Inhalte der Subjektivität stets von einer Vielzahl an Maschinensystemen abhängen. Kein Bereich, sei es der Meinung, des Denkens, des Bildes, des Affekts oder der Erzählung, kann heute noch vorgeben, dem allgegenwärtigen Einfluss »computergestützter« Datenbanken, der Telematik usw. entzogen zu sein. Infolgedessen kommt sogar die Frage auf, ob nicht das Wesen des Subjekts – jene famose Essenz, der die westliche Philosophie seit Jahrhunderten nachstellt – durch die neue »Maschinenabhängigkeit« der Subjektivität bedroht ist. Die eigentümliche Mixtur aus Bereicherung und Verarmung, die bis zum heutigen Zeitpunkt daraus resultiert, ist bekannt: eine scheinbare Demokratisierung des Zugangs zu Daten, zu Wissen, die mit einer Zugangssperre zu ihren Erarbeitungsinstanzen verbunden ist; eine Vervielfältigung anthropologischer Zugangsweisen, eine globale Vermischung von Kulturen, was paradoxerweise mit einer Wiederkehr von Partikularismus und Rassismus einhergeht; oder eine immense Erweiterung der technisch-wissenschaftlichen und ästhetischen Untersuchungsfelder, die sich in einem moralischen, von Eintönigkeit und Ernüchterung geprägten Kontext entwickeln. Doch ehe man sich, weil es gerade Mode ist, den Kreuzzügen gegen die verheerenden Folgen der Moderne anschließt, ehe man die Wiedereinsetzung verlorener transzendenter Werte predigt oder sich den desillusionierten Wonnen der Postmoderne hingibt, kann man auch versuchen, die Alternative von bornierter Ablehnung und zynischer Akzeptanz der Situation zurückzuweisen.

Ob die Maschinen nun innerhalb von Nanosekunden oder morgen vielleicht schon innerhalb von Pikosekunden direkt Aussagen treffen oder Gegebenes verzeichnen können, sie sind deshalb noch lange keine diabolischen Mächte, die den Menschen zu beherrschen drohen.[1]

---

1 Zu allen weiteren Punkten in der Folge vgl. die v. Thierry Gaudin und André-Yves Portnoff herausgegebene Sondernr. der Zeitschrift *Sciences et techniques* zum Thema »Die Revolution der Intelligenz. Bericht über den Stand der Technik«, 1985.

Dass er sich von ihnen abwendet, ist umso weniger begründet, als sie letztendlich nichts weiter sind als hochentwickelte und hochkonzentrierte Ausprägungen bestimmter Merkmale seiner eigenen Subjektivität und gerade nicht von Aspekten, dies sei betont, die ihn zwischen Beherrschtwerden und Macht zerreißen. Vom Menschen zur Maschine und wieder zurück wird eine doppelte Brücke gebaut, wodurch sich neue und vertrauenswürdige Allianzen unter ihnen besser konzipieren lassen, sofern sichergestellt worden ist:

1. dass die gegenwärtigen Rechen- und Informationsmaschinen nicht nur mit der Weitergabe spezifischer Inhalte betraut sind, sondern ebenso zur Hervorbringung neuer (individueller/kollektiver) Äußerungsgefüge eingesetzt werden;
2. dass alle Maschinensysteme, seien sie technischer, biologischer, semiotischer, logischer oder abstrakter Natur, die Träger protosubjektiver Prozesse sind, die ich modulare Subjektivität nennen werde.

Hier wird es mir nur um den ersten Strang an Fragen gehen, den zweiten, wo es um Fragen von Selbstbezüglichkeit, Selbstübersteigung usw. geht, hebe ich mir für andere Gelegenheiten auf.

Bevor wir weiter voranschreiten, sollten wir uns zunächst fragen, ob die »Maschinengeweihtheit« der Subjektivität – so wie man früher Gott sein Leben weihte – wirklich so neu ist. Wurden die »präkapitalistischen« oder »archaischen« Subjektivitäten nicht auch bereits von diversen initiatorischen, sozialen oder rhetorischen Maschinen hervorgebracht, eingebettet in familiale, religiöse, militärische, korporative usw. Institutionen, die ich hier unter der allgemeinen Bezeichnung *Kollektive Subjektivierungsapparaturen* gruppiere? Dies ist z. B. der Fall bei den mönchischen Maschinen, die bis in unsere heutige Zeit die Erinnerung an die Antike bewahrt haben und dabei unser modernes Leben befruchten. Was waren sie anderes als Programme, als »Makro-Prozessoren« des Mittelalters – so waren etwa die Neuplatoniker die ersten, die auf ihre Weise eine Dynamik begrifflich fassten, die Vergehen und Unbewegtheit zugleich zu denken erlaubte. Und was war der Hof von Versailles mit seiner peniblen Organisation von Machtströmen, Geldströmen, Strömen von Prestige, Kompetenz und seiner äußerst präzisen Etikette, wenn nicht eine bewusst konzipierte Maschine, um eine im Rückzug begriffene aristokratische Subjektivität, die dem Königtum viel stärker unterworfen war als die Lehnsherrschaften feudaler Prägung, abzuscheiden und andere, den Werten und Sitten des aufstrebenden Bürgertums entsprechende Unterwerfungsverhältnisse ins Spiel zu bringen?

Ich kann hier nicht im Handumdrehen die historische Abfolge der Kollektiven Subjektivierungsapparaturen nachzeichnen. Überdies sind meines Erachtens weder die Geschichtswissenschaft noch die Soziologie wirklich in der Lage, uns die analytisch-politischen Schlüssel für die dabei ablaufenden Prozesse an die Hand zu geben. Ich wollte nur einige fundamentale *Stimmwege* – an dieser Stelle macht es das Französische möglich, Äußerung und Weg mittels Homophonie zu verbinden – herausarbeiten, die durch jene Apparaturen hervorgebracht wurden und deren Verschränkung Grundlage von Subjektivierungsprozessen zeitgenössischer westlicher Gesellschaften bleibt.[2] Ich unterscheide drei Lagen:

1. die Stimmen der *Macht*, die von außen die menschlichen Gemeinschaften einhegen und beeinflussen, sei es durch direkten Zwang oder panoptischen Zugriff auf die Körper, sei es durch Inbesitznahme der Seelen mittels Befeuerung der Imagination;

2. die Stimmen des *Wissens*, die sich aus dem Inneren der Subjektivität mit den technisch-wissenschaftlichen und ökonomischen Pragmatiken verbinden;

3. die Stimmen der *Selbstbezüglichkeit*, die eine prozessuale, sich aus ihren eigenen Gegebenheiten selbst begründende und selbst Festigkeit verleihende Subjektivität entfalten (was ich einst auf den Begriff »Gruppen-Subjekt« bezogen hatte), was Letztere gleichwohl nicht daran hindert, die sozialen und psychischen Schichten transversal zu durchziehen.

Macht über außerhalb liegende Territorialitäten, deterritorialisiertes Wissen über menschliche Aktivitäten sowie Maschinen und schließlich den subjektiven Mutationen eigene Kreativität: Diese drei Stimmen, obwohl im Zentrum historischer Diachronie eingeschrieben und in den soziologischen Spaltungen und Ausschließungen fest

---

2 [Guattari spielt hier mit der Homophonie von *voies* (Wege) und *voix* (Stimmen). A.d.Ü.]

verankert, hören also nicht auf, sich in einem seltsamen Ballett, das zwischen Kämpfen auf Leben und Tod und der Förderung neuer Figuren hin und her schwankt, zu mischen.

Nebenbei sei angemerkt, dass in unserer schizoanalytischen Perspektive, die auf die Erhellung von Subjektivierungsvorgängen abzielt, nur ein sehr eingeschränkter Gebrauch von dialektischen, strukturalistischen, systemtheoretischen und selbst – im Sinne Foucaults – genealogischen Zugängen gemacht wird. Denn meiner Ansicht nach haben alle Modellierungssysteme in gewisser Weise die gleiche Gültigkeit, alle sind akzeptabel, jedoch nur insofern, als ihre Verständnisprinzipien auf jeden universalistischen Anspruch verzichten und sie einräumen, dass ihre einzige Aufgabe darin besteht, an der Kartografie existenzieller Territorien – einschließlich der sinnlich-konkreten, kognitiven, affektiven, ästhetischen usw. Universen – mitzuwirken, und dies in Bereichen und über Zeiträume hinweg, die durchaus begrenzt sind. Ein solcher Relativismus hat vom epistemologischen Gesichtspunkt aus betrachtet übrigens nichts Ehrenrühriges an sich, ist er doch darin begründet, dass die Regelmäßigkeiten, die mehr oder weniger stabilen Konfigurationen, die die subjektiven Fälle zu entschlüsseln aufgeben, genaugenommen und vor allem den Selbstmodellierungssystemen entstammen, die weiter oben mit der dritten Stimme der Selbstbezüglichkeit Erwähnung gefunden haben. Die diskursiven Kettenglieder – auf Seiten des Ausdrucks wie auf Seiten des Inhalts – gehorchen hier nurmehr ab und an, entweder durch Widersinn oder durch Deformation, den gewöhnlichen Logiken diskursiver Gesamtheiten. Nun, auf dieser Ebene ist alles gut! Alle Ideologien, alle Kulte, selbst die archaischsten, können passen, denn es geht nur noch darum, sich ihrer als existenzielle Materialien zu bedienen. Der vorrangige Zweck ihrer Ausdrucksketten besteht nicht mehr darin, auf Gegebenes hinzudeuten oder Sinnzusammenhänge auf Bedeutungsachsen abzutragen, sondern, ich wiederhole, existenzielle Kristallisierungen, die sich in gewisser Weise diesseits der Grundprinzipien klassischer Vernunft – Identität, ausgeschlossener Dritter, Kausalität, zureichender Grund, Kontinuität... – auftun, zu aktivieren. Am schwersten lässt sich hier herausarbeiten, dass die Materialien, von denen ausgehend Prozesse subjektiver Selbstbezüglichkeit in Gang gesetzt werden können, selbst bereits aus radikal heterogenen, wenn nicht gar heterokliten Elementen hervorgegangen sind: aus Rhythmen gelebter Zeit, wirkmächtigen Ritornellen, identifikatorischen Emblemen, Übergangsobjekten, Fetischen jeglicher Art ... Was sich bei der Durchquerung von Seinsregionen und beim Durchlaufen von Semiotisierungsweisen zur Geltung bringt, sind Aspekte von Singularisierung – Formen existenzieller Prägung –, die Gegebenes, dessen Bezugskorrelate und die ihnen entsprechenden Äußerungsgefüge mit einem Datum versehen und zu einem Ereignis, kontingent werden lassen. Diese doppelte Fähigkeit der intensiven Züge, die Existenz zu singularisieren und zu transversalisieren, ihr auf der einen Seite eine lokale Beständigkeit und auf der anderen Seite eine transversalistische Festigkeit oder Konsistenz – eine Transistenz – zu verleihen, kann durch begriffliche Formen diskursiver Erkenntnis nicht vollumfänglich erfasst werden. Sie lässt sich nur durch ein affektbasiertes Auffassen, ein allumfassendes, mittels Übertragung vorgehendes Begreifen festmachen. Das Universellste findet darin zusammen mit dem Kontingentesten seinen Platz; das von den gewöhnlichen Bedeutungsnetzen am meisten Losgelöste zeigt sich in der Endlichkeit des Daseins verwurzelt. Doch verschiedene Traditionen dessen, was man einen »bornierten Rationalismus« nennen könnte, befeuern auch weiterhin eine systematische, ja nahezu militante Verkennung alles dessen, was sich innerhalb jener Metamodellierungen auf virtuelle und unkörperliche Universen, auf alle unscharfen Welten des Ungewissen, Zufälligen, Wahrscheinlichen ... beziehen kann. Innerhalb der Anthropologie hat dieser »bornierte Rationalismus« lange Zeit jene Formen der Kategorisierung verfolgt, die er als »prälogische« bezeichnete, obwohl sie in Wirklichkeit nur metalogisch oder paralogisch waren und ihr Ziel im Wesentlichen darin bestand, individuellen oder kollektiven Subjektivitätsgefügen Festigkeit zu verleihen. Hier müsste es nun gelingen, ein Kontinuum zu denken, das von Kinderspielen über synkretistische Rituale anlässlich von Versuchen, die gespaltenen, »schizierten« Welten in psychopathologischer Weise wieder herzustellen, bis hin zu komplexen Kartografien von Mythen und Künsten reicht, um schließlich zu den prächtigen spekulativen Bauten der Theologien und Philosophien aufzusteigen, deren Suche dem Begreifen jener Dimensionen existenzieller Kreativität gegolten hat. (An dieser Stelle soll der Hinweis auf Plotins »vergessliche Seelen« oder den »unbewegten Beweger« genügen, der Leibniz zufolge jeder Kräfteverteilung voraus liegt.)

Doch kommen wir auf unsere drei fundamentalen Stimmen zurück. Die Aufgabe wird nun darin bestehen, die dritte Stimme der Selbstbezüglichkeit ins richtige Verhältnis zu den Stimmen der Macht und des Wissens zu setzen. Ich habe sie als die singulärste, die kontingenteste, als diejenige definiert, die die menschlichen Realien in der Endlichkeit verankert, und ebenso als die universellste, die die sprühendsten Verbindungen zwischen heterogenen Bereichen herstellt. Man müsste es eigentlich anders sagen: Sie ist nicht universell *stricto sensu*, sondern die an *Virtualitätsuniversen* reichhaltigste, die am besten mit Prozessualitätslinien ausgestattet ist. Und bitte werfen Sie mir an diesem Punkt meines Aufrisses nicht zu sehr vor, ich würde allzu viele neue Begrifflichkeiten einbringen, den Sinn mancher Redeweisen überstrapazieren und im Hinblick auf ihre verstandesgemäße Erfassung eine gewisse Schwammigkeit vorziehen: Hier gibt es schlicht keine anderen Mittel und Wege.

Die Stimmen der Macht und des Wissens gewannen Ausdruck innerhalb von außenbezogenen Koordinaten, die deren extensiven Gebrauch sowie einen präzisen Umriss des Sinns gewährleisteten. Grundlegende Bezugsgröße der Macht über die Körper und die Bevölkerungen war die Erde, die des ökonomischen Wissens und der Beherrschung der Produktionsmittel hingegen das Kapital. Der organlose Körper der Selbstbezüglichkeit, der weder Gestalt noch Grund besitzt, eröffnet uns demgegenüber den gänzlich anderen Horizont einer Prozesshaftigkeit, aus der fortlaufend jede Form von Schöpfungskraft hervorgeht.

Ich möchte betonen, dass die Herausstellung dieser drei Elemente – territorialisierte Macht, Kapital des deterritorialisierten Wissens und prozessuale Selbstbezüglichkeit – kein anderes Ziel verfolgt, als Licht auf einige gegenwärtige Probleme zu werfen, etwa das Wiedererstarken neoliberaler Ideologien oder anderer, noch viel schädlicherer Archaismen. Geht man von einem derartig groben Modell aus, kann selbstverständlich nicht erwartet werden, zu Kartografien konkreter Subjektivierungsprozesse vorzustoßen. Sagen wir, es handelt sich hierbei nur um Werkzeuge einer spekulativen Kartografie, die weder Anspruch auf eine allgemeingültige strukturelle Grundierung noch auf eine vollständige Abdeckung des Gebiets erheben. Dies soll zudem in anderer Form daran erinnern, dass diese Stimmen nicht schon immer existiert haben und wahrscheinlich auch nicht für immer, zumindest nicht in identischer Gestalt, existieren werden. Somit wäre der Versuch wohl durchaus relevant, ihr Erscheinen in der Geschichte sowie die Überschreitungen von Festigkeitsschwellen zu lokalisieren, die ihnen erlauben sollten, sich dauerhaft im Orbit unserer Moderne festzusetzen.

Man kann davon ausgehen, dass sich eine derartige Verfestigung auf kollektive Systeme der »Abspeicherung« von Daten und von Wissen stützt, doch ebenso auf Dispositive aus Materialien technischer, wissenschaftlicher und ästhetischer Natur. So lässt sich also versuchen, jene grundlegenden subjektiven Mutationen entsprechend der Entstehung großer religiöser und kultureller Kollektivapparaturen auf der einen Seite und der Erfindung neuer Materialien, neuer Energien, neuer Maschinen zur Verdichtung der Zeit und schließlich neuer Biotechnologien auf der anderen Seite historisch zu datieren. Ich sage nicht, hierbei handle es sich um materielle Infrastrukturen, die die kollektive Subjektivität direkt bedingen, sondern nur um wesentliche Komponenten zu ihrer Verfestigung in Raum und Zeit gemäß den technischen, wissenschaftlichen und künstlerischen Veränderungen.

Dies bringt mich also dazu, drei Zonen historischer Brüche zu unterscheiden, aus denen im letzten Jahrtausend die drei fundamentalen kapitalistischen Komponenten hervorgegangen sind:

- *das Zeitalter des europäischen Christentums*, gekennzeichnet durch eine neue Auffassung der Beziehungen zwischen Erde und Macht;

- *das Zeitalter der kapitalistischen Deterritorialisierung von Wissen und Technik*, gegründet auf dem allgemeinen Äquivalenzprinzip;

- *das Zeitalter der planetarischen Computerisierung*, mit dem sich die Möglichkeit eröffnet, dass eine schöpferische und singularisierende Prozessualität zur neuen Basisreferenz avanciert.

Was den letzten Punkt anbelangt, so sei vorab klargestellt, dass nur wenige objektive Elemente es uns gegenwärtig erlauben, auf einen solchen Schwenk von der Zwang ausübenden massenmedialen Moderne zu einer postmedialen Ära zu hoffen, in der die subjektiven Selbstbezüglichkeitsgefüge ihre gesamte Reichweite und Wirkkraft gewinnen würden. Meines Erachtens wird diese Stimme der Selbstbezüglichkeit jedoch ihren vollen Umfang nur im Kontext neuer »Ausgangssituationen« von Subjektivitätsproduktionen in Informatik und Telematik erlangen können. Selbstverständlich ist nichts im Voraus entschieden! Nichts in diesem Bereich vermag neuartige gesellschaftliche Praktiken zu ersetzen. Es geht hier nur um die Feststellung, dass, im Unterschied zu anderen Revolutionen subjektiver Emanzipation – Spartakus, die Französische Revolution, die Pariser Commune... –, die individuellen und sozialen Selbstbewertungs- und Selbstorganisationspraktiken der Subjektivität, heute zum Greifen nahe, vielleicht zum ersten Mal in der Geschichte an den Punkt gelangt sind, auf etwas Dauerhafteres als nur verrückte und kurzlebige spontane Aufwallungen hinauszulaufen, sprich, auf einen fundamentalen Wechsel des menschlichen Standpunkts gegenüber seiner maschinischen und natürlichen Umwelt (was beides tendenziell zur Deckung kommt).

Das Zeitalter des europäischen Christentums

Aus den Ruinen des spätrömischen und des karolingischen Reichs erhob sich in Westeuropa eine neue Form von Subjektivität, die anhand eines doppelten Zusammenspiels mit einem doppelten Aspekt charakterisiert werden kann:

1. mit relativ autonomen territorialen Grundelementen ethnischen, nationalen oder religiösen Zuschnitts, die anfänglich das Gewebe der feudalen Segmentarität bilden sollten, jedoch dazu bestimmt waren, in anderen Erscheinungsformen bis in unsere heutige Zeit zu überdauern;

2. mit dem deterritorialisierten Element subjektiver Macht, das durch die katholische Kirche getragen wurde und auf europäischer Ebene als Kollektivapparatur Struktur gewann.

Im Unterschied zu den früheren Formen imperialer Macht hat die zentrale Machtgestalt hier keinen direkten, totalitären-totalisierenden Zugriff mehr auf die Grundterritorien des Sozius und der Subjektivität. Das Christentum hätte sehr viel früher als der Islam darauf verzichten müssen, eine organische Einheit zu bilden. Doch der Tod eines leibhaftigen Cäsaren sowie die, man ist geneigt zu sagen: substitutive, Beförderung eines deterritorialisierten Christus haben die Integrationsprozesse der Subjektivität nicht etwa geschwächt, sondern im Gegenteil gestärkt. Und mir scheint, dass aus der Verbindung zwischen der teilweisen Autonomie der politischen und ökonomischen Sphären, die der feudalen Segmentarität eignet, und dem hochgradig symbiotischen Charakter der christlichen Subjektivität (der mit den Kreuzzügen oder der Anverwandlung aristokratischer Codes wie etwa dem von Georges Duby beschriebenen »Frieden Gottes« sichtbar wird) eine Art Verwerfung, eine Art metastabiles Gleichgewicht resultiert, was wiederum die Wucherung anderer, ebenfalls teilweiser Autonomieprozesse begünstigt, die anzutreffen sind in:

- der schismatischen Lebendigkeit der für jene Zeit charakteristischen religiösen Empfindsamkeit und Reflexion;

- der Explosion ästhetischer Kreativität, die bis heute eigentlich ungebrochen ist;

- dem ersten großen »Wiederaufschwung« von Technik und Handel, der von den Historikern als »industrielle Revolution des 11. Jahrhunderts« bezeichnet wird und vom Auftreten neuer Formen städtischer Organisation begleitet war.

Was wird dieser doppeldeutigen, instabilen und verzerrten Formel das Mehr an Festigkeit verschaffen, das ihr erlauben sollte, die schrecklichen historischen Zerreißproben zu überdauern, die ihrer harrten: die Invasion der Barbaren, die Epidemien, die permanenten Kriege? Schematisch betrachtet gibt es hierfür sechs Gruppen von Faktoren:

1. die Beförderung eines Monotheismus, der sich im Umgang als recht flexibel, wandelbar und durchaus dazu imstande erweisen sollte, sich besonderen Subjektpositionen der Barbaren, Sklaven usw. anzupassen. Dass die Plastizität eines ideologischen Bezugssystems zu einem mächtigen Trumpf avanciert, der ihm seine Fortdauer ermöglicht, wird ein Grundelement darstellen, das an jeder wichtigen Kreuzung in der Geschichte der kapitalisti-

schen Subjektivität angetroffen werden kann. (Man denke etwa an die überraschende Anpassungsfähigkeit des gegenwärtigen Kapitalismus, die es ihm möglich macht, die sogenannten sozialistischen Wirtschaften buchstäblich aufzufressen.) Die Verfestigung neuer ethisch-religiöser Verhaltensmuster des christlichen Abendlandes führt schließlich zur Entstehung eines doppelten parallelen Markts der Subjektivierung: dem der, ungeachtet der Enttäuschungen, permanenten Neugründung von Basisterritorialitäten und der Neuordnung von Abstammungs- und Lehnsverhältnissen auf der einen, dem der Anlage einer freien Zirkulation der Ströme von Wissen, Geldwertzeichen, ästhetischen Formen, Technologie, Gütern, Personen usw. auf der anderen Seite, was dem Aufstieg der zweiten, der deterritorialisierten kapitalistischen Stimme den Weg ebnet;

2. die Errichtung eines kulturellen Rasters für die christlichen Bevölkerungen durch einen neuen Typ religiöser Maschine, die insbesondere auf den von Karl dem Großen gegründeten und den Untergang seines Reichs überstehenden Pfarrschulen beruht;

3. die Schaffung, auf lange Sicht, von Berufskörperschaften, Gilden, Klöstern, Glaubensorden ..., alles lauter »Datenbanken«, vollgestopft mit Wissen und Techniken der damaligen Zeit;

4. die Verbreitung des Gebrauchs von Eisen und mit Naturenergie betriebener Mühlen; die Ausbildung handwerklicher und städtischer Mentalitäten. Doch dieser erste Aufschwung des Einsatzes von Maschinen, das muss unterstrichen werden, setzt sich nur auf gleichsam parasitäre, »kapselartige« Weise in den großen menschlichen Gefügen fest, auf denen auch weiterhin der wesentliche Teil der großen Produktionssysteme beruht. Anders ausgedrückt, das Verhältnis Mensch/Werkzeug wird hier noch nicht überwunden;

5. das Auftreten erster Maschinen, die eine viel umfassendere subjektive Einbettung bewerkstelligen:
   - die Uhren, die im gesamten Christentum dieselbe kanonische Zeit schlagen;

- die über verschiedene Etappen erfolgende Erfindung religiöser Musiken, die von einer notationellen Vorlage abhängen;

6. die Auswahl tierischer oder pflanzlicher Arten, die dem quantitativen Aufschwung der demografischen und ökonomischen Parameter und, daraus folgend, der Neudimensionierung der jeweiligen Gefüge zugrunde liegen.

Trotz oder wegen des kolossalen Drucks – aufgrund territorialer Verdrängungen ebenso wie durch bereichernde kulturelle Anverwandlungen –, den auf der einen Seite das byzantinische Reich, abgelöst durch den arabischen Imperialismus, und auf der anderen Seite die mächtigen Barbaren und Nomaden, die insbesondere metallurgische Neuerungen mitbrachten, ausübten, wird diesem kulturellen Mischmasch des protokapitalistischen Christentums eine relative (doch lang anhaltende) Stabilisierung seiner drei grundlegenden Subjektivierungspole: aristokratischer, religiöser und bäuerlicher Pol, die über die Beziehungen von Macht und Wissen wachen, gelingen. So werden die »maschinischen Vorstöße«, die mit der städtischen Entwicklung und dem Aufschwung ziviler sowie militärischer Technologien zusammenhängen, zugleich angefeuert und eingedämmt. Diese Art Naturzustand der Beziehungen zwischen Mensch und Werkzeug wird die Reterritorialisierungsparadigmen vom Typ »Arbeit, Familie, Vaterland« bis in unsere heutige Zeit immer wieder heimsuchen.

Das Zeitalter der kapitalistischen Deterritorialisierung von Wissen und Technik

Die zweite Komponente der kapitalistischen Subjektivität setzt sich im Wesentlichen ab dem 18. Jahrhundert durch. Sie ist durch ein wachsendes Ungleichgewicht der Mensch-Maschine-Beziehungen gekennzeichnet. Dem Menschen gehen soziale Territorialitäten verloren, die er bislang für unverrückbar erachtet hatte. Seine physische und soziale Körperlichkeit, in der er seinen Halt hatte, finden sich zutiefst erschüttert. Das Bezugsuniversum des neuen allgemeinen Äquivalenzprinzips ist keine segmentierte Territorialität mehr, sondern das Kapital als semiotischer Reterritorialisierungsmodus der menschlichen Aktivitäten und der durch maschinische Prozesse erschütterten Strukturen. Vormals war es der real existierende Despot oder der imaginäre Gott, die als wirkmächtige Grundlage für die lokale Wiederherstellung existenzieller Territorien dienten. Jetzt gibt es eine symbolische Kapitalisierung abstrakter Machtwerte, bezogen auf ökonomisches und technisches Wissen, verbunden mit zwei deterritorialisierten sozialen Klassen, was zu einer allgemeinen Äquivalenz zwischen allen Bewertungsmodi von Gütern und menschlichen Aktivitäten führt. Ein derartiges System kann nur solange historische Festigkeit bewahren, wie es in einer Art unaufhörlichen Vorauseilens befangen ist und permanent neue Ziele formuliert. Die neue »kapitalistische Passion« wirft auf ihrem Weg alles über den Haufen: insbesondere jene Kulturen und Territorialitäten, denen es bisher leidlich gelungen war, der Dampfwalze des Christentums zu entgehen. Die Hauptfaktoren für die Festigkeit dieser Komponente sind:

1. ein allgemeines Vordringen des gedruckten Textes in das gesamte Räderwerk des gesellschaftlichen und kulturellen Lebens, begleitet von einer gewissen Erschlaffung direkter mündlicher Kommunikationspraktiken, was jedoch im Gegenzug zu einer sehr viel größeren Anhäufung und Verarbeitung von Wissen befähigt;

2. der Primat von Stahl und von Dampfmaschinen, die den Vormarsch maschinischer Vektoren sowohl auf der Erde, dem Meer und in der Luft als auch in der Gesamtheit aller technologischen, ökonomischen und städtischen Räume um ein Vielfaches beschleunigen;

3. eine Manipulation der Zeit, die ihrer natürlichen Rhythmen buchstäblich entleert wird durch:
   - chronometrische Maschinen, die zur taylorschen Rasterung der Arbeitskraft führen;
   - Techniken ökonomischer Semiotisierung, etwa durch die Instrumente des Kreditgeldgeschäfts, die eine allgemeine Virtualisierung der Fähigkeiten menschlicher Tatkraft sowie ein prognostisches Kalkül der Innovationsbereiche implizieren – auf die Zukunft ausgestellte Wechsel gleichsam –, die das Imperium der Marktwirtschaften unbegrenzt auszudehnen erlauben;

4. die biologischen Umwälzungen, ausgehend von den Entdeckungen Pasteurs, die immer stärker die Zukunft der lebenden Arten mit der Entwicklung biochemischer Industrien verknüpfen.

Seitdem befindet sich der Mensch in einer Position von nahezu parasitärer Anhänglichkeit gegenüber den maschinischen Phyla. Jedes seiner Organe, jede seiner sozialen Beziehungen wird, im Ganzen betrachtet, zugeschnitten, um den globalen Anforderungen des Systems entsprechend weiterverwendet, übercodiert zu werden. (Im Werk von Leonardo da Vinci, Brueghel und vor allem Arcimboldo finden sich die fesselndsten und prophetischsten Darstellungen dieser körperlichen Umgestaltungen.)

Paradox an diesem Funktionalismus menschlicher Organe und Vermögen und seinem Regime einer allgemeinen Äquivalenz der Bewertungssysteme ist, dass er, auch wenn er sich vehement auf das Ganze betreffende Perspektiven beruft, historisch betrachtet niemals zu etwas anderem vorstoßen konnte als zu Abschottungen und nationalistisch, klassenspezifisch, korporatistisch, rassistisch, paternalistisch ... gefärbten Reterritorialisierungen, die ihn unausweichlich und bisweilen bis zur Karikatur verzerrt auf die allerkonservativsten Machtwege führt. Der »Geist der Aufklärung«, der das Auftreten dieser zweiten Gestalt der kapitalistischen Subjektivität markiert hat, sollte letztlich von einem unausrottbaren Profitfetischismus begleitet bleiben – jener libidinösen Form spezifisch bürgerlicher Macht, die sich zwar durch den Rückgriff auf deterritorialisiertere Vermittlungen von den alten symbolträchtigen Systemen der Kontrolle über Territorien, Personen und Güter abgrenzte, nichtsdestotrotz den stumpfesten, asozialsten und infantilisierendsten subjektiven Hintergrund abgesondert hat. Welchen Anstrich von Denkfreiheit sich der neue kapitalistische Monotheismus auch selbst gerne gegeben haben mag, er hat implizit stets einen archaisierenden und irrationalen Zugriff auf die unbewusste Subjektivität vorausgesetzt, insbesondere mittels hochgradig individuierter Dispositive zur Erzeugung von Verantwortungsbewusstsein und Schuldgefühlen, die, auf die Spitze getrieben, zu selbstbestrafenden Zwangshandlungen und morbiden Schuldkulten führen, was in Kafkas Universum perfekt beschrieben wird.

Das Zeitalter der planetarischen Computerisierung

Hier wird mit den vorhergehenden Pseudogleichgewichten in einem ganz anderen Sinn gebrochen. Jetzt ist es die Maschine, die der Kontrolle der Subjektivität unterstellt wird, jedoch keiner reterritorialisierten menschlichen, sondern einer maschinischen Subjektivität neuer Art. Aspekte der Verfestigung dieser neuen Ära sind:

1. Die Medien und Telekommunikationen haben die Tendenz, die alten mündlichen und schriftlichen Beziehungen zu »doubeln«. Vermerkt werden muss, dass die daraus resultierende Polyphonie nicht mehr nur menschliche Stimmen, sondern auch, mit all den Datenbanken, der künstlichen Intelligenz usw., maschinische Stimmen miteinander in Verbindung bringt. Die öffentliche Meinung und der allgemeine Geschmack werden ihrerseits von statistischen und modellierenden Dispositiven wie jenen beeinflusst, die die Werbung und die Kinoindustrie hervorbringen.

2. Die natürlichen Materialien treten nach und nach hinter einer Vielzahl neuer Materialien zurück, die von der Chemie auf Nachfrage hergestellt werden (Plastikstoffe, neue chemische Verbindungen, Halbleiter usw.). Der Aufschwung der Kernkraft sowie zukünftig der Kernspaltung lässt eine beträchtliche Erweiterung energetischer Ressourcen wahrscheinlich erscheinen, es sei denn, er führt zu einer Katastrophe, die aufgrund von Umweltverschmutzung nicht wieder rückgängig gemacht werden kann! Hier wie auch an anderer Stelle hängt alles von den kollektiven Fähigkeiten ab, sich neue soziale Gefüge anzueignen.

3. Mit der durch die Mikroprozessoren eingeführten Zeitlichkeit können enorme Datenmengen und Probleme in kürzester Zeit ver- und bearbeitet werden, sodass die neuen maschinischen Subjektivitäten den Herausforderungen und Problemen, denen sie gegenüberstehen, immer einen Schritt voraus sind.

4. Das biologische Engineering seinerseits eröffnet den Weg einer unbegrenzten Neumodellierung der Lebensformen, der ebenso dazu führen kann, die Lebensbedingungen auf dem Planeten

und somit alle dazugehörigen ethologischen sowie imaginären Bezüge zu verändern.

Die hier wiederkehrende drängende Frage lautet: Warum führen die immensen prozessualen Potenziale, die durch alle Revolutionen in Informatik, Telematik, Robotik, Bürokratie, Biotechnologie ... freigesetzt werden, noch immer ausschließlich zu einer Verstärkung älterer Systeme der Entfremdung, zu einer repressiven Massenmedialisierung und zu infantilisierenden Konsenspolitiken? Was würde ihnen erlauben, endlich in eine postmediale Ära einzutreten, die sie von den segregativen kapitalistischen Werten freimachte und die den gegenwärtigen Impulsen zu einer Revolution der Intelligenz, Sinnlichkeit und Schöpfung ihre volle Wirkkraft verliehe? Unterschiedlichste Dogmatiken geben vor, einen Ausweg aus diesem Problem zu finden, indem sie mit aller Gewalt nur jeweils eine der drei kapitalistischen Stimmen gelten lassen. Da sind jene, die zur Frage der Macht von einer Rückkehr zu den alten Legitimitäten, zu den fein säuberlich gezogenen Grenzlinien eines Volkes, einer Rasse, einer Religion, einer Kaste, eines Geschlechts ... träumen. Paradoxerweise müssen die Neostalinisten und die Sozialdemokraten, die den Sozius nur im Rahmen einer rigiden Unterordnung unter staatliche Strukturen und Funktionen denken können, in diese Kategorie eingeordnet werden. Dann sind da jene, deren Glaube an das kapitalistische System sie alle Verheerungen der Moderne – von Mensch, Kultur, Umwelt – rechtfertigen lässt, weil sie der Ansicht sind, dass diese in letzter Instanz Segnungen und Fortschritte bringen werden. Und schließlich sind da jene, deren Phantasmen einer radikalen Befreiung menschlicher Kreativität sie in chronische Marginalität, in eine Welt voller Trugbilder versetzen oder die erneut Zuflucht suchen hinter einem Schein-Sozialismus oder Schein-Kommunismus.

Uns ist hingegen der Versuch aufgegeben, die drei Stimmen in ihrer notwendigen Verschränkung zu denken. Kein Einsatz in den schöpferischen Phyla der dritten Stimme ist von Dauer, ohne dass sich zugleich neue existenzielle Territorien herausbilden, die, auch wenn sie nicht mehr im postkarolingischen Ethos gründen, nichtsdestotrotz Schutzmaßnahmen hinsichtlich Individuum, Vorstellungswelt und Bildung eines von Sanftmut und Solidarität geprägten Umfelds erfordern. Was die gigantischen Unternehmungen der zweiten Stimme angeht, die großen kollektiven industriellen und wissenschaftlichen Abenteuer sowie die Organisation und Verwaltung großer Wissensmärkte, so bewahren auch sie natürlich ihre Legitimität. Allerdings unter der Bedingung einer Neubestimmung ihrer Zweckabsichten, die gegenwärtig gegenüber den menschlichen Wahrheiten hoffnungslos blind und taub bleiben. Ist es noch mit der Behauptung getan, allein der Profit sei schuld? Wie auch immer, der Zweck der Arbeitsteilung ebenso wie der emanzipatorischen Gesellschaftspraktiken sollte schließlich darin bestehen, auf ein *Grundrecht auf Singularität*, auf eine Ethik der Endlichkeit zu fokussieren, die gegenüber den Individuen und gesellschaftlichen Entitäten umso anspruchsvoller wäre, als sie ihre Imperative weniger auf transzendente Prinzipien gründen könnte. Man sieht hier, dass die ethisch-politischen Bezugsuniversen angehalten sind, sich in der Verlängerung von ästhetischen Universen herauszubilden, ohne dass irgendjemand berechtigt wäre, in solchen Fällen von Perversion oder Sublimation zu sprechen. Es lässt sich erkennen, dass die auf jene ethisch-politischen Materien abzielenden existenziellen Operatoren, in eins mit den ästhetischen Operatoren, unvermeidlich über Sinnbruchstellen verlaufen, unumkehrbare prozessuale Einsätze mit sich bringen, deren Aktanten sich zumeist außerstande sehen, gegenüber irgendjemandem, geschweige denn gegenüber sich selbst, hiervon Rechenschaft abzulegen, was sie vollends der Gefahr des Wahnsinns aussetzt. Allein eine Festigung der dritten Stimme im Sinne der Selbstbezüglichkeit – der Übergang vom auf Konsens abgestellten Medienzeitalter zu einem postmedialen Zeitalter des Dissens – macht es jedem möglich, seine prozessualen Potenziale in vollem Umfang zu bejahen und diesen Planeten, der gegenwärtig von vier Fünfteln seiner Bevölkerung als Hölle erlebt wird, vielleicht in eine Welt schöpferischen Zaubers zu verwandeln.

Ich vermute, dass die hier gebrauchte Sprache in den blasierten Ohren Vieler hohl klingt und dass selbst die am wenigsten Voreingenommenen meine Ausführungen als utopisch abtun werden. Ja, die Utopie hat heutzutage keinen guten Stand, auch wenn sie, wie bei den Grünen in Deutschland, ein Stückweit von Realismus und Wirksamkeit geprägt ist. Doch man täusche sich nicht, diese Fragen der Subjektivitätsproduktion betreffen nicht mehr nur eine Handvoll Erleuchtete. Schauen Sie nach Japan, dem gegenwärtigen Modell für neue kapitalistische Subjektivitäten! Es wurde nicht genügend hervorgehoben, dass eine der wesentlichen Zutaten für den rätselhaften Cocktail, der da den Besuchern gereicht wird, darin besteht, dass die kollektive Subjektivität, die dort zuhauf produziert wird, absolute »Hightech«-Komponenten mit archaischen Strukturen aus grauer Vorzeit verbindet. Auch da stößt man auf die reterritorialisierende Funktion eines doppeldeutigen Monotheismus – des Shinto-Buddhismus, einer Mischung aus Natur- und Schriftreligion –, der zur Herausbildung einer weichen Form von Subjektivierung führt, die uns immerhin sehr weit weg führt vom dreifaltigen Aufriss der christlichen kapitalistischen Wege. Man muss nur suchen!

Doch betrachten wir lieber, am anderen Ende der Skala, den Fall Brasilien. Hier haben wir ein Land, in dem die Phänomene der Umgestaltung archaischer Subjektivitäten eine ganz andere Wendung genommen haben. Bekanntlich vegetiert dort ein beachtlicher Teil der Bevölkerung in solch einem Elend dahin, dass er der Geldwirtschaft faktisch entzogen bleibt, was das Land jedoch nicht daran hindert, mit seiner Wirtschaftsleistung an sechster Stelle der westlichen Mächte zu rangieren. In dieser extrem dualen Gesellschaft lässt sich beobachten, wie die Subjektivität in zweifacher Weise fortgerissen wird: einerseits – auch wenn das viele nicht wahrhaben wollen – von einer erheblichen rassistischen Yankee-Welle, die durch eines der mächtigsten Fernsehnetzwerke der Welt verbreitet wird, und andererseits von einer Welle animistischer Natur mit synkretistischen Religionen wie den Candomblé, die mehr oder weniger dem afrikanischen Kulturerbe entstammen und die Tendenz haben, sich von ihrer ursprünglichen Verwurzelung innerhalb der schwarzen Bevölkerung zu lösen, um die gesamte Gesellschaft, einschließlich die hippsten Milieus von Rio und São Paulo, zu erfassen. Es ist beeindruckend zu sehen, wie stark in diesem Kontext die massenmediale Prägung der kapitalistischen Akkulturation vorhergeht. Und was geschah, als Präsident Sarney der Inflation, die pro Jahr bis zu 400% des Vorjahres betragen hatte, ein für alle Mal den Garaus machen wollte? Er ging ins Fernsehen, hielt ein Dokument in die Kameras und erklärte, dass von diesem Zeitpunkt an, da er das Dekret, das er in den Händen hielt, unterzeichnen würde, jeder, der es sehe, zu seinem persönlichen Vertreter avancierte und das Recht habe, diejenigen Händler, die die offiziellen Preisfestsetzungen nicht einhielten, in Haft zu setzen. Anscheinend funktionierte das eine Zeitlang erschreckend gut! Doch zum Preis von was für einem Rückschritt in Sachen Rechtsprechung!

Die subjektive Sackgasse des permanenten krisenhaften Kapitalismus (des integrierten Weltkapitalismus) scheint absolut zu sein. Er weiß, dass die Stimmen der Selbstbezüglichkeit für seine Expansion und damit sein Überleben unabdingbar sind; gleichwohl läuft alles darauf hinaus, dass er ihre Verbreitung hemmt. Eine Art Überich – die tiefe karolingische Stimme – träumt nur davon, sie durch Reterritorialisierungen auf ihren archaischen Bildern zu zermalmen. Doch um diesem Teufelskreis zu entkommen, wollen wir an dieser Stelle versuchen, unsere drei kapitalistischen Stimmen im Verhältnis zu den gegenwärtigen geopolitischen Rahmenbedingungen einzuordnen, um die großen subjektiven Gesamtheiten in erste, zweite und dritte Welt zu unterteilen. Für die Subjektivität des christlichen Abendlandes war (und bleibt, wenngleich unbewusst) alles einfach: Es erleidet keine Kadrierung, weder der Länge noch der Breite nach. Es ist das transzendente Zentrum, um das alles zu kreisen hat. Die Stimmen des Kapitals wiederum ergreifen permanent die Flucht nach vorn, zuerst in Richtung Westen, auf der Suche nach »unergründlichen Weiten«, und jüngst in Richtung Osten, auf der Suche nach allem, was von den alten asiatischen Reichen – Russland inbegriffen – übriggeblieben ist. Allein, dieser Amoklauf gerät mit Kalifornien auf der einen und Japan auf der anderen Seite an seine Grenzen. Der zweite Weg des Kapitals hat einen Kreis beschrieben, die Welt hat sich in sich geschlossen und das System ist gesättigt. (Frankreich, das auf seinem Mururoa-Atoll hockt, wird sich wohl als letzte Großmacht darüber klar werden!) Fortan bestimmt vielleicht die Nord-Süd-Achse über das Schicksal der dritten Stimme der Selbstbezüglichkeit. Dies würde ich gern den »barbarischen Kompromiss« nennen. Der alte Schutzwall gegen die Barbarei ist unwiderruflich auseinandergebrochen, deterritorialisiert. Die letzten Hirten des Monotheismus haben ihre Schafe verloren, denn die neue Subjektivität lässt sich nicht mehr einfach so zusammentreiben. Und dann beginnt auf einmal das Kapital, in eine animistische und maschinische Vielstimmigkeit zu zerspringen. Wäre es nicht eine fabelhafte Wendung, wenn die alten afrikanischen, präkolumbischen, aboriginischen ... Subjektivitäten zum letzten Ausweg für die subjektive Wiederaneignung der maschinischen Selbstbezüglichkeit werden würden? Dieselben Schwarzen, dieselben Indianer, dieselben Ozeanier, deren Vorfahren zu einem Großteil lieber den Tod als die Unterwerfung unter die Ideale von Macht, Sklaventum, dann Handel, Christentum und Kapitalismus gewählt haben?

Um zum Schluss zu kommen: Ich hoffe, dass mir nicht der Vorwurf gemacht wird, meine beiden letzten Beispiele seien allzu weit hergeholt. Selbst in einem Land des alten Kontinents wie Italien lässt sich feststellen, dass seit einigen Jahren im Dreieck Norden-Osten-Zentrum eine Vielzahl an kleinen familiengeführten Unternehmen entstanden ist, die mit den fortschrittlichsten Zweigen der elektronischen und telematischen Industrie eine Einheit bilden. Und zwar in dem Maße, dass, wenn eines Tages ein italienisches Silicon Valley das Licht der Welt erblicken sollte, es dank der Umgestaltung von archaischen subjektiven Strukturen geschieht, deren Ursprung in alten patriarchalen Strukturen dieses Landes zu finden ist. Und vielleicht ist Ihnen nicht entgangen, dass einige Zukunftsforscher, die mitnichten Fantasten sind, behaupten, manche Mittelmeerländer wie Italien oder Spanien seien dazu berufen, in ein paar Jahrzehnten die großen Wirtschaftsnationen Nordeuropas hinter sich zu lassen. In Sachen Traum und Utopie bleibt die Zukunft also durchaus noch weit geöffnet! Ich wünsche mir, dass sich all jene, die der Idee von gesellschaftlichem Fortschritt verbunden bleiben – für die das Gesellschaftliche keine Illusion, kein »Schein« geworden ist –, mit vollem Ernst den Fragen von Subjektivitätsproduktion zuwenden. Die Subjektivität von Macht fällt nicht vom Himmel; den Chromosomen ist nicht eingeschrieben, dass die Teilungen von Wissen und Arbeit zwangsläufig zu jenen grauenvollen Ausschließungen führen müssen, wie sie die Menschheit heutzutage kennt. Die unbewussten Gestalten der Macht und des Wissens sind keine Universalien. Sie sind gebunden an zutiefst in der Psyche verankerte Grundmythen, können aber auch in Wege der Befreiung umgeleitet werden. Gegenwärtig verbleibt die Subjektivität unter massiver Kontrolle durch Macht- und Wissensdispositive, die die technischen, wissenschaftlichen und künstlerischen Innovationen in den Dienst der am meisten rückwärtsgewandten Formen von Gesellschaftlichkeit stellen. Und dennoch sind andere Modalitäten subjektiver Produktion – prozessuale und singularisierende – denkbar. Diese Alternativformen existenzieller Wiederaneignung und Selbstbewertung können morgen zur *Lebensgrundlage* von menschlichen Kollektiven und Individuen werden, die es ablehnen, sich der für unsere heutigen Zeiten charakteristischen tödlichen Entropie zu verschreiben.

1. Analytische Kartografien

Äusserungsgefüge

Seit mehr als zehn Jahren versuche ich zu bergen, was unter den Trümmern der Psychoanalyse verschüttet liegt und es verdient, ausgehend von anderen theoretischen Gerüsten – wenn möglich weniger reduktionistischen, als es die der Freudianer und Lacanianer sind – neu gedacht zu werden.

Ich möchte sogleich festhalten, dass ich diese Unternehmung, die ich als Schizoanalyse bezeichnet habe, niemals für ein in sich geschlossenes Spezialgebiet gehalten habe, das dazu bestimmt gewesen wäre, einen Platz im Psychowesen zugewiesen zu bekommen.

Ihre Ambitionen müssten meiner Ansicht nach sowohl bescheidener als auch größer sein. Bescheidener, weil die Schizoanalyse, sollte es sie jemals wirklich geben, in embryonaler Gestalt und in vielfältigen Formen *heute bereits ein wenig überall existiert* und keiner förmlichen institutionellen Gründung mehr bedarf. Größer insofern, als sie meines Erachtens dazu berufen ist, eine Disziplin zur Lektüre von *anderen Systemen der Modellierung* zu werden, wenngleich nicht im Sinne eines allgemeinen Modells, sondern als Instrument zur Entschlüsselung von Systemen der Modellierung in unterschiedlichen Bereichen oder, anders gesagt, im Sinne eines Metamodells. Man könnte einwenden, dass die Grenze zwischen einem Modell und einem Metamodell fließend ist. Und tatsächlich stellt die Subjektivität in bestimmter Hinsicht stets mehr oder weniger eine Aktivität von Metamodellierung dar (in der hier vorgeschlagenen Perspektive: *Übertragung von Modellierung*, transversale Übergänge zwischen Problemen verschiedener Natur).

Wichtig hieran ist mir jedoch genaugenommen eine Verschiebung der analytischen Problematik von den Systemen der *Aussage* und präformierten subjektiven *Strukturen* hin zu *Äußerungsgefügen*, die andere Koordinaten für die Lektüre und die »Existenzsetzung« von gänzlich neuen Darstellungen und Sätzen zu erzeugen imstande sind.

Die Schizoanalyse wird sich also zu den professionalisierten »Psycho«-Praktiken mit ihren Körperschaften, Gesellschaften,

Schulen, didaktischen Initiationen, der »passe«[3] usw. weitestgehend auf Abstand halten. Ihre vorläufige Definition könnte lauten: *Analyse des Einflusses von Äußerungsgefügen auf die semiotische und subjektive Produktion in einem jeweils gegebenen Problemkontext.*

Ich werde mich im Rahmen dieses Aufrisses über Ausdrücke wie »Problemkontext«, »Szene« oder »Existenzsetzung« kaum auslassen können. An dieser Stelle soll der Hinweis genügen, dass sie sich auf so unterschiedliche Dinge beziehen können wie ein Krankheitsbild, eine unbewusste Fantasie, einen Tagtraum, eine künstlerische Produktion, eine mikropolitische Tatsache ... Was bei alldem zählt, ist die Vorstellung eines existenziellen Bezirks, in dem intrinsische Bezüge entfaltet werden – wie bei einem Prozess von Selbstorganisation oder Singularisierung.

Warum dieser leitmotivische Verweis auf *Äußerungsgefüge?* Um, so weit es eben geht, nicht im Begriff des »Unbewussten« stecken zu bleiben. Um die Tatsachen von Subjektivität nicht auf Triebe, Affekte, intrasubjektive Instanzen und intersubjektive Relationen zu reduzieren. Gewiss werden solche Dinge durchaus Raum in den schizoanalytischen Beschäftigungen einnehmen, doch nur als eine ihrer Komponenten und stets anhand bestimmter Fälle. So wird sich z. B. zeigen, dass Äußerungsgefüge existieren, die keine semiologischen Bedeutungskomponenten, Äußerungsgefüge, die keine subjektiven Komponenten, und wiederum andere, die keine dem Bewusstsein zugehörigen Komponenten enthalten. Das Äußerungsgefüge bringt es also mit sich, die Thematik des individuierten Subjekts, der durch das Bewusstsein begrenzten denkenden Monade sowie der Seelenvermögen (Verstand, Wille ...) in ihrer klassischen Form zu »übersteigen«. Mir scheint es notwendig hervorzuheben, dass man es zu Beginn immer mit Gesamtheiten zu tun hat, die gleichermaßen materiell und/oder semiotisch, individuell und/ oder kollektiv, aktiv maschinisch und/oder passiv fluktuierend sind.

Demnach wird sich die Frage nach dem Status dieser Gefügekomponenten stellen, die sich, interagierend, zwischen den radikal

---

3 [Die *passe* wurde 1967 von Jacques Lacan in die Ausbildung für Psychoanalytikerïnnen lacanistischer Prägung eingeführt. Sie bezeichnet eine spezifische Art der Eignungsprüfung oder Initiation am Übergang von einem bloßen, wenngleich bewährten Mitglied in der 1964 von Lacan gegründeten *École freudienne de Paris* zu einem vollgültigen Analytiker dieser Schule, der für deren Fortschritt und die in ihr verhandelten zentralen Probleme Verantwortung trägt. A.d.Ü.]

verschiedenen Bereichen vorfinden. Ich hatte, ich weiß nicht mehr wo, gesagt, dass wir eine Wissenschaft begründen wollen, in der Lappen und Handtücher mit noch sehr viel unterschiedlicheren Dingen zusammenkämen;[4] und wo selbst Lappen und Handtücher nicht mehr unter dieselbe Kategorie von Wäsche gebracht werden könnten, sondern wo man leichten Herzens anzuerkennen bereit wäre, dass sich die Lappen in je singularisierten Werden voneinander unterscheiden, wobei diese von einem ganzen Gefolge an Wirkumständen begleitet werden, bei denen es ebenso gut um einen Barbesitzer gehen könnte, der seine Gläser mit einem Lappen säubert, wie um Soldaten, die bei einer Widerstandszelle eine »Säuberungsaktion« durchführen. In klassischer analytischer Perspektive wird diese Art von Kontextabhängigkeit nur mit Blick auf ihre signifikanten Auswirkungen berücksichtigt und niemals als ein Bezugspunkt, der in gegebenen institutionellen und materiellen gesellschaftlichen Feldern pragmatische Wirkungen zeitigt. Eben diese Mikropolitik des Sinns muss meines Erachtens gestürzt werden. Der mutmaßliche analytische Effekt besteht nicht mehr in einer Ableitung interpretierbarer sprachlicher Zeichenketten, sondern in einer »a-signifikanten« Mutation des »Universumskontextes«, das heißt der Konstellation von problematisch gewordenen Bezugsregistern. Die kollektiven und/oder individuellen Äußerungsgefüge werden dann zu Gegenständen analytischer Nachforschungen und erhalten gegenüber Imagines sowie vermeintlich konstitutiven Strukturen der Subjektivität Vorrang. Manche Gefüge befinden sich zufälligerweise in der Position des »Analysierers«[5] von Bildungen des Unbewussten. Dabei ist es unerheblich, ob sich diese Analysierer ihrer »Mission« bewusst sind oder ob sie durch andere Instanzen damit betraut wurden, eine derartige Position zu bekleiden. Entsprechend dem, was es verkörpert, kann sich ein analytisches Gefüge über gänzlich verschiedene Sachen erstrecken:

---

[4] [Guattari spielt mit dem französischen »Il ne faut pas mélanger les torchons et les serviettes«, was so viel bedeutet wie »Man soll nicht Äpfel mit Birnen vergleichen«. A.d.Ü.]

[5] Nicht ohne ein gewisses Erstaunen greife ich auf den alten Ausdruck »Analysierer« zurück, den ich in den 1960er Jahren eingeführt hatte und der durch Lourau, Lobrot und Lapassade in einer für meinen Geschmack allzu psychosoziologischen Perspektive »vereinnahmt« worden war (ebenso wie »institutionelle Analyse«, »Transversalität« usw.).

- zum Beispiel über ein Individuum, etwa als Freud die Psychoanalyse »erfindet«;
- über eine soziologisch begrenzte Gruppe wie eine Jugendgang, die die Potenziale eines Ghettos »offenbart«;
- über diffusere gesellschaftliche Phänomene wie Veränderungen in der kollektiven Empfindungsfähigkeit oder unkontrollierte Meinungsbildungsprozesse;
- über eine präpersonale Praktik: ein Stil, eine schöpferische Veränderung, die ein Individuum oder eine Gruppe ergreift, ohne dass sie sich dessen bewusst wären.

(Alle diese Fälle und noch weit mehr können vielfältige Kombinationen eingehen.) Demzufolge wird sich die schizoanalytische Vorgehensweise niemals auf eine Interpretation von »Gegebenem« begrenzen; sehr viel tiefgründiger wird sie sich für das »Gebende« interessieren, für Gefüge, die die Verkettung von Sinnaffekten und pragmatischen Effekten befördern. Da auch sie sich der grundlegenden Plastizität der Gefüge nicht entziehen können, stellen die »Analysierer« keine bereits bestehenden Dispositive dar und erheben niemals den Anspruch, sich als legitime Aussagestrukturen zu setzen – wie es bei der Kur psychoanalytischen Typs der Fall ist. Nicht nur wird es kein standardisiertes schizoanalytisches Protokoll geben, vielmehr wird eine neue Grundregel, eine gegen jede Regel gerichtete Regel eine fortlaufende Infragestellung von Analysierergefügen entsprechend ihren Rückwirkungen auf die analytischen Gegebenheiten verfügen.

Diese Rückwirkungen – mit negativem Vorzeichen versehen, wenn sie zu einer einfachen Stabilisierung des Gefüges führen, und mit positivem Vorzeichen, wenn sie Spaltungsprozesse, gar Katastrophen herbeiführen – bilden das analytische Material par excellence. Wie führt ein Gefüge ein anderes Gefüge weiter, um mit einer gegebenen Situation »klarzukommen«? Wie vermag ein analytisches oder für ein solches gehaltenes Gefüge ein anderes zu verbergen? Wie treten mehrere Gefüge in Beziehung und was entsteht daraus? Wie lassen sich in einem dem Anschein nach vollkommen erstarrten Kontext Möglichkeiten zur Herausbildung neuer Gefüge entdecken? Wie können gegebenenfalls die Produktions- und Distributionsverhältnisse sowie die Mikropolitik dieser neuen Gefüge »unterstützt«

werden? Derartige Fragen hat sich die Schizoanalyse zu stellen. Diese Arbeit an der Subjektivität – ganz im Sinne von Eisen bearbeiten oder an seinem Klavierspiel arbeiten oder fruchtbare Momente in seinem Dasein erarbeiten – wird hier gleichgesetzt mit einer Produktion von Bezug oder, genauer noch, mit einer *Metamodellierung von gefügeübergreifenden Beziehungen*. Weit davon entfernt, mit dem zusammenzufallen, was gemeinhin unter Subjektivität verstanden wird, bezieht sich diese Arbeit nicht mehr auf ein irgendwie subtiles und unaussprechliches Wesen eines Subjekts auf der Suche nach einer schwindelerregenden Übereinstimmung mit sich selbst (mit Gott als einzigem Zeugen). Die schizoanalytische Subjektivität entsteht am Schnittpunkt von Zeichenströmen und Maschinenströmen, an der Kreuzung von sinnlichen, materiellen und gesellschaftlichen Tatsachen und vor allem im Zuge von Transformationen, die aus den unterschiedlichen Ausprägungen von Gefügen resultieren. Letztere sind es, die sie ihre Qualität als menschliche Territorialität einbüßen lassen und die sie den originellsten sowohl als auch »futuristischsten« Singularisierungsprozessen aussetzen – Tier-, Pflanze- und Kosmos-Werden, Unreif- und Mehrgeschlechtlich-Werden, Unkörperlich-Werden ... Durch diese Subjektivität grenzt der Mensch gegenwärtig, ohne gänzlich aufzuhören, ein denkendes Schilfrohr[6] zu sein, an ein Schilfrohr, »das für ihn denkt«, an ein abstraktes maschinisches Phylum, das ihn weit über seine bisherigen Möglichkeiten hinaus befördert.

Die alten Formen der Äußerung beruhten im Wesentlichen auf der Rede und der direkten Kommunikation, während die neuen Gefüge mehr und mehr auf mediale Informationsströme zurückgreifen, die über maschinische Kanäle laufen (die Maschinen, von denen hier die Rede ist, sind nicht nur technischer, sondern auch wissenschaftlicher, sozialer, ästhetischer usw. Natur), die die alten individuellen oder kollektiven Subjektterritorien allseits überborden. Während die territorialisierte Äußerung logozentrisch war und eine eigene Beherrschung von ihrerseits diskursivierten Gesamtheiten beinhaltete, überlässt sich die deterritorialisierte Äußerung, die als maschinenzentrisch bezeichnet werden kann, Speichern und nichthumanen Abläufen, um semiotische Komplexe zu handhaben, die sich zu

6 [Bezieht sich auf Blaise Pascal; siehe dessen *Gedanken*, nach der endgültigen Ausgabe übertragen von Wolfgang Rüttenauer, Bremen [6]1964, S. 60; A.d.Ü.]

einem Großteil der direkten Kontrolle durch das Bewusstsein entziehen.

Doch bleiben wir nicht bei dieser ersten Dichotomie stehen, die sich als allzu reduktionistisch zu erweisen droht. Aufgrund der vorangehenden Bemerkungen befinden wir uns ohne Weiteres in der Lage, verschiedene Ausprägungen von Äußerungsgefügen abzuwandeln und je nachdem, was sich darin findet oder nicht, Komponenten von Semiotisierung, Subjektivierung und Bewusstwerdung in den Vordergrund zu rücken (diese Liste lässt sich entsprechend deskriptiver Anforderungen ständig erweitern).

– *Nichtsemiotische Gefüge*

Die stigmergischen Konstruktionen der Bienen oder Termiten bieten anhand der äußerst elaborierten Formen, zu denen sie ausgehend von »modularen Codierungen« führen, die natürlich weder semiotisch noch subjektiv und auch nicht dem Bewusstsein geschuldet sind, ein erstes Beispiel. Im Rahmen menschlicher Äußerungen können ähnliche Systeme, etwa endokrine Regulierungen, dazu gebracht werden, einen entscheidenden Platz innerhalb von Gefügen einzunehmen, deren semiotische Komponenten sie gleichsam ausklammern. Ich denke hierbei insbesondere an die mutmaßliche Rolle einer Autointoxikation auf der Basis von Beta-Endorphin in der »Verhärtung« mancher sadomasochistischer Krankheitsbilder oder in akuten Formen von Magersucht.

– *Nichtsubjektive semiotische Gefüge*

Zum Beispiel die psychosomatischen Krankheitsbilder in Verbindung mit den von Wilhelm Reich untersuchten »Charakterpanzern«. Die subjektiven Repräsentationen gehen hier an der somatischen Semiotisierung »vorbei«.

– *Nicht bewusstgemachte subjektive semiotische Gefüge*

Zum Beispiel der menschlichen Ethologie entstammende Gefüge, die Lernvorgänge durch unbewusste Prägungen, Begrenzungen von Territorium, Verhaltensweisen des Empfangs, der Abwehr, der Unterwerfung, der Feindlichkeit usw. anstoßen.

Ein Psychoanalytiker, insbesondere wenn er ein Anhänger Lacans ist, wäre wahrscheinlich versucht einzuwenden, dass das alles schön und gut sein mag, doch nichts mit dem Unbewussten, dem wahren psychoanalytischen Unbewussten zu tun habe, da dieses nicht außerhalb des Sprachnetzes gefasst werden könne ... Die Leier ist bekannt! Darauf würde ich antworten, dass die schizoanalytischen Gefüge zwar größtes Interesse an reduktionistischen, auf dem ödipalen Dreieck und der symbolischen Kastration gründenden Strukturen zeigen, zu denen innerhalb eines kapitalistischen Rahmens die Produktion von Subjektivität letztlich führt, dass sie dies aber keineswegs davon entbindet, die Subjektivitätsproduktion unter Respektierung ihrer spezifischen Ausprägungen, etwa der Psychopathologie, Anthropologie usw., in Betracht zu ziehen. So gesehen besteht der Anspruch der Schizoanalyse, ich wiederhole, durchaus darin, sich als metamodellierendes Gefüge all dieser heterogenen Bereiche, die sie als optimale »Wahlmaterien« ansehen wird, herauszubilden.

Wir gehen also von der umfassendsten Hypothese aus, sprich, von jener der Existenz eines, für den Menschen, unbewussten Bereichs, der gleichberechtigt bedeutungstragende Tatsachen zusammenbringt, die durch Repräsentations- und Sprachstrukturen sowie durch voneinander sehr abweichende Systeme des Codierens, Formens, Kopierens und Prägens, die auf organische, gesellschaftliche, ökonomische usw. Komponenten einwirken, hervorgebracht werden. Dass dabei Phänomene von Subjektivierung eine Rolle spielen, das heißt die Einrichtung von Territorien, die als solche in Abgrenzung zur Welt der Objekte und der Alter Egos erlebt und akzeptiert werden, wird gelegentlich vorkommen, jedoch keinesfalls zwingend sein. Mit anderen Worten, weder die Frage des Subjekts noch jene des sprachlichen Signifikanten werden notwendigerweise im Zentrum der in diesem unbewussten Bereich angesprochenen Probleme stehen. Dasselbe gilt für die Frage des Bewusstseins. Verschiedene Prozesse der Bewusstwerdung, die aufeinander folgen und/oder einander überlagern, können hier ins Spiel gebracht werden. Zur Veranschaulichung dieser Arten von Verkoppelungen und Entkoppelungen scheint mir das Autofahren ein gutes Beispiel. Beim Fahren stellt sich aufgrund von Schläfrigkeit nicht selten ein wachträumerischer Zustand ein. Doch das Subjekt schläft nicht; in ihm laufen mehrere Bewusstseinssysteme gleichzeitig ab, von denen einige auf Sparflamme bleiben, während andere sich in den Vordergrund drängen. Das erfolgt, wenn die Ampeln, ein Vorfall im Straßenverkehr oder der Satz eines Mitfahrers wieder eine Sequenz höchster Wachsamkeit herstellt. Das Äußerungsgefüge, in dem von mir hier so weit gefassten Sinne, verläuft also über verschiedene Ebenen *maschinischer Steuerung* (um einen alten Begriff aus der Kybernetik zu verwenden). Statt immer wieder auf dieselben, angeblich fundamentalen Strukturen, auf dieselben Archetypen, dieselben »Matheme« zurückzukommen, wird die schizoanalytische Metamodellierung dazu übergehen, mit den gesellschaftlichen Formationen, den Technologien, den Künsten, den Wissenschaften usw. sich entwickelnde Kompositionen des Unbewussten, kontingente Topiken zu kartografieren. Selbst wenn sie an einen Punkt kommt, wo sie manche Beispielfälle des Unbewussten typisieren muss – ausgehend zum Beispiel von Formeln zur Organisation des Ich, zur Person, Ehe, Familie, zum Häuslichen –, dann tut sie dies niemals, ich wiederhole, in Gestalt eines strukturalen Prototyps.

Bewusstsein und Subjektivität

Befassen wir uns für einen Moment mit einigen Implikationen dieser »Ablösung« des Bewusstseins von der Subjektivität. Zuerst hatte ich gedacht, man müsste Folgendes unterscheiden:

- ein absolutes Unbewusstes auf molekularer Ebene, das sich jeder Re-Präsentation radikal entzieht und dessen Manifestierungen allein von a-signifikanten Formen abhängen;[7]

- ein relatives Unbewusstes auf molarer Ebene, das hingegen durch mehr oder weniger stabile Repräsentationen organisiert ist.

Dann hatte ich die Befürchtung, selbst einer topischen Fixierung der psychischen Instanzen anheimzufallen, ähnlich jener, die Freud

---

7 Diese Auffassung des Unbewussten könnte in die Nähe des »Primärprozesses« gerückt werden, so wie ihn Freud zur Zeit der *Traumdeutung* verstanden hat: Die Traumarbeit »denkt, rechnet, urteilt überhaupt nicht, sondern sie beschränkt sich darauf umzuformen«: Sigmund Freud, *Die Traumdeutung*, GW 2/3, Frankfurt/M. 1961, S. 511.

dazu gebracht hatte, Unbewusstes und Bewusstes (flankiert vom Vorbewussten), später dann Es und Ich (mit allem, was damit zusammenhängt) zu unterscheiden und einander gegenüberzustellen; oder auch Lacan, der eine symbolische Ordnung als Gerüst des Realen und Imaginären errichtet hatte.

Bereits beim ersten Hinschauen wird deutlich, dass eine solche Einhegung des molekularen Unbewussten wenig überzeugt. Dieser Typ von Gefüge ist problemlos mit der Existenz von bewusstseinsmäßigen Komponenten vereinbar. Es ist bekannt, dass die molekularen Prozesse, die bei einer Hysterie oder einer Zwangsneurose am Werk sind, unweigerlich mit einem besonderen Typ von Bewusstsein und, was Letztere betrifft, sogar von Hyperbewusstsein einhergehen. Obwohl sie von einer a-signifikanten Materie aus operieren (wogegen nicht spricht, dass sie auch Bilder und Zeichenketten transportieren, doch entnehmen sie diesen nur, was sie als a-signifikante Formen behandeln können),[8] beinhalten Traum- wie Wahngefüge Modi idiosynkratischer Bewusstseinsbildung. Und ich denke, es würde nicht viel bringen, all diese Gefüge mit derselben, stets mit sich selbst identischen Bewusstseinsessenz versehen zu wollen. Nach und nach gelangt man zu Formen des »Grenzbewusstseins« – Trance-Erlebnisse, mystische Erfahrungen des Bruchs mit der Welt, katatonische Zustände oder sogar, in deren Folge, nicht lokalisierbare organische Spannungen oder mehr oder weniger tiefe komatöse Zustände. Demnach können alle Äußerungsinstanzen zugleich bewusst und unbewusst sein. Es ist eine Frage von Intensität, Verhältnis und Reichweite. Es gibt Bewusstsein und Unbewusstes nur in Beziehung zu Gefügen, die beider zusammengefügte, sich überlagernde, ineinander übergehende und voneinander

---

8 So auch der frühe Freud der *Traumdeutung*, der in bewundernswerter Weise das Wesen dieser »gegensinnigen« Behandlung von Traumgehalten erfasst hatte: »Die Traumrede hat so den Aufbau eines Brecciengesteines, in dem größere Brocken verschiedenen Materials durch eine erhärtete Zwischenmasse zusammengehalten werden.« (*Die Traumdeutung*, S. 422.) »Alles, was sich als scheinbare Betätigung der Urteilsfunktion in den Träumen vorfindet, ist nicht etwa als Denkleistung der Traumarbeit aufzufassen, sondern gehört dem Material der Traumgedanken an und ist von dorther als fertiges Gebilde in den manifesten Trauminhalt gelangt.« (Ebd., S. 447.) Doch diese Mikropolitik des »Gegensinns« ist nicht nur dem psychischen Leben eigen, sie findet sich auch in der künstlerischen Produktion am Werk. Ich denke hierbei insbesondere daran, wie ein George Aperghis in seiner »gestischen Musik« semantischen Inhalten nur das entnimmt, was zu seinen a-signifikanten Kompositionen beiträgt.

ablösende Gestalten gewährleisten. Und man ahnt, dass sich an ihrem Berührungspunkt ein absolutes Bewusstsein herausbildet, das mit dem absoluten Unbewussten einer nicht setzenden Selbstgegenwärtigkeit zusammenfällt, die sich jeder Form von Andersartigkeit, Verschiedenheit oder Welthaftigkeit entzieht.

Daher scheint es mir gegeben, nicht noch einmal einen Gegensatz vom Typ Primärprozess/Sekundärprozess in Anschlag zu bringen. Vor allem dann, wenn er wie in Freuds zweiter Topik (Es, Ich, Überich) auf der Idee gegründet sein soll, dass der Übergang von dem einen zum anderen einem Bruch auf der Ebene der Differenzierungsmodi entspricht: das Chaos auf Seiten des Primären und die Strukturierung auf Seiten des Sekundären. Nur weil uns ein digitalisierter, binarisierter Zugang zum molekularen Unbewussten untersagt ist, sind wir noch lange nicht dazu verurteilt, in einem entropischen Schlund voller Chaos vor uns hinzusiechen.

Für eine Wiederbelebung der Analyse von Bildungen des Unbewussten erachten wir es als notwendig, den Gebrauch von Ausdrücken wie Subjektivität, Bewusstsein, Signifikanz ... im Sinne von Transzendentalien, die konkreten Situationen gegenüber starr bleiben, weitestgehend einzudämmen. Noch die abstraktesten, unkörperlichsten Elemente haben Bezug zum Realen; sie durchqueren die kontingentesten Ströme und Territorien. Daher sind sie vor historischen Veränderungen oder Mutationen innerhalb der Kosmogenese nicht gefeit. Mit anderen Worten, die Libido wird von der signifikanten Struktur nicht transzendiert. In dieser Hinsicht ließe sich leicht zeigen, dass Lacan an die Stelle des Begriffs des Signifikanten zunehmend den der Libido gesetzt hat. In bestimmten Zusammenhängen kann der Sinn den materiellen und signaletischen Strömen, die im Wesentlichen passivisch begriffen werden, wie ein Block entgegengesetzt werden. Doch in anderen Zusammenhängen kann er einer »Maschinerie« von Schwankungen entsprungen sein, die die Schichten und Homöostasen überbordet. Dass wir für den Prozess optierten, dass wir eine verallgemeinerte Ökonomie der Äquivalenzen zurückwiesen und dass unsere Wahl auf ein »Clinamen« fiel, das die Wiederholung singularisiert, führte schließlich dazu, die starren Kartografien und herrschenden Invarianten im Bereich der Subjektivität abzulehnen – wenngleich sie sich an manchen Stellen innerhalb des Gefüges faktisch herausbilden (wie es im Feld der kapitalistischen Produktion etwa für die ödipale Triangulierung der Fall ist). So haben wir uns dafür entschieden, Situationen und Kontexte allein unter dem Blickwinkel von sich kreuzenden Gefügen zu betrachten, die, als Meta-Modellierung, bis zu einem gewissen Punkt ihre eigenen Koordinaten hervorbringen. Natürlich kann eine Kreuzung Verbindungen vorgeben, aber sie ist nicht zwingend. Sie kann umgangen werden, ihr Anschlusspotenzial kann sinken, sobald einige ihrer Komponenten ihre Festigkeit einbüßen.

Versuchen wir diesen Punkt zu veranschaulichen. Eine Sängerin verliert ihre Mutter. In der darauffolgenden Woche verliert sie auch zwei Oktaven in ihrer Stimmlage; sie beginnt, schief zu singen; ihre Fähigkeiten, Stücke zu interpretieren, scheinen urplötzlich dahin. Die Singstimme dieser Frau hatte sich ausgehend von verschiedenen Gefügen gebildet, wovon einige den Rahmen ihrer Person überstiegen. Jetzt wird die Äußerungskomponente, die zur Beziehung zur Mutter hinzugekommen war, zwar der Prüfung des Todes ausgesetzt, doch steht dies nicht gleichbedeutend für ihre Auslöschung. Da ihr inaktueller Teil (die Vergangenheit, die nicht zurückgeholt werden kann) die Oberhand über ihren Teil an offenen Möglichkeiten gewonnen hatte, zirkuliert nun eine erratische und bedrohlich wirkende Repräsentation ihrer Mutter. Ein solches Bild des Todes, vor jeder Prüfung durch die Wirklichkeit gefeit, birgt eine Art Versteinerungskraft in sich. Wie Sigmund Freud schreibt, »klammert« sich das Subjekt an das verlorene Objekt.[9] Doch in diesem speziellen Fall scheint das einzig erkennbare Resultat dieser semiotischen »Kontraktion« auf der stimmlichen Seite der musikalischen Aktivität zu Buche zu schlagen. Vermutlich hätte eine tiefgreifendere Analyse noch andere Einflüsse zutage gefördert. Wäre aber eine solche Untersuchung absolut notwendig gewesen?

Nichts ist weniger sicher, denn unter derartigen Umständen ist immer zu fürchten, dass aufgrund von Übertragung und Deutung neue Symptome induziert werden. (Sei es, indem die Tönung eines ätiologischen Krankheitsbildes, das »zu passen« scheint, überreizt wird, sei es, was auf dasselbe hinausläuft, dass das Subjekt von sich aus, wie auf einem Tablett, die entsprechenden Symptome lie-

---

9 Vgl. Sigmund Freud, »Trauer und Melancholie«, in: GW 10, Frankfurt/M. 1973, S. 428-446, und Karl Abraham, »Ansätze zur psychoanalytischen Erforschung und Behandlung des manisch-depressiven Irreseins und verwandter Zustände«, in: *Psychoanalytische Studien II*, Frankfurt/M. 1971, S. 146-164.

fert.) Im vorliegenden Fall geht es darum, sich den Verlockungen zu entziehen, die dazu einladen, den Ursprung der »Trauerarbeit« in den Schwierigkeiten zu verorten, die die Libido mit dem Ausweichen auf Ersatzobjekte hat. Eine Beschreibung, die hier und anderswo eher in Begriffen des Objekts und weniger in Begriffen des Äußerungsgefüges erfolgt, hätte den Nachteil, die der psychoanalytischen Programmierung entgehenden Möglichkeitsfelder zu verdunkeln. Dort, wo Freud nur zwei Möglichkeiten sah – das langsame und melancholische Verlöschen der ein verlorenes Objekt besetzenden Libido oder, im Fall einer extremen Fixierung, die »halluzinatorische Wunschpsychose«[10] –, sollten wir uns bereithalten, Neuanordnungen eines Gefüges aufzunehmen, die ohne Komplex den Verwünschungen der primären Identifikation oder der Beziehung »oraler Einverleibung« entgehen. Genau das ist mit jener Sängerin geschehen, die, der Ausdruck sei mir gestattet, »den Schlag vollkommen weggesteckt« hat, dabei sogar neue Freiheitsgrade erobern konnte und fortan spürbar angenehmer mit ihrem Überich umzugehen vermochte. Dieses Mal ging also der Verlust an Festigkeit einer Komponente nicht mit einer sich fortsetzenden Hemmung einher. Vielmehr diente er als Reizpunkt, als Auslöser, als Alarmsignal. Doch von was genau? Das ist die eigentliche Frage! Bei der es angebracht ist, nicht überstürzt zu antworten. Denn sie kennt vielleicht keine Antwort im üblichen Sinne. Ein a-signifikantes Indiz – die Beschränkung der Stimmkraft – markiert das Ende von etwas, ohne, wie der Kontext offenbart, zu unterbinden, dass etwas anderes eintritt. Mehr lässt sich dazu nicht sagen! Bestimmte Wege, die seit langer Zeit schon abgesteckt, festgelegt sind: die Singstimme, die moralisierende Überkodierung der Mutter, erfahren eine pragmatische Wendung. Müssen diese Phänomene auf der Seite der Passiva, in der Spalte der Mängel und Defizite, verbucht werden? Nichts ist weniger sicher! Doch steht auch nichts bereits im Voraus fest! Denn vom positiven oder negativen Urteil, mit dem dieses Ereignis belegt wird, hängt viel ab. Jedwede Induktion qua Übertragung, und sei sie noch so subtil, noch so vielsagend, die hinter dem Auftreten des Symptoms die Existenz einer

---

[10] Sigmund Freud, »Metapsychologische Ergänzung zur Traumlehre«, in: GW 10, S. 412-426, hier S. 421, und »Trauer und Melancholie«, S. 430 – ein Zustand, der für Freud mit der halluzinatorischen Verwirrtheit oder »Amentia« von Meynert identisch ist.

ödipal verwurzelten Schuld vermuten ließe, könnte verheerende Folgen haben oder uns zumindest auf ein depressives Krankheitsbild verweisen, das unter vergleichbaren Umständen von einem Psychoanalytiker »normalerweise« erwartet wird. Bringt es nicht mehr, den materiellen Qualitäten dieser Ausdruckskomponente nachzugehen, durch die sie vielleicht imstande war, andere Schädigungen zu vermeiden? Hat der Umstand, über eine derart »luxuriöse« Komponente wie das Singen zu verfügen, nicht die Möglichkeit geboten, einen Frühalarm auszulösen und eine Abzweigung ins Gefüge einzuführen? Infolgedessen wurde, was in Form einer Hemmung vor sich hinvegetieren sollte, dazu gebracht, sich in einen Singularisierungsprozess umzuwandeln. Hätte es den Gesang nicht gegeben, wäre wahrscheinlich etwas anderes passiert. Vielleicht hätte die Patientin andere Arten von Oktaven, in anderen Registern, verloren. Doch nichts in diesem Bereich kann als gesichert gelten. Alles ist, ich wiederhole es, eine Frage der Festigkeitschwelle, der Transformationsquanta, der Wahrscheinlichkeit von Folgewirkungen. Bestimmte Züge von Gesichthaftigkeit haben sich vom Antlitz der Mutter losgelöst, haben sich von den Koordinaten des Überich abgelöst, um auf eigene Rechnung zu arbeiten, auf anderen Möglichkeitslinien, in anderen Konstellationen, während einige von der Überwachung herrührende Runzeln die äußersten Enden des Spektrums lähmten und bei dieser Gelegenheit in eine Art Altar verwandelt wurden, auf dem sich die Opfergaben letztlich als relativ wenig träumerisch erweisen werden. Vielleicht ist man der Ansicht, dass eine solche Beschreibung Mythen und Legenden nähersteht als wissenschaftlichen Schemata der Psychologie und Psychoanalyse, so z. B. dem berühmten »Kloß im Hals« oder dem Hin und Her der Klein'schen Objekte, den aufeinanderfolgenden Identifikationsabbrüchen bei der melancholischen Introjektion oder auch der Entmischung des Todestriebs ... Nun, warum nicht!?

Die Funktoren der Deterritorialisierung

Die Kategorie der Deterritorialisierung sollte uns dazu verhelfen, die Problematik des Bewusstseins – und damit einhergehend die des Unbewussten – von jener der Ichvorstellung sowie der personalen Einheit zu trennen. Die Vorstellung eines totalisierenden oder gar totalitären Bewusstseins (»Ich bin Herr meiner selbst wie des ganzen Universums«) teilt den Gründungsmythos der kapitalistischen Subjektivität. Faktisch gibt es nur vielgestaltige Bewusstwerdungsprozesse, die aus der Deterritorialisierung existenzieller Territorien, die selbst wiederum mannigfaltig und ineinander verschränkt sind, resultieren. Doch diese verschiedenen Instrumente zur Katalyse eines Für-sich und jener Formen, durch die die Beziehungen zu den Welten des An-sich und der Alter Egos singularisiert werden, vermögen ihrerseits die Festigkeit einer existenziellen Monade nur insofern zu erlangen, als sie sich über eine zweite Dimension von Deterritorialisierung, die ich als energetische Diskursivierung bezeichnen würde, zu behaupten wissen (Abb. 1.1).

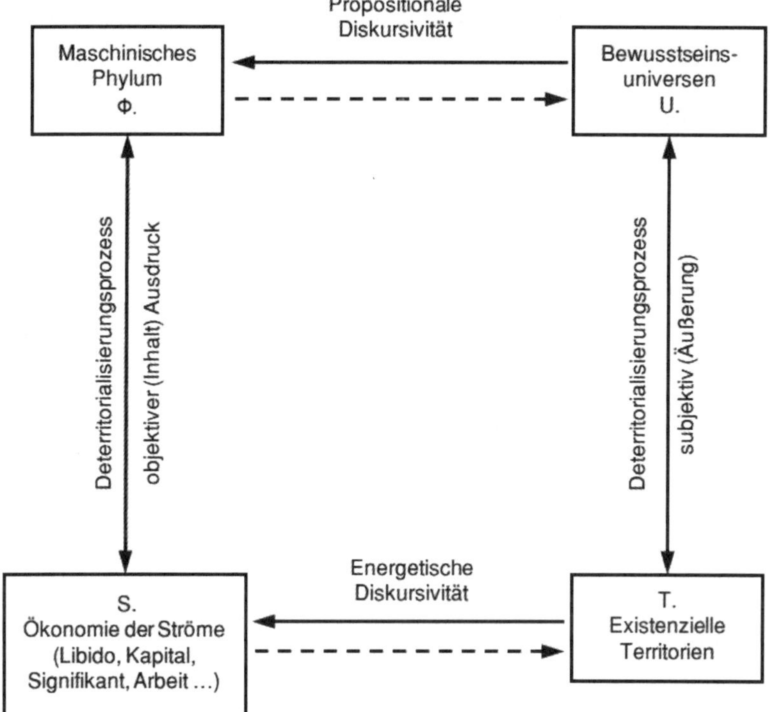

Abb. 1.1 *Diskursivität und Deterritorialisierung*

Vier Funktoren: S.T.Φ.U., die sich wechselseitig voraussetzen (Abszisse) und ineinanderfügen (Ordinate), spannen vier Felder auf:

- materielle und signaletische Ströme,
- existenzielle Territorien,
- abstrakte maschinische Phyla,
- unkörperliche Universen (in diesem spezifischen Fall bestimmt als vom Bewusstsein herrührend).

Auf diese beiden Koordinatenachsen gestützt, hoffen wir, die Konfigurationen von Subjektivität, Begehren, Triebenergie und die sich darauf beziehenden vielgestaltigen Diskurs- und Bewusstseinsmodalitäten kartografieren zu können, ohne auf die traditionellen Dispositive vom somatischen Unterbau, von der Triebanlehnung, vom (auf Bedürfnis und Mangel gegründeten) Determinismus, von der Konditionierung des Verhaltens usw. zurückgreifen zu müssen. Zu diesem Zweck werden die relevanten Entitäten der vier Bereiche keine feste Identität besitzen. Ihre eigenen Konfigurationen werden nur durch die Beziehungen gestützt, die sie wechselseitig unterhalten; ihren Zustand und Status ändern sie entsprechend ihrem Gefüge, in das sie gemeinsam einbegriffen sind. Mit anderen Worten, sie gründen nicht auf einer strukturalen Topik, sodass ihren Transformationssystemen die Aufgabe zukommen wird, ihre Modellierung zu »managen«. Um einer solchen Durchquerung von Ordnungen gewachsen zu sein, die das klassische Denken stets voneinander getrennt zu halten bemüht war, hängen die Funktoren von Regeln der Zusammensetzung zweier Kategorienpaare ab: dem Aktuellen und dem Virtuellen, dem Möglichen und dem Wirklichen, deren Matrix in Abb. 1.2 dargestellt ist.

	Aktuell	Virtuell
Möglich	Φ. Phylum des aktuellen Möglichen	U. Universum des virtuellen Möglichen
Wirklich	S. Ströme des aktuellen Wirklichen	T. Territorien des virtuellen Wirklichen

Abb. 1.2 *Matrix der vier Kategorien*

Die Beziehungen von zwischen Entitäten gegebenen Voraussetzungen, die sich entsprechend den objektiven und subjektiven Koordinaten der Deterritorialisierung einschreiben, bringen es mit sich, dass die Ströme und Territorien des Wirklichen mit den Phyla und Universen des Möglichen nicht auf derselben Ebene erscheinen – letztere enthalten und umfassen erstere insofern, als die Wirklichkeit des Möglichen gegenüber der Möglichkeit des Wirklichen stets vorherrscht. Unter diesen Bedingungen bilden die Phyla gleichsam »Integrale« von Strömen und die Universen »Integrale« von Territorien (Abb. 1.3).

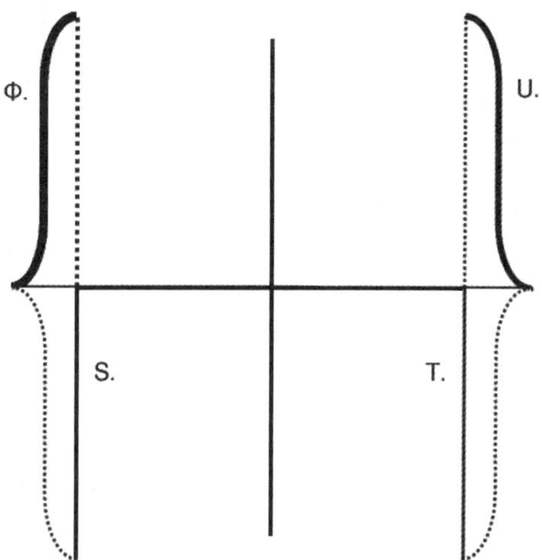

Abb. 1.3 *Integration der vier Kategorien*

Selbst wenn es stets etwas heikel ist, sich auf Freud'schem Terrain zu bewegen, weil sich die Mehrheit der Psychoanalytiker seit über fünfzig Jahren auf das Werk Freuds wie auf eine Offenbarung beruft, scheint es mir nicht unangebracht herauszuarbeiten, inwieweit der hier vorliegende Versuch, das Unbewusste mittels Deterritorialisierung neu zu begründen, in dessen Folge steht und worin er sich davon absetzt.

UNBEWUSSTES VS. LIBIDO

Freuds oberste Sorge galt der wissenschaftlichen Begründung der Psychologie, als er vier *abstrakte Quantitäten* einführte.[11] Dieses

---

[11] »Mich quälen zwei Absichten, nachzusehen, wie sich die Funktionslehre des Psychischen gestaltet, wenn man die quantitative Betrachtung, eine Art Ökono-

Anliegen führte ihn dazu, den »Seelenvermögen« der klassischen Theorien abzuschwören und die Psyche, die auf einem unbewussten »Schauplatz« operiert, dessen gewöhnliche phänomenologische Koordinaten nicht erfasst werden können, zu deterritorialisieren. Doch obwohl man hätte erwarten können, dass eine solche Behandlung psychischer Vorgänge wesentlich zu deren Reduktion führt, entsprach sie im Gegenteil einer Bereicherung, die sich in einer regelrechten Explosion neuer Deutungen der Hysterie, der Träume, der Fehlleistungen, des Witzes usw. Bahn brach. Es ist nicht das geringste Paradox, dass so Voranahmen des mechanistischen Denkens,[12] inspiriert durch Fechners Psychophysik und den »Physikalismus« von Helmholtz und Brücke, mit einer »abgrundtiefen« Erforschung koexistieren konnten, deren abenteuerlicher Charakter vielleicht nur im Dadaismus oder Surrealismus seine Entsprechung gefunden hat.[13] Es scheint, als hätten die wissenschaftlichen Schemata seiner Zeit, auf die er sich gestützt hat, Freud ausreichend Sicherheit geboten, um seiner schöpferischen Einbildungskraft freien Lauf zu lassen. Wie dem auch sei, es lässt sich wohl kaum leugnen, dass seine Entdeckung der unbewussten Prozesse semiotischer Singularisierung – der berühmte »Primärprozess« – nur mit großen Schwierigkeiten in dem engen assoziationistischen Rahmen, den er im Fahrwasser seines »Entwurfs einer Psychologie« von 1895 parallel dazu entwickelt hatte, ihren Platz fand.[14] Niemals jedoch sollte er die Verbindungen zu seinen anfänglichen neuronalen Modellen vollständig kappen.[15] (In der letzten Fassung der *Traumdeu-*

---

mik der Nervenkraft, einführt, und zweitens aus der Psychopathologie den Gewinn für die normale Psychologie herauszuschälen.« Sigmund Freud, *Briefe an Wilhelm Fließ. 1887–1904*, Frankfurt/M. 1986, S. 130 (Brief vom 25. Mai 1895).

12 Ein Beispiel unter vielen: »Also physisch sexuale Spannung erweckt von gewissem Wert an psychische Libido, die dann den Koitus u. dgl. einleitet.« Ebd., S. 74 (Manuskript E).

13 Ein Beispiel: » Ich verlange darum bei der Analyse eines Traums, daß man sich von der ganzen Skala der Sicherheitsschätzung frei mache, die leiseste Möglichkeit, daß etwas der oder jener Art im Traum vorgekommen sei, behandle wie die volle Gewißheit.« Freud, *Traumdeutung*, S. 521.

14 Sigmund Freud, »Entwurf einer Psychologie«, in: GW: *Nachtragsband*, Frankfurt/M. 1987, S. 373-486.

15 Mit seltener Redlichkeit für einen Analytiker, der das Freud'sche Erbe für sich beansprucht, hat Lacan ausdrücklich darauf hingewiesen. Vgl. »Die Wissenschaft und die Wahrheit«, in: *Schriften II*, übers. v. Hans-Dieter Gondek, Wien 2015, S. 401-428, hier S. 404.

tung von 1929 etwa wird er sein anfängliches reflexiologisches Glaubensbekenntnis[16] erneuern, wonach sich das Unbewusste zwischen Wahrnehmung und Motorik eingeklemmt wiederfindet.)[17]

Freuds ewiges Hin und Her zwischen einem unverbesserlichen Szientismus und einem an die Romantik erinnernden lyrischen Erfindungsreichtum endet in einer Reihe von Reterritorialisierungen als Antwort auf verschiedene weiterführende Deterritorialisierungen der Psyche. Hier werde ich dieses Phänomen nur mit Blick auf das Begriffspaar von Libido und Unbewusstes betrachten.

Die *Libido* kann zwei Formen annehmen, die einer prozessualen Energie, die in höchstem Maße dynamische Beziehungen aus ihrem Gleichgewicht zu bringen vermag, und jene einer statischen Energie, die an der Stratifizierung psychischer Bildungen mitwirkt. Doch Freud ist es niemals gelungen, sie in schlüssiger Weise zu verbinden, selbst als er die Koexistenz einer Objekt- und einer Ichlibido postulierte. Was unsere Perspektive anbelangt, so wird dies nicht der Fall sein, denn beide Modi gründen nicht mehr in einem dem Zufall unterworfenen Gleichgewicht der Libidoökonomie, sondern in fundamentalen mikropolitischen Entscheidungen. Infolgedessen wird die Libido »denaturiert«, deterritorialisiert sein: Sie wird zu einer Art abstrakter Materie des Möglichen. Die allgemeine Option ist folgende: Entweder geht man, wie die Schizoanalyse, den Weg der Deterritorialisierung und entscheidet sich für ein *Libido-Phylum* (auf der linken Abszisse der Abb. 1.1 und 1.3) als Integral der umwandelnden (materiellen und signaletischen) Ströme des Begehrens oder man wählt, wie das freudianische Denken, die Reterritorialisierung und entscheidet sich für einen *Libido-Strom*, der zunächst im somatischen Teil der Triebe (der Drang und die Quelle, im Gegensatz zum Ziel und zum Objekt) eingekapselt ist, dann auf die psychogenetische Ebene gehoben wird, um schließlich für immer in einen Disput mit einem entropischen Tod (der Gegensatz Eros/Thanatos) verwickelt zu werden.

Diese grundlegende Entscheidung bedeutet für das *Unbewusste*, dass es sich entweder als *Bezugsuniversum* für alle Linien von Andersartigkeit, virtuelle Möglichkeiten und vollkommen neue Werden herausbildet (auf der rechten Abszisse der Abb. 1.1 und 1.3)

---

16 »Der Reflexvorgang bleibt das Vorbild auch aller psychischen Leistung.« Freud, *Traumdeutung*, S. 543.

17 Vgl. ebd., S. 546.

oder als *Rückzugsterritorium* des Verdrängten, beherrscht von der Zensur des Systems Bewusst-Vorbewusst in der ersten und vom System Ich-Überich in der zweiten Topik.

Freud hat sehr früh das erstgenannte Feld Theoretikern wie Jung überlassen, die jedoch zu dessen Erforschung kaum imstande waren.[18] Im Gegenzug hat er das Unbewusste in vielerlei Hinsicht immer wieder reterritorialisiert:

- auf eine geistige Ebene, wie ich soeben erwähnt habe, indem er es auf eine topische Instanz begrenzte, die er letztlich von jeder Substanz entleerte und auf ein undifferenziertes Chaos reduzierte;[19]
- auf eine zeitliche Ebene mit seiner Hypothese von den psychogenetischen Stadien, die seine Entdeckung des neuen Kontinents kindlicher Sexualität, auch wenn er sie mit einer paradoxen historischen Dimension versah, durch seine Theorie der fantasmatischen »Nachträglichkeit«, dazu bestimmt, die konkreten Implikationen seiner ersten Formulierungen bezüglich der Traumata einer frühen Verführung zu vereiteln, regelrecht verderben sollte. Warum ist er nicht seinen anfänglichen Intuitionen gefolgt, denen zufolge das Unbewusste einer gewöhnlichen Zeitauffassung grundlegend widerstrebt?[20]

---

[18] Weit davon entfernt, die Singularisierungskräfte des kollektiven Unbewussten zu bejahen, das ihnen in positiver Form Prozesscharakter verleiht, werden sie von Jung uniformisiert, »archetypisiert« und einer reduktionistischen Detotalisierung unterzogen: »Wir wissen, dass so sehr die Individuen durch die Verschiedenheit ihres Bewusstseinsinhaltes getrennt sind, sie um so ähnlicher sind, was ihre unbewusste Psychologie betrifft. Es ist für jeden, der praktisch psychoanalytisch tätig arbeitet, ein bedeutender Eindruck, wenn er inne wird, wie gleichförmig eigentlich die typisch unbewussten Komplexe sind.« Carl Gustav Jung, *Wandlungen und Symbole der Libido*, Leipzig, Wien 1927, S. 170. Nichtsdestotrotz lassen sich in Jungs Methode äußerst interessante Dinge finden: seine Konzeption der Öffnung auf die Zukunft hin ausgehend von »subliminalen Kombinationen«; seine Praxis der »historischen Verstärkung«; seine Zurückweisung des Mythos von der »analytischen Neutralität«; seine Technik der Traumdeutung mittels Traumkontext und nicht nur durch bloße Assoziation …

[19] »Von den Trieben her erfüllt es sich mit Energie, aber es hat keine Organisation, bringt keinen Gesamtwillen auf, nur das Bestreben, den Triebbedürfnissen unter Einhaltung des Lustprinzips Befriedigung zu schaffen.« Freud, GW 15: *Neue Folge der Vorlesungen zur Einführung in die Psychoanalyse*, S. 80.

[20] »Im Unbewußten ist nichts zu Ende zu bringen, ist nichts vergangen oder vergessen« (*Traumdeutung*, S. 583). »Im Es findet sich nichts, was der Zeitvorstel-

Dieselbe Umkehr der Situation findet beim Wunschobjekt statt. Zur Zeit der *Traumdeutung* erscheint es ambivalent und mehrdeutig. Wie Prousts Albertine, »Göttin mit mehreren Köpfen« (und wahrscheinlich mehreren Geschlechtern), entzieht es sich hier noch bis zu einem gewissen Grad den binären und phallischen kapitalistischen Logiken. Irma z. B., die in jenem Traum erscheint, der die *Traumdeutung* eröffnet, wird beschrieben als eine »Sammelperson«, die durch ein folgende Elemente enthaltendes »Sammelbild« repräsentiert wird: 1. die Patientin, um die es in dem Traum geht; 2. eine Dame, der Freud hätte helfen können; 3. seine eigene erstgeborene Tochter; 4. ein Kind, das er im Krankenhaus betreut; 5. eine weitere Dame und 6. Frau Freud höchstpersönlich,[21] während an anderer Stelle »Örtlichkeiten [...] oft wie Personen behandelt« werden.[22] Das Objekt funktioniert so wie ein überdeterminierter »Knotenpunkt«,[23] der »Nabel des Traumes, die Stelle, an der er dem Unerkannten aufsitzt«[24] und von der aus er die unbestimmten Singularisierungslinien wuchern lässt. Nachdem Melanie Klein das Triebobjekt aus seinem personologischen Rahmen herausgelöst hatte, sodass es zum Partialobjekt avancieren konnte, machte die Deterritorialisierung noch ein paar Punkte. Hätte sich ab hier die Tür nicht auf weitere Werden hin öffnen können, auf nichtmenschliche, tierische, pflanzliche, kosmische und abstrakt maschinische? Und dennoch wurde sie in jeglicher nur erdenklichen Weise wieder geschlossen: indem von den Partialobjekten eine erschöpfende und nach Typen geordnete Liste angefertigt wurde; indem man sich des »hindernisreichen Weges« als normatives Element bediente, zu dem sich jede Subjektivität, die die höchsten Stadien der »oblativen Genitalität« erreichen will, zwingen sollte; weil die aufeinanderfolgenden Generationen der Anhänger Freuds aus den »bösen Objekten« bis hin zu den »guten Objekten« und anschließend aus der »Objektbeziehung« und den »Übergangsobjekten« bis hin zum Objekt *a* schlussendlich eine allgemeine Funktion gemacht und sie so ihrer besonderen Merkmale beraubt haben.

---

lung entspricht, keine Anerkennung eines zeitlichen Ablaufs« (*Neue Folge der Vorlesungen*, S. 80).

21 Freud, *Die Traumdeutung*, S. 298.

22 Ebd., S. 325.

23 Ebd., S. 289.

24 Ebd., S. 530.

Dasselbe geschieht mit der Alterität, denn obwohl Freud sie als für die Wahrheit notwendiges Element in die geschlossensten psychopathologischen Krankheitsbilder eingeführt hat, wird auch sie in personologischen Bezügen reterritorialisiert (bis hin zu einem Verbot, auf den vermeintlich symbiotischen prädipalen Schauplätzen erscheinen zu dürfen) und, unter dem scheelen Blick der analytischen Sphinx, zu einem Ursprungskomplex symbolischer Kastration strukturalisiert.

Zusammengefasst könnte die »Auswahlmaterie« im Disput Libido/Unbewusstes folgendermaßen dargestellt werden:

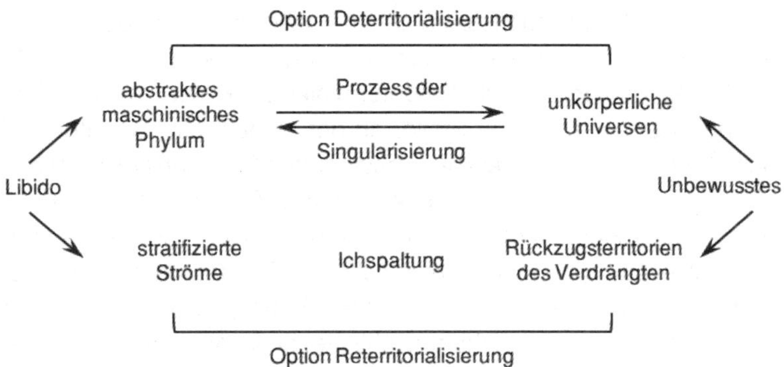

Abb. 1.4 *Die Auswahlmaterie Libido/Unbewusstes*

Die Kartografien der Subjektivität

Bevor wir mit der Untersuchung der durch die vier Funktoren S.T.Φ.U. eröffneten kartografischen Möglichkeiten fortfahren, müssen wir den Status des hier vorliegenden theoretischen Unternehmens untersuchen. Unser Hauptziel besteht in der Entwicklung eines begrifflichen Rahmens, der die Schizoanalyse gegen jede Versuchung wappnet, dem Ideal der Wissenschaftlichkeit zu verfallen, das in den »Psycho«-Bereichen gewöhnlich in Form eines kollektiven Über-Ich vorherrscht. Wir sind eher auf der Suche nach einem Fundament, das sie, durch seine Urteilsform, seinen Wahrheitstyp und seine Logik, in die Nähe der ästhetischen Disziplinen rückt. Alle spezifischen Berufe, die mit der Psyche zu tun haben, sind im Allgemeinen von einer Aura umgeben, die paradoxerweise wissenschaftlichen

Geist und Magie unentwirrbar miteinander verwebt. Was mich persönlich betrifft, so habe ich prinzipiell nichts gegen die Magie, ganz im Gegenteil, in manchen Fällen gibt sie eine äußerst interessante Form der Kartografie psychischer Gefüge ab, die im Kontext traditioneller Medizin bisweilen in der Lage ist, in der klinisch reinen und reduktionistischen Umgebung der Therapeuten in weißen Kitteln Widerstand zu leisten. Allerdings muss diese magische Dimension auch anerkannt und als solche akzeptiert werden! Mit den genannten Spezialisten wird das natürlich nicht der Fall sein. Nur zu oft geben sie uns das Schauspiel von Leuten, die sich hinter einer realitätsfernen Gelehrsamkeit verschanzen, deren Ungereimtheiten durch den Anschein professioneller Kompetenz mehr schlecht als recht verdeckt werden. Zudem muss erkannt werden, dass alle Mitwirkenden in diesem »Psycho«-Theater Komplizen dieses Schwindels sind: die Nutznießer, das Gesundheitssystem, die Medien usw. Alles beruht auf der Vorstellung, dass sich jemand nur im Namen der Wissenschaft legitimerweise den psychischen Problemen seiner Mitmenschen aktiv zuwenden dürfe. Wenn die »Therapeutenkaste« zusammenkommt, dann hält sie »wissenschaftliche« Veranstaltungen ab, bei denen als »wissenschaftlich« deklarierte Beiträge zirkulieren. Ihre Art sich auszudrücken, sich in der Öffentlichkeit zu geben, ihre Haltung, ihr ganzes Auftreten bis hin zu ihrer Kleiderordnung sind von diesem Wissenschaftsideal durchdrungen. Das Ganze zeugt im Allgemeinen, es lässt sich nicht leugnen, von einem beißend schlechten Geschmack, von einem unerträglichen Manierismus.

Mindestens drei Arten von Verbindung zwischen der Wissenschaftsmythologie der Therapeuten und ihren Anwendungsbereichen lassen sich ausmachen, wobei sich die drei auf jegliche mögliche Art und Weise überschneiden: ein asketischer Weg, ein identifikatorischer Weg und ein anlehnender Weg.

Der asketische Weg besteht darin, dass sich der Spezialist direkt in die Position des naturwissenschaftlichen Gelehrten begibt – oder zumindest in jene, die er für die seine erachtet. Ende des 19. Jahrhunderts und während der ersten Hälfte des 20. Jahrhunderts schienen die Psychobereiche im Zuge ihrer Erforschung die letzten Realitätsnischen zu sein, die der Erfassung und Kontrolle durch die instrumentelle Vernunft noch entgingen. Nichts also schien den Entdeckern jener Zeit dringlicher, als sie den damals maßgebenden experimentellen Verfahren zu unterwerfen. Dem lag als implizite

Voraussetzung zugrunde, dass sich innerhalb jener Bereiche klar definierte Objekte ausmachen ließen, von denen aus man dann Korrelationen und Gesetze zu erstellen suchte. Die Vorlage für ein solches Vorgehen entwickelte Fechner in seiner Psychophysik, als er die Entdeckung eines entscheidenden Gesetzes gemacht zu haben glaubte – das unter der Bezeichnung »Weber-Fechner-Gesetz« noch immer in Lehrbüchern auftaucht –, das eine Beziehung zwischen der Stärke von Sinneseindrücken und der Intensität des Reizes postuliert, sofern sich die Erste proportional zum Logarithmus des Zweiten verhält. Die Untersuchung bedingter Reflexe und der Aufschwung des »Behaviorismus« schienen zu Beginn ebenfalls in diese Richtung zu gehen. Doch da sie nicht in der Lage waren, einen Korpus an hinreichend kohärenten Algorithmen für eine durchgängig wissenschaftliche Erklärung zu kreieren, mussten die Anhänger dieser Denkungsart ihre Ansprüche schnell herunterschrauben. Nichtsdestotrotz geistert sie immer noch durch die psychologischen Untersuchungslabore und erfährt sogar seit ein paar Jahren spektakulären Aufwind mit der massiven Rückkehr von verhaltenstherapeutischen Methoden und dem Aufschwung von Familientherapieströmungen, die auf der Systemtheorie von Ludwig von Bertalanffy beruhen.[25] Doch in welchem Gewand sie auch auftreten mag, sie bleibt gefangen in den grundlegenden Entscheidungen szientistischen Denkens.

Den zweiten Weg habe ich als hysterische Identifikation bezeichnet, weil er durch eine Anverwandlung von Wissenschaftlichkeit gekennzeichnet ist, die sich nur wenig darum schert, ob sie mit wiederholbaren experimentellen Verfahren übereinstimmt oder sich auf verifizier- und falsifizierbare Theorien im Sinne Poppers stützt.[26] Das bezeichnendste Beispiel dieses wissenschaftlichen »Bluffs« kommt von Seiten der Psychoanalyse. Zu Beginn von Freud aus einer Fechner, Helmholtz und der sogenannten physikalistischen Schule nahestehenden Perspektive entworfen, kommt die Psychoanalyse im Zuge ihrer Institutionalisierung und Verankerung in der Gesellschaft zu der Ansicht, dass ihre Lehrmeinungen nur von der Kaste jener Eingeweihten richtig verstanden werden können, die der Seg-

25 Vgl. Ludwig von Bertalanffy, *General System Theorie. Foundations, Development, Applications*, New York 1968; dt., *Systemtheorie*, Berlin 1972.

26 Vgl. Karl Popper, *Ausgangspunkte. Meine intellektuelle Entwicklung*, übers. v. Friedrich Griese, Hamburg 1981.

nungen einer Lehranalyse teilhaftig geworden sind. Seitdem geht es ihr nicht mehr um Wissenschaftlichkeit, die auf Tuchfühlung mit dem gesunden Menschenverstand ist. Es wäre gleichwohl ein Fehler, derlei Verfahren auf eine schlichte Mystifizierung oder eine hochgradige Verwirrtheit zurückzuführen, wie etwa bei dem windigen Erfinder, der am Anfang des berühmten Betrugsskandals um die sogenannten »Schnüffel-Flugzeuge« steht, denn die Psychoanalyse hat es mit weit komplexeren Glaubensphänomenen zu tun, auf die wir noch zurückkommen werden.

Der Anlehnungsweg macht einen indirekten Gebrauch von der Wissenschaft, sofern deren Aussagen in Bezug zum jeweiligen Gebiet bis zu einem gewissen Grad äußerlich bleiben oder lediglich in Form von Metaphern verwendet werden. Ein Teil der Psychoanalyse hat sich diesem Modus verschrieben. Etwa wenn sich Freud auf ein – ernsthaft »überprüftes«! – Prinzip Carnots bezieht, um seine Zweiteilung der Triebökonomie in Eros und Thanatos zu rechtfertigen. Oder wenn in der Folge die Apostel des Signifikanten die strukturalistische Linguistik plündern oder sich an einer mathematischen Topologie versuchen, die nun wahrlich nichts dafür kann, die Arme!

Selbstverständlich will ich auf keinen Fall, dass die schizoanalytischen Kartografien irgendeine dieser Richtungen einschlagen. Ich bin der Ansicht, dass sie die reduktionistischen Sümpfe, in denen Psychologen und Psychoanalytiker lustvoll versinken, nur dann vermeiden werden, wenn es ihnen gelingt, sich von jedwedem wissenschaftlichen Bezug resolut und ohne Bedauern loszumachen. Man verstehe mich recht. Es geht mir nicht um einen schamhaften Verzicht oder das Eingeständnis einer unseren Untersuchungsmitteln innewohnenden Schwäche, sondern zwingend darum, sich einer zutiefst illusorischen und schädlichen Perspektive zu entwöhnen. Faktisch sind die wissenschaftlichen Methoden nicht wirklich in der Lage, die Analyse der Psyche zu unterstützen, weil es ihnen selbst erst gelang, als spezifisches semiotisches Phylum »abzuheben«, als sie zu einer systematischen Ausklammerung von Fragen übergingen, die ihre Äußerung, ihre idiosynkratischen Urteilsformen ebenso wie ihre irreduzibel singulären Prozesse, anders gesagt, ihre grundlegende subjektive Dimension betreffen. Nicht nur haben die Kartografien der Subjektivität nichts zu gewinnen, wenn sie die Wissenschaft nachäffen, sondern diese darf sich vielleicht mehr von den Themen und Problematiken erhoffen, die im Fahrwasser jener

Kartografien schwimmen. Erinnern wir in dieser Hinsicht an Merleau-Pontys Mahnung in der Einleitung zur *Phänomenologie der Wahrnehmung*: »Was immer ich – sei es auch durch die Wissenschaft – weiß von der Welt, weiß ich aus einer Sicht, die meine ist, bzw. aus einer Welterfahrung, ohne die auch alle Symbole der Wissenschaft nichtssagend blieben oder vielmehr wären. Das Universum der Wissenschaft gründet als Ganzes auf dem Boden der Lebenswelt, und wollen wir die Wissenschaft selbst in Strenge denken, ihren Sinn und ihre Tragweite genau ermessen, so gilt es allem voran, auf jene Welterfahrung zurückzugehen, deren bloß sekundärer Ausdruck die Wissenschaft bleibt.«[27] Man muss wohl oder übel feststellen, dass ein gewisses positivistisches Fortschrittsdenken auch weiterhin einem wahrhaft analytischen und mikropolitischen Zugang zu den subjektiven Bildungen im Wege steht. Welche Wellen an Religiosität auch immer sie heute überfluten, die kapitalistische Subjektivität bleibt dabei, sich als eine historisch vollendete Form zu präsentieren. Im Grunde verharren wir immer noch mehr oder weniger beim Comte'schen Drei-Stadien-Gesetz. Aber ist es nicht dennoch offensichtlich, dass die berüchtigten drei Zeitalter – theologisches, metaphysisches und positivistisches – *niemals* aufgehört haben, sich in unterschiedlichen Graden zu durchkreuzen? Die Subjektivität, die in den ausgefeiltesten wissenschaftlichen Paradigmen am Werk ist, funktioniert teilweise noch in Form von Animismus und transzendentalem Abstraktionismus. Alle wissenschaftlichen Verfahren und alle Formen logisch-mathematischer Rationalität bilden sich ausgehend von ein und demselben Netz aus Wahrnehmungsmustern, Affekten, imaginären Handlungen und Vorstellungen, die sich zudem, wie der Traum, der Wahnsinn oder die schöpferische Tätigkeit, im Alltagsleben wiederfinden lassen. Einzig die Gefüge und die Intensität der ins Spiel gebrachten Komponenten ändern sich. Umgekehrt führen dieselben konkreten, traumgestalterischen, pathologischen und ästhetischen Universen ihren jeweiligen Modalitäten entsprechend problematische Merkmale, hochgradig differenzierte Maschinensätze ein, die gleichsam unter der Banalität ihrer gewöhnlichen Erscheinungsformen versinken.

Aus unserer Perspektive müssten also die Kartografien unbewusster Subjektivität die Rationalisierungssysteme, die in den Wis-

---

[27] Maurice Merleau-Ponty, *Phänomenologie der Wahrnehmung*, übers. v. Rudolf Boehm, Berlin 1966, S. 4.

senschaften, der Politik und anderen Bereichen menschlicher Erkenntnis und Tätigkeit gängig sind, notwendig ergänzen. Sie müssten zu diesen hinzukommen oder, falls erforderlich, als Instrumente für Widerspruch und Transformation dienen, allermindestens aber zu unersetzbaren Werkzeugen für die Beleuchtung und Lektüre von Zonen extremer Komplexität avancieren, deren Erhellung keiner gewöhnlichen logischen Bearbeitung mehr folgt. Warum? In erster Linie, weil die Karte hier ihre primäre Funktion verliert, eine Landschaft abzubilden.[28] Angesichts der kartografischen Verfahren, anhand deren sich Singularitäten und Singularisierungsprozesse, die von mir so genannten ontologischen Praktiken, verorten lassen, sollte sich also die Logik diskursiver Mengen bereitwillig in ihre Entmachtung fügen. In diesem Zusammenhang lauthals den Bankrott der Rationalität zu beklagen, wäre scheinheilig; denn in gewissem Sinne geht es hier eigentlich um ihre Konsolidierung. Es handelt sich darum, Semiotisierungszonen zu erforschen und produktiv zu machen, deren Aufgabe nicht mehr nur darin besteht, die verschiedenen Bereiche untereinander zu verbinden und plurivoke Beziehungen zwischen verschiedenen Sammlungen aus *erstens* Ausdrucksformen, *zweitens* mentalen Entitäten und *drittens* (realen oder virtuellen) Objekten herzustellen, sondern auch, zusätzlich zu den klassischen Funktionen von *Repräsentation* und *Denotation*, eine jenen ontologischen Pragmatiken eigene Existenzialisierungsfunktion auszulösen, die spezifische existenzielle Qualitäten zu entfalten und intensiv zu verketten vermag. An dieser Stelle soll der Hinweis genügen, dass die intensiven Indizes, die diagrammatischen Operatoren, die durch die existenzielle Funktion mit einbegriffen sind, keine Universalität beanspruchen können. Dies wird die Schizoanalyse dazu führen, sie trotz mancher Gemeinsamkeiten von Kleins »Partialobjekten« und Lacans »Objekt *a*« abzugrenzen. Sie gleichen eher Singularisierungskristallen, Verzweigungspunkten außerhalb vorherrschender Koordinaten, aus denen mutierende Bezugsuniversen hervorgehen können. Doch vielleicht erscheinen diese kartografischen Entitäten dem einen oder anderen auch als ziemlich mysteriös! Und tatsächlich

---

[28] Nicht nur verweist die Karte immer wieder auf ihre eigene Kartografie, wie Alfred Korzybski sehr gut erkannt hat, sondern die Unterscheidung zwischen Karte und Territorium droht zu verschwinden (the map and »the thing mapped«). Vgl. *Science and Sanity. An Introduction to Non-Aristotelian Systems and General Semantics*, New York 1973, S. 58, 247 u. 498.

haben wir nicht mehr so einfach Zugang zu ihnen wie in der guten alten Zeit des »animistischen« Denkens oder noch heute anlässlich gewisser Erfahrungen des Bruchs mit der »Normalität«. Daher ist es notwendig, analytische Äußerungsdispositive – die nicht ohne Beziehung zu jenen künstlerischer Schöpfung sind[29] – vollständig zu konstruieren und ihnen so von Neuem Wirksamkeit zu verleihen. Schließlich sei unterstrichen, dass der Zweck, jene »Analysierer« wieder ins Spiel zu bringen, Psychoanalyse und Kunst bei weitem übersteigt, denn er betrifft die Fähigkeit unserer Gesellschaft, neue Grade an Freiheit im Verhältnis zu existierenden ökonomischen und sozialen Zwängen zu gewinnen und die kollektiven und individuellen Zwecke menschlicher Tätigkeit auf neue Ziele hin auszurichten.

Von der Postmoderne zur postmedialen Ära

Eine bestimmte Auffassung vom Fortschritt und von der Moderne ist bankrottgegangen und hat in ihrem Untergang das kollektive Vertrauen in die Vorstellung einer emanzipatorischen Gesellschaftspraxis erschüttert. Parallel dazu fand eine Art Unterkühlung der sozialen Beziehungen statt: Hierarchien und Spaltungen haben sich verhärtet, Elend und Arbeitslosigkeit werden tendenziell wie unvermeidliche Übel akzeptiert, die Gewerkschaften klammern sich an die letzten institutionellen Strohhalme, die ihnen hingeworfen werden, und verschanzen sich hinter korporatistischen Praktiken, die sie konservative, bisweilen reaktionären Milieus entstammende Positionen vertreten lassen. Die kommunistische Linke ist unheilbar sklerotisch und dogmatisch, während die sozialistischen Parteien im Bemühen, sich als vertrauenswürdige technokratische Partner zu präsentieren, jeder progressiven Kritik an den bestehenden Strukturen entsagt haben. Nach alldem ist es nicht verwunderlich, wenn die Ideologien, die vormals den Anspruch erhoben, für die Neugründung der Gesellschaft auf weniger ungerechten, weniger ungleichen Fundamenten als Führer zu dienen, ihre Glaubwürdigkeit verloren haben.

---

29 Siehe die Beschreibung einer kartografischen Tätigkeit, die das Territorium, auf das sie sich bezieht, hervorbringt, bei Jorge Luis Borges, »Von der Strenge der Wissenschaft«, in: *Borges und Ich*, übers. v. Karl August Horst, München 1987, S. 121.

Folgt daraus, dass wir fortan dazu verdammt sind, angesichts des Aufstiegs der neuen Ordnung von Grausamkeit und Zynismus, die im Begriff steht, den Planeten einzunehmen mit der anscheinend felsenfesten Absicht, ewig zu herrschen, untätig zu verharren? Zu dieser bedauerlichen Schlussfolgerung scheinen in der Tat zahlreiche intellektuelle und künstlerische Milieus gekommen zu sein, ganz besonders jene, die sich dem Postmodernismus verschrieben haben.

Ich gehe hier nicht auf die von den Managern zeitgenössischer Kunst lancierten großen Werbekampagnen ein, die in Deutschland *Neoexpressionismus*, in den USA *Bad Painting* oder *New Painting*, in Italien *Transavanguardia* und in Frankreich *Figuration libre*, *Nouveaux Fauves* usw. getauft wurden. Dagegen werde ich lieber zeigen, dass die Postmoderne insofern nur die letzte Zuckung der Moderne ist, als sie auf deren formalistische und reduktionistische Abwege reagiert und diese widerspiegelt. Bestimmt geht aus diesen Schulen der eine oder andere authentische Maler hervor, dessen individuelles Talent ihn vor den schädlichen Auswirkungen dieser Art publizitär genährten Schwärmerei schützen wird, doch sicher kein Anstoß für schöpferische Phyla, die sie alle, ihrem eigenen Anspruch nach, neu beleben wollten.

Die postmoderne Architektur indes scheint mir, um an den zutiefst reterritorialisierenden Tendenzen der gegenwärtigen kapitalistischen Subjektivität besser andocken zu können, viel weniger oberflächlich und weitaus aussagekräftiger, was den durch die vorherrschenden Machtformationen der Kunst zugebilligten Platz angeht. Diesen Punkt möchte ich erläutern. Der kapitalistische Trieb hat zu jeder Zeit und ganz gleich in welcher historischen Verkleidung immer schon zwei grundlegende Elemente unentwirrbar miteinander verknüpft: einerseits die Zerstörung sozialer Territorien, kollektiver Identitäten und traditioneller Wertesysteme, was ich als deterritorialisierend bezeichne, und andererseits die Neubildung, selbst mit den künstlichsten Mitteln, von individuierten personologischen Rahmen, Machtschemata und Unterwerfungsmodellen, die, wenn nicht jenen, die sie zerstört hat, so doch zumindest denjenigen formal ähnelt, die ihr von einem funktionalen Gesichtspunkt aus homothetisch sind. Letztere bezeichne ich als reterritorialisierende Bewegung. In dem Maße, wie die deterritorialisierenden Revolutionen, die mit der Entwicklung der Wissenschaften, Techniken und Künste einhergehen, alles auf ihrem Weg mitreißen, wird eine zwanghafte Regung subjektiver Reterritorialisierung freigesetzt. Und dieser Konflikt verschärft sich mit dem vielversprechenden Aufstieg von Maschinismen in Kommunikation und Informatik umso mehr, als diese auf menschliche Vermögen wie das Gedächtnis, die Wahrnehmung, den Verstand, die Einbildungskraft usw. deterritorialisierend wirken. So findet sich eine bestimmte Form anthropologischen Funktionierens, ein früher vorherrschendes Modell der Menschheit grundsätzlich entmachtet. Und ich denke, dass sich die kollektive Subjektivität deshalb der absurden Welle konservativer Einstellungen hingibt, die wir heute erleben, weil ihr das Vermögen fehlt, dieser wundersamen Mutation in angemessener Weise gegenüberzutreten. Ob und unter welchen Bedingungen es möglich ist, den Anstieg dieser unheilbringenden Fluten zu stoppen, und welche Rolle dabei die verbliebenen Inselchen befreiender Willenskraft spielen, die in diesem sintflutartigen Geschehen trotz allem noch zutage treten, genau das ist die Frage, die meinem Vorschlag eines Wechsels ins post-massenmediale Zeitalter zugrunde liegt. Mir scheint, ohne dieser Thematik allzu sehr vorgreifen zu wollen, dass das Pendel, das in Richtung einer gefährlich rückwärtsgewandten subjektiven Reterritorialisierung ausgeschlagen hat, dann spektakulär umschlagen könnte, wenn sich neue emanzipatorische gesellschaftliche Praktiken und vor allem alternative subjektive Produktionsgefüge zur Geltung bringen würden, die imstande wären, sich mit den molekularen Revolutionen, die unsere Zeit heimsuchen, anders als jene der konservativen Reterritorialisierung zu verbinden.

Kommen wir auf unsere postmodernen Architekten zurück. Für manche unter ihnen geht es tatsächlich nicht im übertragenen Sinne um Reterritorialisierung, etwa für Léon Krier, wenn er schlicht vorschlägt, die Städte in ihrer traditionellen Struktur, mit ihren Straßen, ihren Plätzen und ihren Vierteln, wiederaufzubauen.[30] Bei Robert Venturi handelt es sich weniger darum, den Raum zu reterritorialisieren, als die Brücken zur Zeit abzubrechen, indem er die von den Modernisten wie Le Corbusier ausgestellten Wechsel auf die Zukunft ebenso wie vergangenheitsbezogene Träume der Neoklassizisten zurückweist. Es gehört nunmehr zum guten Ton, den gegenwärtigen Zustand der Dinge als solchen zu akzeptieren. Ein Venturi

30 Vgl. Léon Krier, »La reconstitution de la ville/The Reconstruction of the City«, in: *Rational Architecture Rationnelle*, Bruxelles 1978, S. 33-42; *La Présence de l'histoire. L'après modernisme*, Paris 1981.

etwa wird sich zu ihren prosaischsten Aspekten bekennen und sich über die »wie auf einem Band aufgereihten Geschäfte« begeistern, die, von »geschmückten Hangars« gesäumt, das urbane Netz der USA knüpfen; er wird sogar so weit gehen und die kitschigen Verzierungen der Vorgärten in den auf dem Reißbrett entworfenen Vorstädten preisen und mit den Urnen der Beete von Le Notre vergleichen.[31] Während in der bildenden Kunst den jungen Malern abverlangt wurde, sich vermittelt über die Marktführer dem allgemein herrschenden Konservatismus unterzuordnen – taten sie es nicht, sahen sie sich zu einem Leben an den Rändern verurteilt –, hat sich in der Architektur die Angleichung an die rückständigsten Werte des Neoliberalismus ohne Zögern vollzogen. Es stimmt, die Malerei war für die herrschenden Klassen stets nur »Seelennahrung« und Prestige-Währung, während der Architektur bei der Erstellung von Territorien der Macht, der Fixierung ihrer Embleme und der Proklamation ihres Fortbestands immer schon ein zentraler Platz zukam.

Befinden wir uns seitdem nicht in dem von Jean-François Lyotard so bezeichneten postmodernen Modus,[32] den ich im Unterschied zu diesem Autor als Paradigma aller Unterwerfungen, aller Kompromisse mit dem bestehenden Status quo verstehe? Aufgrund des Zusammenbruchs der sogenannten großen Erzählungen (z. B. der Diskurs der Aufklärung oder der Hegels über die Vollendung des Geistes oder der der Marxisten über die Emanzipation der Proletarier) ist es Lyotard zufolge geboten, auch nur der kleinsten Anwandlung eines gemeinschaftlichen sozialen Handelns zu misstrauen. Alle auf Konsens beruhenden Werte, so wird uns erklärt, sind obsolet und suspekt geworden. Einzig die kleinen Erzählungen, mit anderen Worten, »Pragmatiken besonderer Sprachspiele«, mannigfaltig und heterogen, deren zeitliche und räumliche Wirksamkeit nur begrenzt sein kann, sind noch imstande, einige wenige Werte von Gerechtigkeit und Freiheit zu bewahren. Jean-François Lyotard gesellt sich so zu den anderen Theoretikern wie etwa Jean Baudrillard,

---

31 Vgl. Robert Venturi, *Lernen von Las Vegas. Zur Ikonographie und Architektursymbolik der Geschäftswelt*, übers. v. Heinz Schollwöck, Braunschweig, Wiesbaden 1979; *Komplexität und Widerspruch in der Architektur*, übers. v. Heinz Schollwöck, Braunschweig, Wiesbaden 1978; vgl. ebenso Charles Jencks, *Die Sprache der postmodernen Architektur. Die Entstehung einer alternativen Tradition*, übers. v. Nora von Mühlendahl-Krehl, Stuttgart 1978.

32 Jean-François Lyotard, *Das postmoderne Wissen*, übers. v. Marianne Kubaczek, Wolfgang Pircher, Otto Pfersman, Jean Pierre Dubost, Wien 1982.

für die das Soziale und das Politische immer nur Illusionen, »Trugbilder« gewesen sind, die es so schnell wie möglich loszuwerden gilt. Da jede gesellschaftliche Agitation auf Sprachspiele zurückgeht (der Lacan'sche Signifikant ist spürbar nicht weit), ist die einzige verkitschte Losung, die Lyotard – ehemaliger Mitstreiter der linksradikalen Zeitschrift *Socialisme ou barbarie* – angesichts der Katastrophe zu retten vermag: das Recht auf freien Zugang zu Speichern und Datenbanken. Ob Maler, Architekten oder Philosophen, die Helden der Postmoderne eint somit die Überzeugung, dass die Krisen, die die künstlerischen und gesellschaftlichen Praktiken gegenwärtig erfasst haben, bloß noch zu einer rückhaltlosen Ablehnung jedweden ambitionierten Gemeinschaftsprojekts führen können. Bestellen wir also unseren Garten, und das vorzugsweise in Übereinstimmung mit den Sitten und Gebräuchen unserer Zeitgenossen. Bloß keine Wellen schlagen! Nur Trends setzen auf den Kunst- und Meinungsmärkten mithilfe von Werbekampagnen und Umfragen. Was das gewöhnliche gemeinschaftliche Zusammensein anbelangt, so sollte ein neues Prinzip »hinreichender Kommunikation« schon für gesellschaftliche Ausgewogenheit und kurzzeitigen Zusammenhalt sorgen. Und das, wenn man bedenkt, welcher Weg seit der Zeit zurückgelegt worden ist, als auf den Bannern der französischen Soziologie zu lesen war: »Soziale Tatsachen sind Dinge!« Nun, für die Postmodernen sind dies alles nichts als Schwaden von Diskursen, die in einem Äther aus Zeichen herumgeistern!

Doch woher nehmen sie eigentlich die Gewissheit, dass der Sozius derart auf sprachliche Tatsachen und Letztere wiederum auf binarisierbare, »digitalisierbare« Bedeutungsketten reduziert werden können? Zu diesem Punkt haben die Postmodernen kaum etwas Neues gesagt. Sie bleiben voll und ganz der, letztlich modernen, strukturalistischen Tradition verhaftet, deren Einfluss auf die Geistes- und Sozialwissenschaften anscheinend unter den schlimmsten Bedingungen durch das angelsächsische Systemdenken abgelöst werden soll. Das geheime Band zwischen all diesen Doktrinen besteht meiner Ansicht nach darin, dass sie unterirdisch, klammheimlich verlaufen – geprägt von den reduktionistischen Konzeptionen, die direkt nach dem Krieg durch die Informationstheorie und die ersten kybernetischen Forschungen aufkamen. Die Bezüge, die die einen wie die anderen laufend aus den neuen Technologien der Kommunikation und der Informatik herausklaubten, waren dermaßen unausgegoren und wurden derart schlecht beherrscht, dass sie uns weit hinter die ihnen vorausgehenden phänomenologischen Untersuchungen zurückgeworfen haben.

Wir müssen also auf die schlichte, jedoch so folgenreiche Einsicht zurückkommen, dass die konkreten Sozialgefüge – die nicht mit den »Primärgruppen« der amerikanischen Soziologie verwechselt werden dürfen, die noch der Ökonomie der Doxa unterworfen sind – sehr viel mehr als nur sprachliche Performanzen ins Spiel bringen, nämlich ethologische und ökologische Dimensionen, ökonomische, ästhetische, körperliche, fantasmatische Zeichenkomponenten, die sich nicht auf eine Semiologie der Sprache reduzieren, eine Vielzahl an unkörperlichen Bezugsuniversen, die sich nicht ohne Weiteres in den Rahmen der herrschenden Empirizität zwängen lassen ... Die postmodernen Philosophen mögen noch so sehr mit pragmatistischen Forschungen liebäugeln, sie bleiben einer strukturalistischen Auffassung von Sprechen und Sprache verhaftet, sodass sie niemals in der Lage sein werden, die subjektiven Tatsachen mit den Bildungen des Unbewussten sowie mit den ästhetischen und mikropolitischen Problematiken zu verbinden. Unverblümt gesagt, ich glaube, dass diese Philosophie überhaupt gar keine ist; sie ist nur die allgemein herrschende Geisteshaltung, ein »Zustand« von Meinung, die ihre Wahrheiten einzig und allein aus dem Zeitgeist bezieht. Warum z. B. sollte sie sich die Mühe machen, eine solide spekulative Stütze für ihre die Inkonsistenz des Sozius betreffende These zu entwerfen? Macht die gegenwärtige Allmacht der Massenmedien nicht hinlänglich deutlich, dass sich jedwedes soziale Kettenglied, ohne sich offensichtlich groß dagegen zu wehren, zum entsingularisierenden und infantilisierenden Auswalzen der kapitalistischen Signifikantenproduktion eignet? Ein alter Lacan'scher Sinnspruch, demzufolge »ein Signifikant das Subjekt für einen anderen Signifikanten repräsentiert«, könnte dieser neuen Rückzugsethik als Motto dienen. Denn genau da sind wir hingekommen. Nur gibt es wahrlich nichts zu frohlocken, wie die Postmodernen es glauben machen. Die Frage sollte eher lauten: Wie aus einer solchen Sackgasse herausfinden?

Dass unsere signaletische *prima materia* zunehmend vom Eingriff der Maschinen abhängt,[33] bedeutet nicht, dass menschliche

---

33 Ein Thema, das Walter Benjamin bereits 1935 beschäftigte in *Das Kunstwerk im Zeitalter seiner technischen Reproduzierbarkeit*, Frankfurt/M. 1963.

Freiheit und Kreativität unwiderruflich dazu verdammt sind, durch mechanische Abläufe entfremdet zu werden. Nicht ausgeschlossen werden kann, dass, ehe das Subjekt unter die Fittiche der Maschine gerät, die maschinischen Netzwerke eine Art Subjektivierungsprozess durchlaufen, mit anderen Worten, dass Maschinismus und Menschheit eines Tages anfangen, in fruchtbarer Nachbarschaft miteinander zu koexistieren. So gesehen sollte vielleicht zwischen besagter signaletischer Materie und Materien, die der Subjektivität zur Auswahl stehen, unterschieden werden. Darunter verstehe ich alle Bereiche, in denen es zu Entscheidungen kommt, zu Auswahlen, zu Entnahmen, die wiederum durch (kollektive und/oder individuelle) Äußerungsgefüge bewirkt werden. Während die signaletischen Materien auf Logiken diskursiver Mengen beruhen, deren Beziehungen auf Objekte gerichtet werden können, die sich dann entsprechend extrinsischen (energetisch-raumzeitlichen) Koordinaten entfalten, werden die Auswahlmaterien durch Logiken von Selbstbezüglichkeit bestimmt, die existenzielle Intensitätsmerkmale mit sich bringen, die sich keinem mengentheoretischen Axiom unterordnen lassen. Diese Logiken, die ich auch Logiken des organlosen Körpers oder Logiken existenzieller Territorien nenne, sind insofern von besonderer Natur, als ihre Gegenstände ontologisch doppeldeutig sind: Es sind Subjekt-Objekt-Doppelgesichter, die in ihrer Gestalt weder getrennt noch diskursiviert werden können, da sie nicht ins gewöhnliche Darstellungsraster passen. Sie lassen sich folglich nicht von außen erfassen; sie können nur kraft einer existenziellen Übertragung bejaht, anverwandelt werden.

Die »transversalistische« Funktion dieser doppeldeutigen Objekte, durch die sie die Möglichkeit erhalten, die abgesteckten Bezirke von Zeit und Raum zu durchqueren und die identitären Zurichtungen zu überwinden, ist für die Freud'sche Kartografie des Unbewussten sowie, wenngleich unter einem anderen Blickwinkel, für die Linguisten, die sich mit der Äußerung beschäftigen, von zentraler Bedeutung.

Der Primärprozess, die Identifizierung, die Übertragung, die Partialobjekte, die Funktion der Nachträglichkeit des Phantasmas, all diese für Psychoanalytiker gebräuchlichen Begriffe implizieren auf die eine oder andere Weise das Bestehen einer Allgegenwärtigkeit und Vorwärts- und Rückwärtsgewandtheit von Entitäten, die durch sie eingebracht werden. Doch indem er die Logik des Unbewussten indirekt auf der Logik herrschender Wirklichkeiten gründen ließ – die

Deutung sieht sich mit der Aufgabe konfrontiert, erstere in den Ausdrücken der letzteren übersetzbar zu machen –, verlor Freud das Spezifische seiner Entdeckung aus den Augen: dass bestimmte semiotische Segmente, die über den Rahmen ihres gewöhnlichen »Auftrags« der Bezeichnung hinausgehen sollten, eine besondere Wirkmacht existenzieller Produktion erlangen konnten (Universen der Neurose, Perversion, Psychose, Sublimierung usw.). So gesehen hat Lacans Dreiteilung in Reales, Imaginäres und Symbolisches, weit davon entfernt, die Sache in Ordnung zu bringen, die Abkapselung der topischen Instanzen untereinander nur noch verstärkt.

Was die Linguisten der Äußerung und der Sprechakte[34] angeht, so haben sie hervorgehoben, dass manche linguistischen Segmente, parallel zu ihren bekannten klassischen Funktionen der Bezeichnung und Denotation, eine besondere pragmatische Wirksamkeit gewinnen konnten, indem sie die jeweiligen Positionen der Äußerungen tätigenden Subjekte kristallisierten oder bestimmte Kontexte faktisch mit einem Rahmen versahen. (Das klassische Beispiel hier: der Präsident, der verkündet, »Die Sitzung ist eröffnet«, und der sie damit auch *realiter* eröffnet.) Doch auch sie glaubten, die Bedeutung ihrer Entdeckung allein auf den Bereich ihrer eigenen Disziplin beschränken zu müssen. Obwohl jene dritte »Existenz setzende« Funktion, auf die sie abstellen, logischerweise zu einer endgültigen Auflösung des strukturalistischen Korsetts führen müsste, in dem sie die Sprache weiterhin gefangen halten.[35] Aus sich selbst heraus tritt die Sprache nicht nur deshalb, um allgemeine subjektive Positionen – hier die deiktischen – innerhalb der Aussagen mit einem Index zu versehen oder die Kontextualisierung des Diskurses zu verorten, sondern auch und vor allem, um pragmatische Singularitäten zu kristallisieren und unterschiedliche Singularisierungspro-

---

34 John Langshaw Austin, Émile Benveniste, John Searle, Oswald Ducrot, Antoine Culioli usw.

35 Sie bringt zudem, ohne dass ich mich hier darüber weiter auslassen kann, mit sich, dass eine ganze Tradition dualistischer Ontologie, die die Existenz von einem Alles-oder-Nichts-Gesetz abhängen lässt: »sein oder nicht sein«, hinter sich gelassen wird. Über eine vorübergehend notwendige Rückkehr zum Animismus hinweg steht die Qualität zu sein über einer »neutralen« Essenzialität des Seins, universell affizierbar und somit austauschbar, die als kapitalistische Faktizität bezeichnet werden könnte. Hier kommt die Existenz zu sich, verliert sich, intensiviert sich, überschreitet Schwellen und macht Sprünge aufgrund ihrer Zugehörigkeit zu diesem oder jenem unkörperlichen innenbezogenen Universum.

zesse (Zuschnitte sinnlicher Territorien, Entfaltung unkörperlicher innenbezogener Universen ...) zu katalysieren. Selbstverständlich bleibt solcherlei Pragmatik einer »Existenzsetzung« nicht allein der Sprache vorbehalten; alle anderen semiotischen Komponenten, alle weiteren Vorgänge natürlicher und maschinischer Codierung wirken daran mit. Es ist also durchaus unberechtigt, dass der linguistische Signifikant den Thron besetzt, den ihm die kapitalistische Subjektivierung nur angeboten hat, weil er eine wesentliche Stütze für ihre Logik der allgemeinen Äquivalenz und ihre Politik einer Kapitalisierung abstrakter Werte der Macht darstellt. Andere Semiotisierungsregime sind imstande, die Dinge am Laufen zu halten und damit dieses symbolisch-signifikante Reich, in dem die gegenwärtige Hegemonie massenmedialer Mächte verwurzelt ist, von seiner Position, über den Rhizomen der Wirklichkeit und der Vorstellungswelt zu schweben, zu entfernen. Doch sie entstehen sicher nicht durch Spontanzeugung; sie müssen erst gebildet werden, sie liegen in Reichweite, am Schnittpunkt neuer analytischer, ästhetischer und sozialer Praktiken und werden uns durch keinerlei postmoderne Spontaneität auf einem Tablett serviert. Die Emergenz dieser neuen Subjektivierungspraktiken eines postmedialen Zeitalters wird umso mehr durch eine konzertierte Wiederaneignung von Kommunikations- und Computertechnologien erleichtert, als sie Folgendes zunehmend möglich machen:

1. die Beförderung innovativer Formen gemeinsamen Handelns und kollektiven Zusammenspiels sowie langfristig eine Wiedererfindung der Demokratie;

2. die Miniaturisierung und Personalisierung der Apparaturen, eine Resingularisierung medialer Ausdrucksmittel; man kann diesbezüglich davon ausgehen, dass die netzwerkartige Ausbreitung von Datenbanken die überraschendsten Perspektiven für uns bereithalten wird;

3. die ins Unendliche gehende Vervielfachung »existenzieller Shifter«, die den Zugang zu mutierenden schöpferischen Universen ermöglichen.

Es sei noch angemerkt, dass Multizentrierung und subjektive Automatisierung postmedialer Operatoren keineswegs zu ihrer Abschottung oder einem Rückzug postmoderner Art führen. Die kommende postmediale Revolution sollte mit beispielloser Durchschlagskraft an minoritäre Gruppen anschließen, die bis heute noch als einzige sich über die für die Menschheit tödlichen Gefahren folgender Probleme klar geworden sind:

- des Wettlaufs nuklearer Aufrüstung,
- des Hungers in der Welt,
- der unumkehrbaren Zerstörungen des Ökosystems,
- der massenmedialen Verschmutzung kollektiver Subjektivität.

Doch da die Zukunft nicht diese Wege einschlägt, muss ich gestehen, dass ich unserem Jahrtausend keine großen Chancen einräume.

Die schizoanalytischen Metamodellierungen

Die Psychoanalyse ist keine Wissenschaft; sie ist keine Kunst; und sie ist auch keine Religion – obwohl sie wirkmächtige Glaubensinhalte aufbringt, Freud wie ein Kirchenvater verehrt wird, seine ersten Patienten wie heilige Märtyrer gefeiert, seine Schriften wie Evangelien behandelt werden und die Kongregationen, die sich auf ihn berufen, Abtrünnige exkommunizieren wie in den guten alten Zeiten der Inquisition ... Ich habe bereits auf den Unterschied von religiöser und psychoanalytischer Subjektivität in ihrer Stellung gegenüber dem wissenschaftlichen Denken hingewiesen, insofern erstere von ihm deutlich abgegrenzt und letztere darum bemüht ist, es auf vielfältige Weise zu integrieren. Zwei weitere Unterschiede verdienen es, hier erwähnt zu werden: 1) Die Psychoanalyse verlangt ihren Nutzern eine aktivere Beteiligung an ihren Ritualen ab; 2) ihre Mythen sind im Vergleich zu denen der Religion stärker deterritorialisiert.

Die Psychoanalyse und die monotheistischen Religionen kommen in dem Versuch überein, die Subjektivität in ein ethisches Koordinatensystem zu zwängen, das den Anforderungen dessen entspricht, was ich kapitalistische Logiken nenne, das heißt Bewertungssysteme, die anhand des allgemeinen Äquivalenzprinzips verfahren, der Beschwörung und Verdrängung animistischer Intensitäten, der Konversion singulärer Verlaufsbahnen, der systematischen Wiederholung und Zirkulation formaler Entitäten auf deterritorialisierten »Märkten« (der Ökonomie, der Moral, der Kunst ...). Während die Religionen, um ihre Zwecke zu erreichen, mittels direkter Suggestion, durch Prägung standardisierter Vorstellungen und Aussagen vorgehen, lässt die Psychoanalyse, zumindest anfänglich, einem gewissen individuellen Ausdruck freien Lauf, um ihn dann im Weiteren besser an sich reißen zu können und ihn schließlich dazu zu bringen, sich von selbst anderen Arten von Stereotypen, die womöglich noch tyrannischer sind, zu unterwerfen. Das Originelle und Heimtückische an der psychoanalytischen Methode besteht also darin, dass sie Zwänge, denen der Diskurs für gewöhnlich unterliegt, ein Stück weit aufhebt und so die Illusion entstehen lässt, bestimmte Wunschsingularitäten könnten durch sie, und dies ganz besonders im Bereich der Sexualität, zur Sprache gebracht werden. Während die Religion der Subjektivität ein Korsett unter freiem Himmel, wenn ich so sagen darf, aufzwingt, macht die Psychoanalyse Konzessionen an die Aussagen, um ihre Bemühungen auf die Neumodellierung der Äußerung zu konzentrieren. So lässt sich mit Recht die Ansicht vertreten, sie sei nur eine Religion höherer Form, eine reine Religion, deren heilige Texte – das Freud'sche Alte Testament und das Lacan'sche Neue Testament – keine andere Rolle spielten als den ritualisierten, nahezu inhaltsleeren Praktiken einen extrinsischen Halt, ein Gerüst zu verschaffen: ein paar Schlüsselformulierungen, ein paar Denkanstöße, durch die die freie Rede im Prinzip autorisiert wird. Doch nur im Prinzip. Denn im Grunde wird nur sehr selten Gebrauch gemacht von dieser Lizenz zum Äußern, denn jede Anwandlung des »Analysanden« zur Übertretung prallt auf das Dispositiv der Kur – die Zeremonie der Sitzungen, die Zwangsjacke der Übertragung, die übereilten Deutungen, die sich wie von selbst aufdrängen, sodass der Analytiker sie nicht einmal mehr kundzutun braucht und, unter dem Deckmantel von Neutralität und absolutem Gehör für das Spiel des Signifikanten, immer häufiger dazu übergeht, sich hinter demonstrativem Schweigen, scheinhafter Erbaulichkeit zu verschanzen. Doch, dies sei betont, selbst wenn sich in der Praxis herausstellen sollte, dass die angeblich »freie Assoziation« durch eine unerbittliche semiotische Fernsteuerung postwendend kanalisiert wird, bleibt der äußere Eindruck erhalten: Es hätte auch etwas anderes passieren können; nichts verbietet der Subjektivität, sich ihrer selbst durchsichtig zu werden. Ist es jedoch – abgesehen von winzigen Stürmen im Wasserglas der ödipalen Übertragung – nicht dazu gekommen, so muss dem Subjekt vollkommen klar sein, dass der Fehler einzig und allein bei ihm liegt: Es war dem Stock, der ihm gereicht wurde, nicht gewachsen, und infolgedessen wird sich das Gefühl von Schuld und Entfremdung gegenüber der Person seines Analytikers noch zusätzlich verstärken. Masochistische Passion auf einem ruhmlosen Leidensweg! So kommt, wie in einer unserer modernen Touristenhöllen, der Freiheitstaumel des psychoanalytischen Forschungsdrangs nur portionsweise, gezähmt und unterstützt durch »Multimedia«-Programme zum Vorschein, die mittlerweile dermaßen gut verinnerlicht sind, dass ihre Kommentatoren überhaupt nicht mehr eingreifen müssen und jede Bemerkung überflüssig geworden ist.

Die Bedeutung, die die Psychoanalyse in den Industriegesellschaften, sowohl bei ihren Eliten als auch bei ihrer massenmedialen Subjektivität, gewonnen hat, stellt noch in anderer Hinsicht ein Problem dar. Welche Kraft, welche Magie muss sie in sich bergen, damit sie aus allen Krisen, die sie seit ihrem Auftauchen immer wieder gebeutelt haben, gestärkt hervorgehen konnte? Meine Annahme ist, dass wir ein solches Phänomen nur verstehen können, wenn wir die gesamte psychoanalytische Bewegung, mit all ihren Varianten, ihren fortlaufenden Abspaltungen, als eine Art Hydra mit vielen Suchköpfen betrachten, die alle auf mutierende Formen von Subjektivität gerichtet sind und die Maschinen zur Äußerung von Innerlichkeit und von Übertragung der Subjektivitäten gleichkommen, die deutlich stärker deterritorialisiert sind als jene, die bis zu ihrem Aufkommen im Einsatz waren. Es ist hier also alles eine Sache von zusätzlichen Deterritorialisierungskoeffizienten. Was besagt das? Die Geschichte der kapitalistischen Subjektivität scheint mir von einer doppelten Spannung nicht getrennt werden zu können, die sie in entgegengesetzte Richtungen zieht, einerseits zu einer Deterritorialisierung, die sie von ihrer jeweiligen »Heimat« vertreibt – Kindheit, Verwandtschaft, Lebensstil, Arbeitsplatzgarantie, ethnisch-nationale Identität ... –, andererseits zu einer existenziellen Reterritorialisierung, die der Funktionalität des gesamten Systems inhärent ist. Kapitalistischen Charakter gewinnt dieser Antagonismus dadurch, dass er letztlich immer zur selben Seite tendiert, nämlich in Richtung Neutralisierung und Abstoßung prozessualer Singularitäten, willentlicher Verkennung der Kontingenz und der Endlichkeit sowie, daraus folgend, einer immer stärker ausgeprägten Infantilisierung seiner Protagonisten.

Auch wenn es bisweilen so aussehen mag, aber diese Subjektivität steckt keineswegs in einer ewigen Wiederkehr zu sich selbst fest; sie ist gefangen in einer massiven spiralförmigen Regression, die in den durch die Erzählform der Medien verbreiteten Mythen ebenso wie in den pseudowissenschaftlichen Bezügen der Ausdrucksoperatoren im »Psycho«-Bereich zum Tragen kommt. Freud hat die Entdeckung gemacht, dass kindliche Subjektivität die der Erwachsenen unentwegt doubelt. Nur war er nicht in der Lage zu erkennen, dass derlei »Doubeln« nicht auf einer in universellen »Komplexen« verwurzelten psychogenetischen Programmierung gründet, sondern auf spezifischen Formen der Subjektivitätsproduktion, sprich, auf Formen kapitalistischer Subjektivitätsproduktion.

Gewiss nicht umsonst verspüren wir eine Art Komplementarität zwischen den im Fernsehen seriell produzierten Subjekt-Figuren (beruhend auf der Entfernung jedweder »störenden« Singularität, auf einem krassen Kult der Familie, auf zwanghaften Reinheits- und Sicherheitsvorstellungen ...) und den Strukturmodellen der Psychoanalyse. Ihre Gemeinsamkeit, ich wiederhole, sollte nicht in einer inhaltlichen Übereinstimmung gesucht werden, sondern in einer Ähnlichkeit der Vollzüge von Deterritorialisierung/Reterritorialisierung der Äußerung und gegebenenfalls in einem rückwärtsgewandten Fortschreiten, das uns immer größere Plattheit und Oberflächlichkeit beschert. Marshall McLuhan sagte über die Subjektivität, sie sei im Begriff, so platt wie der Fernseher zu werden, und Lewis Carroll erstellte mit *Alice im Wunderland* eine Karte der platten Affekte. Doch das ultimativste reduktionistische Modell stammt weder aus der Literatur noch aus den Massenmedien. Anscheinend kommt es bis auf Weiteres aus der Psychoanalyse mit ihren Praktiken der Bedeutungsreduktion und der allgemeinen Äquivalenz von Affekten und Vorstellungen. Auf dieser Seite des Wettlaufs um die Deterritorialisierung und die überstürzte Neugestaltung einer Subjektivität müssen wir das drückende Problem des überraschenden Fortbestands der psychoanalytischen Mythen einzukreisen versuchen, die Tatsache, dass es ihnen immer wieder gelingt, auf den fahrenden Zug aufzuspringen – ebenso gut und vielleicht sogar besser als die großen monotheistischen Mythen.

Unsere schizoanalytische Erforschung wird die Psychoanalyse also nicht so sehr als personologischen und intersubjektiven Korpus von Vorstellungen auffassen (die ödipale Triangulierung), sondern als Metamodellierung pragmatischer Modelle für die Unterwerfung unter moderne Systeme »weicher« Entfremdung und Ausbeutung. Indem sie ihr elitäres Setting – den Schauplatz der Couch – hinter sich gelassen, indem sie im Gesundheitswesen, in der Universität, in den Medien ... immer mehr an Boden gut gemacht hat, ist es der Psychoanalyse gelungen, die priesterliche Mission ihrer in der Gesellschaft verankerten Cliquen neu zu bestimmen, die zunehmend von ihrer früheren therapeutischen Verantwortung entlastet wurden und wenn nicht die unmittelbare Überwachung, so doch die theologische Überkodierung von Funktionen zur Erzeugung von Schuldgefühlen und zur Normierung übernehmen konnten, die in der kollektiven Psyche über eine Vielzahl molekularer Schaltstellen, in Form viraler Wellen, wirken.

2. Die semiotischen Energetiken

Denn es wäre besser, sich dem Mythos von den Göttern anzuschließen, als sich zum Sklaven der unbedingten Notwendigkeit der Physiker zu machen.

Epikur[36]

Bevor ich darlege, was ich unter »schizoanalytische Kartografien« verstehe, werde ich kurz einige unerwünschte Begleiterscheinungen untersuchen, zu denen die Übernahme thermodynamischer Begriffe seitens der Geistes- und Sozialwissenschaften geführt hat. Ich werde ebenso an den Genie-, um nicht zu sagen Wahnsinnsstreich erinnern, der Freud zur Erfindung einer semiotischen Energetik geführt hat, deren erste theoretische Fassungen trotz ihrer szientistischen Naivität alles in allem weniger reduktionistisch waren als jene, die er anschließend im Zusammenhang mit der Institutionalisierung der Psychoanalyse entwickeln sollte.

Das entropische Überich

Marx wollte die gesellschaftlichen Verhältnisse mit Arbeitsströmen und Freud das Psychische mit Strömen sexueller Libido aufladen.[37] Gewiss, keiner der beiden hatte die Absicht, zwischen energetischer Basis und sozialen und mentalen Überbauten eine mechanistische Kausalität herzustellen. Doch dass ausgerechnet ihre Theorien den reduktionistischsten Konzeptionen und Praktiken als Grundlage dienen sollten, ist nur zu bekannt. Zweifellos wäre jede Annäherung ihrer Methoden und mehr noch jede Spekulation über einen Einfluss von Marx auf Freud willkürlich. Dagegen ist es aber vielleicht nicht unbegründet, auf eine gewisse Parallele in ihren Vorgehensweisen hinzudeuten, die ich auf ein und denselben *Komplex von Infrastruk-*

---

[36] Diogenes Laertius, *Leben und Meinungen berühmter Philosophen*, übers. v. Otto Apelt, Hamburg 1967, X, 134.

[37] Freuds Beschreibung mancher Triebe als nichtsexuell – die Selbsterhaltungstriebe oder, in letzter theoretischer Fassung, der Todestrieb – werde ich insofern außen vor lassen, als sie stets noch in einer dualistischen Energetik gründen, die sie zu den Sexualtrieben in ein bipolares Verhältnis setzt.

turen zurückführe, ein Komplex, der innerhalb der Geistes- und Sozialwissenschaften in dem Maße verheerende Folgen hatte, wie sich deren Rolle in den Industriegesellschaften festigte. »Gebt uns, in welchem Bereich auch immer, eine energetisch beschreibbare Basis und wir errichten darauf die wahre Wissenschaft.« Von dieser Art von Paradigma aus hat sich ein entropisches *Überich* herausgebildet, dessen Hauptwirkung darin bestand, jene, die damit geschlagen waren, außerstande zu setzen, Bewegung, Wandlung, Veränderung oder irgendetwas sonst »Erfahrbares« wahrzunehmen, ohne es auf ein und dieselbe, auf den zwei sakrosankten Gesetzen der Thermodynamik basierende energetische Ökonomie zu beziehen. Diese parasitäre Instanz lässt sich als eine Art erkenntnistheoretischer Hummer vorstellen, der die Gegebenheiten, von denen er sich ernährt, heraustrennt und dabei stets dasselbe Ritual befolgt:

– Mit der einen Zange
  a) legt er als einzige wissenschaftlich genießbare Wirklichkeit jene Gegebenheiten auf die Seite, die seiner Umschreibung nach vom fraglichen energetischen Kapital herrühren, und
  b) zerkleinert diese energetischen Gegebenheiten, um sie jeglicher Besonderheit zu berauben und sie standardmäßig konvertierbar zu machen,

– während er mit der anderen Zange
  c) jene Gegebenheiten auf einen Zustand abstrakter Äquivalenz reduziert, die seinem Energetisierungsunternehmen widerstanden haben, was etwa zu *dem* Kapital, *der* Libido, *der* Musik, *der* Wissenschaftlichkeit ... führt, und
  d) ein Überäquivalent (oder »kapitalistischen Einheitsbrei«) auf der Grundlage all dieser lokalen Äquivalente fabriziert, sodass alle Singularitäten und intrinsischen Strukturen, alle Vorstellungen und Affekte, die sich auf sie beziehen, und, in einigen Extremfällen, alle energetischen Prozesse selbst vollständig aufgelöst werden.

In ihrem Endstadium – ich denke hierbei an die strukturalistischen und systemtheoretischen Konzeptionen – scheint die Krankheit des Entropismus tendenziell zurückzugehen, da plötzlich der Infrastrukturkomplex in den Vordergrund rückt. In der Tat hat es den Anschein, als seien die herkömmlichen Dualismen vom Typ Inhalt-Form aufgrund einer eigentlich von Überbaustrukturen ausgehenden Übertragung des Formalismus auf infrastrukturelle Ebenen hin überwunden.[38] Doch das ist nicht der Fall. Verschoben hat sich nur der Fokus des Reduktionismus auf eine Materie, die noch viel radikaler von ihren jeweiligen Besonderheiten gereinigt wurde, zugunsten einer mit einem Strom binärer Unterscheidungen gleichgesetzten Energie-Hyle (und dies trotz der zahlreichen Warnungen gegen den offenkundigen Paralogismus, der darin besteht, aus der Gleichung Negentropie = Information die Gleichung Neginformation = Energie abzuleiten).[39]

Die Monotheismen der Energie, umgewandelt in Kulte der Information und des Signifikanten, indem sie eine radikale Trennung von Subjektivitätsproduktion und semiotischer Wirksamkeit postulierten, haben durch die radikale Trennung hinsichtlich der Dimensionen der Singularität, Irreversibilität und Verzweigung von Kognitiven Gefügen und, allgemeiner, hinsichtlich der Wechselwirkungen zwischen systemischem Gegebenen und (die Beobachtung und/oder die Konzeption betreffenden) Ausdrucksstrukturen in eine Sackgasse geführt.[40] Vermutlich nehmen sie deshalb in der Megamaschine kultureller, wissenschaftlicher und subjektivistischer Produktion, die heute der Integrierte Globale Kapitalismus bildet, einen bevorzugten Platz ein, in jener Maschine, die auf diesem Planeten nur Ausdrucks- und Bewertungsformen bestehen lassen will, die sie normieren und sich zu Diensten machen kann.

---

38 Beispiele für derlei Übertragungen: das Kapital innerhalb des Arbeitsprozesses; die semiotische Substanz des Triebs (die Freud'sche Vorstellungsrepräsentanz*, von Lacan auf den Zustand des Signifikanten reduziert) innerhalb der Libido; die »binary digits« innerhalb der Computerströme ... Auffällig ist, dass die Marxisten niemals wirklich versucht haben, das Kapital in der ökonomischen Sphäre zu quantifizieren, und dass die Freudianer die Libido recht schnell wieder in den Schrank mit den frommen Reliquien gesteckt oder verschiedentlich »mystifiziert« haben.

39 Man zog eine identische Formel heran, um eine Menge an Informationen zu berechnen und eine Beziehung zwischen Entropie und thermodynamischer Wahrscheinlichkeit herzustellen. Doch wie Karl Popper anmerkte, »wurde ja nicht mehr gezeigt, als dass Entropie und fehlende Informationen durch Wahrscheinlichkeiten gemessen oder durch Wahrscheinlichkeiten interpretiert werden können. Es wurde nicht gezeigt, dass sie Wahrscheinlichkeiten derselben Attribute desselben Systems sind« (*Ausgangspunkte*, S. 237f.).

40 Edgar Morin erklärt, dass die Berücksichtigung von Beobachter/Gestalter eine Neubeschreibung der Unordnung verlangt, wonach ihr die Fähigkeit zurückgegeben werden soll, »an der Erzeugung organisatorischer Ordnung mitzuwirken«. *Science avec conscience*, Paris [2]1990, S. 186.

Die semiotische Energetik Freuds

Das szientistische Joch, das Freud niemals abgeworfen hat, diente sicherlich in erster Linie dazu, sich gegen die allzu abrupten Unterbrechungen des Sinns zu wappnen, denen er nicht nur bei der Erkundung der Neurose, sondern auch in seiner Selbstanalyse ausgesetzt war. Wie dem auch sei, und auch wenn er in seinen letzten Modellen allzu direkte Interaktionen zwischen den Energieströmen und dem unbewussten Psychischen vermieden hat, es lassen sich anhand seiner diversen theoretischen Gebäude immer wieder Dispositive finden, die in zunehmend metaphorischer, aber auch zunehmend heimtückischer Art und Weise Energiekomponenten und Instanzen mentaler Repräsentation miteinander verflechten.

Das Modell der sogenannten »ersten Topik« wird die Erzeugung des Unbewussten derart konzipieren, dass es auf einer Dynamik der Verdrängung von Vorstellungen beruht, die mit einem eigentümlichen Triebtyp verknüpft sind, und dabei zwei Ebenen zusammenführen:

1/ eine somatische Ebene, die einen *Energieschub* ins Spiel bringt – der nicht anderweitig bestimmt wird, aber biochemischer Natur zu sein scheint –, dessen *Ursprung* in als erogen gekennzeichneten Erregungszonen liegt und dessen *Zweck* einem Konstanzprinzip entspricht, das zur Aufrechterhaltung einer Homöostase von Spannungen tendiert, die durch eben diese Erregungen hervorgerufen werden;

2/ eine psychische Ebene, die sprachliche Tatsachen, Objektvorstellungen, Phantasmen und intersubjektive Beziehungen mit dem *Objekt* dieses Dispositivs verknüpft und gewissermaßen als Variable der psychischen Ebene fungiert.

Obwohl das unbewusste psychische Leben, so wie es Freud auffasst, in einer physischen Energetik verankert ist, ist es nicht vollkommen abhängig von derlei Triebkausalität. Als Reaktion auf Verzerrungen, die es durch den »Primärprozess« erleidet (Verschiebung, Verdichtung, Überdeterminierung, Halluzination), vermag es der Libido verschiedene Arten von Hemmungen, Abweichungen, Sublimierungen ... einzuschreiben. Tatsächlich ist es, bei diesem Stand der Theorie, recht schwierig, die Verbindungspunkte zwischen den somatischen und den psychischen Stufen des Triebs präzise zu fassen. Man weiß nicht genau, ob diese eigentümliche Rakete dazu bestimmt ist, im somatischen Boden steckenzubleiben und es dabei zu belassen, Affekte und Störgeräusche in den Vorstellungshimmel auszusenden, oder ob sie im Gegenteil bereits integraler Bestandteil der psychischen Welt ist, in der sie ihren Weg fortsetzen soll. Doch das war für Freud nicht das Wesentliche. Wichtig für ihn war, Übergänge zwischen sexueller Libido und Sinneffekten zu schaffen. Niemals hat er, selbst als er darauf verfiel, von den dualistischen Paradigmen Eros-Tod, Liebe-Zwietracht, Ordnung-Unordnung aus nach einem kosmologischen Fundament für das Unbewusste zu suchen, seine Anfangshypothese einer Energie, deren Auswirkungen *zugleich* physischer und psychischer Natur wären, aufgegeben.

Mit Freuds »zweiter Topik«, in der die Triade Unbewusstes – Vorbewusstes – Bewusstes durch die Triade Es – Ich – Überich entthront wurde, treten energetische Metaphern zugunsten von mehr anthropomorphen Modellen in den Hintergrund,[41] und die psychoanalytische Bewegung wird in der Folge nicht aufhören, dem Begriff der Libidoenergie die unterschiedlichsten Behandlungen angedeihen zu lassen, um den »theoretischen Skandal«, den dieser mit sich bringt, möglichst hinter sich zu lassen. Ich erinnere an dieser Stelle nur an seine letzte Metamorphose unter der Ägide von Lacans Strukturalismus. Dabei handelt es sich um nichts weniger als seine nahezu vollständige »Liquidierung« in Form von Signifikantenketten. Bereits in seinen ersten Schriften war Lacan auf Distanz zu Freuds Metapsychologie gegangen. Zuerst lehrte er, die Libido sei nur ein einfaches energetisches Aufschreibesystem.[42] Nachdem er die Thermodynamik darauf reduziert hatte, selbst nur ein Spiel des Sig-

41 »... Das intrasubjektive Feld will nach dem Vorbild von intersubjektiven Beziehungen verstanden werden, die Systeme werden als relativ autonome Personen innerhalb der Person vorgestellt [...]. In diesem Maße nähert sich die wissenschaftliche Theorie des psychischen Apparates der Weise, auf die das Subjekt sich in der Phantasie begreift und vielleicht sogar aufbaut.« Jean Laplanche, Jean-Bertrand Pontalis, *Das Vokabular der Psychoanalyse*, Bd. 2, übers. v. Emma Moersch, Frankfurt/M. 1973, S. 508.

42 »Als *energetischer Begriff* [...] ist die Libido nur die symbolische Zeichenschrift für die Äquivalenz zwischen den Dynamiken, die die Bilder im Verhalten besetzen.« Jacques Lacan, »Jenseits des ›Realitätsprinzips‹«, in: *Schriften I*, übers. v. Hans-Dieter Gondek, Wien 2018, S. 86-108, hier S. 107.

nifikanten zu sein,[43] verfiel er darauf, ihr die Beschaffenheit als Strom abzusprechen, um aus ihr ein *Organ* des Triebs zu machen,[44] der sich seinerseits in eine *Schatzkammer des Signifikanten* verwandelte.[45] Dennoch, diese Libido, »Organ des Unkörperlichen«, an anderer Stelle mit einer fliegenden Lamelle verglichen, unsterblich und ohne Geschlecht wie die Amöben, Libido, die er ebenso als »*hommelette*«[46] bezeichnet, wurde nicht gänzlich ihres energetischen, dezidiert sakrosankten Status beraubt. Doch offenkundig handelte es sich nur mehr um eine recht spezielle Energie, da sie, wie Lacan anmerkt, »fähig zu einer Quantimetrie ist, die sich umso leichter in die Theorie einführen lässt, als sie nutzlos ist, da darin nur gewisse *Quanta* von Konstanz anerkannt werden«. Und genauer noch: »Ihre sexuelle Färbung als, woran Freud so nachdrücklich festgehalten hat, ins Innerste ihrer Natur eingeschrieben ist Farbe aus Leere: schwebend im Lichte einer klaffenden Öffnung.«[47] Das Feld derart radikal geräumt, fühlt man sich doch gleich umso mehr dazu berufen, ein paar eigene Vermutungen zu riskieren!

Das schizoanalytische Unbewusste

Der Terminus des Unbewussten wird hier noch aus Bequemlichkeit verwendet; tatsächlich übersteigt das Feld der Schizoanalyse bei weitem das Gebiet, das die Psychoanalytiker als das ihre betrachten, nämlich: 1) eine individuelle sprachliche Hervorbringung, deren Fokus im Allgemeinen auf einem gewissen familialistischen Habitus der Subjektivität im Kontext entwickelter Industriegesellschaften

43 »Die Energetik ist, was auch immer die unbedarften Ingenieure denken mögen, absolut nichts anderes als jene Schicht, die die Welt des Signifikantennetzes überzieht.« (Seminar vom 14. Januar 1970, eigene Mitschrift.)

44 »Die Libido ist als ein Organ anzusehen, den zwei Bedeutungen des Wortes folgend: Organ als Teil eines Organismus und Organ als Instrument.« *Die vier Grundbegriffe der Psychoanalyse. Seminar XI*, übers. v. Norbert Haas, Wien 2015, S. 196 u. »Subversion des Subjekts und Dialektik des Begehrens im Freud'schen Unbewussten«, in: *Schriften II*, S. 325-368, hier S. 356.

45 Ebd., S. 355 [Übers. mod.].

46 »Position des Unbewussten«, in: *Schriften II*, S. 369-395, hier S. 389ff. u. *Die vier Grundbegriffe der Psychoanalyse*, S. 180.

47 »Vom Freud'schen ›Trieb‹ und vom Begehren des Psychoanalytikers«, in: *Schriften II*, S. 396-400, hier S. 396.

liegt; 2) Manifestierungen von Affekten, die auf den kümmerlichen Raum der Kur beschränkt sind. Die Schizoanalyse ist im Gegenteil darum bemüht, kollektive und/oder individuelle, objektive und/oder subjektive Bildungen, menschliche und/oder tierische, pflanzliche, kosmische ... Werden ins Spiel zu bringen. Sie wird sich für eine Vervielfältigung der Mittel zur Semiotisierung aussprechen und jeden Versuch, die Subjektivierung auf die vermeintlich neutrale und wohlwollende Person eines Psychoanalytikers zu konzentrieren, zurückweisen. Sie wird also das Feld der auf Signifikanten bezogenen Deutung verlassen, um sich der Erforschung von *Äußerungsgefügen* zu widmen, die an der Produktion von Subjektaffekten und Maschineneffekten mitwirken (darunter verstehe ich alles, was – in gleich welcher Ordnung: biologischer, ökonomischer, sozialer, religiöser, ästhetischer usw. – ein prozesshaftes Leben in Gang setzt, eine Problematik, die sich, wie gering auch immer, von stratifizierten Redundanzen absetzt, ein entwicklungsfähiges Phylum).

Heißt das, dass jede Form von wissenschaftlicher Bewertung und Beschreibung in diesem Gebiet ein für alle Mal ausgeschlossen ist? Lässt sich die Wiederherstellung eines Modells vom Unbewussten vorstellen, das, obwohl es vom »verborgenen« Parameter der Libido absieht (der letztlich jeder möglichen »Falsifizierung« entzogen war), den – im Plural wohlgemerkt – physikalischen, biologischen, sexuellen, sozialen, ökonomischen usw. *Energetiken* dennoch einen rechtmäßigen Status zuweisen würde? Als solche war die Hypothese eines mit jedem psychischen Vorgang verbundenen Energieflusses keineswegs unvernünftig. Ihr zu misstrauen war jedoch ab dem Zeitpunkt geboten, als sie dazu führte, dass Begriffe der Thermodynamik aus ihrem ursprünglichen Anwendungsgebiet in ein anderes übertragen wurden, obwohl sie doch genaugenommen so angelegt waren, dass sie unkörperliche Objekte und dissipative Prozesse, die zum organischen und psychischen Leben gehören, ausschlossen. Dass die Prinzipien der Umwandelbarkeit von Energien universell gültig und die damit einhergehende Entropie mit der Zeit zunehmen soll, ist nur im Rahmen von recht spezifischen wissenschaftlich-technischen Äußerungsgefügen »haltbar«. Zudem denke ich, niemand dürfte bezweifeln, dass im gewöhnlichen Leben, vor allem im Leben des Begehrens, die energetischen »Entladungen« eher auf einem »Widerstands-« denn einem Gleichgewichts- und Konstanzprinzip beruhen. Das Konzept eines Unbewussten, das auf einer Ökonomie von Triebquantitäten und einer Dynamik konfligierender Vorstellungen gründet, möchte ich also durch eine Veränderung herbeiführende Modellierung ersetzen, so dass sich unter bestimmten Bedingungen die Territorien des Ich, die Universen der Andersheit, die Komplexionen materieller Ströme, die Wunschmaschinen, die semiotischen, ikonischen, geistigen usw. Gefüge gegenseitig hervorbringen können. So geht es nicht mehr darum, sich an die Form der Instanzen zu halten, sondern Zugang zu Transmutationen und Transduktionen ihrer Substanz zu gewinnen. Unsere Psychophysik unterscheidet sich von denjenigen Modellen, auf die Freud sich bezog, darin, dass sie es ablehnt, von einem univoken materiellen und energetischen Substrat auszugehen. Sie postuliert keinen manichäischen Dualismus zwischen dem, was undifferenzierte »energetische Trägheit« und Differenzierung schöpfende subjektive »anima« genannt werden könnte. »Vor« der Setzung einer in den energetisch-raumzeitlichen Dimensionen der physikalischen Welt fassbaren Materie und Ausdehnung geht sie von Umwandlungen aus, die sich »rittlings« zwischen den heterogensten Bereichen herstellen, wobei sie verschiedene Formen von »Transversalität« voraussetzt zwischen: 1) den Materie- und Energieströmen; 2) den abstrakten maschinischen Phyla, die den objektiven Gesetzen und Entwicklungen vorstehen; 3) den existenziellen Territorien, unter dem Gesichtspunkt eines Genießens ihrer selbst (ihr »für sich«); und schließlich 4) den unkörperlichen Universen, die den energetischen, gesetzmäßigen, evolutiven und existenziellen Koordinaten der drei vorherigen Bereiche entgehen. Sie hätte nicht mehr das Problem, die Seele in die Materie oder die Energie in die Vorstellung einführen oder gar Partei für eine rückhaltlose »Popperisierung« der Dritten Welt ergreifen zu müssen, sondern könnte alle Konsequenzen daraus ziehen, dass, wenn man zu dem Schluss gelangt ist, Leben, Geist, Begehren und Wahrheit würden sich heute in »völligem Ungleichgewicht« befinden, all dies bereits vor Urzeiten in Form von pulverartigen metamorphotischen Verzweigungen innerhalb von dem Anschein nach höchst amorphen Zuständen existiert haben muss.

Was unser Projekt einer Kartografierung von Effekten und Affekten auf methodischer Ebene noch von den früheren wissenschaftlichen Perspektiven in diesem Bereich unterscheidet, ist, dass seine Quantifizierung sowohl von physikalischen Quantimetrien als auch von herkömmlichen logischen Quantifizierungen abweicht. Ihr Gegenstand sind nicht mehr univok bestimmte Mengen, das heißt, deren Elemente im Voraus erschöpfend gesammelt worden sind, und zwar so, dass man stets eindeutig wissen kann, ob eines von ihnen, wohl definiert, dazu gehört oder nicht. Sie befasst sich mit Gefügen, die Gegenstand radikaler Transformationen, Spaltungen oder ihre Zusammensetzung verändernder Verknüpfungen, durch Fluktuationen hervorgerufener Neuausrichtungen, unwiderruflicher Implosionen usw. sein können. Diese Allgegenwart und Mehrwertigkeit von schizoanalytischen Entitäten – die im Traum, doch auch in der sich entwickelnden Verstandestätigkeit anschaulich werden – lassen sich nicht reduzieren. Monaden im Sinne von Leibniz, Myriaden im Sinne von Michel Serres, diese Entitäten entstammen mitnichten bloß den »unscharfen« Untermengen, die durch eine probabilistische oder modale Beurteilung zu »erfassen« wären, sondern einer allgemeinen Immanenzebene, auf der sie sich wechselseitig voraussetzen, wobei diese Verhältnisse als *lauter energetische Festigkeitsniveaus* betrachtet werden. Doch vielleicht ist es besser, die Sachen umgekehrt zu betrachten und anzunehmen, es sei der Bruch, den jede dieser Entitäten der Immanenzebene einschreibt, Bruch, der spezifische Energieniveaus zum Ausdruck bringt. Wie dem auch sei, diese intensiven Entitäten und Energiequanta bezüglich der Festigkeit ihrer (aktuellen oder virtuellen) Zwischenbeziehungen können nur kraft komplexer Gefüge, die ihre Zeichenwerdung verfügen, wahrgenommen und unterschieden werden.

Man wird feststellen, dass die Semiotik, von der hier die Rede ist, keinen Vorhof der Linguistik bildet wie etwa in der Nachfolge Saussures. Eher schon lässt sie sich, aus Sicht ihres Begründers Charles Sanders Peirce, als eine enzyklopädische Wissenschaft von Ausdrucksphänomenen, als eine »Phaneroskopie« begreifen.[48] Ebenso entlehnt sie einige Kategorien der Glossematik von Louis Hjelmslev, der eine umso größere semiotische Öffnung der Linguistik propagierte, als er sie aus einer zutiefst immanenten Perspektive betrachtete.[49]

---

48 Charles Sanders Peirce, *Phänomen und Logik der Zeichen*, hg. u. übers. v. Helmut Pape, Frankfurt/M. 1983.

49 Louis Hjelmslev, *Prolegomena zu einer Sprachtheorie* [1943/53], übers. v. Rudi Keller u.a., München 1974, S. 111-120. Obwohl sie jede Möglichkeit einer Übersetzbarkeit der Bedeutung der verschiedenen Ausdruckssysteme aus der »All-

Die Quanta an »Transversalität«, deren Existenz wir als den stofflichen Dingzuständen sowie den Sinn- und Wertuniversen vorhergehend annehmen, können innerhalb raumzeitlicher Koordinaten, auf die sich gewöhnlich die Physik von Massen und Energien bezieht, nicht beschrieben werden. Doch diese Präkoordinaten, diese Antekoordinaten sind gleichwohl nicht rein willkürlich, entstammen keiner zwielichtigen Welt aus Zufall und Unterschiedslosigkeit. Es sei denn, Zufall würde hier im Sinne Van Goghs verstanden, der sich selbst als »eigenmächtiger Kolorist«[50] versteht – das komplette Gegenteil eines Malers also, der sich den Zufällen gewöhnlicher Farben in entropischer Manier anheimgibt! Dass das Ausgangsmaterial des schizoanalytischen Unbewussten aus nicht programmierten (oder durch diskontinuierliche Abschnitte programmierte) Potenzen, aus einzigartigen Glättungen und Faltungen des Möglichen besteht, zwingt keineswegs dazu, die Existenz von Schichtungen der Libido, von Wiederholungsstrukturen, die buchstäblich die Homöostase von im Gleichgewicht befindlichen Systemen physikalischer Fluktuationen nachahmen (neurotische Aushandlungen zwischen Narzissmus und Objektbesetzungen; Misserfolgsneurosen; Schicksalszwang usw.), zu verkennen. Nur wird die diesen Wiederholungssystemen entsprechende energetische Bilanz nicht mehr, wie es bei Freuds Todestrieb noch der Fall war, das Fundament der Subjektivitätsproduktion ausmachen. Die verallgemeinerte Energetik der Schizoanalyse weist ihr ihren Platz zu, als Sonderfall einer massiven Abkühlung von zwischenentitären Freiheitsgraden.

---

tagssprache« heraus ablehnten, verfolgten Louis Hjelmslev und die Kopenhagener Schule das Projekt, eine »glossematische« Algebra von Voraussetzungen zwischen semiotischen Größen (oder »Verhältnissen geordneter Abhängigkeit«) zu entwickeln, die sich in ihrem Zweck ebenso von der Linguistik aktueller Sprache wie von der symbolischen Logik absetzen sollte: »Die Materie der Logik ist offen, unbegrenzt; und die logische Herangehensweise setzt eine atomistische Konzeption des Universums oder eine vorgängige Analyse voraus, die außerhalb der Logik selbst verortet ist. Die glossematische Algebra zielt auf geschlossene Strukturen ab und setzt die Existenz eines kohärenten Materials voraus, dessen Analyse fester Bestandteil der Glossematik selbst ist.« Louis Hjelmslev, Hans Jørgen Uldall, *Outline of Glossematics*, Kopenhagen 1957, S. 19.

50 [In einem Brief vom 18. August 1888 an seinen Bruder Theo. In: Vincent van Gogh, *Briefe*, Bd. 3, übers. v. Leo Klein-Diepold u. Carl Einstein, Frankfurt/M. 1988, S. 266. A.d.Ü.].

Unser Modell vom Unbewussten beruht auf drei Arten energetisch-semiotischer Quantenkonfiguration: Nichttrennbarkeit, Trennung und Quantifizierung.

Die Nichttrennbarkeit

Ich nenne Nichttrennbarkeit die auseinanderliegenden synchronen Korrelationen, die die Vereinbarkeit verschiedener Zustände von Entitäten gewährleisten. Derlei Nichttrennbarkeit stellt sich abseits jedweden Kriteriums semiotischer Verortung her, sodass ihr Status als intrinsischer Bezug durch das Eindringen eines »Beobachter«-Gefüges nicht tangiert wird. Die Tensoren der Nichttrennbarkeit sind der allgemeinen Festigkeitsebene zwischenentitärer Verhältnisse gemäß auf einer Deterritorialisierung genannten Achse verzeichnet (Ordinatenachse, Abb. 2.1). Später wird man zwei Konfigurationen intrinsischer Deterritorialisierung – Systeme und Strukturen – und zwei Konfigurationen extrinsischer Deterritorialisierung – Inhalt und semiotischer Ausdruck – unterscheiden müssen.

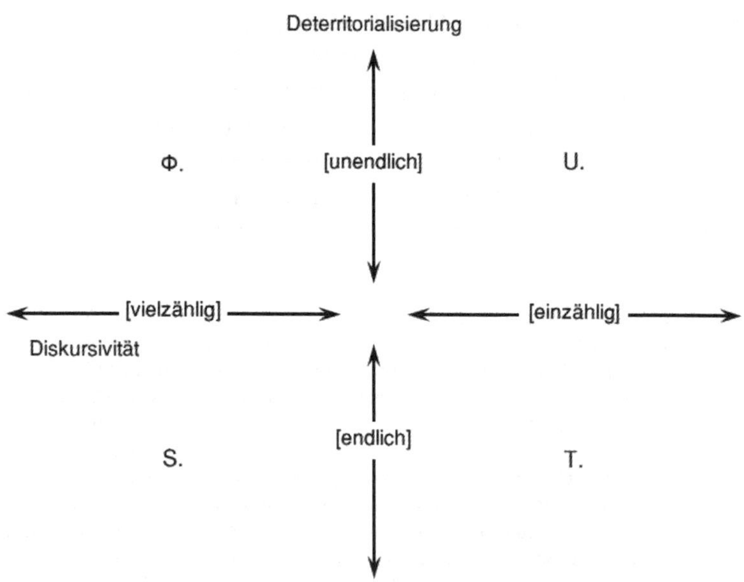

Abb. 2.1 *Achsen der Deterritorialisierung und relativen Diskursivität*

Die Trennung

Ich nenne Trennung die diachronen zwischenentitären Umwandlungen, auf deren Grundlage sich Komponenten der Zeichenwerdung herausbilden. Sie bezeugt den Drang der Zustände von Entitäten, aus sich herauszugehen, sich zu diskursivieren, zu verschieben, nicht ganz sie selbst, anders zu sein ... Auf dieser Ebene kommen zusätzlich zur Existenz die Dimensionen von Zeit und Werden hinzu. Die Trennung ist weder Kopie noch Gegensatz der Nichttrennbarkeit. (Eine derartige Symmetrie liefe letztlich darauf hinaus, in die Nichttrennbarkeit »versteckte« semiotische Ebenen einzuführen, wodurch sie entweder den klassischen Status eines Möglichen, das auf seine Verkörperung im Wirklichen wartete, oder jenen eines Entwicklungspotenzials, das seiner Entfaltung, seiner Aktualisierung harrte, zugewiesen bekäme.) Welcherlei Ausdrucksprozesse auch immer auftreten können und obwohl ich sie auf eine als primär bezeichnete Ebene des Unbewussten beziehe, die Nichttrennbarkeit ist frei von derartigen Erwartungen. Sie genügt sich selbst. Die Trennung steckt bereits in ihr, und umgekehrt kann sie ganz in der Trennung aufgehen, ohne dass dadurch beider Autonomie gefährdet wäre. Die Trennung wird in der Festigkeitsebene durch vektorisierte Tensoren auf der Achse Diskursivität und Detotalisierung (Abszissenachse, Abb. 2.1) verzeichnet.

Es gibt zwei Arten von Trennungstensoren:

- *die semiotischen Tensoren* (durchgezogene Linie, Abb. 2.4), die innerhalb der Gebiete, die neben ihrem Ausgangspunkt liegen, Stellen sinnhafter Entitäten (sinnlich-konkrete Territorien, Diagramme, Noemata und Maschinensätze) hervorbringen;

- *die Tensoren des Mehrwerts an Möglichem* (ΔS., ΔT., ΔΦ., ΔU.), die Stellen sinnhafter Entitäten zu verbinden und sie in Richtung pragmatischer Effekte und subjektiver Affekte zu übertragen vermögen.

Die Quantifizierung

Ich nenne Quantifizierung die zwischenentitären Beziehungen, die sich zwischen Nichttrennbarkeit und Trennung herstellen. Im Grunde handelt es sich hierbei nicht um ein Wechselspiel dieser beiden Dimensionen. Noch befinden wir uns lediglich an einem Punkt, an dem die Stellen der Entitäten überhaupt erst gesetzt werden, das heißt auf einer Ebene, auf die sich Instanzen pfropfen werden (oder auch nicht), die energetisch unter einem thermodynamischen, physikalisch-chemischen, biologischen usw. Blickwinkel genauer gefasst werden. Nur im Zusammenhang mit einer solchen Verfestigung von Strömen gewinnen Begriffe wie die von Aktion und Reaktion an Bedeutung. Mit anderen Worten, in unserem Modell können Interaktionen (auf einer Ebene aktuell und/oder virtuell) nur insoweit berücksichtigt werden, als Äußerungsgefüge errichtet worden sind, und zwar so, dass sie tatsächlich zu Produzenten von Quantifizierung avancieren, sprich, dass sie einen sektorbezogenen »Standpunkt« einnehmen und ein »Vermögen zur Lektüre« der Zustände von Entitäten als Ökonomie energetisch-raumzeitlicher Ströme erlangen. Diese paradoxe Dimension einer der »Ordnung der Dinge« eigenen Quantifizierung, der Umstand, einen »Standpunkt« als eine Energieladung auffassen zu können, beides beruht auf derselben Art von Grundannahmen, die auch unsere ganze »Metapsychologie« tragen, was uns schließlich zu der Annahme führt, dass, wenn auf molarer Ebene gezählte und zählende Riffelung stattfindet, die nach *n* Wiederholungen der Entitätsstelle erfasst wird, eine solche Problematik bereits auf den molekularsten Ebenen virulent war. Neben ihrer Aufgabe, die beiden ersten Konfigurationen von Quanta zu gliedern, wird die Quantifizierung ebenso dazu dienen, auf der Festigkeitsebene die Möglichkeit einer Abscheidung rückwirkend und vorauswerfend zu gestalten: 1) von Deterritorialisierungsquanta innerhalb der Nichttrennbarkeit; 2) von Diskursivitätsquanta innerhalb der Trennung. Man wird feststellen, dass derlei Rückwirkung von der vorhin zurückgewiesenen Annahme verborgener semiotischer Parameter insofern abweicht, als diese hier über keine Möglichkeit der Artikulation mehr verfügen, da sie jene dritte Quantifizierungsebene ausspart.

Und dennoch, so wenig die Trennung ein semiotischer Überbau der Nichttrennbarkeit war, so wenig ist auch die Quantifizierung ein pragmatischer Überbau der Trennung. Dass sie an dritter Stelle steht, bedeutet mitnichten, dass sie den anderen beiden Konfigurationen von Quanta untergeordnet wäre; weder ist sie ihre mimetische Kopie noch ihr Gegenstück, noch ihre dialektische Synthese.

Die Quantifizierung wird auf der Festigkeitsebene durch *synaptische Tensoren* dargestellt, die in Verlängerung der Tensoren des Mehrwerts an Möglichem die Diskursivitätsquanta der Effekt- und Affektsynapsen (ES und AS) in Richtung der auf die zwei Pole von Systemen und Strukturen verteilten Stellen von Entitäten übertragen. Nunmehr kann sich zwischen der innenbezogen Nichttrennbarkeit und der außenbezogenen Trennung eine Verknüpfung herstellen.

Aufgrund einer Segmentierung der Deterritorialisierungs- und Diskursivitätsachsen, auf die ich weiter unten eingehen werde, findet sich die Festigkeitsebene in vier Bereiche unterteilt:

- die energetisch-signaletischen *Ströme* (S.), deren Entitäten in Komplexionen gegeben sind;
- die abstrakten Maschinen*phyla* (Φ.), deren Entitäten in Rhizomen gegeben sind;
- die existenziellen *Territorien* (T.), deren Entitäten in Schnitten gegeben sind;
- die unkörperlichen *Universen* (U.), deren Entitäten in Konstellationen gegeben sind.

Diese Vierteilung wird in der Folge zweidimensional dargestellt, obwohl es richtiger wäre, sie durch eine topologische Oberfläche abzubilden, die aufgefächert oder in vier parallel verlaufende Untergruppen aufgefaltet ist und von einer komplexen Linie von Gefügen durchzogen wird, deren Diskontinuitäten den durch die Diskursivitätstensoren herbeigeführten Unterbrechungen entsprechen.

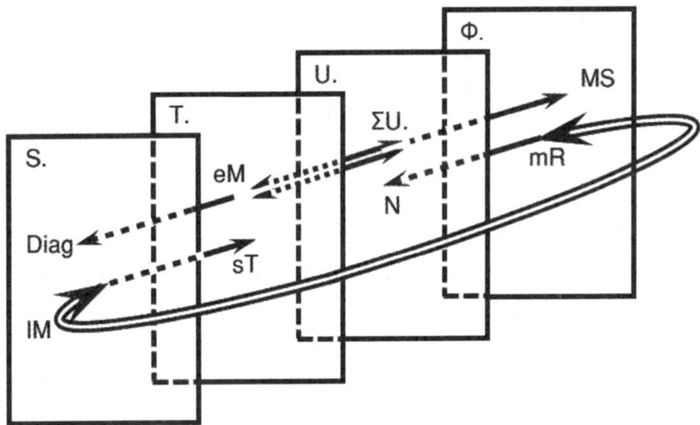

Abb. 2.2 *Auffächerung der vier Ebenen intensiver Quantifizierung*

Die drei Limitierungen des Modells

Unser Model vom Unbewussten wird durch widerstreitende Anforderungen hin- und hergerissen: Auf der einen Seite sind zwar alle seine drei Ebenen eigenständig, doch auf der anderen Seite setzen die Entitäten, aus denen es gebildet ist, einander unentwegt voraus, sie »schreiben sich« durch jeweils andere hindurch, verwandeln sich wechselseitig. Wie ließe sich unter solchen Umständen verhindern, dass es in ein und dasselbe undifferenzierte und von bloßem Zufall beherrschte Kontinuum versinkt? Ich werde versuchen, dieses Problem anhand topischer Einschränkungen anzugehen. Hiervon gibt es drei:

1. ein *Ausschlussprinzip*, das direkte tensorische Beziehungen zwischen den Festigkeiten S. und U. auf der einen und den Festigkeiten T. und Φ. auf der anderen Seite untersagt;

2. ein *Dischronieprinzip*, das jene tensorischen Beziehungen differenziert, je nachdem, ob sie der Deterritorialisierungsachse gemäß (bijektiv-synchrone Tensoren) oder der Diskursivitätsachse gemäß (projektiv-diachrone Tensoren) vektorisiert sind. Aus letzterer Einschränkung wird die Unterscheidung hervorgehen zwischen der Ebene 1 des Unbewussten, auf der die Stellen intensiver Entitäten intrinsischen Bezug, eine systematische oder strukturale »Wahrheit« gewinnen, und der Ebene 2, auf der dieselben Stellen aus ontologischer Sicht »prekarisiert« werden, sich mit Unwägbarkeiten und neuen Möglichkeiten zur Kristallisation anreichern;

3. ein *Voraussetzungsprinzip*, das wie folgt gilt:
   - Ebene 1 (die Ebene intrinsischen Bezugs) setzt keine andere Ebene voraus;
   - Ebene 2 (Semiotik) setzt Ebene 1 voraus;
   - Ebene 3 (Pragmatik und Subjektivität) setzt Ebene 1 und Ebene 2 voraus (Abb. 2.3).

Die vier Bereiche der Festigkeitsebene

Die Unterteilung der Festigkeitsebene, anhand der die Bereiche S., T., U. und Φ. entstehen, beruht auf zwei grundsätzlichen Argumenten:

A/ die Diskursivität betreffend – auf einem *ontologischen Argument*, das sich nur schwer umgehen lässt und wie folgt formuliert werden kann: »Es existiert Gegebenes, also existiert Gebendes.« Daraus folgt:

- Es gibt *einzählige* Werte, die in Verbindung mit dem Gebenden stehen und in die Gefüge eine irreduzible Dimension von Diskontinuität und ontologischem Zugriff (*grasping*)[51] einführen, was ebenso durch den kleinsten diskursiven Unterschied »es gibt/es gibt nicht« ausgedrückt werden kann. Die Verkettungsbeziehungen, die von den diesem Register zugehörigen Entitäten gebildet werden, erhalten folgende Namen: *Ausschnitt* für den Bereich T. und *Konstellation* für den Bereich U. Sie gründen in einer Ökonomie der *Mischung* (im Sinne der stoizistischen *mixis*),[52] wodurch sie sich, ohne direkten Kontakt und unter Beibehaltung der Heterogenität ihrer Bestandteile, wechselseitig vollkommen durchdringen können.

- Es gibt *vielzählige* Werte, die dem Gegebenen entsprechen und in die Gefüge eine Dimension von Kontinuität und prozessualer Mannigfaltigkeit einführen, was anhand der im Prinzip grenzenlosen Wucherung von Gattungen, Arten, Differenzen, Akzidenzien und weiteren Attributen ersichtlich wird. Die Verkettungsbeziehungen, die durch die Entitäten ausgebildet werden, bekommen die Bezeichnung *Komplexion* für den Bereich S. und *Rhizom* für den Bereich Φ. Sie gründen in einer Ökonomie der Verschmel-

---

51 Alfred N. Whitehead verwendet den Ausdruck »grasp« (begreifen, erfassen, umfassen), um Prozesse des Zusammenwachsens, der »Konkreszenz« zu beschreiben: »Der Grund oder Ursprung des Konkretisierungsprozesses [*concrescent process*] liegt in der Mannigfaltigkeit der Daten des Universums – wirkliche Entitäten, zeitlose Gegenstände, Aussagen und Nexus. Jede neue Phase in der Konkretisierung bedeutet den Rückzug bloß aussageartiger Einheit vor dem wachsenden Zugriff [*grasp*] der realen Einheit des Empfindens.« (*Prozess und Realität*, übers. v. Hans Günter Noll, Frankfurt/M. 1995, S. 410 [Übersetzung leicht angepasst].)

52 Vgl. das Vorwort von Pierre Maxime Schuhl in: *Les Stoïciens*, Paris 1962, S. XXI.

zung (im Sinne der stoizistischen *synchisis*),[53] die ihnen die Möglichkeit verleiht, relative Begrenzungen, Remanenzen von Sein und Werdensverläufe abzusondern.

Es existiert Gegebenes, es existiert Gebendes, doch weder das eine noch das andere darf so aufgefasst werden, dass es abgeschlossenen Festigkeitsbereichen unterworfen sei. Wenn es unter bestimmten Bedingungen Systeme gibt, die dem Gegebenen-Nichtgebenden, und Strukturen, die dem Gebenden-Nichtgegebenen eigen sind, dann existiert auch eine Schnittmenge von Gegebenem-Gebendem und Gebendem-Gegebenem (Abb. 2.5), die bildet, was Hjelmslev als semiotische Funktion (oder Solidarität) bezeichnet, und die er anders als Saussure nicht als radikalen Gegensatz zu den Funktionen des Inhalts (I) und des Ausdrucks (A) begreifen will.[54]

(Aus unserer Sicht ist es ihre Zugehörigkeit zur selben Festigkeitsebene, die die Translationen, Symmetrien und Reversionen dieser Systeme, Strukturen und Funktive der semiotischen Solidarität untereinander ermöglicht.)

---

53 »So besteht auch Solidarität zwischen der Zeichenfunktion und ihren zwei Funktiven, Ausdruck und Inhalt. Es wird niemals eine Zeichenfunktion vorliegen, ohne daß diese beiden Funktive gleichzeitig anwesend sind, und ein Ausdruck und sein Inhalt oder ein Inhalt und sein Ausdruck werden niemals zusammen vorliegen, ohne daß auch die Zeichenfunktion zwischen ihnen anwesend ist« (Hjelmslev, *Prolegomena*, S. 53). Louis Hjelmslev hatte Saussures Substanzbegriff in Materie und Substanz aufgeteilt; wir haben obendrein den Begriff der Form noch einmal in unkörperliche Universen und abstrakte maschinische Phyla unterschieden. So ließe sich, indem man die Formel überträgt, der zufolge die Substanz die Konkretisierung der Form in der Materie darstellt, hier anführen, dass die existenziellen *Territorien* die unkörperlichen *Universen* und die maschinischen *Phyla* in den energetisch-signaletischen *Strömen* konkretisieren. Hjelmslevs Solidaritätsfunktion würde damit in unserem Modell die zweite Ebene des Unbewussten und jener der Konkretisierung die Verbindung von dritter und erster Ebene entsprechen. Ich erinnere daran, dass die Konkretisierung für Hjelmslev in der Verknüpfung nichtlinguistischer Formen (der »Sinn« des Inhalts und des Ausdrucks) mit dem linguistischen Formalismus besteht (das Schema und der Gebrauch der Sprache, zwei Begriffe, mit denen er Saussures klassisches Paar von Sprache und Sprechen ersetzt). Vgl. »Langue und parole«, in: *Aufsätze zur Sprachwissenschaft*, übers. v. Erhard Barth, Stuttgart 1974, S. 44-55.

54 Vgl. die Kategorie des *Soseins* bei Peirce: »Aber ich meine die Qualitäten selbst, die als solche lediglich Kann-Seins [*may-bes*] und nicht notwendig verwirklicht sind.« *Collected Papers*, 1.304 (= Bd. 1: *Principles of Philosophy*, 3. Buch: *Phenomenology*), Cambridge 1931, S. 150.

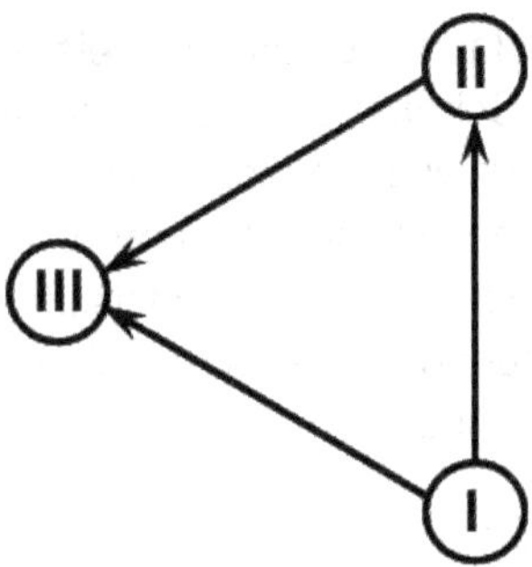

Abb. 2.3 *Voraussetzungsverhältnisse zwischen den drei Ebenen des Unbewussten*

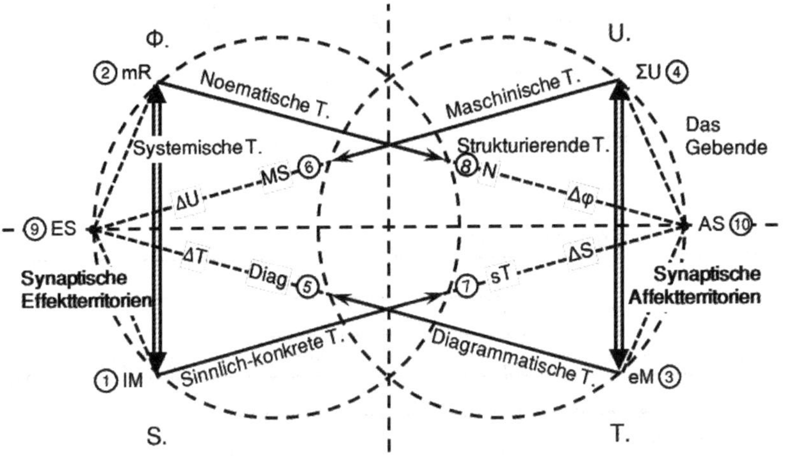

1 IM	Inhaltsmaterien	Entitäten intrinsischen Bezugs	Codes und Systeme	
2 mR	Maschinische Rhizome			
3 eM	Existenzielle Matrix		Anordnung und Strukturen	
4 ΣU.	Konstellationen von Universen			
5 Diag	Diagramme	Semiotische Entitäten	Ausdruck	
6 MS	Maschinensätze			
7 sT	Sinnlich-konkrete Territorien		Inhalt	
8 N	Noemata			
9 ES	Effektsynapse	Entitäten pragmatischen Auftretens		
10 AS	Affektsynapse			

Abb. 2.4 *Karte der Entitäten und Tensoren*

B/ die Deterritorialisierung betreffend – auf einem vielleicht etwas gewagten, bei näherem Hinsehen aber recht offenkundigen *kosmo-*

logischen Argument, das die Existenz zweier Bereiche intrinsischen Bezugs ohne direkte Schnittmenge setzt, deren Austausch also nur entweder durch Diskursivitätstensoren oder durch Gefügesynapsen vermittelt werden kann. Dieses Argument kann dann so lauten: »Das Gegebene verweist auf eine intrinsische systemische Bezugsgröße (sysB); das Gebende verweist auf eine intrinsische strukturale Bezugsgröße (strB)« (Abb. 2.5).

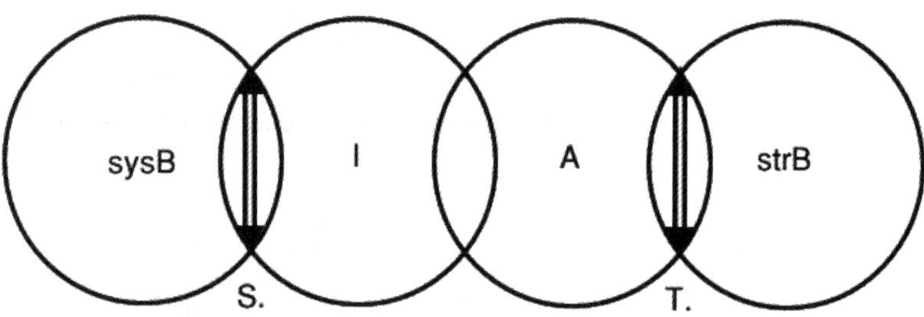

Abb. 2.5 *Schnittmenge von Gegebenem und Gebendem*

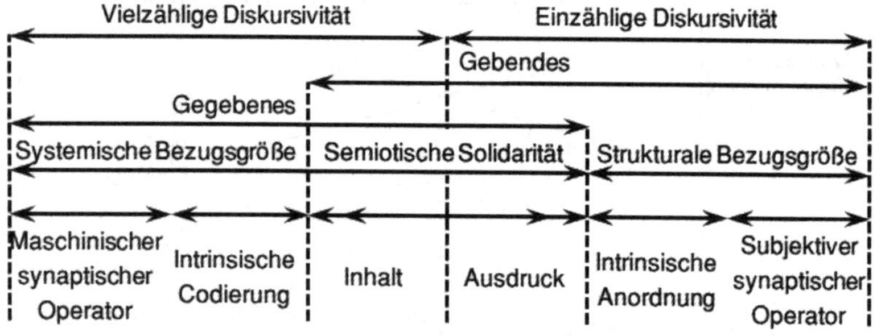

Tafel 1 *Korrespondenzen zwischen Kategorien der Diskursivität*

Die Deterritorialisierungsachse ist selbst wieder in zwei Segmente unterteilt, die den zwei Typen generischer Werte, die sie zugewiesen bekommen können, entsprechen:

- endliche Werte für die Deterritorialisierungsbeziehungen, die umkehrbar und um einen Gleichgewichtspunkt angeordnet sind;
- unendliche Werte für die Deterritorialisierungsbeziehungen, die von jedem möglichen Gleichgewichtspunkt unwiderruflich abweichen (Abb. 2.1).

		Diskursivität	
		– vielzählig – kontinuierlich – verschmelzend	– einzählig – diskontinuierlich – gemischt
Deterritorialisierung	• unendlich • unumkehrbar • gleichgewichtsfern	Φ. Prozessuales maschinisches *Phylum* (Rhizome)	U. Unkörperliche *Universen* (Konstellationen)
	• endlich • umkehrbar • gleichgewichtsnah	S. Energetisch-raumzeitliche *Ströme* (Komplexionen)	T. Existenzielle *Territorien* (Schnitte)

Tafel 2 *Werte und Aspekte der vier Bereiche* S., Φ., T., U.

Strukturen und Systeme des primären Unbewussten

Die Tensoren auf der Ebene intrinsischen Bezugs werden durch Paare bijektiver Vektoren mit durchgezogener Linie dargestellt (Abb. 2.4). Hat sie (indirekt) – vermittelt durch zweite und dritte Ebenen – mit dieser Ebene des primären Unbewussten zu schaffen, so kann die Schizoanalyse nur die Waffen strecken. Es ist sogar notwendig, dass sie das tut und dass sie, anders gesagt, die Bereiche, auf sie die keinen Zugriff hat, zu erkennen vermag.

Die Tensoren intrinsischen Bezugs können in zwei Kategorien eingeteilt werden:

a/ *systemische Tensoren* $\overset{\rightleftarrows}{(12)}$, die sich auf der Seite des Gegebenen zwischen den Stellen der Entitäten von S. und denen von Φ. herstellen (z. B. organische Systeme, die auf ontologischer Ebene materielle und energetische Ströme (IM) auf einem abstrakten maschinischen Nexus (mR), der selbst eine phylogenetische Stellung innehat, verbinden);

b/ *strukturale Tensoren* $\overset{\rightleftarrows}{(34)}$, die sich auf der Seite des Gebenden zwischen den Stellen der Entitäten von T. und denen von U. herstellen (zum Beispiel eine musikalische Struktur, die heterogene unkörperliche Universen rhythmischen, melodischen, harmonischen, kontrapunktischen, stimmlichen, instrumentalen usw. Ursprungs kristallisiert und unabhängig von ihrer »konkreten Datierung« innerhalb der energetisch-raumzeitlichen und historischen Koordinaten nicht verortet werden kann).

Die semiotischen Tensoren des sekundären Unbewussten

Die Tensoren dieser Ebene sogenannten extrinsischen Bezugs werden durch projektive Vektoren mit durchgezogener Linie dargestellt (Abb. 2.4). Im Unterschied zu den vorhergehenden lassen sie sich nicht umkehren: Die Entität, die an ihrem Ausgangspunkt steht, impliziert eine – als semiotische bezeichnete – Zielentität, ohne dass auch die Umkehrung zwangsläufig wahr ist. Trotz ihrer Zweideutigkeit, ihrer ontologischen Allgegenwart führen derlei semiotische Entitäten einen Mehrwert von Möglichem mit sich, das auf pragmatischer Ebene aktualisiert werden kann.

Auf dieser sekundären Ebene des Unbewussten trifft die schizoanalytische Arbeit auf die Zeichenbildungskomponenten. Dies kann eine Vervielfachung oder eine Verminderung ihrer Anzahl mit sich bringen; eine verstärkte Ausdifferenzierung oder eine Ausweitung ihrer Verfahren; eine Beschleunigung oder eine Verlangsamung ihrer Formen von Verzeitlichung; eine Aufblähung oder eine Verdünnung ihres Objekts; eine Anreicherung oder eine Verarmung ihrer Ausdrucksmaterie ...

Die Tensoren semiotischer Potenzierung können in vier Kategorien eingeteilt werden:

a/ zwei Tensoren der Persistenz, deren Vektor von Systemen in Richtung Strukturen verläuft:

- *die sinnlichen Tensoren* $(\overrightarrow{17})$; sie virtualisieren sinnliche Inhalte innerhalb des Bereichs T. Hier geht die Diskursivität über:
  - von energetisch-signaletischen Komplexionen, die an Systeme intrinsischer Bezüglichkeit grenzen $(\overleftrightarrow{IM \quad mR})$,
  - zu existenziellen Ausschnitten (sT) »ohne Gewähr«, die ein Potenzial an Möglichkeiten enthalten, einer subjekt- und objektlosen Dauer verhaftet sind, einem reinen existenziellen Wiederkäuen, und deren Entitäten eine Geschwindigkeit gleich null besitzen (zum Beispiel der von unterschied-

lichsten Strömen ausgehende Ausschnitt eines totemistischen Zeichens innerhalb eines anthropologischen Gefüges, eines territorialisierenden Ritornells innerhalb eines ethologischen Gefüges oder einer »Imago« innerhalb eines fantasmatischen Gefüges);

- *die noematischen Tensoren* $\overrightarrow{(28)}$; sie virtualisieren noematische Inhalte innerhalb des Bereichs U. Hier geht die Diskursivität über:
  - von abstrakten maschinischen Rhizomen, die an Systeme intrinsischer Bezüglichkeit grenzen $(\overleftrightarrow{mR \quad IM})$,
  - zu unkörperlichen (oder paradigmatischen) noematischen Konstellationen (N) »ohne Gewähr«, die ein Potenzial an Möglichkeiten enthalten, die einer unendlich zersplitterten, »multiplexen« Dauer verhaftet sind und deren Entitäten eine absolute, das heißt innerhalb der ERZ-Koordinaten nicht fassbare Geschwindigkeit besitzen (zum Beispiel das Lächeln der Katze bei *Alice im Wunderland*, über das Whitehead sagt, man treffe es an jedem Punkt des Raums an, ohne es an irgendeinem festmachen zu können);

b/ zwei Tensoren der Transistenz, deren Vektor von Strukturen zu Systemen verläuft:

- *die diagrammatischen Tensoren* $\overrightarrow{(35)}$; sie aktualisieren einen diagrammatischen Ausdruck innerhalb des Bereichs S. Hier geht die Diskursivität über:
  - von existenziellen Ausschnitten, die an Strukturen mit intrinsischer Bezüglichkeit grenzen $(\overleftrightarrow{eM \quad \Sigma U.})$,
  - zu energetisch-signaletischen Komplexionen (Diag) »ohne Gewähr«, die ein Potenzial an Möglichkeiten besitzen, die einer relativen Verzeitlichung unterliegen und in denen die Geschwindigkeit von Entitäten jenem berühmten Gesetz folgen soll, das den physikalischen Teilchen eine Geschwindigkeit zuweist, die niedriger als die des Lichts oder dieser gleich ist (zum Beispiel die signaletische Materie einer Kreditkarte, die einen Geldautomaten in Gang setzen kann, je nachdem, ob ihre Pin-Nummer derjenigen entspricht, die in den Automaten eingegeben wird, ob sich

die Karte in einem guten Zustand befindet, ob der Apparat außer Betrieb ist und, ich vergaß das Wesentlichste, ob man sich in Frankreich oder im Ausland befindet ...);

- *die maschinischen Tensoren* ($\overrightarrow{46}$); sie aktualisieren einen abstrakten propositionalen Ausdruck innerhalb des Bereichs. Hier geht die Diskursivität über:
  - von Konstellationen unkörperlicher Universen, die an Strukturen intrinsischer Bezüglichkeit grenzen ($\Sigma U. \Longleftrightarrow eM$),
  - zu abstrakten maschinischen Rhizomen (mR) »ohne Gewähr«, die ein Potenzial an Möglichkeiten besitzen und einer Verzeitlichung unterliegen, die die Entitäten ihres Zuständigkeitsbereichs davon befreit, eine Geschwindigkeit unterhalb der relativen Schwelle der Lichtgeschwindigkeit einhalten zu müssen. Ab dem Zeitpunkt, da sie einmal Ausdruck erhalten haben, sind sie bekanntlich in der Lage, die Ausdrucksmaterien, die als ihre Informationsträger fungieren, zu »überholen«, um sogleich im Modus des immer und überall bereits Dagewesenen zu existieren (zum Beispiel die unkörperliche Gesichthaftigkeit von Jesus Christus, die sich über alle kapitalistische maschinische Phyla legt, die die Räume durchzieht, noch bevor sie aufgespannt werden, die die Zeitlichkeiten und Epochen, die von ihr vampirisiert werden, rück- und vorwirkend »glättet«).

Persistenz und Transistenz des tertiären Unbewussten

Die Ebene III des Unbewussten wird wesentlich aus den pragmatischen Synapsen (ES) und den subjektiven Synapsen (AS) gebildet, deren Funktion in der »Justierung« der drei möglichen Konfigurationen von Quanta: Nichttrennbarkeit, Trennung und Quantifizierung, besteht. So finden sich die »passifizierten« Potenziale von Systemen und Strukturen der Ebene I und die zukunftsträchtigen Möglichkeitsmehrwerte semiotischer Verkettungen der Ebene II kapitalisiert, aktiviert und vergegenwärtigt. Die Aktualisierung von Effekten sowie die Virtualisierung von Affekten lassen sich nicht mit einer mechanischen Verursachung oder einer dialektischen Entfaltung gleichsetzen, da ihr Vollzug untrennbar mit der Kontingenz, der Singularität der sie bewirkenden Gefüge verbunden ist. Die »Gegenwart« der schizoanalytischen Pragmatik ist nicht durch den Primat einer klaren, unterschiedenen, kontinuierlichen, rationellen, kapitalistischen und symbolisch kastrierten Bewusstseinsinstanz gekennzeichnet, da sich in ihr Register ganz selbstverständlich sowohl die zeitlichen Einschnitte als auch die durch fragmentierte Werden ausgelösten Dischronien einschreiben.

Wie zu sehen war, besitzen die zu den Synapsen *hinführenden* Tensoren die Funktion, die Zufalls- und Möglichkeitsmehrwerte, die in den semiotischen Zielentitäten der Ebene II »auf Pause« gestellt sind, zu verbinden und die von ihnen *wegführenden* – pragmatischen und subjektiven – Tensoren, jene Mehrwerte mit Stellen in Systemen oder Strukturen der Ebene I, zu verknüpfen.

Das »kanonische« Gefügemodell in Abb. 2.4 bildet nur einen Grenzfall schizoanalytischer Kartografie, nämlich den eines »Gebiets«, das zwangsläufig über eine viel größere Anzahl an Synapsen verfügt, die innerhalb eines komplexen Netzes aus Gefügen miteinander verbunden sind. (Es wäre gleichwohl von Nutzen, diesen Grenzfall als solchen eingehender zu untersuchen, denn er stellt jenen Idealtyp dar, auf den die gesamte Produktion kapitalistischer Subjektivität hinausläuft.)

Jede Synapse kann über eine unbestimmte Zahl an Wertigkeiten verfügen, je nachdem, wie viele Tensoren sie einbringt.

Die zweiwertigen Codierungen und Verarbeitungen sind das Resultat der Verknüpfung zweier hinführender Tensoren des Möglichkeitsmehrwerts. Entstammen diese

- der Festigkeit S. und Φ. (ΔT. und ΔU.), so wird es einen *extrinsischen Kodierungseffekt* geben (zum Beispiel eine Wahrnehmung ohne »Grund«, die delirierender oder halluzinatorischer Natur ist), oder
- der Festigkeit T. und U. (ΔS. und ΔΦ.), so wird es einen *extrinsischen Verarbeitungsaffekt* geben (zum Beispiel einen »erlebnishaften Eindruck«, der auf ästhetischer, traumwandlerischer und mystischer Ebene entsteht).

Die dreiwertigen Synapsen sind das Resultat der Verknüpfung zweier wegführender Tensoren und eines hinführenden synaptischen Tensors. Entstammt Letzterer

- der Festigkeit S. ($\overrightarrow{91}$), so wird es einen *geschlossenen Systemeffekt*[55] oder, kybernetisch gefasst, einen Steuerungseffekt geben (zum Beispiel das System eines bedingten Reflexes),
- der Festigkeit Φ. ($\overrightarrow{92}$), so wird es einen *offenen Systemeffekt* oder ein gleichgewichtsfernes System geben (zum Beispiel die mikrosozialen Systeme, auf die die Familientherapie oder Netzwerkpraktiken[56] einzuwirken suchen,
- der Festigkeit T. ($\overrightarrow{10, 3}$), so wird es einen *geschlossenen Strukturaffekt* geben (zum Beispiel eine Funktion des Ichs, des Überichs, des Ichideals ...), oder
- der Festigkeit U. ($\overrightarrow{10, 4}$), so wird es einen *offenen Strukturaffekt* geben (zum Beispiel ein Tier-, Kind-, Pflanze-, Kosmos-Werden ...).

Die vierwertigen Synapsen verknüpfen entweder extrinsische Codierungseffekte mit Systemsynapsen, die offen und geschlossen zugleich sind, oder extrinsische Verarbeitungsaffekte mit Struktursynapsen, die offen und geschlossen zugleich sind.

	S.	Φ.	T.	U.
S.	Komplexion (IM)	offener Systemeffekt (ES)	sinnlich-konkretes T.	
Φ.	geschlossener Systemeffekt (ES)	Rhizom (mR)		noemisches T.
T.	Diagrammatisches T.		Schnitt (eM)	Offener Strukturaffekt (AS)
U.		maschinisches T.	geschlossener Strukturaffekt (AS)	Konstellation (U)

Tafel 3 *Transformationen innerhalb von und zwischen Bereichen*

(Die Verkettungen der Ebene I werden mit durchgezogener, die semiotischen Tensoren der Ebene II mit gestrichelter Linie hervorgehoben; die synaptischen Tensoren der Ebene III sind mit einem grauen Hintergrund versehen.)

---

55 Ilya Prigogine hat den äußerst sprechenden Ausdruck *hypnon* vorgeschlagen, um die einem Gleichgewichtszustand entstammenden Entitäten zu bezeichnen (»La lecture du complexe«, in: *Le Genre humain*, 7/8, 1983, S. 221-223).

56 Vgl. hierzu die dritte Ausgabe der *Cahiers critiques de thérapie familiale et de pratiques de réseaux* unter dem Titel »Netze – Systeme – Gefüge«, Brüssel 1980.

Die Synapsen AS und ES treten stets paarweise auf. Die Schwelle zur Existenz eines Äußerungsgefüges wird nur dann überschritten, wenn sich eine solche Verbindung auch tatsächlich herstellt. Man muss annehmen, dass die Entitäten diesseits der Schwelle anderen Formationen entstammen, die nach und nach untersucht werden sollten.

Virtualisierung eines Affekts hat statt, wenn ein Gefüge einem Verhältnis von Persistenz $\overrightarrow{ES\ AS}$ gemäß, und *Aktualisierung eines Effekts* dann, wenn es einem Verhältnis von Transistenz $\overrightarrow{AS\ ES}$ gemäß in Pole aufgeteilt wird. Diese ständige Umkehrung zwischen fortlaufender virtueller Implosion und durchlaufender aktueller Expansion führt niemals zur vollständigen Vernichtung einer der beiden Pole von Affekt oder Effekt.

Hier dreht sich alles um Zunahme an Festigkeit. Je mehr ein Affekt am Nullpunkt der Diskursivität (intrinsische oder erworbene) Festigkeit besitzt, umso mehr sieht sich der unterschiedene Effekt, mit dem er zusammengefügt ist, imstande, Festigkeit zu erlangen. Und umgekehrt. Virtuelle und aktuelle Affektwerdung stehen sich einander gegenüber und gehen ineinander über. Sie haben denselben ontologischen Status. Vorbei die Zeit, als aus dem Virtuellen eine bloße Nachahmung, ein blasser Widerschein des Realen gemacht wurde oder ein Kristall des Möglichen, dem eine Aktualisierung das Gewicht der Existenz verleihen würde. Die virtuellen Ladungen des Unbewussten sind in demselben Maße energetische Potenziale wie die aktuellen Ladungen, mit denen sich die Physiker befassen.

Eine letzte Bemerkung hierzu: Diese doppelte Bewegung von Affekt- und Effektwerdung von Festigkeiten impliziert, dass Typenhierarchien, auf deren Grundlage alle Logiken seit Bertrand Russell aufbauen, infrage gestellt werden, da, wie wir im Laufe unserer Ausführungen sehen konnten, dieselben Instanzen nacheinander und gleichzeitig die Position von elementaren Quanta »vorenergetischer« Korrelationen, von semiotischen Operatoren und Gefügequantifikatoren einnehmen können. Also, eine Traumlogik? Eine Logik archaischer Intensitäten?[57] Oder vielleicht doch die einer künftigen Ära von Zeichen-Partikeln?

---

57 Etwa die der Aborigines in Australien, die auf der Basis einer kollektiven Arbeit an ihren Träumen und von einem sehr pragmatischen, keineswegs mystischen Gesichtspunkt aus darum bemüht sind, die Transformationspotenziale ihres

wirklichen und/oder unkörperlichen Universums zu bestimmen: »Als Gesetz ist der Traum kein synchrones göttliches Modell, das in einem Bild zu stehen kommt, sondern fast schon eine diachrone, wenngleich nichtkausale Methode. Worauf es ankommt, ist das Anpassungsprinzip im Sinne *potenzieller Transformationen*, die durch die mythischen Verwandlungen sogenannter totemistischer Arten dargestellt werden.« Barbara Glowczewski, *Le Rêve et la terre. Rapports au temps et à l'espace des Aborigènes australiens. Les Walpiri à Lajamanu, une communauté du désert central*, Doktorarbeit, Universität Paris VII, 1981, S. 44.

3. Der Zyklus der Gefüge
(Erste allgemeine Annäherung)

Vorbemerkung
Warum muss von vier Entitäten ausgegangen werden?

Die zweigliedrigen Axiomatiken (vom Typ Sein/Nichts) enden zwangsläufig in einer »verwässerten« Darstellung und in einem unzugänglichen »Grund*«, während die dreigliedrigen Dialektiken zu pyramiden- und baumförmigen Bestimmungen führen ... Erst mit 3 + *n* Entitäten kann sich herstellen: a) eine Generativität, eine Wucherung, die über die Grenzen der Entitäten hinaus (auf struktureller Ebene) stattfindet, ohne dass dabei eine Entität über eine andere vorherrscht (zum Beispiel ohne Verhältnis: Basis/Überbau), und b) ein Prinzip von Selbstwirksamkeit, von Rückwirkung auf sich selbst, ein »selbsttranszendentes« (Jean-Pierre Dupuy) oder »autopoietisches« (Francisco Varela) Fundament.

Die *außenbezogenen* Modellierungssysteme können ausgehend von zwei Begriffsarten vollständig modelliert werden:

- S.-Begriffe von diskontinuierlicher Diskursivität und
- Φ.-Begriffe von kontinuierlicher »dazwischenliegender« Diskursivität.

Anderes gilt für die *innenbezogenen* Metamodellierungen, die eine heterogene Mannigfaltigkeit an Kategorien verlangen oder, genauer, deren Kategorien zur Metamodellierung von Dimensionen grundlegender Heterogenität, von spezifischen Prozessen der Heterogenese, von Problematiken der Singularisierung Rechenschaft ablegen müssen. Das einzählige Diskontinuierliche der Kontingenz T. lässt sich nicht einfach mit den intensiven unkörperlichen (nichtdiskursiven) Mannigfaltigkeiten U. verbinden. Zwischen die (diskursive finite) Kontingenz und die (intensive kontinuierliche) Selbsttranszendenz müssen heterogene Operatoren zwangsläufig synaptische Operatoren schalten, die aus einem anderen Gebrauch maschinischer Beziehungen Φ. resultieren.

	diskursiv	nichtdiskursiv
I kontinuierlich	Φ.	U.
II diskontinuierlich	S.	T.
	außenbezogene Modellierung	innenbezogene Metamodellierung

Abb. 3.1 *Matrix der vier Entitäten von Modellierung und Metamodellierung*

Die Ebene I von unkörperlichen Φ. und U. bildet die Gesamtheit an Deterritorialisiertem der Ebene II von territorialisierten (»kontingenten«) S. und T.

Φ., EINE KATEGORIE DER DISKURSIVITÄT

Eine phänomenologische Annäherung an die Diskursivität scheint leichter zu sein als eine an die Nichtdiskursivität. Es erscheint selbstverständlich, dass *diskursives Gegebenes* existiert. Die Philosophie hat sich im Umfeld von Metamodellierungen des nichtdiskursiven *Gebenden* herausgebildet, indes in den (Natur-)Wissenschaften die Frage nach den Deterritorialisierungsgraden des Gegebenen dadurch gekennzeichnet bleibt, dass Äußerungsgefüge des Gebenden und Logiken nichtdiskursiver Intensitäten nur unzureichend beschrieben werden.

Die kontinuierliche Diskursivität Φ. kennzeichnet die infinite Mannigfaltigkeit eines Sachverhalts oder einer Sachlage, deren Bestehen nur innerhalb »kontingenter« (territorialisierter) Gefüge gegeben ist.

Die Diskursivität ist gleichbedeutend mit einer auf energetisch-raumzeitliche Koordinaten (ERZ) außenbezogenen sequenziellen Ordnung. Diese sequenzielle Ordnung lässt sich gemäß zwei Modalitäten vorstellen:

- als Rhizom ($Φ.^r$) und
- als lineare, parallel verlaufende Ketten ($Φ.^l$).

Die rhizomatische Organisation von Diskursivitätsketten besteht aus Knoten, Kreuzungen und beinhaltet eine netzförmige maschinische Festigkeit.

Die linearisierte Organisation scheidet maschinische Trauben und Verdichtungen; sie heterogenisiert sie. Ihre allgemeine Festigkeit beinhaltet die Einführung von Ebenenwechseln und Überschreitungen von Deterritorialisierungsschwellen.

Hierzu öffnen sich Operatoren zur Transdeterritorialisierung auf Konstellationen von Bezugsuniversen, die uns auf die Logik von organlosen Körpern (T.U.) zurückverweisen.

Im rhizomatischen Kontext spricht man von *immanenten maschinischen Beziehungen*, im Kontext mannigfaltiger Linearitäten und mannigfaltiger Gliederungen von *transzendenten maschinischen Beziehungen*. Am Schnittpunkt von *n* maschinischen Gliederungen treten *Problematiken* hervor, die geöffnet sein können auf:

- eine interlineare Komposition (polyphone Mannigfaltigkeit im Sinne Bachtins) oder
- Äußerungswechsel harmonischer Ordnung.

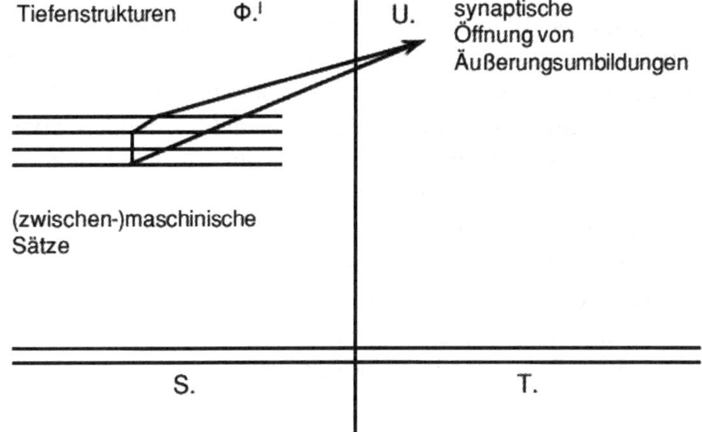

Abb. 3.2 *Tiefenstrukturen* Φ.ᴵ *und synaptische Öffnung*

(Die (rhizomatischen) maschinischen Abfolgen beinhalten keine synaptischen Öffnungen: U.T.)

Offene Fragen

Wie lassen sich
- der Maschinismus qua rhizomatischen Trauben und
- der translineare Maschinismus verbinden?

Welche Rolle spielt der Äußerungseinbruch (U.T.) im Fall von linearisierten Festigkeitfiguren?

Kann die Immanenzmaschinik auf die Einfassung S.Φ.T.U. verzichten?

Φ. IST EINE KATEGORIE DES AUSSENBEZUGS ODER DES FREMDBEZUGS

Die Diskursivität ist keine gedächtnislose reine Abfolge. Die Gedächtnisse oder Speicher selbst sind keine schlichten passiven Empfänger. Alle Gedächtnisse, alle Speicher sind Maschinen, alle Maschinen sind Gedächtnisse, Speicher.

Φ. besteht aus Maschinenspeicherketten, die potenzielle Mehrwerte bergen. Mehrwert bedeutet hier, dass die Verkettung von Phyla etwas produzieren kann, das mehr ist als eine bloße Addition von beteiligten Komponenten. Auf die Ströme S. reiner Diskursivität (Strom/Stromeinschnitt) pfropfen sich Speicherintegrale (Φ.U.), und zwar nicht nur Speicher aktueller Potenzialität (Φ.), sondern ebenso Speicher virtueller Potenzialität (U.) (= der Gesichtspunkt aller potenziellen Äußerungsproduzenten).

Beispiel: Zum Zusammenspiel von zwei Teilchen treten, unter den Bedingungen potenzieller aktueller Variablen Φ., alle potenziellen Erfahrungen innerhalb anderer Kontexte von virtuellen Universen U. hinzu (in einem kosmologischen schwarzen Loch, zum Zeitpunkt $\theta = 10^{-36}$ Sekunden des Urknalls usw.).

	Aktualisierung auf der diskursiven Ebene	Virtualisierung auf der Äußerungsebene
Mögliche Fälle	Φ.	U.
Kontingente (wirkliche) Fälle	S.	T.

Abb. 3.3 *Matrix: Mögliches, Wirkliches, Aktuelles, Virtuelles*

Der Außenbezug der Ströme vollzieht sich im Rahmen von Logiken diskursiver finiter diskontinuierlicher Mengen, jener der Phyla Φ. im Rahmen von Logiken algorithmischer diskursiver infiniter kontinuierlicher Mengen, die uns schließlich aus dem Rahmen von Beziehungen der Art Figur/Grund (figuraler Schnitt/diskontinuierlicher Bezugsgrund) heraustreten lassen, was folgenden Beziehungsrahmen aufspannt:

Maschinische Knoten/kontinuierlicher Systemgrund

Die besondere Diskursivitätsform von Maschinensätzen beruht auf dem Metabolismus der Bezugsuniversen.

Φ. IST EINE KATEGORIE DES KONTINUIERLICHEN

Φ. drückt alle möglichen Pro-Positionen und Trans-Positionen im Hinblick auf »kontingentierte« Stromzustände aus.

Ein besonders heikler Sprung wird darin bestehen, von diesem aufgrund seiner Effekte erfassbaren Register einer Mannigfaltigkeit von Möglichkeiten zu jenem von Potenzen virtueller Affekte (Virtualisierung auf der Äußerungsebene) überzugehen.

Φ. ist eine protoenergetische Kategorie.

Das Kontinuum Φ. von Möglichkeiten birgt den Eingang zu allen möglichen Wirkungsübertragungen. Einführung der Idee einer Äquivalenz:

Verfügbarkeit von Effekt = energetisches Potenzial.

Folge: Diese Wirkungsübertragungen beinhalten nicht nur Ladungen materieller Potenzialität innerhalb der ERZ-Koordinaten, sondern ebenso Ladungen semiotischer Potenzialität (Code, Abguss, Katalyse ...). Daher die Notwendigkeit einer allgemeinen Theorie signaletisch-diagrammatischer Ladungen, der zufolge ein semiotischer Effekt (die Wirkung des Zeichen-Partikels) Träger von realen energetischen Effekten sein kann.

Von einem allgemeinen Gesichtspunkt aus betrachtet lässt sich dafürhalten, dass alle (territorialisierte oder deterritorialisierte, materielle oder semiotische ...) Diskursivität eine bestimmte Energiemenge enthält.

Die Energie drückt die Festigkeit von Übertragungen zwischen deterritorialisierten Ebenen aus. Im Grunde handelt es sich dabei um eine *n*-fache Deterritorialisierung (die Gesamtheit von Deterritorialisierungen aller Stromdiskursivitäten).

Anmerkung: Die »Rückumwandlung« semiotischer Energien in materielle Energie lässt sich nur unter Aufrechterhaltung der Umkehrbarkeit von Entitätspositionen verstehen. Was Φ. war, kann S. werden; was T. war, kann U. werden usw.

Maschinische Diachronie und Synchronie

Unsere erste Beschreibung der maschinischen Phyla bediente sich einer doppelten Perspektive:

A/ Der eines maschinischen Evolutionismus (die Mechanosphäre) mit

– *einer diachronen Dimension*
  Jede technische oder semiotische Maschine lässt sich nicht von Maschinen trennen, die sie ersetzt, oder von jenen, die sie für die Zukunft vorbereitet (Baum maschinischer Kausalität oder vielmehr kausales Rhizom);

– *einer synchronen Dimension*
  Im Zuge der weltweiten maschinischen Integrierung lässt sich jede Maschine von ihrer Umwelt als Gesamtheit nicht mehr trennen. Im äußersten Fall findet sich am Horizont nur noch eine einzige Maschine. Nicht so, wie sie sich die Science-Fiction-Literatur früher vorgestellt hatte: als tyrannische Megamaschine, sondern als pulverartige molekulare maschinische Mannigfaltigkeit.

B/ Der des früheren Gegensatzes von Maschine und Struktur. Die Maschine wird begriffen als Trägerin eines maschinischen Mehrwerts, eines möglichkeitsbasierten »Lebens«, indes die Struktur außenbestimmt, passiv ist. Es existiert jedoch kein Feedback, das absolut unschuldig ist. Die kleinste Rückkopplung zwischen beiden birgt Universen von Selbstbezüglichkeit, und wenn sich die Dauer innerhalb einer Rückwirkungsschleife auf sich selbst wendet, dann knüpft sie eine Protosubjektivität. Derlei Protodauern müssen notwendig auf sehr heterogenen Ebenen betrachtet werden: zum Beispiel auf der Ebene der Zelle, des Organs, der neurologischen Integrierung, der Körper-, Ich- und Familiengedächtnisse usw. Daher die Frage nach den Gefügen.

Doch die Festigkeit maschinischer Regionen beruht nicht nur auf einer extrinsischen Bestimmung. Sie ist auch abhängig von einer transistenziellen Eigenfestigkeit, die die Bezirke von Strömen und Territorien durchzieht und sich auf problematischen deterritorialisierten Stufen herausbildet. Daher die Frage nach den Φ. und wie sie mit den selbstfestigenden U. in Beziehung stehen.

Die maschinische Festigkeitsebene (Φ.) wird so von einer Immanenzebene (U.) oder einer Selbstbezugsebene verdoppelt. Die Frage verkompliziert sich, wo die Immanenzebene nicht als allgemeiner Rahmen dient, sondern als Ort der Hervorbringung (der Heterogenese) von singulären Existenzpositionen.

Universen und Paradigmen

Kuhns Paradigmen mangeln daran, dass sie nur innerhalb der Phyla existieren und nicht durch Konstellationen von Universen gegliedert sind.

Die Probleme sind genauso lebendig wie die anderen Lebewesen, mit dem einzigen Unterschied, dass sie sich nicht innerhalb derselben Koordinaten bewegen. Zu einem späteren Zeitpunkt werden wir die extrinsischen ERZ-Koordinaten und die intrinsischen intensiven Koordinaten unterscheiden.

Bei den »Wunschmaschinen« der ersten Generation ging es darum, eine Brücke zwischen der diagrammatischen Wirksamkeit signaletischer Materien und den am weitesten deterritorialisierten subjektiven Vollzügen zu schlagen. Hierfür war es notwendig, abstrakte Maschinen vorauszusetzen, die die deterritorialisiertesten Ordnungen durchqueren. Den Prozess, die prozessierende Deterritorialisierungslinie, die zum Vollzug einer solchen Durchquerung imstande ist, nannten wir Begehren. Heute werden diese Fragen des Begehrens innerhalb der Problematiken einer Äußerungsproduktion neu ausgerichtet.

Ströme und Phyla

Versuch einer vorgeschalteten Wiederaufnahme: Es gibt Ströme; die Welt zeigt sich in Form von Strömungsschwankungen.

Halten wir ein paar Züge dieser Ströme fest, die wir bei ihrer späteren Entwicklung zu maschinischen Phyla antreffen werden.

Die Ströme sind:

- glatt: Identität erzeugende Wiederholung von Formen, wodurch sie identifiziert werden = Linearisierung;

- eingeschnitten, zu Figuren diskretisiert.
  Sie lassen sich nur mit einer endlichen Herangehensweise erfassen, die ihre Grenzen in Raum und Zeit, allgemeiner, innerhalb energetisch-raumzeitlicher Koordinaten, beschreibt.

- Träger von Rückwirkung und Speicher von Glättung.

Während die frühere Charakterisierung der diskretisierten Glättung jene einer Protoäußerung (T.) erforderte, erfordert die der Rückwirkung einen Begriff von Protomaschinismus.

Ströme gibt es somit nur als intensive Strömungsschwankungen. Was uns dazu führt, ein erstes *Verhältnis territorialisierter Diskursivität* mit folgenden drei Merkmalen zu postulieren:

1/ ein *primäres materielles Kontinuum* oder *prima materia* (oder primär gemachte Materie), die zu einem späteren Zeitpunkt spezifiziert wird in:
   - energetisch-raumzeitliche (ERZ-)Materie;
   - signaletische Materie;

2/ eine *Wiederholung* teilbar gemachter und geglätteter Formen, ausgehend von diesem Kontinuum, oder *protomaschinische Form*;

3/ *mediative Operatoren*, geschaltet auf Retention protomaschinischer Formen, die einen Seinsspeicher (Persistenz) anlegen, oder *protoäußernde Substanz* (T.).

Die *Strömungsschwankung* (oder Verhältnis territorialisierter Diskursivität) kann durch folgendes Schaubild dargestellt werden:

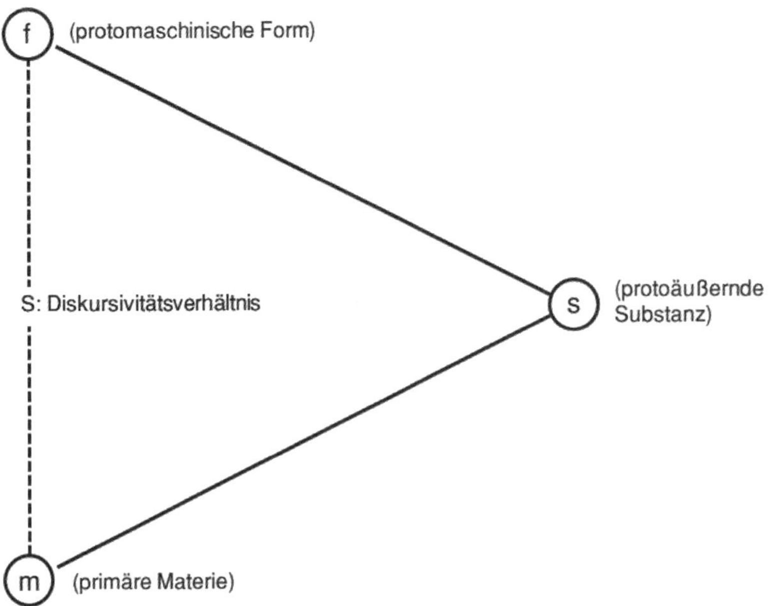

Abb. 3.4 *Materie, Substanz, Form*

Heben wir ab sofort die Umkehrbarkeit zwischen der Dimension primärer Materie eines Stroms und seiner Dimension einer protomaschinischen Form hervor.

Dieses Verhältnis territorialisierter Diskursivität entspricht einer ersten Stauung der Deterritorialisierung, genannt *substanzielle Deterritorialisierung*.

Damit sind wir angehalten, eine zweite Stauung der Deterritorialisierung zu bestimmen: die *Ausdrucksbeziehungen*, die aus der zweipoligen Verkettung von »*n*« Strömungsschwankungen S resultieren. Jede Schwankung substanzieller Deterritorialisierung konnte zwei funktionalen Modalitäten unterworfen sein:

a/ einem »autistischen« *Wiederverschließen* protomaschinischer Figuren, wobei jede Interaktion, jede Kommunikation mit dem, was sie nicht ist (Typ kosmologisches schwarzes Loch), untersagt ist. Es entsteht nichts Neues bei der Wiederholung von Figuren der Ströme, die protomaschinische Form weicht kontinuierlich auf die primäre Materie aus; die Kontinuität des Stroms bringt so nur eine formale Wiederholung zustande.

Das macht:

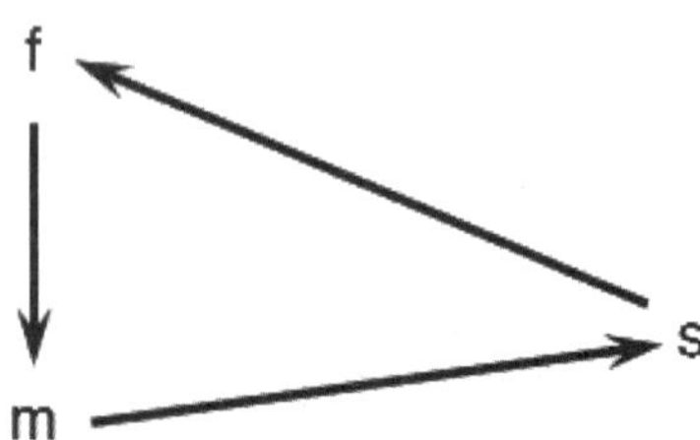

das wie folgt geschrieben werden könnte:

S.: Materie-Form-Strom
T.: substanzielle Territorialisierung

b/ einem dialektischen *Erschöpfen*, das auf das In-Beziehung-Setzen unterschiedlicher, durch protomaschinische Figuren getragener Formen folgt, wodurch Wirkungen erzielt werden, die in keiner der Glättungen von beteiligten Strömen bereits enthalten waren (Mehrwert an Ausdruck oder existenzieller Zusatz, formalisiert ΔS.: Grundverkettung eines Mehrwerts an Strömen).

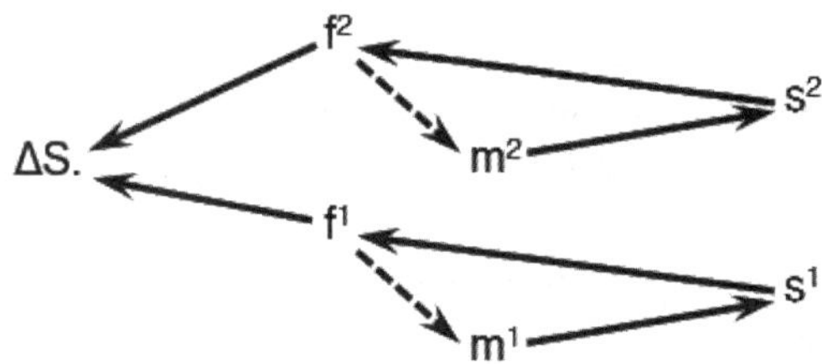

Die Menge $\overline{\Phi.eT}$ bildet ein *existenzielles Grundmodul*. Dieses dialektische Erschöpfen führt zu einer *zweipoligen Gruppierung* glatter Bestandteile um eine Funktion des Inhalts ($\Delta F.^{I}$) und eine Funktion des Ausdrucks ($\Delta F.^{A}$) herum. Beide Funktionen werden mittels einer neuen Art von Entität verbunden: durch Kettenglieder des Ausdrucks oder *maschinisches Phylum* (Φ.) im Register der Äußerungsvirtualisierung, einhergehend mit einem neuen Typ territorialer Einhegung eT (*existenzielle Territorien* oder *grasping*).

Dieses Ausdrucksverhältnis entspricht einer zweiten Stauung der Deterritorialisierung, genannt *expressive Deterritorialisierung*.

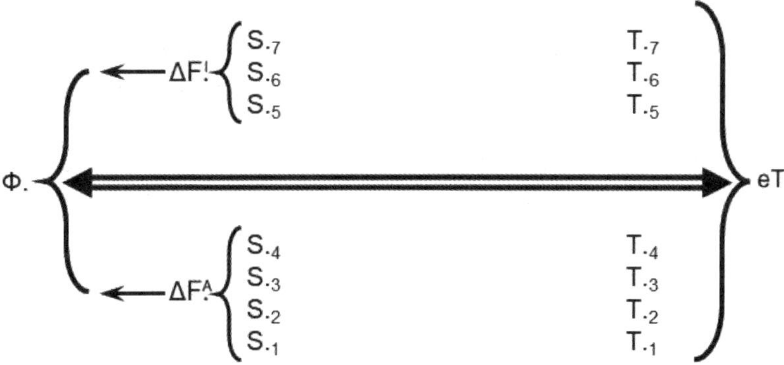

Abb. 3.5 *Zweipolige Verteilung einer Deterritorialisierung des Ausdrucks (zum Beispiel mit sieben Strombestandteilen)*

Die Äusserungsgefüge

Man kann versuchen, die unterschiedlichen Deterritorialisierungskategorien (substanzielle, expressive und weitere, künftige) durch ihr Verhältnis zur Einfassung S.T.Φ.U. zu bestimmen.

Das erste Ziel besteht darin, von der protomaschinischen Glättung der Ströme zu den deterritorialisierten maschinischen Phyla überzugehen. Doch die Lösung dieses Problems wird uns noch viel weiter führen und uns dazu bringen, allgemeinere Funktionen der Glättung und Riffelung zu gewärtigen, die sich in allen Verhältnissen zwischen und innerhalb von Entitäten ausbilden. Dies wiederum führt uns zu der Ansicht, dass:

1. jede Heterogenität, die sich innerhalb desselben Registers an Entitäten ausgeformt hat, eine *Riffelung* und
2. jede Transformation zwischen Entitäten zweier benachbarter Register eine *Glättung* darstellt.

Im ersten Fall resultiert eine fest umschriebene Heterogenität im selben Register aus einer Homogenität von Entitäten; im zweiten Fall resultiert eine neue transentitäre Homogenität aus einer Heterogenität von Registern.

Beispiel: Die Verkettung von Strömen innerhalb des Registers S. wird von einer Riffelung, einer Heterogenisierung (oder Hetero-Genese) der sinnlich-konkreten Welt begleitet, während die Aufteilung der Ströme auf zwei Pole: semiotische Ströme und ERZ-Ströme, untrennbar mit dem Einbringen von glatten maschinischen Phyla des benachbarten Registers Φ. verbunden ist.

Betrachten wir nur diesen Bereich der Einfassung (auf die wir weiter unten noch detaillierter eingehen werden), so ergibt das:

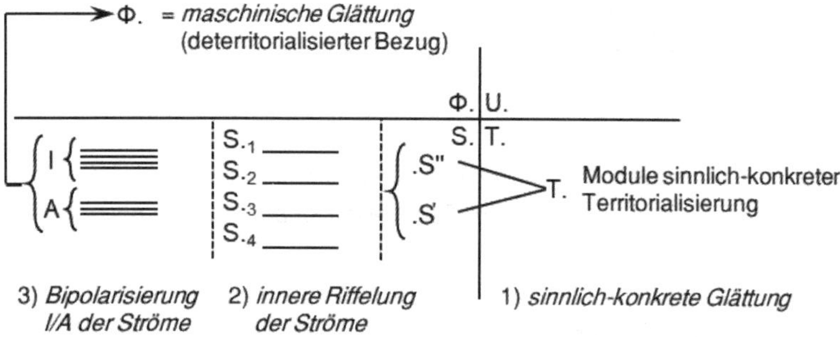

Abb. 3.6. *Die drei Modalitäten der Strömungsschwankung*

Als nächstes möchte ich den Prozesszyklus der Beziehungen zwischen Riffelung und Glättung anhand von Abbildung 3.7 beschreiben.

Es lässt sich feststellen, dass jede Riffelung, die spezifisch für einen Bereich von Entitäten ist, den Kreuzungsoperator zweier Glättungen ausmacht:

- eine (vertikale) Deterritorialisierungsglättung und
- eine (horizontale) Diskursivierungsglättung.

Ausgehend von den Bereichen, in denen S.T. hervortritt, führt die Deterritorialisierungsglättung zur Herausbildung von Prozess- und Entwurfsebenen, die mittels kontinuierlicher Felder an Möglichem und Virtuellem (Bereiche Φ. und U.) operieren.

Die Diskursivierungsglättung wiederum bringt ausgehend von den Bereichen T.U. die Entitäten der Bereiche S. und Φ. an der Kreuzung extrinsischer Koordinaten hervor.

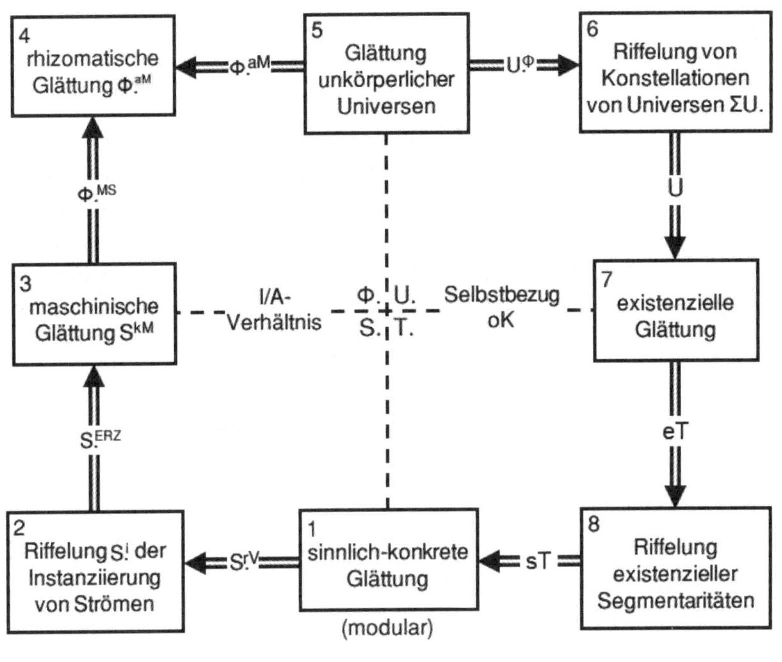

S^{i}	Instanziierte Ströme	Φ^{aM}	Rhizom abstrakter Maschinen
S^{erz}	Energetisch-raumzeitlich Ströme	U^{v}	Virtuelle Universen
S^{rV}	Ströme relativer Verarbeitung	ΣU.	Konstellationen von Universen
S^{kM}	Konkrete Maschinen	eT	Existenzielle Territorien
Φ^{MS}	Maschinensatz-Phylum	sT	sinnlich-konkrete Territorien

Abb. 3.7 *Zyklus der Äußerungsgefüge*

Ab hier wird erkennbar, wie sich eine Energieproblematik am Schnittpunkt von Instanzen zur Stromglättung abzeichnet. Verbunden mit der Tatsache, dass die Ausdrucksströme ($S.^{erz}$) aus den sinnlich-konkreten Strömungsschwankungen (maschinische Deterritorialisierung) »extrahiert« werden, kommt eine energetische Glättung von Strömen zum Tragen. Soll heißen, dass die energetische Diskursivität abhängt vom Status der (konkreten und abstrakten) Maschinen, durch die sie Gestalt erhält.

Beschreibung der vier ersten Phasen des Zyklus von Äusserungsgefügen

Vorbemerkung: Abbildung 3.7 stellt einen geschlossenen Zyklus dar. Hierbei handelt es sich jedoch nur um eine erste Annäherung, denn später werden wir sehen, dass eine fortschreitende Ausbreitung von Deterritorialisierungen und Reterritorialisierungen unentwegt dazu führt, neue Schleifen in die Bereiche, in denen sich etwas manifestiert, und in die Felder, die das Mögliche bergen, zu verpflanzen (Abb. 3.8).

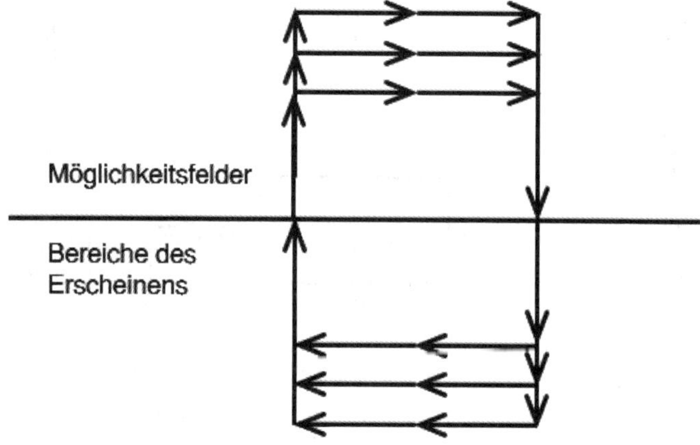

Abb. 3.8 *Ausbreitung der Möglichkeitsfelder*

Die sinnlich-konkrete Glättung: die Sub-Position

Gehen wir aus von einem Zustand »brownscher« Zerstreuung redundanter Entitäten, wobei die Ausbreitung (die Amplitude) von Regelmäßigkeiten nur vom Auftauchen stochastischer Reihen abhängt.

O-OOO-OO--OO
OO--OOOO--OO-
O--O O---O-O-
O-O----O-O-O
-O-OO--OO--O
OO-OO--O--OO

Diese »erste« Ebene der Stromglättung verfährt mittels Modulen zur *Linearisierung von Redundanzen.*

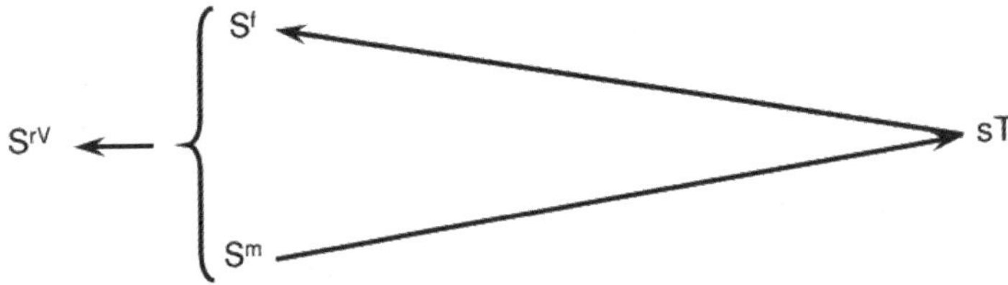

S^m Materialstrom = formloser Ausgangszustand der Redundanzen

sT substanzielles (oder sinnlich-konkretes*) Territorium = nichtdiskursiver Operator

S^f Formstrom = geformter Zustand der Redundanzen

S^{rV} Ströme mit relativer Verarbeitung = Endzustand der Glättung von Strömen

Abb. 3.9 *Modul zur sinnlich-konkreten Glättung der Ströme*

Worum es hier geht, ist die Umwandlung zufälliger Kettenglieder der »Ursuppe« voller Redundanzen in gebändigte, geglättete, protomaschinische Abfolgen.

Sicher lässt sich zwischen den »spontanen« Aneinanderreihungen und den Formen kristalliner, protovitaler, protomaschinischer Ordnung keine klare Grenze ziehen. Doch jener Übergang wird hier auf spekulative Weise nur in den Blick genommen, um bestimmte konstitutive Etappen der maschinischen Prozesse zu erhellen.

Auf ihrer basalsten Ebene erfordert eine Redundanz das Zusammenspiel von drei simultanen Reihen an Vorgängen:

- Segmentierung,
- Identifikation des erzeugten Segments und
- Abspeicherung der beiden vorangegangenen Vorgänge, um ihre mögliche Wiederholung zu gewährleisten.

Mit der so vollzogenen Linearisierung überschreiten jene Verfahren eine weitere Schwelle im Prozess der Erlangung von Festigkeit (persistente Konsistenz), die durch eine spezifische Struktur des Identifikationsprozesses und einen grundlegenden Wechsel des Redundanzspeichers gekennzeichnet ist.

Die Identifikation von Redundanzen geschieht nunmehr in Bezug auf ein System relativer Ordinaten, während ihre Speicherung aufhört, proximal zu sein, und sich auf zwei Ebenen verteilt. Auf der Ebene »interner« Verkettungsspeicher verläuft der Übergang von einer Verteilung zweier gespeicherter Redundanzen – gleichbedeutend mit einem systematischen Vergessen von erzeugten Ketten – zu einer Verteilung von mehr als zwei Redundanzen. Diese Erweiterung erlaubt die Einrichtung eines zweiten, eines »externen« Speichers, was zur Kalibrierung und zur Reproduktion von deterritorialisierten Formen unerlässlich ist. Dazu muss gesagt werden, dass das Endresultat der Glättung von Strömen deren Ungeformtheit zu Beginn des Prozesses (S.^{m}) nicht aufhebt. Wie in der Physik der Teilchenwellen verbinden die Ströme am Ausgang des Moduls (S.^{rV}) in anscheinend widersprüchlicher Weise gespeicherte und kontrollierte Zustände von Diskursivität mit Zuständen jungfräulicher »Materie«, die für weitere formale Handhabungen genutzt werden können. Man sieht hier, dass die Triangulation Materie-Substanz-Form nicht klassisch dialektisch begriffen wird. Die These existiert unterhalb der Synthese weiter als ein Rest, der neue Potenziale aufzuwerfen und die beteiligten formalen Prozesse neu auszurichten vermag.

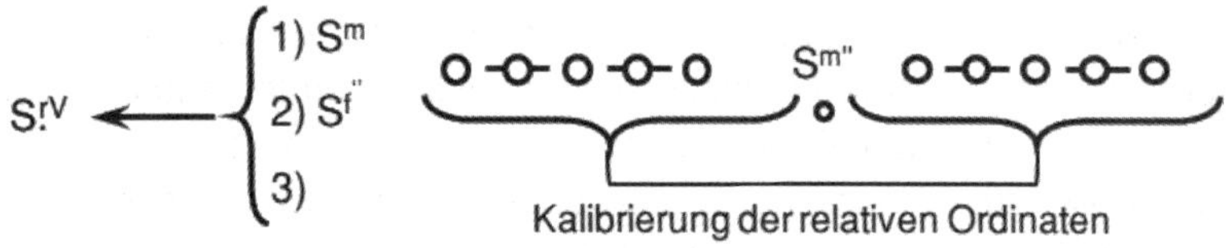

S.^{rV} ← 1) S^{m} 2) S$^{f''}$ 3)

o-o-o-o-o S$^{m''}$ o o-o-o-o-o

Kalibrierung der relativen Ordinaten

Abb. 3.10 *Pseudo-Synthese der Sub-Position von Strömen (innere Verarbeitung)*

Die instanziierende Riffelung: die Dis-Position

Im Folgenden wird der Vorrang der Kategorie der Heterogenität untersucht. Von der inneren Verarbeitung der sinnlich-konkreten Glättung geht man über zu einer In-Stanziierung durch übergreifende Verarbeitung, die damit die gemeinsame Verarbeitung auf Ausdrucksebene der maschinischen Glättung ankündigt.

Bei der inneren Verarbeitung zielten die segmentäre Identifikation und ihre Speicherung auf die lineare Verfestigung der Ströme. Doch sie lösten sich nicht ab vom segmentären Prozess, sondern blieben wie Pilotfische an ihm kleben. Mit der übergreifenden Verarbeitung der Stromriffelung ändert sich die Situation: Die Bewertung überschreitet eine existenzielle Festigkeitsschwelle. Man hat es hier nicht mehr nur mit einer einfachen Kalibrierung interner Verarbeitung ($S.^{rV}$) zu tun, sondern ebenso mit einer differenziellen Kennzeichnung, die ich In-Stanziierung oder Markierung von Differenz nennen werde.

Die Riffelung der Ströme wird in Abb. 3.10 durch eine numerische Differenz von Abfolgen binärer Zeichen veranschaulicht. Doch diese Darstellung reicht nicht aus, um die Kategorie der Heterogenität der Ströme abzubilden, da sie weit mehr als nur quantifizierbare Differenzen beinhaltet, nämlich sinnlich-konkrete und abstrakte Qualitäten, die sich gleichermaßen dagegen sträuben, auf die Form einer »digitalisierten« Information reduziert zu werden. Es sei hier daran erinnert, dass sich die Riffelung der Ströme, wie Abb. 3.7 deutlich macht, am Schnittpunkt zweier Arten von Glättung befindet:

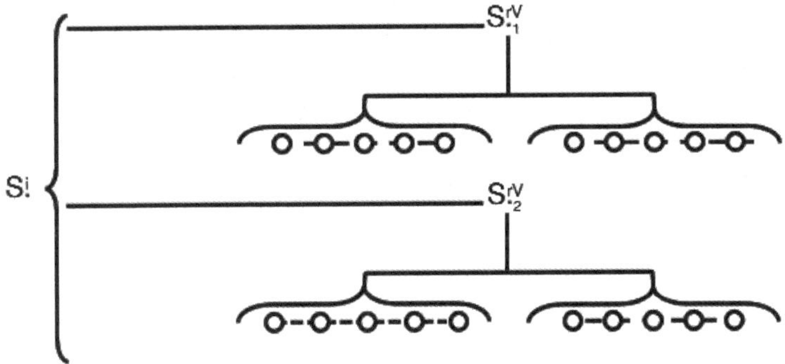

Abb. 3.11 *In-Stanziierung der Ströme*

- eine diskursive Glättung auf der Achse S.T., deren Funktion darin besteht, sinnlich-konkrete Qualitäten zu kalibrieren und zu gliedern, und
- eine deterritorialisierende Glättung auf der maschinischen Achse S.Φ., die sie im Register abstrakter, den Maschinensätzen innewohnender Qualitäten verbucht.

Während die sinnlich-konkreten Qualitäten die Riffelung über einer diskontinuierlichen Endlichkeit (innere Verarbeitung) schließen, öffnen sich die abstrakten Qualitäten dagegen auf eine kontinuierliche und transfinite Bewertung (übergreifende Verarbeitung).

Von nun an werden wir zwei Arten von Heterogenität unterscheiden: eine sinnliche, die zwar örtlich gebunden, jedoch formlos ist und einzig proximale Bezüge kennt, und eine, die mit prozessualen und, wie noch zu sehen sein wird, mit proto-genetischen Potenzialen »aufgeladen« ist. Man wird bemerken, dass es der Heterogenität nur dann gelingt, sich durch diese letzte Modalität hindurch zu öffnen und mit Möglichem aufzuladen, wenn sie alle vier in Abb. 3.7 dargestellten Entitätsbereiche (S.T.Φ.U.) mobilisiert. Dasselbe gilt übrigens für alle anderen hier beschriebenen Kategorien. Doch wir müssen noch weiter gehen, denn nicht nur stützt sich jede Kategorie auf sämtliche Riffelungen und Glättungen des Gefügezyklus, sondern darüber hinaus zieht jede spezifische Positionierung einer Entität die Neubestimmung aller anderen nach sich. Die Instanziierung eines Stroms etwa führt zur Neubestimmung der Materieströme und der Ströme innerer Verarbeitung, sodass der Übergang zu den maschinischen Strömen wiederum die Neubestimmung der instanziierten Ströme mit sich bringt ... Die entscheidende Wende stellt sich mit dem durch die Instanziierung von Strömen erzeugten Möglichkeitsmehrwert ein, wodurch nicht mehr nur das konkrete Dasein, die durch eine redundante Figur bezeugte Örtlichkeit erfasst wird, sondern ebenso die Gesamtheit ihrer möglichen Dis-Positionen vor, nach, neben ihren aktuellen Konkretionen und darüber hinaus.

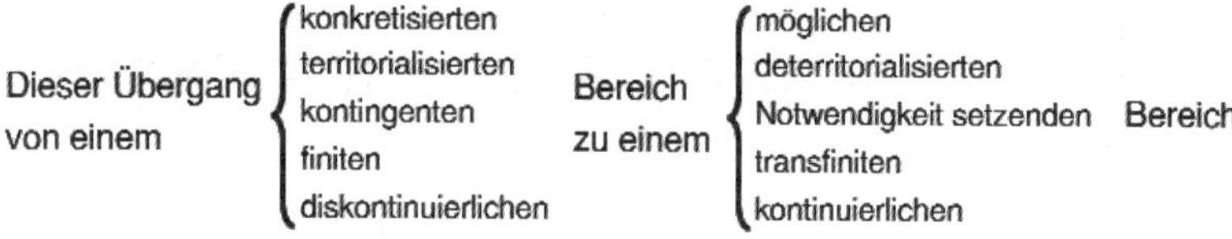

geht mit einer ersten statischen Mutation von Festigkeitsmerkmalen einher, die für die darauffolgende Stauung insofern von wesentlicher Bedeutung ist, als jene Züge durch sie aufgelöst, geglättet werden, und zwar nicht mehr zu Strömen, sondern zu Möglichkeitsfeldern (maschinische Phyla).

Die maschinische Glättung: die Pro-Position

Die Maschinen und die maschinischen Felder werden ausgehend von geriffelten Strömen erzeugt. Ein Teilchenbeschleuniger beispielsweise stellt sich beim Aufeinandertreffen von Strömen von Algorithmen, Beton, Stahl, Glas, Energie, Geldzeichen und schließlich Teilchen her. Dagegen resultiert die Riffelung des Ackerlandes

– Ströme von Erde, Saatgut, Wasser, Jahreszeiten ... – aus dem Einsatz menschengebundener technischer, himmlischer ... Maschinen. Damit erweist sich jene Art der Darstellung als relativ, die die Maschine auf die Glättung und die Riffelung der Ströme folgen lässt. Die Perspektive umzukehren wäre ebenso berechtigt gewesen.

Die Riffelung der Ströme hat uns eine statische Instanziierung des Möglichen vermacht. An der maschinischen Glättung wird es sein, diese Hinterlassenschaft durch Dynamisierung ihres Kapitals an Heterogenität fruchtbar und aus diesem weit mehr als nur Grundverfahren der Kalibrierung oder übergreifenden Verarbeitung von Strömen zu machen. Damit dies gelingt, bleibt sie nicht bei einer umfassenden Durcharbeitung der Rohmasse von Strömen stehen, sondern wählt bestimmte ihrer Interaktionen mittels Gruppierung und zweipoliger Verteilung aus, die ich zwar aus Gewohnheit, jedoch auch aus guten Gründen, Beziehungen von Ausdruck und Inhalt nennen werde (abgekürzt A.I.). Um es gleich zu sagen, die A.I.-Funktion bedeutet keineswegs, dass Ausdruck und Inhalt ein für alle Mal in einem transzendenten Bezug verankert sind. Beide Positionen sind zu jeder Art von Rückwirkung und Umkehrung imstande. Sie sind nur da, um einem Prinzip des Ausdrucks oder der Herauslösung maschinischer Wirksamkeitszüge (maschinische, aus Zeichen-Partikeln zusammengesetzte Pro-Positionen) Gestalt zu verleihen.

Der maschinische Ausdruck hat vorrangig drei Funktionen:

1. den Differenzen instanziierter Ströme eine spezifische Festigkeit zu verleihen, durch die sie, sofern dieses Bild erlaubt ist, eine ihnen eigene Sprache erlangen;
2. das neue Kontinuum an Möglichkeiten freizusetzen, das durch das Aufspannen der beiden A.I.-Pole hervortrat und nun von der ursprünglichen Kontingenz instanziierter Ströme, auf denen sie gleichwohl beruhen, abstrahiert (ihre diskrete und finite »Kontingentierung« innerhalb der Einfassung S.);
3. den derart geförderten maschinischen Pro-Positionen ($\Phi.^{MS}$) eine pragmatische Wirksamkeit oder, allgemeiner gefasst, eine maschinische Macht zu verleihen, was eine energetische Neubestimmung von bereits vorher erfassten Strömen mit sich bringt (rückwirkende Glättung von Strömen).

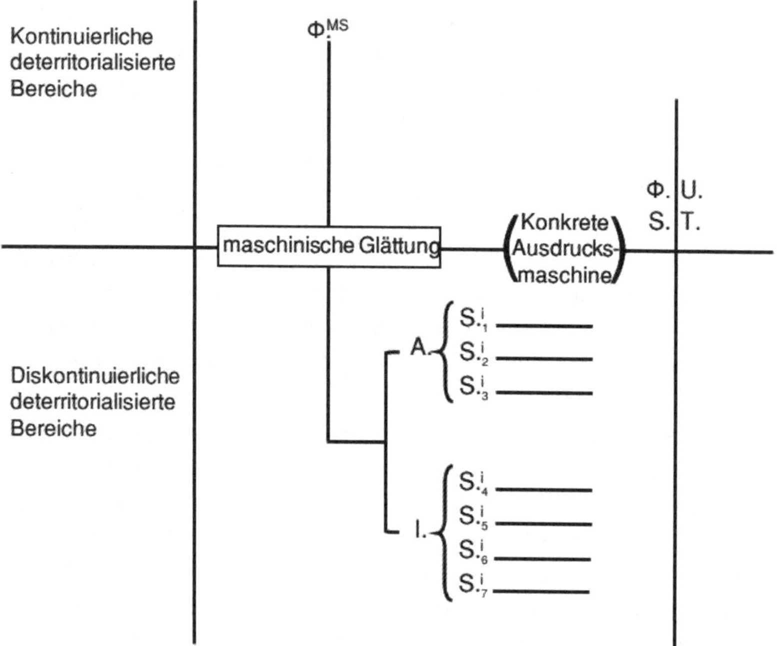

Abb. 3.12 *Doppelte Artikulation der maschinischen Glättung: A.I.-Funktion (unter Verwendung von Abbildung 3.5)*

Der Vorgang, durch den pragmatische Festigkeit erlangt wird, gehorcht der allgemeinsten Logik (man sollte sagen: Maschinik) des Gefügezyklus, innerhalb dessen die Abstände zwischen Entitäten eine eigene Existenz erlangen, indem sie permanent in neue (Bewertungs-, Ausdrucks- und maschinische ...) Konstruktionen Eingang finden. Solche »Flucht nach vorn«, wodurch diese Abstände auf erster, zweiter, dritter und schließlich *n*-ter Ebene gehandhabt werden, führt zu einer Art kontinuierlicher Ausweitung von diskursiven Bereichen, mit Potenzialen angereicherten Feldern und Universen reiner Virtualität. Jedoch werden die allgemeinen Umformungen dieser Bereiche, Felder und Universen nicht direkt durch sie bewirkt.

Dies geschieht nicht nur dadurch, dass Grundentitäten sowohl entwertet als auch integriert werden, sondern ebenso, indem ihr ontologisches Gewebe aufgetrennt und neu verwoben wird. Es ist die Aufgabe der substanziellen Glättungsoperatoren (die den Spitzen »s« der Triangulation Materie-Substanz-Form entsprechen), diese ontologische Mutation auszulösen. Um die besondere Stellung der expressiv-maschinischen Glättung zu verstehen, listen wir die drei Vermittlungsinstanzen der fraglichen Substanziierung innerhalb des gesamten Zyklus auf:

1/ *Die Substanziierung von Strömen*
Was die sinnlich-konkrete Glättung angeht, so konnten wir bereits feststellen, dass sie eine Unterbrechung des existenziellen Außenbezugs bewirkte und diskursive linearisierte Abfolgen, deren Kalibrierung in einem Immanenzprinzip gründet, »absonderte«.

2/ *Die Substanziierung maschinischer Phyla*
Die maschinische Glättung hingegen operiert mittels A.I.-Funktion, bricht mit dem Typ einzig proximaler Diskursivität, spezifiziert Ströme, um einen Schnitt zu machen, eine vollkommen neue Kluft an »Vermöglichung« aufzureißen und schöpferische Pragmatiken (von Maschiniken) zu ermöglichen, die verzeitlichen und verräumlichen, energetische Umwandlungen vornehmen sowie Kodierungen und unterschiedliche Modi von Zeichenbildung erzeugen.

3/ *Die Substanziierung unkörperlicher Universen*
Weiter unten werden wir, verbunden mit der Glättung von Universen, sehen, wie eine verallgemeinerte und unendliche Öffnung zum Tragen kommt, die sich den diskursiven Koordinaten, wie auch immer sie aussehen mögen, grundlegend entzieht und die Beförderung substanzieller selbstbezüglicher Monaden vom Typ Materie-Substanz-Form vorbereitet.

Vor Abschluss dieser umwegigen Vorschau wird die folgende Abbildung die drei Substanziierungsweisen in Bezug zu den vier Dreiecken m.s.f. innerhalb des Gefügezyklus verorten.

Die zweifache Triangulierung der Glättung von Universen wird weiter unten untersucht.

Das Fehlen einer vermittelnden Triangulierung für die Glättung von organlosen Körpern (existenzielle selbstbezügliche Pseudo-Glättung) bringt den Umstand zum Ausdruck, dass es an diesem Punkt keine Außenbezüge, die auf der Logik diskursiver Mengen basieren, zwischen den Universen unkörperlicher Mannigfaltigkeiten und den existenziellen »einzähligen« Territorien mehr gibt.

Kehren wir nun zu der Frage nach der energetischen Neubestimmung von Strömen zurück, die durch die expressiv-maschinische Glättung bewirkt wird. Die Verteilung von Ausdruck und Inhalt (A.I.) auf zwei Pole verändert radikal die Perspektiven auf das Dasein und die Reichweite der Strömungsschwankungen. Sie geht über die mit der proximalen Heterogenität zusammenhängenden Effekte hinaus.

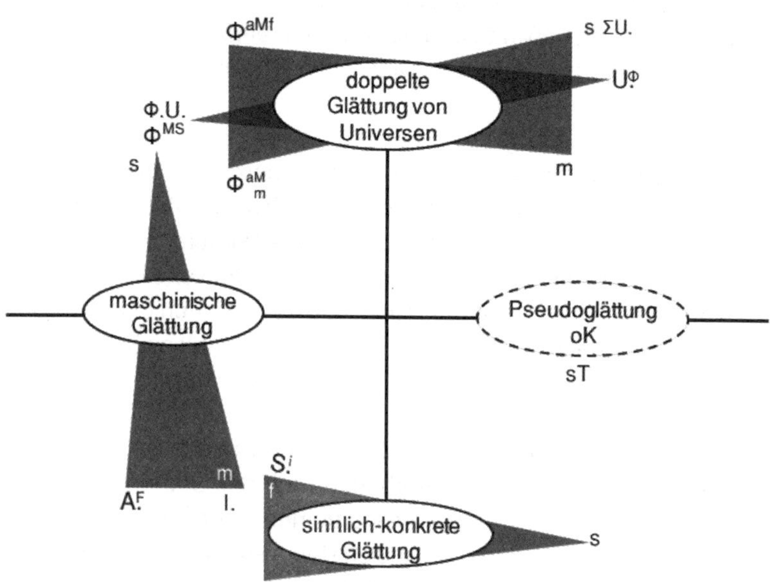

Abb. 3.13 *Die drei Substanziierungsmodi*

Sie eröffnet eine Heterogenität, die sich nicht nur über weite Entfernungen hinweg herstellt, sondern auch, abseits von aktuellen Räumen und Dauern, als atopisch und überzeitlich, was ich pro- und trans-positionell nenne, begriffen werden muss. Unter diesen Umständen die Perspektive zu wechseln, heißt so viel wie seine Frisur zu ändern: Das kann das ganze Leben verändern! Doch es geht hierbei nicht nur um das lokal begrenzte »Aussehen«, um die Änderung umweltlicher Ordinaten. Die Folge ist vielmehr, dass Ko-Ordinaten allgemeinerer Ordnung, prospektive Ko-Ordinaten, vollkommen neue Problematiken, eingeführt werden, was den Eingriff von

Komponenten ermöglicht, die im ursprünglichen Kontext statistisch gesehen unvorhersehbar waren.

Wir müssen mit einem Komplex Zeichen-Maschine-Energie zurechtkommen. Dabei versuchen wir zu verstehen, wie die Maschine das kontinuierliche Integral von Gesichtspunkten in ein Energiepotenzial umwandelt. Doch im Moment befinden wir uns noch bei der maschinischen Glättung, der protoenergetischen Verfestigung der Differenz, der durch die A.I.-Funktion erzeugten »Heterogenifizierung«. Erst danach schlägt die Stunde der Maschine im eigentlichen Sinne.

Schreiten wir noch einmal die Etappen ab, die hierzu den Weg eröffnen. Mit der A.I.-Funktion hört die Heterogenität auf, ausschließlich konstativen, verzeichnenden Charakter zu besitzen, da sie zur Produzentin von Effekten avanciert. Es ist natürlich richtig, dass eine schlichte Registrierung bereits eine Wirkung darstellt und über die bloße Sich-selbst-Gleichheit der Seinsidentität, symbiotischer, narzisstischer Ausdruck einer radikalen Verohnmächtigung, hinausweist.

Sagen wir, die A.I.-Funktion bewirke einen Zustandswechsel, bei dem von einem Zustand nichtregistrierter Heterogenität oder passiver, abgekapselter Verzeichnung zu einem Zustand mit Index aktiver Registrierung übergegangen wird. Was beinhaltet das? Eine passive Registrierung ist ohne Außenbezug, während eine aktive Registrierung in einem Bezug steht, der die Heterogenität verorten, anschließen, anreichern und ihre Potenziale bündeln soll. Wer aber Zustandswechsel oder einfach nur Änderung von was auch immer sagt, sagt ebenso: energetischer Aufwand. Einen Verstoß gegen dieses fundamentale Prinzip würde kein Physiker jemals zulassen! Unter diesen Bedingungen muss angenommen werden, dass der Übergang von der bewertenden Verzeichnung der Kalibrierung oder der Riffelung der Heterogenität zu einer aktiven maschinischen Verzeichnung (aufgrund der Neuverteilung von Ausdruck und Inhalt) die Einführung eines energetischen Bezugs mit sich bringt. Die Signaletik oder die mit der Bewertung einhergehenden Kodierungsindizes laden sich mit Energie auf. Und diese Ladung muss rückwirkend zu einer Neubestimmung der hier involvierten neutralen Ströme führen.

Soll im Verlauf der Untersuchung zu dem Punkt gelangt werden, an dem es komplexen Zeichenbildungsgefügen gelingt, Effekte mit großer Reichweite zu erzielen – beispielsweise Menschen auf den

Mond zu schicken –, so muss auf der elementarsten Ebene eines signaletischen Ausdrucks oder Codes die Existenz von Schwellen kleinster Quanta, von pragmatischen, maschinischen Effekten angenommen werden.

Die Grundidee besteht darin, dass noch vor jeder Einteilung nach Objektivität und Subjektivität *ein »Gesichtspunkt« ein Akt ist*, eine Interaktion. Die A.I.-Heterogenität ist sowohl Verstärkung als auch Untersetzung dieser aktionistischen Basisheterogenität. Sie bündelt, reizt, steigert sie, eröffnet ihr andere Wege. Man findet hier die Funktion der Arbitrarität (ich würde eher von »Arbitrarisierung« sprechen) zwischen den Ketten aus Signifikanten und ihren Gegenstücken aus Signifikaten wieder, wie sie von der strukturalistischen Linguistik beschrieben wird. Doch aus unserer semiotisch-maschinischen Perspektive betrachtet können wir nicht wie Ferdinand de Saussure dabei stehen bleiben, dass die signaletische Form von ihrem Referenten grundlegend unabhängig ist. Bei den maschinischen Gefügen kann es vorkommen, dass der Formalismus in direktem Zusammenhang mit den Bezugswirklichkeiten steht (Diagrammatismus). So verwandeln sich etwa passive Ausdrucksfiguren in aktive *Zeichen-Partikel*, sodass die Frage nach den semiotischen Energetiken nicht mehr zu umgehen ist.

Aus Hjelmslevs Untersuchungen, die ihn zu der Annahme führten, die Form der Ausdrucksfiguren sei mit der Form der Inhaltsfiguren identisch, müssen alle Konsequenzen gezogen werden. Die Behauptung, ein und derselbe deterritorialisierte Maschinismus existiere am Schnittpunkt von Ausdruck und Inhalt (parallel zu ihrer stets möglichen Umkehrbarkeit als semiotischer Funktor), läuft darauf hinaus, jedwedem strukturalistischen Dualismus endgültig die Absage zu erteilen. Dass maschinische Funktionen den Einbezug von Zeichengefügen mit sich bringen, vermag im Zeitalter der Informatik und Künstlichen Intelligenz niemanden mehr zu überraschen! Dass energetische zutiefst mit signaletischen Strömen vermischt sind, lässt sich alltäglich erfahren (man denke nur an den Gebrauch von Speicherkarten, die physikalische Wirkungen durch die Ausgabe von Geldscheinen zeitigen, oder an das Anschließen eines Routers), doch viel schwieriger lässt sich einsehen, dass der Formalismus als solcher, unabhängig davon, ob die von ihm geprägten Zeichen und Figuren magnetisiert, elektronisiert, »zerebralisiert« ... worden sind oder nicht, Träger eines gewissen Typs energetischen Potenzials ist.

Nehmen wir die Gesamtheit an Profilen, die gewöhnliche Metallschlüssel haben können. Sie bildet ein Kontinuum von Formen, innerhalb dessen jeder einzelne Schlüssel eine spezifische Wirksamkeitszone abdeckt, um die Öffnung des Schlosses, in das er passt, zu gewährleisten. Diese Zone ist durch zwei Grenzprofile eingefasst – zwei Diagramme, die verschlüsselt, digitalisiert sein können –, die die tolerierbaren »Fehler«-Schwellen, jenseits deren das Öffnen versagt, bestimmen. Dieser unendlich kleine Übergang (der signaletische Katalyse genannt werden kann) von der falschen zur richtigen Form hat mechanisch-dynamische Konsequenzen, die in keinem Verhältnis zum energetischen »Einsatz« stehen, der für seine Erzeugung aufgebracht werden muss. Merken wir an, dass wie bei der chemischen Katalyse dieser energetische »Einsatz«, wie unendlich klein auch immer, niemals null beträgt. Wenn es in eine Phase signaletischer Katalyse (oder Codierung) tritt, dann bleibt das Zeichen oder die Grundfigur des Ausdrucks nicht dabei stehen, auf verwandte Elemente zu verweisen: Es macht sich über die Materie, das heißt über die Energie her. In diesen aktiven Phasen (maschinischer A.I.-Glättung als Produzent des Phylums $\Phi.^{MS}$) wechseln die signaletischen Materien in den Zustand von Zeichen-Partikeln. Der dabei einfließende Anteil territorialisierter (geriffelter) Ströme wird neu bestimmt und wieder aufgeladen. Derlei Potenz hängt vom Einbezug wirkmächtiger Formen ab, die anderen Zusammenhängen entstammen, eingebracht aus deterritorialisierten Maschinensätzen ($\Phi.^{MS}$) und abstrakten Maschinen ($\Phi.^{aM}$), von denen weiter unten die Rede sein wird. Dergestalt wird es maschinische oder signaletische Katalyse geben, wenn das Verhältnis Ausdruck-Inhalt Formen erlaubt, weit von ihren ursprünglichen Riffelungen entfernt auf Entdeckungsreise zu gehen und eine gewisse Multilokalität auszubilden. Für unser Beispiel heißt das etwa, dass die richtige Form zugleich 1) zum Schlüssel, 2) zum Schloss und 3) zur Wirksamkeitszone des Kontinuums zwischen den beiden Grenzprofilen gehört. Damit hat die Form ihre ontologische Textur gewechselt: Sie lässt sich nunmehr einem Heterogenitätskristall vergleichen. Die richtige Form des Schlüssels versammelt:

1. die Heterogenität von im Schlüssel konkretisierter (dimensionierter) Form und im Schloss konkretisierter Form, wobei beide nie-

mals gänzlich in eins fallen können, da ihre Variationen innerhalb des festgelegten Abstands zu verbleiben haben;

2. die Heterogenität dieses Typs von jeweils singulären Formen und der possibilistischen Form der Abtastung zwischen den beiden Grenzprofilen.

Diese Verknüpfung eines konkret und eines possibilistisch Heterogenen ist charakteristisch für den glatten maschinischen Strom. Sie verleiht den Dimensionen zwischen den Entitäten eine neue Festigkeit. Indem sie zu kohärenten, extensiven und Potenzial besitzenden Ko-Ordinaten avancieren, ziehen die früheren Innen- und relativen Ordinaten neue Felder an Möglichkeiten nach sich und öffnen die Schleusen für Neuzugänge an Energie. Die Kategorie der Energie ersetzt dann tendenziell jene der Identität; das Sein wird sich selbst untreu; der Innenbezug verblasst angesichts der deterritorialisierten Prinzipien von Konstanz und Konsistenz.

Die rhizomatische Riffelung: die Trans-Position

Die maschinische Glättung hat uns zu der Annahme geführt, die Codes und die Zeichen, die als Katalysatoren für die molare Ökonomie der Ströme dienen, sollten Träger von molekularen und unendlich kleinen (deterritorialisierten) Energieladungen sein. Doch dieselben Glättungen können ebenso zum Gegenstand von Riffelungen werden, die ihre Heterogenität betonen und ihnen in anderer Weise Potenzial verleihen. Dann gelangt man zu einer Stauung, die sich vom Zyklus der Äußerungsgefüge unterscheidet: Stauung von Maschinen im eigentlichen Sinne.

Das Kontinuum des Möglichen (Φ.), in Anschlag gebracht durch die zweckmäßige Gestalt des Schlüssels, blieb von relativ geringer Reichweite; es entsprach dem Paradigma, das die Gesamtheit seiner wirksamen Profile umfasst. Richtig ist zwar, dass dieses Paradigma wiederum andere Öffnungen zu mannigfaltigen Universen schlagen würde, die hinter einer Tür zu entdecken wären! Doch das Auftauchen dieser Universen lässt sich nicht vorhersehen, ja es ist sogar dem Zufall unterworfen. Bei der abstrakten Maschine indes werden diese Öffnungen von Universen koordiniert, denn hier ist eine systemische Verwaltung des in all seinen unterschiedlichen Deterritorialisierungsgraden erfassten Möglichen am Werk. Während ein maschinisches Phylum $\Phi.^{MS}$ (Phylum von Maschinensätzen) aus einer Dis-Position von Strömen in zweipolige A.I.-Felder resultiert, wird nun ein Rhizom mehrpoliger Trans-Position des Möglichen *n*-ten Grades durch die Interaktion $\Phi.^{aM}$ von Phyla abstrakter Maschinen erzeugt. Nehmen wir das Beispiel der komplexen Sexualmaschine, die aus der »Vermählung« von Wespe und Orchidee hervorgeht. (Sie steht zwar im Dienst der Reproduktion der Orchidee, doch spielt sie ebenso eine wichtige Rolle innerhalb der biologischen Ökonomie der Wespe.) Diese Maschine, die äußerst heterogene Komponenten miteinander verbindet und deren Modell sich innerhalb beider genetischer Codes herauskristallisiert, durchzieht nicht nur die einzelnen Exemplare, sondern auch die Evolution der fraglichen Arten. Damit basiert sie nicht mehr nur auf einer Zweipoligkeit vom Typ A.I., sofern sie Entwicklungsdimensionen in sich birgt, die von mannigfaltigen, mit der jeweiligen ökologischen Nische verknüpften Umweltkomponenten nicht getrennt werden können. Die Stiftung dieses Zusammenspiels von possibilistischen Phyla $\Phi.^{MS}$ bei größtmöglichem Deterritorialisierungsgrad wird rhizomatische Riffelung genannt. Die Operatoren dieser Riffelung heißen hingegen abstrakte Maschinen.

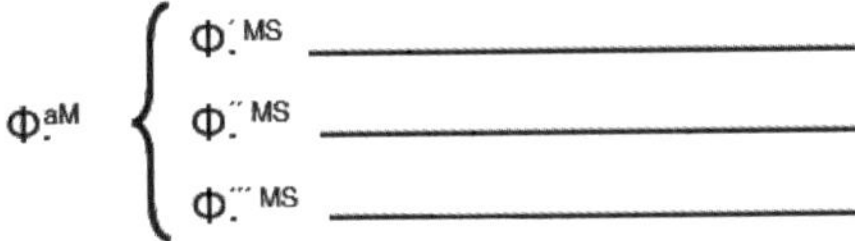

Abb. 3.14 *Die abstrakten Maschinen*

Heidegger hielt dafür, dass das Sein des Seienden nicht auf die Wirklichkeit des Wirklichen zurückgeführt werden dürfe, sondern auf die Möglichkeit des Möglichen und die Notwendigkeit des Notwendigen hin erweitert werden müsse.[58] Die maschinischen Operatoren, so wie wir sie hier fassen, machen es in diesem Punkt jedoch erforderlich, dass wir bei solch allgemeinen Bemerkungen nicht stehen bleiben, denn ihre Funktion besteht genaugenommen darin, die Möglichkeitsfelder in *notwendig eintretende Effekte* umzuwandeln. Damit lassen sich die Maschinen als ontologische Produktionsin-

58 Martin Heidegger, *Grundbegriffe*, GA 51, Frankfurt/M. 1991, S. 33.

stanzen begreifen. Sofern es Wirkliches, Mögliches und Notwendiges kristallisiert, bildet das Sein im Wesentlichen ein maschinisches Produkt. Diese ontologische Mutation, durch die wir vom Möglichen zum Notwendigen überwechseln, geht mit einer Zäsur, einem Einschnitt einher, der durch eine neue Glättung: die Substanziierung unkörperlicher Universen, erzeugt wird. Merken wir zunächst an, dass dieser Einschnitt grundlegend anders ist als die beiden vorhergehenden:

- der Einschnitt, der die Außenverarbeitung instanziierter Ströme $S.^i$ aus der Innenverarbeitung der Ströme $S.^{rV}$ »extrahierte«[59] und dies durch eine Art Auffächerung der Letzteren zuwege brachte, ohne dass sich von ihnen die bewertende Instanz $S.^i$ der Sub-Position ablösen und Selbstständigkeit gewinnen würde;
- der Einschnitt des Verhältnisses Ausdruck-Inhalt, der auf die geriffelten Ströme einwirkte und eine vollständige Entfaltung des Verarbeitungsprozesses mittels einer linearisierten Dis-Position von Strömen als Garant ihrer Heterogenität voraussetzte.

Mit dem Einschnitt, der die maschinischen Pro-Positionen $\Phi.^{MS}$ hervorbringt, eine Bewertungsinstanz, die dem zweiten Glättungsmodell eignet, verlässt man das Gebiet extrinsischer Verarbeitung, die sich auf Ströme bezieht, die Selbstständigkeit erlangten und den Polen Ausdruck und Inhalt entsprechend verteilt sind. Man wechselt vom Register des *Expressiven* zu jenem des *Intensiven* oder, wenn man lieber will, von extensiven Zügen (signaletischer Teil von Zeichen-Partikeln) zu intensiven Zügen. Die Aufgabe dieses Einschnitts besteht nicht mehr darin, eine Grundheterogenität zu bündeln, um Möglichkeitsfelder voller Gesichtspunkte zu erzeugen/entwerfen. Die maschinische Riffelung als solche ist operative Integration heterogener Gesichtspunkte. Mit ihr verschwindet zugleich die Vorstellung, es gäbe einen äußerlichen Gesichtspunkt.

Ihr Schnittwerkzeug arbeitet nicht mehr mittels auffächernder Ablösung und Anordnung hintereinander von Redundanzen oder mittels Verteilung von Strombündeln auf zwei Pole, sondern mittels molekularer Abscheidung von Bezugsuniversen, die zu den molaren Welten konkretisierter Ströme »parallel« verlaufen. Im Unterschied zu den Strömen sind die deterritorialisierten maschinischen

---

59 Siehe das erste Modul sinnlicher Glättung in den Abbildungen 3.11 und 3.12.

Phyla mehrpolig. Sie wuchern in alle Richtungen und Dimensionen, kreuzen sich und bilden Rhizome, pfropfen sich aufeinander, treiben wirksame Knoten aus. Eine solche Riffelung verleiht ihnen einen Aspekt von Hyper-Kontinuität, wodurch sie in der folgenden Stauung, sagen wir in Volumenform, durch Einfaltung unkörperlicher Möglichkeitsuniversen, die selbst wiederum in verschiedener Weise miteinander in Verbindung stehen, Raum greifen können.

Die Immanenz der mit dieser Riffelung maschinischer Sätze einhergehenden Bewertung führt zu einer allgemeinen Neubestimmung von Redundanzen, die während vorausliegender Stauungen in Bezug zu den Strömen eine halbtranszendente Position eingenommen haben, sodass jene diesen eine spezifische ontologische Festigkeit zu verleihen vermochten. Vergessen wir nicht, dass es stets dieselben »grundlegenden« Entitäten sind, die innerhalb des von Stauung zu Stauung voranschreitenden Zyklus aus Positionierungen und Neubestimmungen ständig wiederverwendet werden. Indem jetzt Maschinensätze $\Phi.^{MS}$ als abstrakte Maschinen $\Phi.^{aM}$ neu bestimmt werden, können jene bestimmte Eigenschaften, die sie bei ihrem »Durchgang« durch den Zustand als Strom geerbt hatten, und in erster Linie ein bestimmtes Identitäts- und Identifikationsmodell ablegen. Diesbezüglich sei daran erinnert, dass die vorherigen Konfigurationen aus (für $\Phi.^{MS}$ konstitutiven) *Zeichen-Partikeln* noch ein doppeltes Spiel spielten:

1. im Register der Glättung sinnlicher Qualitäten, durch ihre äußerliche Einhegung mittels raumzeitlicher Ko-Ordinaten (extensive Merkmale);

2. im Register der Glättung abstrakter maschinischer Qualitäten, durch eine in diesem Falle »unsichtbare« Positionierung ihrer pragmatisch-maschinischen Wirkungen, die sich potenziell auf Systeme von Invarianten, Konstanten, Formeln, Gesetzen, statistischen Regelmäßigkeiten und noch ganz andere, in letzter Instanz von einer energetischen Berechnung nicht zu trennende algorithmische Konglomerate stützt.

An diesem Punkt wechseln die für abstrakte Maschinen konstitutiven *intensiven Züge* ihren Charakter: Sie sind nicht mehr pro-positionell, sondern trans-positionell. Sie durchkämmen ihr ursprüngliches pragmatisches Phylum und können bei jeder Gelegenheit von einem Phylum zum anderen springen.

Schluss also mit den manifesten Bildungen von Strömen, einzig verbleiben die tiefgreifenden Strukturen abstrakter maschinischer Phyla. Hier ändert sich die Landschaft radikal, denn diese Tiefenstrukturen gehorchen nicht mehr der Logik von Mengen klar und deutlich außenbezogener Objekte. Sie lassen sich nicht wie die Baumdiagramme der generativen Grammatik Chomskys,[60] die allesamt streng hierarchisch gegliedert sind, anordnen und noch weniger mit mathematischen, axiomatisch fundierten Aussagen gleichsetzen. Sie bestehen aus abstrakten Maschinen ohne feste Identität, die doch, um in Formeln und Gesetzmäßigkeiten Ausdruck zu finden, sich nicht jeder transzendenten Codierung entziehen, die einem Sockel von Wissenschaftlichkeit, hart wie Hammurabis Tische aus Diorit, eingeschrieben wäre.

Diese abstrakten Maschinen erforschen und bearbeiten ohne Unterlass die Variationen-Derivationen-Integrationen der Möglichkeitsfelder (die hier als trans-positionelle Vorgänge bezeichnet werden), und dies fern aller nachweisbaren Zeitlichkeit. Doch wenn nichts, weder Gott noch Struktur, sein Gesetz den Gesetzen aufzwingt, ist dann unsere Riffelung maschineller Phyla nicht dazu verdammt, in Anarchie und Ohnmacht zu versinken, sofern jede maschinische Monade mit allem und nichts eine Verbindung eingeht, um sich letzten Endes von der Außenwelt abzuschließen? Anhand der Untersuchung der folgenden Stauung werden wir sehen, dass dem nicht so ist, da der abstrakte Maschinismus im Gegenteil als Instanz zur Bündelung prozessualer Potenzen schlechthin dient. Dieser Maschinismus gehorcht nicht Prinzipien, die der Innenverarbeitung sinnlicher Ströme oder der relativen Verarbeitung instanziierter Ströme zugrunde liegen, sondern einer prozessübergreifenden Verarbeitung, einer Trans-Ordination, weil durch seine Vermittlung die Anreicherung mit Komplexität, die von territorialisierten Gleichgewichten weit entfernten Neuverarbeitungen und die Singularitäten produzierenden Verzweigungen vonstattengehen. Jeder zusätzliche Grad an Deterritorialisierung einer abstrakten Maschine entspricht so einem Anstieg ihrer Wirkungspotenz, die nicht mehr als Energiequantität, sondern als Verstärkung des Singularisierungs-

---

60 Noam Chomsky, *Aspekte der Syntax-Theorie*, aus dem Amerikanischen hg. u. übers. v. einem Kollektiv unter der Leitung von Ewald Lang, Frankfurt/M. 1969.

potenzials oder, noch anders, als Verminderung von Entropie zum Ausdruck kommen wird.

Beispiel: Parallel zur Deterritorialisierung von Begriffen der mathematischen Physik sah sich die angewandte Nuklearphysik in der Lage, immer mächtigere Energien freizusetzen. Mit der maschinischen Deterritorialisierung wird also nie Schluss sein. Sie entzieht sich den gewöhnlichen Gesetzmäßigkeiten, Einteilungen und Maßeinheiten. Mit ihr gibt es keinen Anfangs- und keinen Endzustand. Und folglich auch keine Zeit null des Urknalls, kein Abstoßen von sich selbst hin zur Ausdehnung des Alls. Sie ist das Werden im Vollzug seines Prozesses, das Heterogene, das im Begriff ist, sich zu differenzieren. Die fortwährende Erzeugung neuer Gegebenheiten durch die entsprechende Einführung nie dagewesener Konstellationen von Bezugsuniversen. Kurzum, der Prozess! Wir müssen beschreiben, wie diese Hyperkomplexität erzeugende Prozessualität beim »Übergang zum Sein« der existenziellen Singularisierung Gestalt annimmt. Doch wir befinden uns noch in der Phase der Ermöglichung des Prozesses, und wir müssen hier stehen bleiben und einen Schritt zurück machen, um die Beziehungen zwischen deterritorialisierten abstrakten Maschinen und den konkreten Maschinen der maschinischen Glättung, die im Bereich territorialisierter Ströme zum Tragen kommen, zu erhellen zu versuchen.

Abstrakte Maschine und konkrete Maschine

Auf den ersten Blick scheint eine konkrete Maschine ein genau begrenztes, in sich geschlossenes Objekt zu sein, das sich dem Äußeren nur unter der Maßgabe funktionaler Imperative öffnet (Eintritt von Rohstoffströmen; Austritt von Strömen »maschinierter« Erzeugnisse). Doch dies ist nur dem Anschein nach so, da der konkrete Zuschnitt von Maschinen mehr oder weniger willkürlich ist. Ist es zum Beispiel legitim, eine Lokomotive unabhängig von den Schienen zu betrachten, auf denen sie fahren soll, oder von Berufsgruppen, die sie zum Laufen bringen? Soziale Maschinen dieser Art sind ebenfalls untrennbar miteinander verbunden. So kann etwa die Apollo-Rakete, durch die Menschen den Mond betreten konnten, weder vom Team der NASA, das sie konzipiert hat, noch von der politischen Maschine, die Kennedy unterstützte, als er das Projekt genehmigte, getrennt werden. Alle Maschinen lassen sich so nach und nach untereinander verbinden durch mannigfaltige Folgeverzweigungen mit zahllosen Überschneidungen. Doch insofern das Wesen der konkreten Maschine weder in ihrer sichtbaren Begrenzung noch in der ihrer inneren Organe, noch in ihrem Status auf der Ebene der Fabrik, des sie betreffenden Industriezweigs bzw. der Industriesparte zu finden ist, wo ließe sie sich dann fassen, wenn nicht innerhalb einer maschinischen Funktionalität, die all diese segmentierten Schichten durchzieht? Im Unterschied zu Interaktionen, die zwischen nichtmaschinisierten natürlichen Elementen stattfinden, ist diese Funktionalität untrennbar verbunden mit signaletischen Systemen, die innerhalb der Ströme durch Maschinen verkörpert sind.

Hier stoßen wir auf zwei Schwierigkeiten. Zunächst muss man zugestehen, dass es von geringer Bedeutung ist, ob derlei Systeme von menschlichen Gehirnen entworfen oder von lebendigen Strukturen im Verlauf einer langen und komplexen Entwicklung produziert, codiert und genetisch übertragen worden sind. Der signaletische und/oder Kodiergeist der Maschine eignet nicht dem Menschen allein. Über ihn lässt sich nur sagen, dass er die Ausschöpfung einer mehr oder weniger selbstständig gewordenen expressiven Schicht impliziert. Allein, jede Form von physikalisch- und organisch-chemischem Gefüge tut genau dasselbe. Die zweite Schwierigkeit liegt darin begründet, dass man hier ganz sicher in einen Zirkel gerät. Weiter oben postulierten wir, dass die A.I.-Verteilung ausgehend von der Glättung und Instanziierung von Strömen zustande kommt; und siehe da, jetzt scheint dieselbe Glättung und dieselbe Instanziierung daraus zu resultieren, dass Ausdruckssysteme zu maschinischen Funktionen avancieren. Also? Teufelskreis oder Feedback, zirkuläre Rückkopplung? Wie ich bereits sagte, ist meine Beschreibung des Gefügezyklus von den Strömen ausgegangen, um bei den Maschinen, dem Unkörperlichen und dem Existenziellen anzulangen, doch im letzten Teil des Textes werde ich notgedrungen umgekehrt verfahren, und zum jetzigen Zeitpunkt verbietet nichts, dass die Glättung und die Instanziierung von Strömen so erscheinen, als würden sie im Wesentlichen von maschinischen (materiellen, lebendigen, sozialen, abstrakten ...) Entitäten bewirkt. In Wahrheit befinden sich die konkreten Maschinen selbst in einer doppelten Position. Von den Strömen durchzogen, verbinden sie sich untereinander, um sie in unterschiedlicher Weise zu glätten, wenngleich sie selbst

Netzartiges, Kreuzung, Stromknotenpunkt sind. Egal, wie man sie auffasst, ihre ontologische Formel mutiert. Sie sind im Wesentlichen eine Mischung aus territorialisierten Strömen und deterritorialisierten Phyla. Damit verknüpft die Seele aus Code, Zeichen, Sprache, Katalyse, Spur, Bild, Kopie, Programm konkreter Maschinen, all das, was ich *ihre diagrammatische Funktion* nenne, zwei Entwicklungsmodalitäten: Die eine, außenbezogen, macht sie fest an der Materialität des Prozesses, die andere, innenbezogen, verleiht ihr ihre Komplexität, ihre Singularität und ihre existenzielle Festigkeit. Versuchen wir, diese doppelte Zugehörigkeit genauer zu fassen, indem wir noch einmal das Grundbeispiel der Schlüssel-Schloss-Maschine betrachten. Wie gezeigt, führt sie zur gleichzeitigen Herausbildung zweier Formarten mit unterschiedlicher ontologischer Textur:

- kontingente, konkrete, diskrete Formen, deren Singularität nach außen hin abgeschlossen ist und die sowohl im Profil des Schlosses $S.^s$ als auch jenem des Schlüssels $S.^c$ verkörpert sind;
- possibilistische Formen, die ein Band kontinuierlicher Variation Φ. bilden, das Ausdruck einer prozessualen Singularisierung ist und folgende Hauptmerkmale trägt:

a/ Es ist zwar begrenzt, doch nicht ohne zugleich endlos zu sein, was wiederum Folge seiner durchgehenden Textur ist.
b/ Derlei Endlosigkeit ist ein Indiz dafür, dass es einem Universum virtueller Andersartigkeit angehört, das sämtliche Profile, ob autorisiert oder nicht, in sich einbegreift.
c/ Es stellt einen Bezug pragmatischer Kalibrierung des jeweiligen Systems her, sprich, in diesem besonderen Fall, die Gesamtheit seiner Zustände, die die Wahrheit der Aussage »In diesem Fall funktioniert's!« bestätigen können.

Kontinuum Φ.

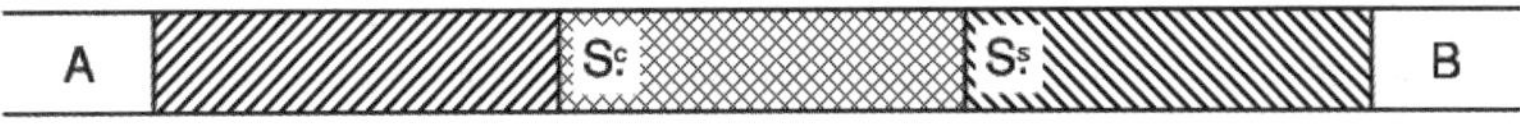

Grenzen A und B: $S.^c$ – Schlüsselprofil; $S.^s$ – Schlossprofil

Abb. 3.15 *Band kontinuierlicher Variation der Schloss-Schlüssel-Maschine*

Weil es Verknüpfung gibt zwischen diesen beiden Arten von konkreter und possibilistischer Form, gibt es Maschine. Eine solche Verbindung einfacher Heterogenität und Heterogenität zweiter Stufe erweist sich als eine mögliche Definition der maschinischen Funktion. In der Tat erlaubt der Übergang von der konkreten Heterogenität, deren Träger $S.^c$ und $S.^s$ darstellen, zur dem Band innewohnenden Heterogenität, zwischen A und B, die jeder Maschine eignende *Reproduktivität* (oder Wiederholung) zu gewährleisten. Was heißt das? Eine Singularität vom Typ $S.^c$ und $S.^s$ hört niemals auf, sich zu singularisieren, denn stets noch lässt sich ihr eine zusätzliche Dezimalstelle hinzufügen, um ihre exzentrischen Koordinaten Zeit, Raum und Energie noch strenger zu fassen:

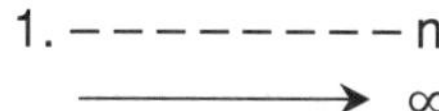

Allein der Asymptote $n = \infty$ lässt sich zulässigerweise eine strenge Reproduktivität als vorhanden unterstellen. Somit wird die Wiederholung nur idealerweise, auf einem unendlich kleinen Niveau möglich und kann einzig durch signaletische Mittel vom Typ Zeichen-Partikel erfasst werden. Ganz anders das Band Φ., auf dem die Singularität relativ wird durch den Einbezug von »Fehler«-Margen. Zwischen A und B können die Abstände $S.^{c'}$-$S.^{c''}$ oder $S.^{s'}$-$S.^{s''}$ variieren, Spielraum haben. »Mechanik ist Spiel«, allseits bekannte Maxime von Technikprofessoren. Die Maschine ist auch ein Spiel von Margen, von Spielräumen, das auf einer ontologischen Ebene reproduzierbare – relativ reproduzierbare – Formen begrenzt. Auf phylogenetischer Ebene ist es dasselbe Spiel, das Entwicklungsvariationen erlaubt. Hier findet ein Übergang von einem absoluten und solipsistischen Heterogenitätsbegriff zu einem relativen, reproduktiblen, evolutiven Heterogenitätsbegriff statt. Erneut stellt sich im Bereich molekularer Differenzen, wo die Übergänge von der Dis-Position ($S.^i$) zur Pro-Position ($\Phi.^{MS}$) und dann zur Trans-Position ($\Phi.^{aM}$) stattfanden, das neue Register der Meta-Positionen U. her. Das Unendliche verschließt sich nicht mehr in sich selbst, in einer Art Flucht zurück, vor das Komma gleichsam, auf der Jagd nach einer Singularisierung der äußersten Grenze. Im Kontinuum Φ., innerhalb der Grenzen A und B, gerät es zum Außenseiter. Es avanciert zum Produzenten von Möglichem und Virtuellem.

Fassen wir an diesem Punkt zusammen:

- an jeder Position S.^{c}/S.^{s} gibt es *augenblickliche Riffelung* einer dis-positionierenden Form;
- innerhalb des biunivoken Verhältnisses zwischen S.^{c}/S.^{s} gibt es *pro-positionierende Glättung* einer allgegenwärtigen (deterritorialisierten) maschinischen Form, die zeitgleich beide vorhergehenden konkreten Positionen »bewohnt«;
- jenseits des von A und B begrenzten Phylums existiert die Möglichkeit *trans-positionierender Riffelung* einer allgemeinen Formel für eine konkrete Maschine mit kodiertem Schließmechanismus (die Schloss-Schlüssel-Maschine).

Offen gebliebene Frage: Welcher Natur ist das Verhältnis zwischen den in diesem Moment aufgerufenen maschinischen Spielräumen und den durch die Katalysen von Zeichen-Partikeln hindurch bewerkstelligten unendlich kleinen Energien? Die signaletischen Maschinen gehen mit einem Grenzzustand des Maschinismus, einer maximalen Abstraktifizierung von Strombetten und existenziellen Territorien einher. Sie stoßen, ausgehend von signaletischen Singularitäten, deren Bezugsgrößen allesamt Kategorien sind, virtuelle Deterritorialisierungsprozesse an. Auf der entgegengesetzten Seite bringt der konkrete Maschinismus eine Funktionalisierung von Strömen und existenziellen Territorien mit sich. Damit verlässt die maschinische Katalyse den stets infinitesimalen Kreislauf; sie kontaminiert die molaren Felder, die sich im Verhältnis zu den molekularen Feldern des Ausdrucks als Inhalt setzen. Im Zuge dessen wird ersichtlich, dass der ontologische Status konkreter Maschinen nicht nur die Einführung abstrakter maschinischer Funktionen, sondern auch existenzieller Operatoren impliziert, die sie mit unkörperlichen Universen und existenziellen Territorien zusammenzufügen erlauben, was ihnen Selbstbeständigkeit, eine Form von Notwendigkeit verleiht, die faktisch einen vollständigen und umgekehrten Durchlauf des Gefügezyklus erforderlich macht.

Bevor wir das Thema der rhizomatischen Riffelung beenden, die abstrakte Maschinismen mit sich bringt, bleibt noch die Betrachtung der damit einhergehenden kategorialen Neubestimmung. Ich werde nicht noch einmal auf die allgemeine Bewegung ontologischer Neubestimmung eingehen, durch die wir erst von der konkreten Form instanziierter Ströme zur possibilistischen Form geglätteter Phyla und dann von der Wirksamkeit, die den abstrakten Maschinen eignet, zur Notwendigkeit der folgenden Stauung, sprich jener der Glättung unkörperlicher Universen, übergehen, sondern nur eine kurze Zusammenfassung liefern (Abb. 3.16).

Anmerkung. Schien die Glättung im Voraufgehenden wesentlich eine Funktion ontologischer Umwandlung zu sein (Substanziierung konkreter Ströme; Substanziierung maschinischer Phyla; Substanziierung unkörperlicher Universen ...), so erweist sich die Riffelung als synonym mit dem Prozess der Anreicherung durch Mögliches und Virtuelles. Die Glättung verzeichnet in passiver Weise den aus einer ontologischen Mutation/Zäsur resultierenden *Zustand*; sie egalisiert-legalisiert-kapitalisiert diesen Zustand, während die Riffelung ihn zur Entfaltung bringt, ihn mit neuen Potenzialen »vollstopft«, ihn prozessiert, intensiviert.

An dieser Stelle sollten wir etwas länger bei der Umwertung extensiver Koordinaten (Extensitätsmerkmale ERZ) in intensive Koordinaten/Intensitätszüge verweilen (Abb. 3.17).

Was der Maschine einen Körper gibt, entstammt also nicht mehr außenbezogenen Koordinaten, sondern innenbezogenen Merkmalen. Was Äußerung durch diskursive Verräumlichung, Verzeitlichung und Energetisierung war, wird als nichtdiskursive selbstäußernde Züge neu bestimmt. Hier muss das Paradox einer nichtdiskursiven Komplexität verteidigt werden, die von unkörperlichen Bezugsuniversen herrührt und nur durch Übertragung existenzieller Affekte und Metamodellierung von Singularitäten und Prozessen, die sich überdies keinesfalls modellieren lassen, berücksichtigt werden kann. Extensität zwang bei jeder Eingrenzung von Entität einen Rahmen von Innen und Außen auf, stellte eine exklusive duale Beziehung zwischen dem betreffenden Objekt und seinem Bezug, seiner notwendigen Figuration auf einem undifferenzierten Grund her. Jetzt kennt der aus Sequenzen bestehende Körper der abstrakten Maschine keine solche Begrenzung mehr; er fegt sein gesamtes Bezugsuniversum im Modus kontinuierlicher Variation weg, wobei seine pragmatischen Dis-Positionen und Affektationen seiner jeweiligen Position innerhalb der Zeit entsprechend neu verteilt werden. Kehrt man an denselben Platz zurück, so bedeutet dies nicht notwendigerweise eine Rückkehr an denselben extensiven Ort.

	Gefügestauung	Entitäten	Topik	Äußerung	Operatoren	ontologische Modalisierungen
S.	① Sinnliche Glättung von Strömen	$S.^{rV}$ (Strom relativer Verarbeitung)	Sub-Position: $S.^{rV}$ { S^{c}, S^{S} } > sT	innere Verarbeitung	Territorialisierungs-modus	Substanziierung
	② Instanziierende Riffelung von Strömen	$S.^{i}$ (instanziierte Ströme)	Dis-Position: $S.^{i}$ { ═ $S.^{rV}$	äußere Verarbeitung	konkrete Maschinen: extensive molare Züge	Manifestierung
Φ.	③ Maschinische Glättung von Phyla	$\Phi.^{MS}$ (Phyla von Maschinensätzen)	Pro-Position: $\Phi.^{MS}$ { I. ═ $S.^{i}$, A. ═ $S.^{i}$ }	gemeinsame Verarbeitung	Zeichen-Partikel	Possibilisierung
	④ Rhizomatische Riffelung von Phyla	$\Phi.^{aM}$ Phyla abstrakter Maschinen	Trans-Position: $\Phi.^{MS}$ — $\Phi.^{aM}$ — $\Phi.^{MS}$	übergreifende Verarbeitung	intensive molekulare Züge	Effektuierung

Abb. 3.16 *Ontologische Umwertungen der vier ersten Stauungen*
(Die Zahlen verweisen auf jene der Abb. 3.7)

Während die extrinsischen Ko-Ordinaten umkehrbar waren, das heißt autonom in Bezug zu Objekten, die sich auf sie beziehen, erlangen wir mit den intensiven Ordinaten Zugang zum Register der Unumkehrbarkeit. Dennoch gibt es keine brachiale Lösung für den kontinuierlichen Übergang zwischen Außen- und Innenbezogenheit.

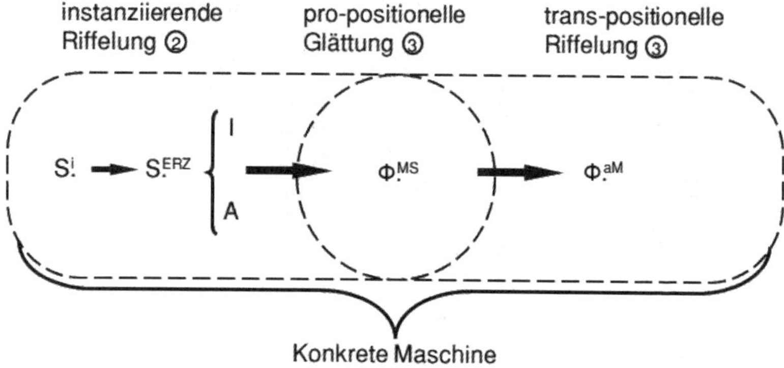

Abb. 3.17 *Konkrete Maschine und Umwandlung Extensität/Intensität*

Der Übergang zwischen beiden wird mittels konkreter Maschinen vollzogen oder genommen – so wie ein Rennfahrer seine Kurven nimmt. Bevor sie ihre Verbindungen mit den manifesten Strömen lösen und sich rückhaltlos einer exklusiven Selbstbezüglichkeit hingeben, bewerkstelligen die deterritorialisierten Maschinismen eine relative Einhegung selbstbezüglicher Kräfte. Obwohl sie quantifizierenden Signaletiken entrückt ist, bedient sich die Selbstbezüglichkeit nicht weniger bei Intensitätsquanta vermittels nichtgegensätzlicher, nichtdiskursiver Züge (was sie von signifikanten Merkmalen unterscheidet, die den Strukturalisten so teuer waren und von diesen an Stelle einer libidinalen Energetik gesetzt wurden). Damit erweisen sich die konkreten Maschinen als Träger von Kennzeichnungsmerkmalen, die bestimmten rhythmischen Sequenzen gemäß angeordnet sind (zum Beispiel Sequenzen raumzeitlicher »Ritornellisierung«). Zwischen anfänglicher und abschließender Zeit dieser sequenziellen Rhythmisierungen, im Verlauf einer produktiven Zeit partieller und relativer Öffnung auf possibilistische Phyla und virtuelle Universen hin, die in der rohen Stromwirklichkeit, die noch zu Beginn herrschte, nicht enthalten waren, kommt eine *Zustandsfunktion* zum Tragen.

Es lässt sich ohne Weiteres erkennen, was die raumzeitliche Sequenzialität etwa eines Verbrennungsmotors sein kann. Weniger gewohnt sind wir es jedoch, die phylogenetische Linie zu betrachten, auf der sich diese Sequenz einschreibt, die Historizität dieses Motors, seine Position innerhalb der maschinischen Verästelungen von Implikationen, die aktuellen und virtuellen Mutationen, die das Aufkommen seiner maschinischen Erzeugung mit sich gebracht hat ...

Neubestimmung ebenso der energetischen Diskursivität bei ihrer Einfügung in die neue maschinische Sequenzialisierung, wobei sich das Problem einer allgemeinen energetischen Übersetzbarkeit nur zwischen territorialisierten Schichten stellen konnte, die voneinander getrennt sind. Auf der Ebene von deterritorialisierten maschinischen Knoten, die im Modus kontinuierlicher Variation die Gesamtheit eines pragmatisch-possibilistischen Feldes wegwischt, ändert sich die Frage grundlegend. Hier geht es nicht mehr darum, erkennbare Potenzialunterschiede zu handhaben. Die einer solchen Art von Potenzial innewohnende quantitative Dimension vermag letztlich nur im Rahmen einer Ökonomie diskursiver und wohlbegrenzter Ströme bestehen zu bleiben. Das molare Spiel grober geschichteter Differenzen wird an diesem Punkt vom molekularen Spiel der Ladungen, die den Zeichen-Partikeln eignen, gefesselt (gleichsam unterworfen). Ladungen negentropischer Energie, die sich, weil Ladungen von Selbstbeständigkeit mit einem gewissen Anteil an Hyperkomplexität (Intensitätszüge), durch außenbezogene Maßeinheiten nicht einfangen lassen.

Zusammengefasst unterscheiden sich die Ladungen pragmatisch-possibilistischer Wirkung von undifferenzierten Energieladungen, so wie sie in unterschiedlichen Bereichen der Physik zur Geltung kommen, hauptsächlich in zwei Punkten:

1/ Aus quantitativer Sicht sind die Energieladungen, die mit den »Mikrochips« negentropischer Hyperkomplexität verknüpft sind, im Verhältnis zu den molaren Ladungen, deren Gefüge sie steuern, unermesslich klein. Trotz dieser Unvereinbarkeit existieren gleichwohl Unterschiede, relative Deterritorialisierungsgrade zwischen ihnen. Zudem scheint ein umgekehrt proportionales Verhältnis zwischen der Deterritorialisierung molekularer maschinischer Vermittlungsinstanzen und ihrer molaren Wirkkraft zu bestehen. Beispielsweise ist bekannt, dass die Entwicklung von Kernwaffen nur möglich war, weil parallel zum »Heranreifen« dafür notwendiger technischer Mittel die signaletischen Maschinen der mathematischen Physik ein Niveau erreicht hatten, das in Bezug zu den Auffassungen der klassischen Physik ausreichend »abgehoben« war. Und in Zukunft wird die Fusionsenergie bestimmt nur dann unter Kontrolle gebracht, wenn die vereinheitlichte Theorie der vier fundamentalen Wechselwirkungen an Festigkeit gewonnen hat. Spreche ich von unterschiedlichen Graden innerhalb der signaletischen Deterritorialisierung, dann ziele ich auf etwas in dieser Art ab.

2/ Aus qualitativ-ontologischer Sicht geht es bei den molekularen Ladungen von Zeichen-Partikeln nicht mehr um Übertragung von undifferenzierten Energieladungen, sondern von Ladungen potenzieller pragmatischer Wirkungen. Auf der einen Seite hat man es also mit Energieladungen zu tun, die innerhalb extrinsischer Koordinaten quantifiziert, und auf der anderen Seite mit Wirkungsladungen, die im Feld des Möglichen qualifiziert werden können. (Wir werden noch sehen, dass derlei Übertragungen possibilistischer Potenzialität durch Ladungen existenzieller Vernotwendigung abgelöst werden.)

Doch wie lassen sich diese Vollzugsdifferenzen zwischen den Deterritorialisierungsgraden fassen, wenn man einmal gesagt und wiederholt hat, sie würden weder der Logik diskursiver Mengen noch irgendeiner möglichen Quantifizierung gehorchen? Sicherlich vonnöten ist, eine starke Verbindung zwischen den quantitativen Dimensionen der Energie und ihren qualitativ-possibilistischen Aspekten aufrechtzuerhalten und folglich Hegemonieansprüchen von Sichtweisen mit ein wenig Misstrauen zu begegnen, die einzig auf Postulaten allgemeiner Äquivalenz und grundlegender Übersetzbarkeit unterschiedlicher Energieformen beruhen. Die negentropischen »Gründe« der Phyla $\Phi.^{MS}$ und $\Phi.^{aM}$ funktionieren wie Reservoire potenzieller Verwirklichung, deren intensive Kraft in Form von mehr oder weniger großem Reichtum an Konstellationen von Bezugsuniversen, die sie in sich bergen, oder, wenn man so will, in Form einer Optimierung von qualitativen Öffnungen maschinischer Monaden, die sie in Bewegung setzen, zum Ausdruck kommt. So walten Intensitätsordinaten auf der Bühne der Gefüge sowohl über den Einlass als auch die Regulation von Phyla, die (erst potenzielle, dann notwendige) Wirkungen mit sich tragen. Züge von Deterritorialisierung, Unumkehrbarkeit, Selbstbeständigkeit, Selbstbewertung und Selbstäußerung, unterschiedlichen Graden und Modalitäten entsprechend miteinander verknüpft, statten sie mit einem relativen Vermögen aus, sich transversal zu den heterogenen und außenbezogenen Schichten zu etablieren. Diese für die abstrakte maschinische Neubestimmung spezifischen Merkmale könnten, als Gegensatz zu den *Auflösungszügen*, *Anhaftungszüge* genannt werden, die den früheren Stauungen eignen, die bei jeder Wirkung sowohl zu Disjunktion von Raum-, Zeit- und Energiekoordinaten als auch zu Ausschöpfung von selbstständig und kraftlos gewordenen diskursiven Ausdrucksketten führten.

4. Bezug und Festigkeit (zweite Annäherung)

Die Immanenzebene: das Chaos

Zunächst muss allzu statischen Vorstellungen des Chaos ein gewisses Misstrauen entgegengebracht werden, insbesondere jenen, die von ihm ein Bild in Form eines Durcheinanders, von Löchern, Aushöhlungen, Staubpartikeln, ja sogar von fraktalen Objekten zeichnen. Das Chaos der »Ursuppe« der Immanenzebene ist in erster Linie dadurch gekennzeichnet, dass es sich, sofern in ihm unmöglich eine stabile und über einen gewissen Zeitraum hinweg bestehende Konfiguration ausgemacht werden kann, durch fortwährende »Chaotisierung« am Leben erhält. Jede Gestalt, die es zu umreißen sucht, besitzt die Eigenschaft, sich mit unendlicher, um nicht zu sagen absoluter Geschwindigkeit wieder aufzulösen. Seinem Wesen nach ist das Chaos radikal unfassbar. Da keinerlei Untermenge Einfluss auf es auszuüben vermag, lässt sich dafürhalten, dass es sich den Logiken diskursiver Einheiten entzieht.

Heißt das, Chaos sei etwas ganz Einfaches, Binäres und Zufälliges? Gewiss nicht, denn der es hervorbringende Prozess, bei dem Vorformen von Fraktalen erzeugt werden, bringt sowohl Unordnung hervor als auch virtuelle komplexe Gebilde: eben jene, die sich, wie gesagt, mit einer unendlichen Geschwindigkeit abzeichnen und wieder auflösen. (Merken wir nebenbei an, dass, aus einer solchen Perspektive betrachtet, das Virtuelle einer Entität zwischen zwei Unendlichen eingespannt wäre: dem einer absoluten existenziellen Intensivierung und dem seiner unmittelbaren Beseitigung.)

Wir gehen also von der Vorstellung aus, dass sich die aktuellen Potenziale der Unordnung gemeinsam mit den virtuellen Potenzialen einer Zunahme an Komplexität angleichen. Damit wird Chaos zu einer virtuellen *prima materia*, avanciert zum unerschöpflichen Fundus einer unendlichen Bestimmbarkeit. Was bedeutet, dass es im Rückgriff stets möglich sein wird, in ihm etwas ausfindig zu machen, das die Dinge, ihre Zustände, komplexer zu gestalten vermag. So geht jede ordnende Verarbeitung mit entropischen Spannungen einher, während spiegelbildlich dazu jede zufällige Sequenz die Richtung von virtuellen Attraktoren prozessualer Komplexifizierung einschlagen kann.

Doch vielleicht sollte besser gesagt werden, Chaos sei von *hyperkomplexer Gestalt*, um damit herauszustellen, dass es nicht nur die den Zuständen der Dinge eigene diskursive Komplexität enthält, sondern ebenso in der Lage ist, die Instanzen zur Diskursivierung eben dieser Komplexität selbst hervorzubringen – Instanzen, die hier als *Sieb* bezeichnet werden. Mit anderen Worten, es sollte beachtet werden, dass das Chaos, zusätzlich zu den programmierten Abstufungen von Ordnung und Unordnung, die existenziellen Operatoren und die Auswahlmaterien ihres eigenen In-Erscheinung-Tretens in sich birgt. Die Aussage, die chaotische (virtuelle, nichtdiskursive und stets in Auflösung begriffene) Hyperkomplexität unterscheide sich von der herkömmlichen Komplexität (die der realen Ströme und possibilistischen Phyla), sollte nicht dazu verleiten, Chaos und Katastrophe miteinander gleichzusetzen, denn schließlich ist eine Katastrophe dadurch gekennzeichnet, dass die »mit der Äußerung betraute« Dimension von Gefügen, die darin inbegriffen sind, erschlafft und diese ihrer Siebe zur Diskursivierung verlustig gehen. Chaos bringt nicht allein »vorprogrammierte« potenzielle Morphogenesen mit sich, es enthält zudem prozessuale Embryonen, die die Aktualisierung mutierender Morphogenesen erlauben. Es ist durchzogen von »Gabelungspunkten«, von »mutierenden Sieben«, deren Position und Potenziale kein Kalkül wird vorhersagen können.

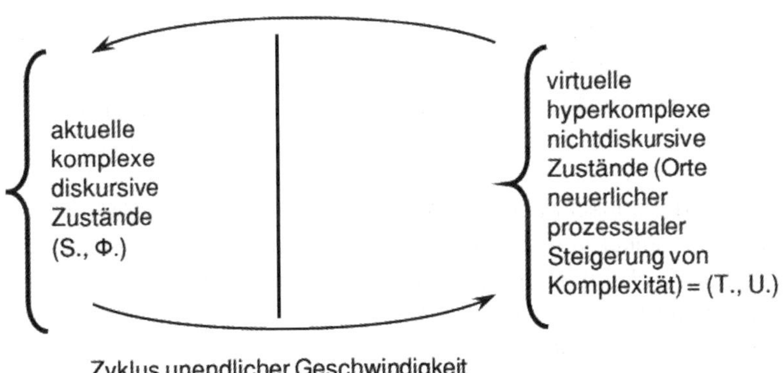

Abb. 4.1 *Die zwei Zustände des Chaos*

Halten wir für den Augenblick nur fest, dass sich ausgehend von einem virtuellen nichtdiskursiven Zustand der chaotischen »Materie« herstellt, was wir in der Folge das Verhältnis von Innenfestigkeit zwischen existenziellen Territorien und ihren Bezugsuniversen nennen werden.

Die Verschränkung entitärer Dimensionen

Zwei Arten von Beziehung können sich innerhalb der »Ursuppe« der chaotischen Immanenzebene herausbilden: Beziehungen von Bezug und von Festigkeit.

Betrachtet man den Bezug auf dieser ersten Ebene der Herstellung von Selbstbezüglichkeit, so ist er nichts weiter als reine passive Verbindbarkeit von Instanzen, in irgendeiner Form da zu sein – seien sie territorialisiert oder deterritorialisiert. Er operiert im Modus »zusammenhalten«, wenngleich hinzugefügt werden muss, dass es niemanden, kein Subjekt gibt, das auch nur irgendetwas hielte, geschweige denn zusammen. Es gibt Dis-Position eines »Es gibt« *und* eines »Es gibt« *und* eines »Es gibt« und so weiter, ohne dass sich jemals entscheiden lässt, ob es sich dabei um dasselbe oder ein anderes »Es gibt« handelt. Der Bezug ist hier Wiederholung, Wiederkehr. Mit dieser bleibt irgendetwas an Ort und Stelle, durch unaufhörliches Zurückkehren an denselben Platz kleben, der bei dieser Gelegenheit mitgeschaffen wird, sodass der aus dem Chaos tropfende existenzielle Kit mit einer Ex-Position protoräumlicher Ordnung einhergeht. Ein wesentlich dickflüssiger Raum ohne Grenzen, ohne Gestalt, ohne mögliche innere Verschiebungen, ohne Unterteilungen. Die Existenz ist hier nur erst Ko-Existenz, Trans-Existenz, existenzielle Transitivität, Transversalität. Um seiner spezifischen Eigenschaften nicht zu entraten, muss die Vorstellung des Bezugs radikal von der der Interaktion entkoppelt werden. Damit Aktion, Reaktion stattfinden kann, braucht es im Vorhinein eine Gegenstand-Kontext-Beziehung oder zumindest eine Struktur mit mehreren Polen, alles Dinge, die an solcherlei Ort keine Gültigkeit besitzen. Anders als etwa bei einer Wahrnehmung oder einem Bewusstseinsakt wird hier nichts übertragen, »passiert« nichts zwischen dem, worauf Bezug genommen wird, und dem Bezugnehmenden. Die Bezugnahme, als Seinsnahme, als existenzielle

Selbstbehauptung, zwingt uns zur Annahme der zweifachen Aporie von Zustandsänderungen, die erfolgen können:

- ohne Übertragung von Energie (da wir uns dem Zustand selbst der Veränderung, dem gerade ablaufenden Prozess gegenüber sehen);
- mit einer unendlichen Transformationsgeschwindigkeit [+ ∞], die das sakrosankte Prinzip zeitgenössischer Physik, mit der Lichtgeschwindigkeit einen Grenzwert für das gesamte Spektrum möglicher Geschwindigkeiten festzulegen, überschreitet.

Ausgehend von diesem Begriff der Bezugsgeschwindigkeit werden wir versuchen, die Festigkeit neu zu definieren, die von zwei grundlegend verschiedenen Wiederholungsarten bestimmt werden kann: der unendlichen und der »gedrosselten« Geschwindigkeit. Die »Drosselung« (oder Reterritorialisierung) – durch die wir diese neue grundlegende Dimension von Gefügen, die vom Chaos ihren Ausgang nehmen, freilegen: jene der Festigkeit – sollte uns eine bessere Abstützung der bereits weiter oben angeführten Kategorisierungen von Bezugsuniversen (U.), possibilistischen Phyla (Φ.), existenziellen Territorien (T.) und materiellen und/oder semiotischen Strömen (S.) ermöglichen.

1/ Die unendlichen Bezugsgeschwindigkeiten [+ ∞], von denen bereits die Rede war anlässlich des »Verflüchtigungsprinzips«, das über die Geschicke des Chaos wacht, werden nunmehr in den Übertragungen von Komplexität sowie Hyperkomplexität, die zwischen den Bereichen Φ. und U. stattfinden, eine Umwandlung erfahren. Solch unendliche Geschwindigkeit ist gleichbedeutend mit absoluter Labilität der Wiederholung und folglich mit null Festigkeit. Bei unendlich kurzen Wiederholungssequenzen geht man davon aus, dass es sich um entitäre Gebilde handelt, die zu unendlich kleinen Ausschlägen in der Lage sind.

2/ Andererseits sind es gedrosselte und modulierte Bezugsgeschwindigkeiten, die in Modulen zur Territorialisierung, die T. und S. miteinander verknüpfen, am Werk sind. Derlei modulare Struktur ist von Schwellen abhängig, die in die Phänomene von Drosselung des existenziellen »grasping« (oder der selbstbezüglichen Agglutination) Unterbrechungen, Übergänge einziehen. In gewisser Weise wird eine Riffelung der Reterritorialisierung vorgenommen, währenddessen sich abgrenzbare Zonen von Schon-immer-da-sein herstellen. Von da an sind die »gedrosselten« Geschwindigkeiten gleichbedeutend mit Intensivierung der Festigkeit. Wenn sie gegen eine Geschwindigkeit von nahezu null tendieren [– ∞], dann können die fraglichen Sequenzen eine beinahe unendliche Länge annehmen. Von der Registrierfähigkeit solcher Gebilde wird dann gesagt, sie nehme einen großen Wert an.

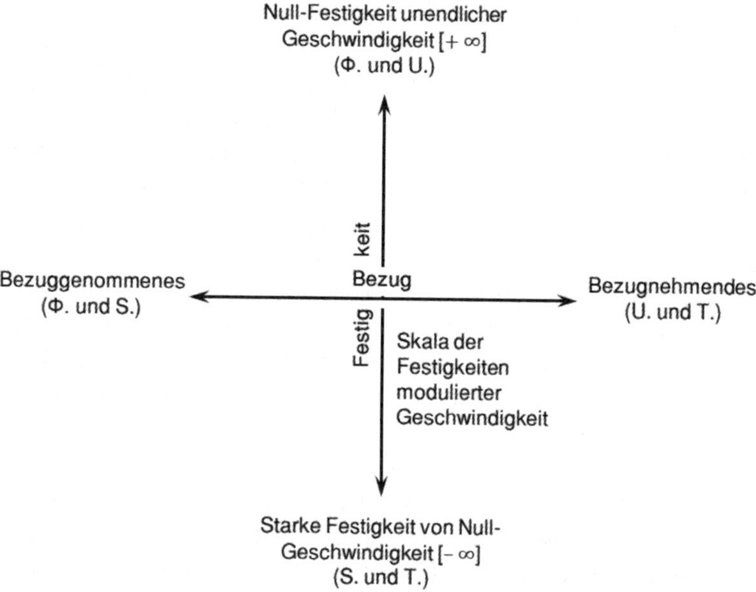

Abb. 4.2 *Verschränkung der Dimensionen von Bezug und Festigkeit*

Die Festigkeit, die von eher zeitlicher Ordnung ist, bringt die Anfälligkeit, die Unsicherheit von Verknüpfungsprozessen, ihre relative Dichte, jedoch auch ihre Endlichkeit, ihre Vorläufigkeit und Reihengestalt zum Ausdruck, was, ich wiederhole, damit zusammenhängt, dass ihr Status existenzieller Unterscheidbarkeit wesentlich von kontingenten Zusammenfügungen heterogener Ebenen zehrt. Doch auch Brüchen in der Festigkeit schulden wir – unter bestimmten Umständen, auf die wir noch bei der Frage nach den Gefügesynapsen zurückkommen werden – das Vermögen entitärer Dispositive, sich auf andere Anordnungsformen, andere Axiomatiken, andere abstrakte Maschinismen hin zu öffnen, kurz, ein passives Regime konnektiver Verknüpfung zu verlassen, um zu einer aktiven und prozessualen konjunktiven Verknüpfung überzugehen.

Den Begriff der Existenz mit jenem einer von Heterogenität und Instabilität gekennzeichneten Konsistenz[61] in Verbindung zu bringen, geht mit einer Zurückweisung großer binärer Gegensätze vom Typ Essenz/Existenz, Sein/Nichts usw. einher. (Während beispielsweise in der Ontologie Sartres die Detotalisierung von der Nichtung nicht getrennt werden kann, zeichnet sie sich hier auf einer protoräumlichen Referenzachse modularen Bezugs ab (T.S.), die von der Achse protozeitlicher Festigkeiten, auf der sich die verschiedenen Deterritorialisierungsphasen (fraktaler Ausdruck S.Φ.) einschreiben, zwangsläufig unterschieden ist. Damit rückt an die Stelle des groben Schnitts Sein/Nichts das weithin offene Spektrum existenzieller Intensitäten.) Desgleichen versetzt uns diese Verknüpfung in die Lage, uns von den alten Mythen, die Ewigkeit des Seins betreffend, oder jenen von der Energieerhaltung, die neueren Datums und viel hartnäckiger sind, zu lösen. Keine Gestalt existiert, die in Rohform da wäre, einfach so, ein für alle Mal hingepflanzt, unabhängig von Gefügen, die sie »dingfest« machen, indem sie sie gewissen Einflüssen aussetzen oder ihr Schicksal in andere Bahnen lenken. Das Sein ist Modulation von Festigkeit, Rhythmus von Montage und Demontage. Seine Kohäsion, wenn nicht gar seine Kohärenz, beruht weder auf einem inneren Ewigkeitsprinzip noch auf einem äußerlichen, von Kausalität geprägten Rahmen, der alles Existierende innerhalb derselben Welt zusammenhielte, sondern auf der Verbindung von Prozessformen innerlicher Festigkeit, die bereits von sich aus verallgemeinerte Beziehungen existenzieller Transversalität mitbringen. Einesteils erfordert Letztere den Rückgriff auf unendliche Bezugsgeschwindigkeiten, auf ein Auskehren aller Räumlichkeiten sowie ein rekursives Glätten aller möglichen Zeitlichkeiten, andernteils zwingt die Prozesshaftigkeit selbst zur Riffelung relativer Bezugsgeschwindigkeiten.

Um das Problem der Bezugsgeschwindigkeit anschaulich zu machen, betrachten wir einen Augenblick, was einen gewöhnlichen Katalysator in der anorganischen Chemie von einem enzymatischen Katalysator in der organischen Chemie unterscheidet. Im We-

---

61 Und, wie man später sehen wird, mit jenem des Ausdrucks.

sentlichen sind dies die Geschwindigkeit der katalytischen Reaktion, ihre spezifische Form sowie das, was ich ihre prozessualen Implikationen nennen werde. Enzyme können unter vorteilhaften Bedingungen (wässrige Umgebung, Temperatur und Druck im mittleren Bereich) die Reaktionen um das 10^9- bis 10^{15}-fache beschleunigen. Zum Beispiel ist das Molekül eines bestimmten Enzyms in der Lage, 100.000 Kohlendioxid-Moleküle zu hydrieren, während es 10 Millisekunden gebraucht hätte, um dasselbe Resultat ohne Rückgriff auf die Eigentümlichkeit des Enzyms zu erhalten. Außerdem katalysiert jedes Enzym eine Art von Reaktion, die an einer bestimmten Stelle des Substratmoleküls stattfindet, und bildet ein stereospezifisches Sieb, das ein Molekül unter vielen anderen, es auswählend, »erkennt«, selbst wenn dieses, wie etwa optische Isomere, eine sehr ähnliche Struktur aufweist. So können beispielsweise Nickel oder Palladium die Hydrierung der Doppelbindungen sehr unterschiedlicher Moleküle katalysieren, während ein Enzym wie Thrombin die gleiche Reaktion nur mit einem sehr spezifischen Substrat durchführen kann.[62] Es gibt unendlich viele Beispiele für eine solche Kombination der drei Funktionen Glättung, Beschleunigung und Wirkungsspezifikation, die sich aus der Anwendung von katalytischen Operatoren, Polarisierung usw. ergeben und hier unter dem allgemeinen Begriff des Siebs zusammengefasst werden. Unserer Sichtweise gemäß gehen diese drei Funktionen mit einem Verlust an ontologischer Festigkeit einher, gleichbedeutend mit einer deterritorialisierenden Öffnung auf neue possibilistische Phyla: in dem Falle, bei einer enzymatischen Deterritorialisierung, auf den Zugang zu nichts Geringerem als den Möglichkeitsfeldern (Φ.) und den der lebendigen Materie eigenen Umwandlungen von Virtualität (U.).

Die Siebe

In der »Ursuppe« der Immanenzebene sind demnach zwei Arten entitärer Zustände vorhanden:

---

[62] Lubert Stryer, *Biochemie*, übers. v. Bärbel Häcker u.a., Heidelberg [6]2007, S. 230; René-Marc Willemot, Gilbert Durand, »Les réacteurs biologiques«, in: *La Recherche*, 188 (Sondernummer zum Thema »Zukunft der Biotechnologien«), 1987, S. 614-624, hier S. 614ff.

- chaotische Mannigfaltigkeiten, die mit unendlichen Geschwindigkeiten komplexe Gebilde zusammenfügen und wieder auflösen;
- existenzielle Siebe, die relativ homogene Mengen von Gebilden auswählen, deren Kennzeichen sich wiederholende lokale und lokalisierende Drosselungen sind.

So erweisen sich die Siebe als ein erster Schritt zur Festigung chaotischer Mannigfaltigkeiten. Indem sich beide Zustände ständig wechselseitig hervorbringen, gewährleisten sie die Verschränkung sowohl als auch die Entschränkung der weiter oben beschriebenen Dimensionen von Bezug und Festigkeit. Den Sieben kommt die Aufgabe zu, den Abfolgen von Verfestigungen eine relative Stabilität zu verleihen, während die Mannigfaltigkeiten damit betraut sind, im Falle von Entschränkungsstauungen die entsprechenden Gefüge mit Hyperkomplexitätsbezug »aufzuladen«. Solange in einem Entschränkungsregime verblieben wird, kehren die Siebe fortlaufend ins Chaos zurück; in einem Verschränkungsregime hingegen werden Verbindungen eingegangen, können neue Gebilde aus Entitäten bis ins Unendliche wuchern. Gleichwohl darf niemals außer Acht gelassen werden, dass sich die verschränkten und entschränkten Regime permanent wechselseitig einschließen, und zwar so, dass ein Mehr an Verschränkung uns in den Bereich des Möglichen geraten lässt, während ein Mehr an Entschränkung uns jenem des Virtuellen anheimstellt. Unterhalb der ganzen Filter, Sperren, Gussformen, Module, punktuellen, zirkulären, sonderbaren (fraktalen) Attraktoren von Katalysatoren, Enzymen, genetischen Kodierungen, Wahrnehmungen im Sinne der Gestalttheorie, mnemotechnischen Stützen, poetischen Beschränkungen, kognitiven Vorgängen, jedoch auch der Autobahnkreuze, der Institutionen der Finanzwirtschaft, der Werbung usw., überall und in jeglicher Hinsicht bilden sich Siebe heraus als Schnittstelle zwischen, erstens, den aktiven Virtualitäten des Chaos, den stochastischen Wucherungen und, *zweitens*, den aktuellen Potenzialen, die der Ordnung gemäß erfasst und gefestigt werden können.

Nur im Verschränkungsregime also gelingt es den Dimensionen von Bezug und Festigkeit, jeweils Identität zu erlangen. Der Bezug gewinnt an »Bedeutung«, erobert einen Lebensraum, und die Festigung, die Festnahme oder Festsetzung, die »Konsistanziierung« lässt ihre Stanzen – Substanz, die den Qualitäten zugrunde liegt, und Transtanz oder Transistanz, die eben diese Qualitäten »transversalisiert« – nur unter der Voraussetzung in Erscheinung treten, dass sich die Verschränkung entitärer Dimensionen, als erster Abschnitt im Gefügezyklus, abzeichnet. Es muss aber darauf hingewiesen werden, dass eine solche Riffelung der Ebene immanenter Bezüge durch die Festigkeitswerte weder mittels ausschließender binärer Paarbildungen noch mittels klar unterschiedener Gegensätze systemischer Natur verfährt. Die existenzielle Festigkeit beruhte eher auf pathischen Kategorien, die Viktor von Weizsäcker den ontischen Kategorien gegenüberstellt. Erstere haben mit dem Wollen, dem Können und diversen Formen des Sollens zu tun und umhüllen sich wechselseitig, indem sie einander verkleiden; Letztere mit Beziehungen von Zeit, Raum, Zahl und Kausalität, wobei sie nicht-dialektisierbare Entitäten herausschneiden. In von Weizsäckers Vorstellung von der Subjektivität als Bewegung des »Grundverhältnisses« findet sich ebenso der Anstoß zu einer Theorie der existenziellen Aneignung und der verallgemeinerten pathischen Übertragung, so wie sie hier mit unseren nichtdiskursiven Bezugskategorien: dem existenziellen Territorium und dem Bezugsuniversum, zur Disposition gestellt wird.[63]

Nicht nur ein und dieselbe entitäre Verknüpfung kann Festigkeiten entgegengesetzter Art hervorrufen, sondern auch die Verkoppelung und die Zusammenstellung von Festigkeiten mit Wert null, die unendlich »schnell« und absolut deterritorialisiert sind, mit gedrosselten und relativ deterritorialisierten Festigkeiten kennzeichnen das, was in der Folge als kollektives Äußerungsgefüge bestimmt wird. Einmal mehr kommt eine weitere Reihe von Paradoxa der zeitgenössischen Physik in den Sinn: die Verkörperung desselben Quantums an Energie in Formen, die gleichzeitig teilchen- *und* wellenförmig, diskontinuierlich *und* kontinuierlich, trennbar *und* untrennbar sind. Auf ihre Weise zeigen sich auch die Schizoanalysen imstande, die vereinzelten Bestandteile, beispielsweise einer Psychose, in folgenden scheinbar widersprüchlichen Formen zu kartografieren:

- als ein ich-bezogenes und körperliches Territorium »langsamer« Festigkeit;
- als deterritorialisierte Universen, die mit diesem Territorium zwar in Gestalt eines »Bezugs«, wenn auch »schneller« Festigkeit ver-

63 Viktor von Weizsäcker, *Pathosophie*, Göttingen 1956.

bunden sind; was möglicherweise durch Ladungen an Wahrheit, die ein Delirium enthalten kann, zum Ausdruck zu kommen vermag.

Wie in der Quantenphysik können die außenbezogenen Dimensionen der Festigkeit (die Ströme und die Phyla) und ihre innenbezogenen Dimensionen existenzieller Selbstverdichtung (die Territorien und die Universen) unmöglich zugleich erfasst, gemessen oder in ihren Wechselwirkungen betrachtet werden.

Die diskursive Bestimmbarkeit schattet die schöpferischen Brüche existenzieller Intensivierung ab, während im Gegenzug die Prozesse der Fraktalisierung all jene Formen, die sich bis dahin belegen lassen, wieder auflösen, sodass niemals im Ganzen erfasst werden können:

- ihre außenbezogenen *Pro-Positionen*, eingefasst in Ko-Ordinaten dis-stanziierter Potenziale;
- ihre innenbezogenen virtuellen *Dis-Positionen*, ausgedrückt in in-stanziierenden Ordinaten.

	1) potenziell	2) virtuell
	Pro-Position (Φ.)	Dis-Position (U.)
	Dis-Stanz (S.)	In-Stanz (T.)

Abb. 4.3 *Matrix von potenziell/virtuell*

In Kombination (1) wird eine Pro-Position auf der Grundlage von stabilen Koordinaten gegeben, die Äußerungsuniversen bleiben aber unscharf (Verlust der qualitativen Intensitäten). In Kombination (2) dagegen wird die Pro-Position unscharf und löst sich die Gestalt-Grund-Beziehung auf, während die existenzielle Bezugsinstanz zur Grundgegebenheit der existenziellen Übertragung avanciert.

Die Vorformen der Äusserungsprozesse

Die Siebarbeit beschränkt sich nicht auf einfaches passives Glätten pulvrigen Vielerleis, von dem aus die Unterteilung von Bezugsgeschwindigkeiten in Abschnitte unterschiedlicher Festigkeit möglich wäre. Sie trägt ebenso zur Freisetzung eines existenziellen Mehrwerts bei, dessen Tragweite und Kapitalisierung wir weiter unten durch die detailliertere Untersuchung des Zyklus der Äußerungsgefüge betrachten werden. Dabei wird ersichtlich, dass die Verbindungen zwischen den Bereichen von Strom, existenziellem Territorium, probabilistischem Phylum und Bezugsuniversum nicht nur linearer, sondern auch matrizenartiger Natur sind und folglich ein komplexeres Spektrum an Operatoren und transentitärer Umwandlungssiebe ins Spiel bringen. Als Vorgeschmack gleichsam zeigt Abb. 4.4 den gesamten Zusammenhang, den die Verschränkung von Bezug und Festigkeit bildet.

Die Linie φ^{nm} der Außenfestigkeit setzt sich zusammen aus allen Verzweigungspunkten, die die Möglichkeitsfelder enthalten. Die φ-Linien bilden Rhizome von Möglichem, das abstrakter maschinischer Natur ist. Jene aus Abb. 4.7 gestattet den Übergang von einem Gebilde der Ordnung n zu einem Gebilde der Ordnung m.

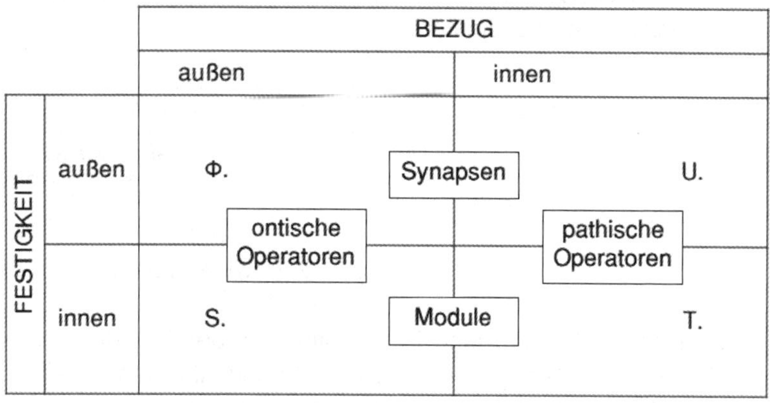

Abb. 4.4 *Die Verschränkung zu einer Matrix von Bezug/Festigkeit im Rahmen eines Gefüges*

Die Reihen s^n, s^m usw. verfügen allesamt über einen Äußerungen produzierenden Anschluss t^n, t^m usw. im Bereich T. des innengefestigten Innenbezugs. Doch auch die deterritorialisierten Linien vom Typ φ^{nm}, die in sie eingeflochten sind, um sie zu bändigen, zu kodieren, in Möglichkeitsfelder zu versetzen und ihnen eine differenzielle Festigkeit zu verleihen, besitzen Äußerungen produzierende Anschlüsse im selben Bereich von Innenbezug. Nur sind sie gänzlicher anderer Natur. Die territorialisierten Anschlüsse der Reihen (und der Ströme) hatten modulare Gestalt, weshalb ihre existenziellen Operatoren wie Krustentiere auf einem Felsen mit ihrem Da-Sein verhaftet waren, während die deterritorialisierten Anschlüsse der abstrakten Phyla überall und nirgends vorkommen. Ihre »Existenzwerdung«, durch mutierende Siebe erwirkt, ist nicht mehr territorial bestimmt, sondern hängt fortan von prozessualen Ordinaten ab, die sie absolut allgegenwärtig und übersetzbar erscheinen lassen. Ihre Kontingenz hat nichts mehr mit der Kontingentierung eines Zurecht-schon-da-seins zu tun, sondern gründet in einer »Rückkehr dahin, wo es sein könnte«, einer künstlich prozessualen Wiederholung. Wir werden später auf diese Frage zurückkommen, wenn wir an die Stelle der modularen Immanenz die Pseudo-Transzendenz der a-signifikanten Unterbrechungen von Formeln, von Gesetzen zu setzen haben, die von allergrößter Komplexität sein können. Doch die Phyla Φ. deterritorialisierter Festigkeit sind den Reihen und den Strömen S. auch weiterhin im selben Maße gleichwesentlich. Alles hängt nunmehr davon ab, die unendlichen Redundanzgeschwindigkeiten der Ersteren mit den absoluten Drosselungen der Zweiten in eine feste Verbindung zu bringen und zugleich die diskontinuierlichen intensiven Riffelungen am Schnittpunkt der beiden entitären Dimensionen zu ermöglichen. So stoßen wir ein weiteres Mal auf das Paradox des Kontinuierlichen, das das Diskontinuierliche sowie das Intensive, das Diskursive, in sich einschließt.

Bevor wir uns auf diesem Terrain weiter vorwagen, müssen wir noch einmal auf die vorhergehenden Betrachtungen zurückkommen, um unter Rückgriff auf einige folgende Schemata die Entstehung der Vorformen von Äußerungsprozessen – als sie während der ersten Etappen, in denen entitäre Redundanzen der »Ursuppe« Gestalt annahmen, freigesetzt wurden – genauer fassen zu können.

Außenbezug/Innenbezug

Gegeben sei eine Mannigfaltigkeit von Ordnung n. Außenbezug wird das Reihengebilde genannt, das aus der diskursiven Verknüpfung von n Termen der Mannigfaltigkeit resultiert. Innenbezug wird der intensive, das heißt nichtdiskursive protoexistenzielle Operator genannt, aus dem das vorangehende Gebilde resultiert.

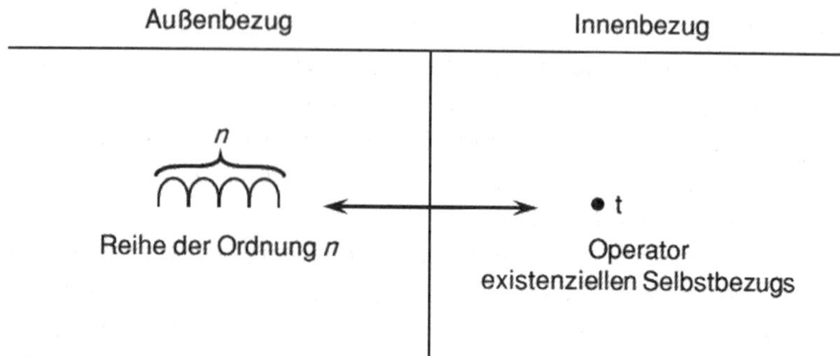

Abb. 4.5

Bereich	Außenbezug	Innenbezug
1) Außenfestigkeit (null und heiß)	Φ.	U. intensive Operatoren absoluter Geschwindigkeit
2) prozessuale durchziehende Festigkeit (dazwischenliegend und geriffelt)	φ^n	T.U. maschinische Riffelung von Festigkeiten gemischter und relativer Geschwindigkeit
3) Innenfestigkeit (maximal und kalt)	(Reihe der Ordnung *n*)	t intensive Operatoren unendlich gedrosselter Geschwindigkeit

Abb. 4.6. *Außen- und Innenfestigkeit*

Außenfestigkeit/Innenfestigkeit

Wir haben gesehen, dass der existenzielle Kit, der dem Verhältnis Außen/Innen-Bezug eignet, von kalter Festigkeit, reiner Konnektivität, passiv, territorialisiert sein kann oder von heißer Festigkeit, deterritorialisiert und obendrein mit Regelmäßigkeiten, Algorithmen versehen. Wir unterscheiden also:

1) *außengefestigte* Bereiche, die dadurch gekennzeichnet sind, dass sie, nachdem sie neue Konstellationen von Bezugsuniversen (ΣU.) veranlasst haben, neue Möglichkeitsfelder Φ. eröffnen;

2) *durchziehend gefestigte* Bereiche, in denen Sieb- und Riffelungsprozesse (vom Typ Mischung, Verschränkung, Formguss, Katalyse, Verschmelzung usw.) am Werk sind;
3) *innengefestigte* Bereiche, bestehend aus Reihen und »gedrosselten« Strömen.

Folglich können die existenziellen Mehrwerte nur durch zufällige und kontingente Vermittlung seitens Mutationen hervorrufenden Sieben (die Synapsen) in unkörperlichen Bezugsuniversen kapitalisiert werden. Postuliert wurde, ich erinnere daran, dass ein solcher Typ deterritorialisierter Bezugnahme nur mit unendlicher Geschwindigkeit arbeitet, das heißt ohne ontologische Festigkeit, wenn auch einem Prinzip unumkehrbarer Vernotwendigung (pathischer Modus der Bezugnahme) unterliegend.

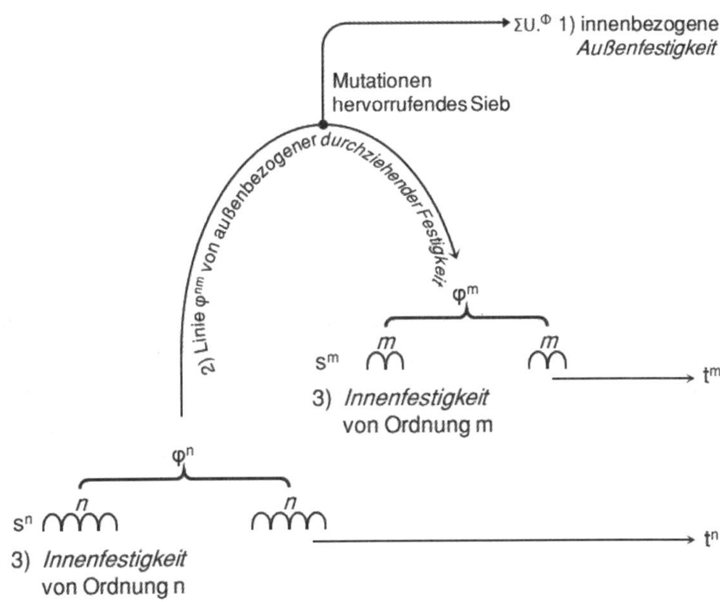

Abb. 4.7. *Die Ebenen von Festigkeit*

Während der Verschränkung, beim Übergang von Gebilde n zu Gebilde m, scheint die Linie der Außenfestigkeit φ^{nm} von Neuem in der Suppe chaotischer Festigkeiten zu fischen, um besser neue Prozesswege beschreiten zu können. Derlei theoretische Montage, die einen stets latenten »Rückfall« in Ausdrucksmaterien im Zustand chaotischer Hyperkomplexität voraussetzt, scheint mir unerlässlich, will man gültig von dem handeln, was Freud als »Primärprozess« beschrieben hat bzw. als »fruchtbare Augenblicke« von zugleich labilen und funkelnden Seinsremanenzen, die die frühe Kindheit, die schizophrene Katastrophe, die Erfahrung mit Drogen, die archaischen Verschmelzungstrancen oder die schöpferische Tätigkeit takten.

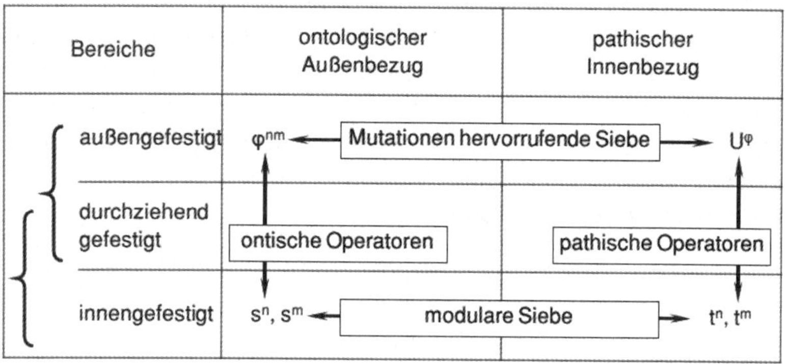

Abb. 4.8

Glättungen und Riffelungen

Die bisher untersuchten entitären Gebilde waren vorrangig von nachbarschaftlichen Beziehungen zwischen den vier Bereichen S.T.Φ.U. geprägt. Mit den Äußerungsgefügen, die im nächsten Kapitel zur Debatte stehen, wird nunmehr jede entitäre Positionierung die gesamte Ökonomie dieser vier Bereiche synchron ins Spiel bringen.

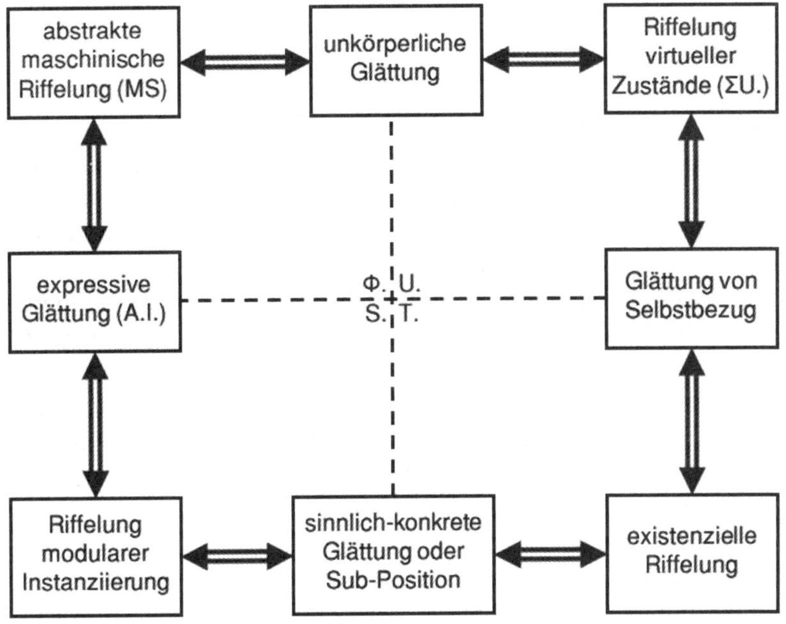

Abb. 4.9 *Glättung und Riffelung von Äußerungsgefügen*
(Dieses Schema greift auf jenes der »ersten Annäherung«, Abb. 3.7, S. 106, zurück und wandelt es ab.)

5. Der Bereich der Ströme

Zwischen dem Bereich der Ströme und jenem der existenziellen Territorien findet eine territorialisierte Glättung statt, die verschiedentlich als »grasping«, Manifestation oder »Zum-Sein-Kommen« bezeichnet wird. Vermittels dieser Glättung werden die modularen (sinnlichen ebenso wie kognitiven, affektiven, die Erinnerung, die Phantasie betreffenden usw.) »Erfahrungswerdungen« auf immanente Weise einer Art existenzieller Homogenisierung – gegebenenfalls mit einem intentionalen Index versehen – unterzogen. Zwischen den Bereichen deterritorialisierter Ströme und Phyla stellt sich eine Form von Glättung, von Öffnung aufs Mögliche her, die ebenso, wenn auch in anderer Weise, die Verschiedenheit und Vielfältigkeit der entitären Bildungen mit einschließt.

Die Riffelung der Ströme findet an der Kreuzung der beiden Glättungen statt. Grundsätzlich ist sie, im Kontext eines Äußerungsgefüges, darauf zurückzuführen, dass jene in zwei gegensätzliche Richtungen ausschlagen:

- in Richtung des Diskontinuierlichen, das aufseiten der territorialisierten Bezüge der Achse S.T. als Taumel absoluter Drosselung der Bestimmbarkeit ($B^{-\infty}$) gefasst werden muss;
- in Richtung des Kontinuierlichen und seiner absolut beschleunigten Bezugsgeschwindigkeiten der Bestimmbarkeit ($B^{+\infty}$), aufseiten der deterritorialisierten Festigkeiten und mit einer anderen Art von Taumel verbunden, der mit einer allzeit präsenten Entscheidung einhergeht: entweder an neue Konstellationen von Bezugsuniversen anzuknüpfen oder in die Suppe chaotischer Redundanzen zurückzukehren (Abb. 5.1).

Wenn sich, unter den besonderen Bedingungen eines Gefüges, die Bereiche Φ. und T. zu einem Bezugsuniversum verschränken, kann man, in einer ersten Annäherung, sagen, dass die aktuell-realen Ströme durch virtuell-unkörperliche Bestandteile »gedoppelt« werden.

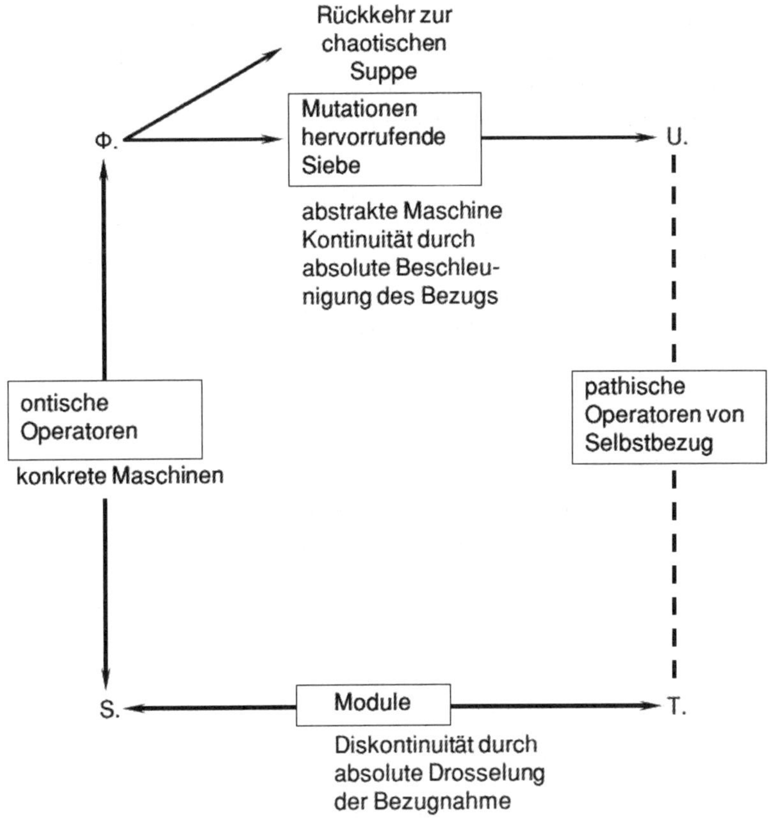

Abb. 5.1 *Ontische und pathische Operatoren*

Dennoch sollten uns unsere Instrumente zur Metamodellierung vor der Versuchung bewahren, von derlei Bestandteilen anzunehmen, sie erlangten Ewigkeits- und Universalstatus, indem sie sich auf platonische Ideen pfropften (entsprächen sie damit auch dem Zeitgeschmack im Zusammenhang mit René Thoms grundlegender »Katastrophen«-Theorie!). Dass das Unkörperliche an die sinnlich-konkreten und semiotischen Wirklichkeiten angrenzt, beruht hier sehr viel eher auf einer ontologischen Pragmatik, die, wie ich bereits weiter oben angezeigt habe, jene Vernotwendigung beinhaltet und sich als kontingent, singularisierend und unumkehrbar erweist. Doch damit sie Bestand hat, verlangt eine solche durchaus paradoxe Charakterisierung nach dem konzertierten Einsatz von

- Modulen einer territorialisierten Vorform von Äußerung;
- deterritorialisierten ontischen Operatoren (konkreten Maschinen);
- Mutationen hervorrufenden Sieben (abstrakten Maschinen);
- pathischen Operatoren von Selbstfestigkeit.

Sie erfordert also den Einsatz des gesamten Gefügezyklus. Doch an diesem Punkt unseres Weges bleibt unser kartografischer Blick im Wesentlichen auf die Herstellung eines erweiterten Rahmens gerichtet, in dem die drei Ordnungen folgender Paradoxa und Aporien gemeinsam Platz finden könnten:

- die der Verhältnisse von Ausschluss und dennoch gleichzeitigem Auftreten, in der Physik, zwischen dem Kontinuierlichen und dem Diskontinuierlichen, dem Wellen- und dem Teilchenförmigen, dem Zufälligen und dem Bestimmten;
- die mit den Beziehungen zwischen Ausdruck und Inhalt, dem Semiotischen und dem »Materiellen«, dem Kontingenten und dem Universellen, dem Immanenten und dem Transzendenten zusammenhängen;
- die der ästhetischen und religlösen A-Signifikanz, wie wir sie in der »Existenz setzenden Funktion«, die den diversen Formen von Diskursivität eignet, am Werk sehen.

Das Rhizom aus Gesetzen und Codes des Bereichs Φ. überragt zwar den Bereich S. der materiellen und/oder semiotischen Ströme, reicht aber ebensowohl in seine noch so molekularen Poren.

Keinem Gott, keinem absoluten Anderen, keinem Gesetz des Vaters, des Sohnes oder des Signifikanten Untertan, zwingt uns der Bereich der Ströme zu der Annahme von Graden relativer Transzendenz, einer gleichsam kontingenten oder mittels diverser Operatoren »kontingentierten« Transzendenz, sagen wir: einer operativen Kontingenz.

Betrachten wir jetzt erneut, etwas eingehender, die Verkettung der Reihen Glättung – Riffelung – Glättung, die im Bereich der Ströme tätig ist.

DIE SINNLICHE GLÄTTUNG ODER SUB-POSITION

A/ Der »ursprüngliche« Zustand der *»brownschen« Verteilung* der Redundanzen von Entität versetzte uns auf eine paradoxe Ebene des Bezugs, an einen Ort, wo sich nichts auf nichts bezieht, um sich letztlich auf alles zu beziehen, und zwar mit einer derartigen Geschwindigkeit, dass niemals auch nur irgendetwas davon Bestand hat. Von Gebilden der chaotischen Suppe könnte man sagen, ihr Speichergedächtnis SG sei gleich null.

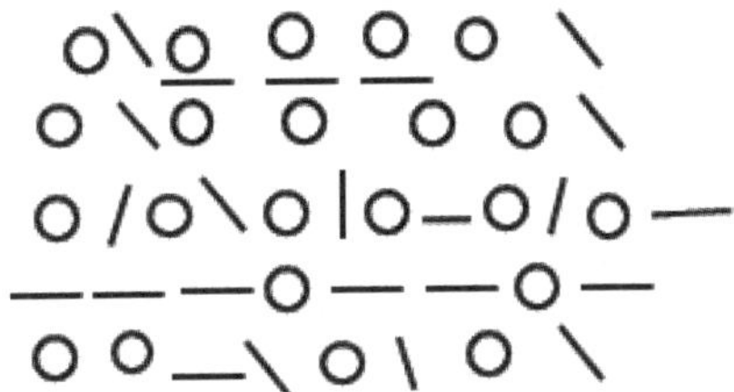

Abb. 5.2 *Die »Suppe« der Redundanzen: SG = 0*

B/ Von dort aus gelangten wir zu einem ersten Typ linearisierender Glättung, die durch Siebe bewerkstelligt wird, die einzig den Übergang von einer Entität zur nächsten abspeichern können, indem sie sie vorbeiziehen lassen und, ohne ihnen etwas zu entnehmen, in Reihe bringen. Vom Gedächtnis dieser Siebe könnte dann gesagt werden, es sei gleich eins. Als Minimum an Lebendigkeit, dessen die Festigkeit bedarf, erinnert derlei einzählige Linearisierung an einen an Amnesie Leidenden, der seinen Rosenkranz herbetet: Durch Wiederholung bestätigt sie keine diskursiven Gestalten, sondern einzig sich selbst, als Wiederholungsprinzip. Das Sieb des vorhergehenden Falls, der brownschen Verteilung, löste sich sogar noch vor seiner Entstehung wieder auf! Nun stützt es sich selbst, als leere Form der Existenzwerdung, ohne folglich irgendeiner Inhaltsbeziehung zugrunde zu liegen.

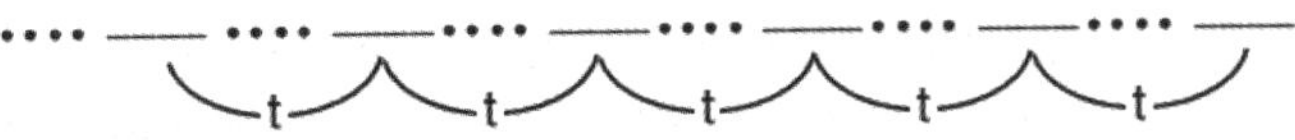

Abb. 5.3 *Andauern des Siebvorgangs: t ohne spezifischen Inhalt: SG = 1*

C/ Mit der *stochastischen Linearisierung* sind wir zu Speichergedächtnissen mit Wert größer als null übergegangen. Die Siebe sind hier nicht mehr nur Minimalspeicher ihrer selbst, sondern versetzen in Bewegung, was sich in den formalen Beziehungen symmetrischer, homologer und disparater Art angesammelt hat und was ich Dauern von Andersartigkeit zu nennen vorschlage.

Siebe:	t_1 – – –	t_2	t_3 ○ ○	t_4	t_5 –	t_6	t_7 ○ ○ ○ ○ ○
Dauer	3		2		1		5
Qualität		X		X		X	

Abb. 5.4 *Stochastische Linearisierung: SG > 1*

Halten wir fest, dass das Speichergedächtnis hier noch an der grundlegendsten Diskursivität klebt. Es kann nur zwei Arten von Daten aufzeichnen: die qualitativen Unterbrechungen und die mehr oder weniger großen Dauern von Andersartigkeit. Darüber hinaus zeigt es sich außerstande, gestalthafte Gebilde zu unterscheiden.

D/ Die *serielle Glättung* stellt sich her, sobald die Siebe selbst in ein System systematischer Überprüfung einbezogen werden, die sich im Übrigen von der vorhergehenden quantifizierbaren Prüfung insofern stark unterscheidet, als sie auf nichtdiskursiven, Äußerungen produzierenden Intensitäten des Bereichs T. beruht. Dies führt uns wiederum zu der Annahme, dass Speicher von Speichern, Speicher *n*-ten Grades existieren, die sich, ohne sich deshalb zu summieren, aneinanderreihen, sodass sie voneinander gleichsam »Besitz« ergreifen (so wie man von Trancetänzen spricht, in denen von einem Besitz ergriffen wird).

Die Siebe arbeiten hier nicht mehr mittels einfacher passiver Registrierung bereits bestehender Regelmäßigkeiten. Diese werden von ihnen aktiv reproduziert, von Neuem erzeugt, wieder zur Existenz gebracht, indem sie sie innerhalb ihrer eigenen paradigmatischen

Schichtungen zum Leben erwecken. Derart werden die vorhergehenden stochastischen Ketten mit einer Mannigfaltigkeit von Erinnerungsreihen, einer nichtdiskursiven Wiederholung von Sieben oder Intensitätsmerkmalen äußernder Natur überzogen.

Stochastische lineare *Kette*	– o o – – – o – – o – – – o o o – o o o	
Schichtung der paradigmatischen *Reihen*	– o o – o – – – – – o – o o o – – o o o –	t_1 t_2 t_3 t_4 } Reihensiebe t_5 t_6 t_n
	Diskursivität: S.	Nichtdiskursivität: T.

Abb. 5.5 *Die serielle Glättung*

Die lose Wiederholung, etwa das zweimalige Auftreten der Sequenz (– o o o) bei zufälliger Aussendung, kann auf Grundlage eines Wahrscheinlichkeitskalküls vorausgesagt werden. Eine solche Vorhersage, ebenso wie der Status des Paars zufällig/bestimmt, setzt jedoch voraus, dass durch eine serielle Glättung Wiederholungsgedächtnisse eingesetzt werden und, entsprechend dazu, ein Fortbestehen des Siebs mit den Merkmalen t_1, t_2, t_3 ... gewährleistet wird.

Während sich das chaotische Sieb im Universum der Virtualität augenblicklich auflöste und die stochastische einzählige Konnektivität nur so lange die Wiederholung von Bezug drosselte, wie sie brauchte, um gleich einer stroboskopischen Spur ein schwer fassbares Andauern von Sein zu entfalten, verdichtet sich die serielle Abspeicherung, lädt sich mehr und mehr mit »Daten« auf, richtet Rhythmen und Ritornelle ein, deren Unterteilung im diskursiven Register immer »schwerere« Zeitlichkeiten in Anschlag bringen wird.

E/ Die sinnliche Glättung der Ströme

Die seriellen Siebe taten nichts anderes als die stochastischen linearen Ketten »durchzublättern«. Mit eigener Festigkeit versahen sie sie jedoch nicht. Die Ökonomie der Ströme setzt ab dem Moment ein, da die Äußerungsmerkmale t_1, t_2 ... t_n innerhalb eines Prozesses der Selbstfestigung (oder Territorialisierung) harmonisch zu funktionieren beginnen. Derlei Festigung läuft auf der Basis eines zweifachen Prozesses ab, bei dem eine innere Verschmelzung von Reihen und eine Vervielfältigung (oder Heterogenese) von endlichen, in Reihen angeordneten Gruppen stattfindet. Doch zu den zwei bereits erwähnten ersten Zeiten einer Prozessionslinearisierung[64] und einer paradigmatischen Speicherung kommt eine dritte Zeit der Umgruppierung und Verschränkung der Reihen durch Aus- und Umtausch ihrer Äußerungsmerkmale hinzu (Abb. 5.6).

a) prozessuale Linearisierung des Speichergedächtnisses SG = 1

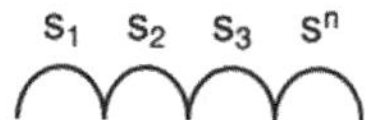

b) paradigmatische Verschmelzung des Speichergedächtnisses SG = 5

c) Heterogenese der Ströme

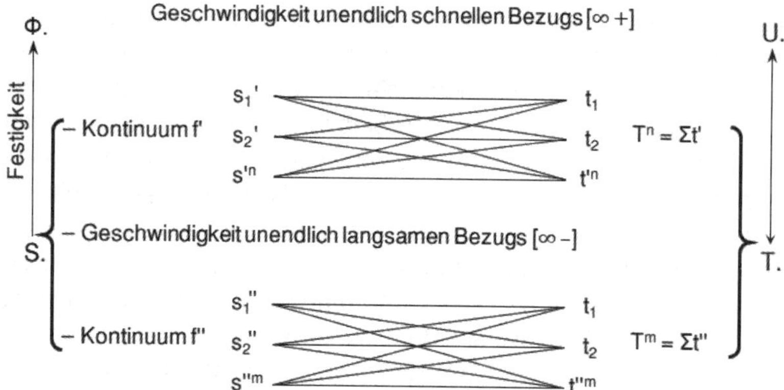

Abb. 5.6 *Reihenverschmelzung und Heterogenese der Ströme*

---

64 Anspielung auf pelzige und schmerzhaft nesselnde Pinien- oder Eichenprozessionsspinner (*Thaumetopoeinae*), die alle gemeinsam ihr Nest verlassen, um, mit einem Exemplar an der Spitze, das die Führungsrolle übernimmt, einer hinter dem anderen vorwärtszuschreiten, wobei ihnen die Seidenspur, die sie hinterlassen, als Orientierung dient.

Mit diesem Regime einer Heterogenese von Strömen wird der Unterschied zwischen Entitäten nicht mehr nur nicht abgeschafft, sondern seine Existenz, an der er verschiedene serielle Bezugsoperatoren »teilhaben« lässt: t_1, t_2 ... t_n ..., die er abspeichert, gar noch verfestigt. Die daraus resultierende Verfestigung in Reihen ist augenblickshafter und kontinuierlicher Natur, was sowohl

- die »vorausliegenden« Vorgänge von Selbstverkettung jeder Reihe SG (Abb. 5.6 *b*) als auch
- die zwischen den Reihen liegenden *n* Träger der Auffächerung (Abb. 5.6 *c*) betrifft.

Alle Fälle von Bezug und Festigkeit werden gleichzeitig hervorgebracht, was erneut die Existenz von unendlichen Geschwindigkeiten der Bestimmbarkeit (geschrieben $B^{+\infty}$) für alle sie betreffenden Übertragungsvorgänge voraussetzt. Damit lässt sich folgende Formel aufstellen:

$$B^{+\infty} = \text{kontinuierlich}$$

Im Gegenzug bildet sich, mit dem Anhalten der Auffächerung der Bestimmung, in der Folge s^n, s^m usw. eine Reihe von endlichen Standpunkten (der Stärke oder Ordnung r) heraus. Alle Bezugsverhältnisse, die daraufhin zum Vorschein treten können, sind unendlich verschieden. Doch wir sagen lieber, ihre Wiederkehr nehme unendlich viel Zeit in Anspruch oder ihre Bestimmbarkeitsgeschwindigkeit sei unendlich klein (was $B^{-\infty}$ geschrieben und uns in die Virtualität versetzen wird). Damit ergibt sich folgende passende Formel:

$$B^{-\infty} = \text{diskontinuierlich}$$

Genau genommen kann der Strom dergestalt neu bestimmt werden als Produkt einer modularen Äußerungskomponente, die kontinuierliche Bezüge und diskontinuierliche Festigkeiten miteinander verbindet, wobei die beiden Vorgänge der Verschmelzung und der Heterogenese auf einen einzigen zurückgeführt werden können, nämlich das Anhalten des Prozesses serieller Bestimmung (Abb. 5.6), der in einem endlichen Term s^n oder s^m endet.

Merken wir an, dass der Prozess der Bestimmbarkeit gleichwohl nicht ein für alle Mal zum Stillstand kommt. Er wird nur ausgesetzt, verschoben, dazu gezwungen, über die Phyla und die deterritorialisierten Universen des Gefügezyklus zu laufen.

Die In-stanziierende Riffelung der Ströme

Die Ströme haben nur Bestand, indem sie von der Modulation eines immanenten »Standpunkts« getragen werden, der ihre Bestimmbarkeit »verendlicht« und »kontingentiert«. Dass dadurch aber ein Bereich der Unentscheidbarkeit an ihr innerliches Speichergedächtnis grenzt, darf keinem Mangel, keiner ihrer Territorialisierung innewohnenden Passivität zugeschrieben werden. Endlichkeit und Kontingenz bilden ganz im Gegenteil die nötigen Sprungbretter, die Startblöcke der Prozesse zur Anreicherung mit Möglichem, die in den Bereichen maschinischer Phyla und ihrer nichtdiskursiven selbstäußernden Korrelate (U.) hervortreten sollen.

Mit anderen Worten, die Riffelung der Ströme, die, unter dem Blickwinkel ihrer modularen Zusammensetzung und gemäß der Achse S.T., in passiver Weise deterministisch geblieben war, öffnet sich jetzt, ihren possibilistischen Deterritorialisierungen und der Achse S.Φ. entsprechend, auf eine Logik der Hervorbringung von molekularen Abständen, Verstärkungen, Verzweigungen und unendlicher Fraktalbildung (unkörperliche Heterogenese).

Wir müssen unermüdlich unsere Montage theoretischer Versatzstücke wiederaufnehmen, um nunmehr darin einen Platz zu schaffen, der den mittels relativer Verzeitlichung vorgehenden Komponenten intermediären Bezugs angemessen ist. Das amorphe Für-sich der territorialisierten Unterschiedenheit sowie das flüchtige Für-andere des reinen deterritorialisierten Bezugs werden in demselben Unvermögen übereingebracht, sich einem An/Kommenden zu öffnen. Nicht die dialektische Ausschöpfung dieser beiden Status lässt uns dieser in eine Sackgasse führenden Symmetrie entkommen, sondern indem wir sie übereinanderlegen oder vielmehr in einer Art verzweifeltem Slalomlauf umkurven, sodass wir der von ihnen ausgehenden zweifachen Bedrohung von Versteinerung und Auflösung entgehen.

Die Instanziierung der Ströme resultiert hier 1) aus der Bündelung einer endlichen Anzahl (n, m ...) von Bezugsreihen unendlicher

Geschwindigkeit. Derlei Ballung wird als Territorialisierungsmodul bezeichnet; 2) aus der Existenz zwischen den Modulen mit Attraktor φ (oder Phasenraum) und ohne genau bestimmbare Gestalt, jedoch potenzielle Reihen von Bestimmung zusammenführend. Obwohl ihre Zahl womöglich endlich ist, bleibt ein Rest an Unbestimmbarkeit bestehen. Diese Zone zum Anhalten, zum Aussetzen der Bestimmbarkeit, ein solcher Standbereich besitzt die Geschwindigkeit gleich null ($B^{-\infty}$).

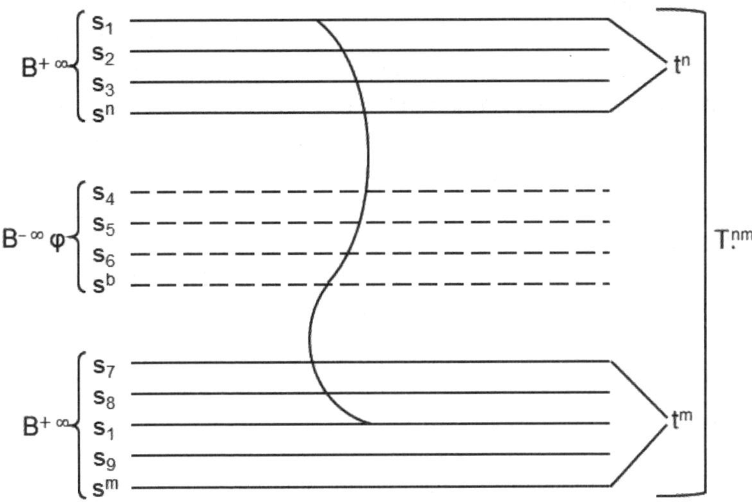

Abb. 5.7 *Die zwei Sequenzen der Riffelung von Strömen*
5.7 a Die passive modulare Sequenz

Ersichtlich wird, dass manche Reihen zu mehreren modularen Ballungen gehören können (in Abb. 5.7 a zum Beispiel die Reihe s).

Die Merkmale potenzieller Bestimmbarkeit des Attraktors φ halten auf zwei Seiten Einzug: 1) auf der nichtdiskursiven Seite T.U., wo dies einer möglichen existenziellen Neuballung T^{nmo} durch Aufnahme ins Gefüge eines neuen Moduls t^o entspricht, das seriellen Bestimmungen $B'^{-\infty}$, die virtuell geblieben waren (in Abb. 5.7 a zum Beispiel die Reihe s_5), zu einem territorialisierten Ausdruck verhilft. Diese Neuballung wird als existenzielle Selbstverfestigung bezeichnet; 2) auf der diskursiven Seite S., φ, Φ., wo dies einer Öffnung neuer Möglichkeitsfelder entspricht (maschinische Glättung), das »Vor-Mögliche« φ, das nur erst in aller Stille mit den Modulen t^n und t^m, die aufgrund der existenziellen Kooptierung des Moduls t^n teilweise Präsenz erlangt hatten, in Berührung gekommen war. Fortan trägt dieses einige Reihenmerkmale $B^{+\infty}$, die bislang nicht abgespeichert waren (Abb. 5.7 b). Die »Dauern von Andersartigkeit« der stochastischen Linearisierung der Ströme sind, man erinnere sich, in schematischer Weise quantifiziert worden (Abb. 5.4), während die paradigmatischen Reihen der seriellen Glättung Gegenstand eines endlichen Nummerierungsvorgangs gewesen sind (Abb. 5.5). Doch lässt sich hier, an dieser Etappe der Riffelung der Ströme, die Unzulänglichkeit einer solchen Darstellungsform erkennen. Beruht die sinnliche Heterogenese der Ströme auf ihrer Basis S.T. tatsächlich auf quantifizierbaren Kategorien,[65] so verlangt sie auf ihrer Flanke φ. indes nach einer Beschreibung von Qualitäten des Möglichen, die sich grundsätzlich gegen jede Reduktion sperrt, die aus ihr in einzelne Abschnitte zerlegte, das heißt ein für alle Mal festgelegte, sich selbst treue, vollkommen untrügliche Informationen macht. Dies ist, nach der glücklichen Formulierung Ivar Ekelands, »die Rache der Figur an den Berechnungen«.[66] Noch mehr vielleicht die Wiederkehr der Kartografien als jene der Geometrien und Topologien ... Die Riffelung der Ströme findet an der Kreuzung zweier Arten von Glättung statt:

- einer territorialisierten diskursiven Glättung auf der Achse S.T., der die Verknüpfung und virtuelle Kalibrierung sinnlicher Qualitäten korreliert;
- einer deterritorialisierenden Glättung von Positionierungen im Register abstrakter, maschinischen Sätzen innewohnender Qualitäten auf der Achse S.Φ. Schließen die sinnlichen Qualitäten die Riffelung über einer diskontinuierlichen, durch Siebe von Innenverarbeitung hervorgetretenen Endlichkeit, wird sie dagegen von abstrakten Qualitäten auf kontinuierliche und transfinite bewertende Instanzen geöffnet (übergreifende Verarbeitung).

---

65 Die auf S.T. basierende Heterogenese wird später, entsprechend zur Energetisierung, als Vernotwendigung bezeichnet, während der Ausdruck Heterogenese den pathischen Vorgängen auf der Achse T.U. vorbehalten bleibt.

66 Ivar Ekeland, *Das Vorhersehbare und das Unvorhersehbare. Die Bedeutung der Zeit von der Himmelsmechanik bis zur Katastrophentheorie*, übers. v. Holger Fließbach, München 1985, S. 132.

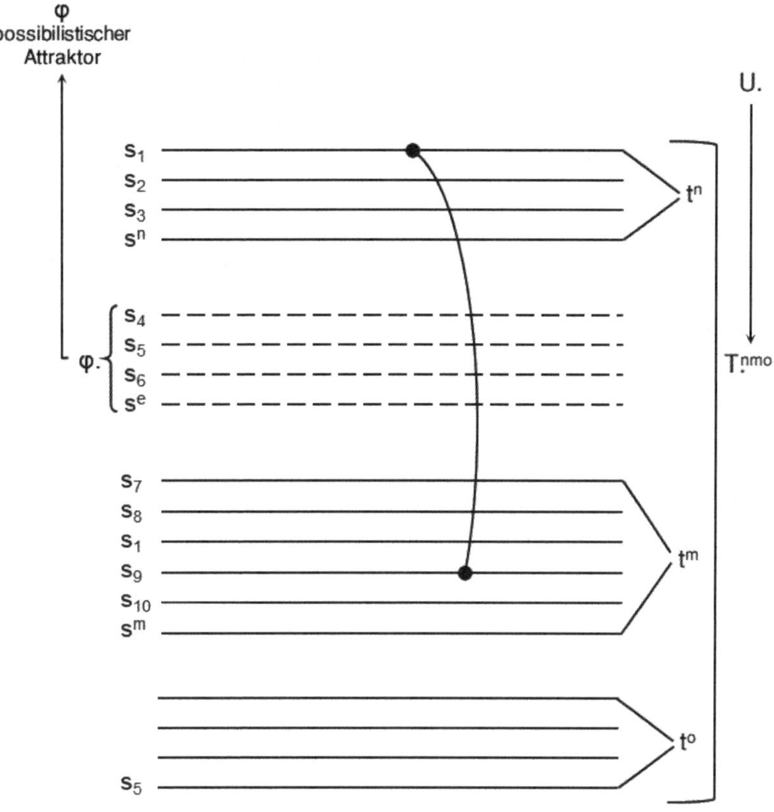

Abb. 5.7 *Die zwei Sequenzen der Riffelung von Strömen*
5.7 b Die aktive prozessuale Sequenz

Davon ausgehend könnte man zwei Arten von Heterogenität unterscheiden: eine sinnliche, von amorpher Positionierung, mit einzig näherungsweisen und »digitalen« Bezügen, die andere »geladen« mit prozessualen und, worauf wir noch zurückkommen werden, protogenetischen Potenzialen. Nicht genug unterstrichen werden kann, dass letztere Form von Heterogenität nur dann, wenn sie alle vier Entitätsbereiche S.T.Φ.U. in Anschlag bringt, eine Änderung des Möglichen vorzunehmen vermag. Erst indem der gesamte Gefügezyklus in Gang gesetzt und jede Entität aufgrund der Überbestimmtheit ihrer an/kommenden Form durch alle Glättungen und Riffelung hindurch permanent neubestimmt wird, lässt sich dem bornierten Determinismus der Quantifizierung entkommen. Das An/Kommende eines Möglichen kann auf unbestimmte Weise starr bleiben, in Erwartung eines seltenen Einschnitts verharren, einer hyperkomplexen Singularisierung, die seine existenzielle Gerinnung erlaubte. Die Mehrwerte von Möglichem, erzeugt durch die In-Stanziierung von Strömen, gehen also zwangsläufig mit a-signifikanten Unterbrechungen einher, die nicht mehr gänzlich zufälliger und stochastischer Natur sind. Es ist nicht mehr nur die Kontingenz des Daseins, die hier festgezurrt wird – die gesicherte Verortung seiner wiederholt auftretenden Gestalten –, sondern überdies die Gesamtheit seiner Dis- und Trans-Positionen, seiner möglichen Katastrophen und Unfälle vor, nach, neben seinen aktuellen Ausformungen und darüber hinaus.

6. DER BEREICH DER PHYLA

Welches Problem stellt sich uns? Wie gewöhnliche Festigkeiten und Zeitlichkeiten ausgehend von unendlich kleinen Geschwindigkeiten der Trennbarkeit und unendlich großen Geschwindigkeiten der Kontinuität herzustellen sind. Die Montage des Gefügezyklus sollte uns hier ans Ziel führen. Doch zunächst müssen wir die modulare Riffelung der Ströme hinter uns lassen, von der wir sehr allgemein gesagt hatten, sie erfolge an der Kreuzung zweier Glättungen:

- von Reihen $B^{-\infty}$ aufseiten der existenziellen Territorien;
- von Reihen $B^{+\infty}$ aufseiten der possibilistischen Phyla.

Die der modularen Diskontinuität eigenen raumzeitlichen Koordinaten sind unmittelbar Nachbarschafts- und Verteilungsregeln unterworfen, die ihnen eine gewisse Kompaktheit garantieren. Im Bereich der Phyla wird diese Kompaktheit jedoch keinen Bestand mehr haben, weil wir es mit anderen Arten von Beziehungen der Kontiguität und Sukzession zu tun bekommen werden. Die Merkmale der Bestimmbarkeit werden nicht mehr eins an dem anderen zu kleben bleiben haben, um ein Verhältnis einzugehen, denn nun können sie ebensogut, einem verallgemeinerten Regime der Trennbarkeit gemäß, in alle Richtungen verstreut sein. Dasselbe gilt für die Beziehungen der Dauer: Die Verkettungen hören auf, chronologisch zu sein, um sequenziell und algorithmisch zu werden. Mit anderen Worten, das, was hier und jetzt geschieht, wird mit Ereignissen, die in der Zeit davor und der Zeit danach unendlich weit entfernt liegen, in ein Verhältnis gesetzt (die von René Thom aufgeworfene Probleme einer rückwirkenden Glättung der Zeit).

Bekommen wir damit vielleicht endlich das Mittel an die Hand, uns der Flexionsmodule, die den territorialisierten Zuordnungen eignen, zu entledigen? Die Instrumente der »Transversalisierung«, die uns die zeitlichen und räumlichen Dis-Stanzen zu durchqueren erlauben werden, müssen sie aufseiten jener Reihen $B^{+\infty}$ und $B^{-\infty}$ gesucht werden, die eben sowohl im aufgeblätterten Zustand, innerhalb modular-molarer Konkretionen in den Bereichen S.T., als auch im Zustand unkörperlicher molekularer Streuungen in den Bereichen Φ.U. existieren können?

Nennen wir innerliche Bestimmbarkeit B^i, was durch modulare Befestigung serieller Bezüge $B^{+\infty}$ und $B^{-\infty}$ verfährt, und äußerliche Bestimmbarkeit $B^ä$, was die seriellen Merkmale in die deterritorialisierten Räume und Dauern des Bereichs der possibilistischen Phyla Φ. und unkörperlichen Universen U. vordringen lässt. Dabei geht es letztlich um mehr als um bloße Dichte. Wir haben es hier mit zwei komplementären Formen des In-Beziehung-Setzens entitärer Systeme zu tun. Die Beziehung modularen Bezugs B^i besteht darin, Entitäten mit identischem ontologischem Status zusammenzuhalten (das ist etwa bei der in Abb. 5.6 dargestellten Linearisierung oder auch der entitären Verschmelzung der Fall). Was dann »mehr« dazukommt oder »weniger« wird, greift die Festigkeit davon betroffener Entitäten nicht an. Auch wenn die Trennung wesentlich verknüpfender, angrenzender Natur bleibt, leidet die »Gestaltnahme« des modularen Ganzen nicht unter dem Aufschub. All seine Bestimmungsabfolgen haben plötzlich konsekutiven Charakter – was mit der Existenz von Merkmalen der Bestimmbarkeit $B^{+\infty}$ zwar absolut kompatibel ist, doch auch einen gewaltigen Widerspruch beinhaltet, wenn man bedenkt, dass die modulare Flexionsstruktur ebenso Einschnitte $B^{-\infty}$ enthält. Mit der Beziehung äußerlicher Bestimmbarkeit $B^ä$ erfährt die Landschaft insoweit einen radikalen Wandel, als sie eine Genese von Festigkeiten anstößt, die entitäre Gesamtheiten von unterschiedlichem ontologischem Status ins Spiel bringt: Neben den modularen Bestandteilen sind dies diskursive Phasenräume nichtdiskursiver Becken, in denen Äußerungen erzeugt werden usw. Damit schreibt sich das Mehr und das Weniger nicht mehr »zwischen« den Entitäten ein, sondern setzt sich direkt in ihrem Wesen fest. Es handelt sich bei ihr um keine extensive Beziehung mehr, sondern um eine intensive, wobei die Trennung aufhört, passiv konnektiv zu sein, um aktiv disjunktiv zu werden, das heißt, Prozesse von Komplexitätszunahme anzustoßen.

Die Glättung äusserlicher Bestimmbarkeit

Die modulare Riffelung war fest mit der Fabrikation eines sinnlichen Territoriums auf der Grundlage serieller Geschwindigkeitsaggregate $B^{+\infty}$ verbunden (Abb. 6.1). Mit der expressiven Glättung rücken in erster Linie serielle Geschwindigkeitsaggregate $B^{-\infty}$ in den Fokus, die gänzlich anderer Natur sind.

Die Trennungen $B^{-\infty}$ vermischen sich nicht mehr in demselben unbestimmten, differenzlosen Vakuum. Der Phasenraum φ legt die Rhythmen von Halt und Fortgang der »negativen« Bestimmbarkeit fest.

Legen wir nun die Abb. 6.1 und 6.2 übereinander, um die vereinfachte Abb. 6.3 zu erhalten, und benennen wir die Spitzen der beiden entsprechenden Dreiecke um: m steht für Materie, s für Substanz und f für Form. (Wir können dafürhalten, dass der Gefügezyklus gebildet wird durch unterschiedliche Operatoren substanzialisierender Vermittlung, bei der nichtgeformte Materiezustände umgewandelt werden: m in geformte Zustände f.)

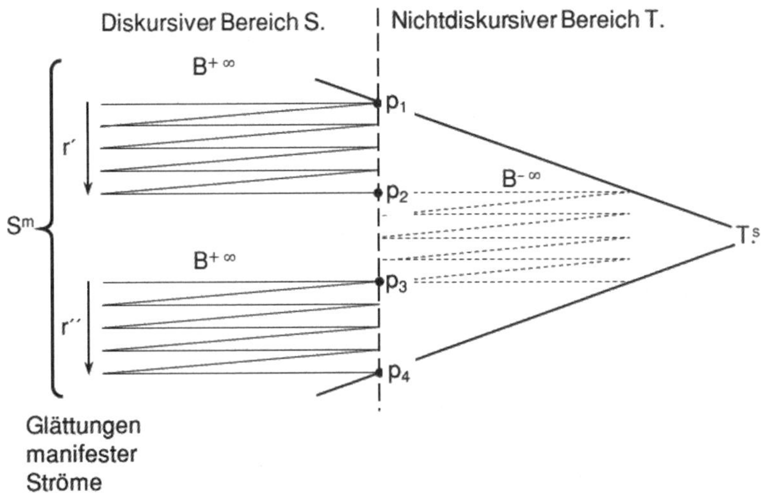

Abb. 6.1 *Modulare Riffelung*

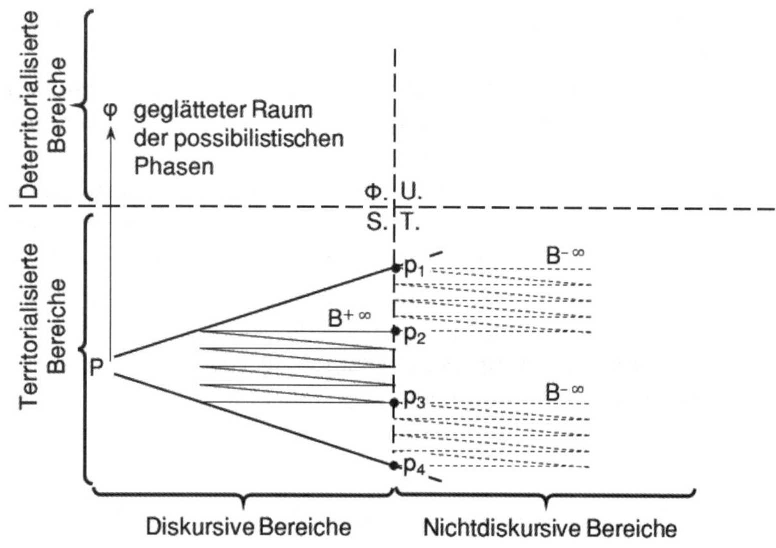

Abb. 6.2 *Expressive Glättung*

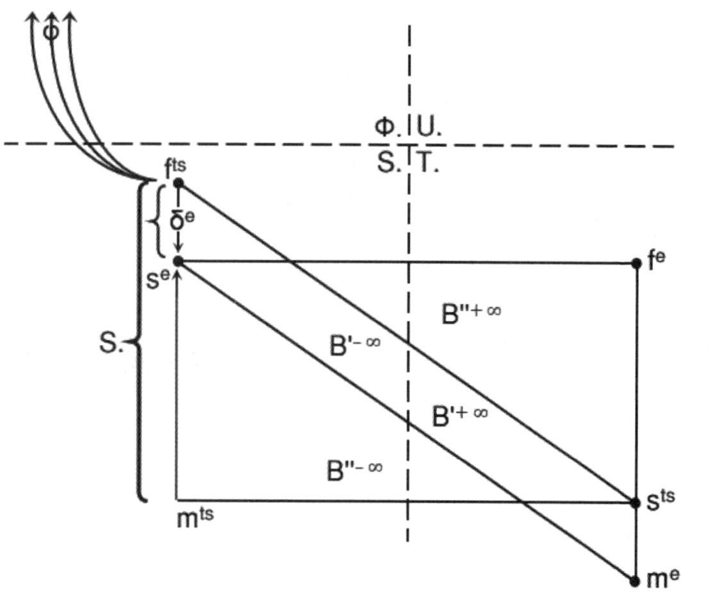

Abb. 6.3 *Abheben des maschinischen Mehrwerts*

In der Abb. 6.3 wird die modulare Riffelung der Abb. 6.1 schematisch durch das Dreieck m^{ts} s^{ts} f^{ts} und die expressive Glättung der Abb. 6.2 durch das Dreieck m^e s^e f^e dargestellt. Die nichtgeformte Materie m^{ts} nimmt durch substanzialisierende modulare Vermittlung s^{ts} (Funktion, die die Erzeugung von Vorformen der Äußerung regelt) eine Festigkeit von geformtem Strom f^{ts} an. Was die expressive Glättung anbelangt, so steht und fällt jedoch alles mit dem »Abheben« der Spitze s^e (die zum Dreieck m^e s^e f^e gehört) von f^{ts} aus (Punkt der »Ankunft« des Moduls m^{ts} s^{ts} f^{ts}). Eine passive Form wird hier einen aktiven Wert existenzieller Umwandlung annehmen. Nacheinander werden wir die fraktale Natur solchen Abhebens sowie die Einsetzung zweier aufeinander folgender Funktionen untersuchen, nämlich die expressive Funktion f(exp) und die existenzielle Funktion f(exi).

Zunächst ist es angebracht, die Position f^{ts} des geformten Stroms aufzufassen als eine, die mit jener von m^{ts} der nicht modular geformten Materie in spannungsgeladenem Zusammen/Fall steht. Beide gehören zusammen, und dennoch versteht sich ihre Verbindung nicht von selbst. Sie kann auch Schaden nehmen. Das Spiel einer kleinen Differenz, das Eindringen einer unendlich kleinen Deterritorialisierung – in Abb. 6.3 durch δ^e dargestellt – kann funktional eine entitäre Position s^e ablösen, die mit der die Festigkeit betreffenden Solidarität mit m^{ts} bricht, um in gewisser Weise auf eigene Rechnung zu arbeiten und eine neue Art von Strom hervorzubringen: die *signaletischen Ströme*. Durch Verlust der territorialisierten Koordinaten, durch Abschütteln der modularen Einfassung unterbrechen die Bezugsreihen $B^{+\infty}$ sowie ihre Trennbarkeitsmerkmale $B^{-\infty}$ den Materie-Form-Tensor, der ihre Erscheinungsformen dazu zwang, im Regime sinnlich-konkreter Riffelung zu verharren, und erhalten eine »Ladung« Willkür, die mit dem Zufall unterliegenden Öffnungen einhergeht. Damit löst sich, sobald sich das elastische Band m^{ts} f^{ts} entspannt hat, die gesamte modulare Ökonomie auf, während die Bestimmbarkeit das Register der Extensivität und der äußerlichen Koordinaten verlässt, um sich andernorts in die Glättung molekularer Intensitäten einzubringen.

Alles steht und fällt mit dem Auftauchen der Unterbrechung s^e, jenes Punkts, an dem die Herausbildung von expressiven Fraktalen ihren Ausgang nimmt, von wo die Umwandlung bestimmter Materieströme in signaletische Ströme hervorquillt. Da die Bestimmtheit nicht mehr durch die modulare Einrahmung geprägt wird, zieht sie sich, wie eine molekulare Kugel, auf sich selbst zurück, um im selben Zug wie eine chinesische Blume aus Papier, die man ins Wasser wirft, aufzugehen – der ersten konstitutiven Entität von s^e bleibt keine Zeit, sich mit einer anderen Entität in Beziehung zu setzen, da bereits die Linie, die sie voneinander trennt, in eine Mannigfaltigkeit entitärer Alternativen, Verzweigungen und Kreuzungen, die lauter Fluchtlinien von Möglichem erzeugen, austreibt. Ist die Bestimmbarkeit in dieser Art von Fermentierung der Verhältnisse zwischen Entitäten vor Ort begriffen, kann sie durch äußerliche Verfahren, die sie bislang umschrieben haben, nicht mehr stabilisiert werden. Ihre Reihen treten in einen unendlichen Implosionsprozess ein, wobei ihre alten, zu einem »Akkordeon« entstellten Gebilde im Laufe dieser schwindelerregenden Implosion unaufhörlich versuchen, sich an eine Homothetik oder einen Differenzialgrund zu klammern, der immer kleiner wird. Ein mögliches Bild hierfür wäre das einer »Bäckertransformation«, bei der jede Faltung ebenso dazu führen würde, die Gesamtoberfläche des Teigs zu verkleinern. Allein, obwohl sie zufällige Aspekte ausbildet, ist derlei fraktal-implosive Dekonstruktion nicht gleichbedeutend mit Anarchie, denn letztlich verfährt sie mittels ebenfalls unendlich kleiner Schwellen, deren »Drosselungen« $B^{-\infty}$ nicht durch modulare Riffelung, sondern durch Instanzen gesteuert werden, die spezifisch für die deterritorialisierten Bereiche der Phyla und Universen sind, nämlich die Phasenräume (φ) und die Becken an Äußerungen (ΣU.).

Die zwei Arten von Strömen

	Riffelung sinnlich-konkreter Ströme	Glättung signaletischer Ströme
Ebene	molar	molekular
Element	serielle Merkmale	fraktale Falten
Bezug	extensive Koordinaten	intensive Ordinaten
Diskursivitätsregime	Trennbarkeit	Nicht-Trennbarkeit
Festigkeit	territorialisiert	deterritorialisiert
Symmetrie	umkehrbar	relativ umkehrbar
ontischer Status	Kontingenz	Singularität

Die Ausdrucksfunktion: f(exp)

In erster Linie hervorgehoben werden muss das Überleben, mittels einer prozessualen Flucht nach vorn, einer Form, von der man hätte denken können, sie würde keinen Bestand haben, da sie ihren Rückhalt im Sinnlichen und ihre materielle »Basis« verloren hat. Stattdessen fährt sie fort, jene modularen Bezüge zu reproduzieren, aus denen sie hervorgegangen ist, und noch dazu anzureichern, indem sie sie in einen Phasenraum unendlich wuchernder Möglichkeiten einschreibt. Konkret geht es hier um alle expressiven Materien, die Wandlung und schöpferischer Bearbeitung gegenüber offenstehen: genetische, ethologische, semiotische und semiologische Codes und alle Situationen, in denen sich ein »konstruktivistischer« Ausdruck auf materielle – phonische, skripturale, organische – Ketten pfropft, indem er, durch die ihn verkörpernden modularen Beziehungen hindurch, das doppelte Spiel eines Für-sich-Seins und, den verschiedenen, die Abspeicherung betreffenden und possibilistischen Pro-Positionen (MS) gemäß, eines andernorts und zu einer späteren Zeit gültigen Für-etwas-anderes-Seins spielt.

Sobald es fraktales Abheben einer signaletischen Schwankung (oder von Code) gibt, müssen zwei voneinander unterschiedene Seiten betrachtet werden:

- eine genuin fraktale Wucherung als Basis der Ausdrucksfunktion f(exp), die sich innerhalb der abstrakten maschinischen Phyla $\Phi.^{aM}$ und entsprechend dazu in den unkörperlichen Bezugsuniversen ausbreiten wird;
- diskursive Restformen, die, in sich zusammengesackt, abgeschlafft, ohne Verbindung zum durch die Materie-Form-Beziehungen geflochtenen Sinn, an Ort und Stelle verbleiben, die aber, wie noch im folgenden Kapitel zu sehen sein wird, eine Schlüsselrolle in der Bildung der existenziellen Funktion f(exi) spielen.

Die durch den deterritorialisierten fraktalen Prozess erzeugte expressive Funktion f(exp) ist in zwei Registern am Werk. Auf der einen Seite wiederholt und spiegelt sie auf unbegrenzte Zeit die symmetrischen Formen, durch die das sinnliche Modul, das ihr als Träger gedient hat, gekennzeichnet ist (während sie sie wiederholt, entstellt, verdreht und verkleinert sie sie zugleich endlos); auf der anderen Seite bettet sie dieselbe Form in eine Menge an Bezügen – oder in einen Phasenraum φ von Möglichkeiten – neu ein, die somit die Menge aus vorstellbaren und nichtvorstellbaren Gesichtspunkten erhellt. Die expressive Fraktalisierung bleibt also nicht bei der Wiederholung stehen. Sie erzeugt einen zusätzlichen Wert, sie sondert einen Mehrwert an Code ab. Stets ist sie bereit, etwas Neues aus ihrer Tasche hervorzuzaubern. So bildet φ das Integral der an S. angrenzenden Möglichkeiten. Stellen wir uns nun zur Veranschaulichung willkürlich die Zahl [225] vor, die den Kontingenzpunkt P^K definiert, auf dem sich die expressive Funktion A.I. stützen wird. Alle Verfahren, die vor wie zurück die Zahl [225] erzeugen können (etwa durch Rückgriff auf ganze, Bruch-, irrationale, imaginäre usw. Zahlen), bilden den mit dieser Zahl verbundenen Raum φ.

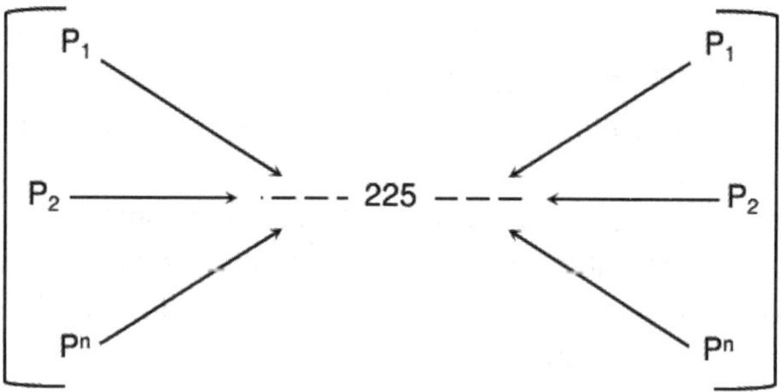

Abb. 6.4 *Raum φ von P^k*

Der Raum φ umfasst die Menge möglicher Genesen von P^K. Doch eine solche Veranschaulichung bleibt noch allzu »platt«. Kommen wir lieber auf unsere wie auf magischer Haut ablaufende Bäckertransformation zurück. Nennen wir die verschiedenen Verfahren, die um die Positionierung von P^K wetteifern, *Kontingentierungsfalten*, wobei P_1 das letzte Verfahren kurz vor dem Erreichen von P^K darstellt, P_2 das vorletzte usw. Wie bei der Bäckertransformation ist das Falten zwar »notwendig«, bringt aber auch zufällige Verteilungen hervor.[67] Daher auch die Zweischneidigkeit der entitären Position

---

[67] Wie stochastische Aspekte partialisiert werden und Eingang in deterministische Systeme finden, siehe die Erläuterungen von Ivar Ekeland zur »verstümmelten Multiplikation« (*Das Berechenbare und das Unberechenbare*, S. 75) und den »Bäckertransformationen«. »Der Aspekt des Zufälligen rührt daher, dass man

P^K. Sie ist einerseits nur ein Beispiel unter unendlich vielen eines Spektrums an Verfahren, doch andererseits bildet sie den kontingenten und notwendigen Haken, ohne den besagte Verfahren völlig unfähig wären, einen Anfang zu nehmen und sich zu entfalten.

Es lassen sich auch qualitativere Beispiele denken. Diese Pflanze hier auf dem Fensterbrett gegenwärtigt ein sinnlich-konkretes Territorium, das aus verschiedenen Merkmalen möglicher Bezüge besteht, von denen eines die Farbe Grün ist. Auf modularer Ebene innerlicher Bestimmbarkeit zeigt sich das Grün im kontingenten Dasein der Pflanze auf die ein oder andere Weise eingeschlossen. Doch zugleich offenbart es sich in tausenden Facetten den mannigfaltigen Blickwinkeln, unter denen man es betrachten kann. Manche Kontingenzfalten sind von der Entfernung des Betrachters abhängig, andere von Farbabstufungen und von Kontrast- oder Komplementaritätsverhältnissen, wieder andere werden den unterschiedlichen Intensitäten von Licht, Temperatur usw. entsprechend moduliert. Nach und nach werden unendlich viele Gesichtspunkte entwickelt, die allesamt im selben »Endprodukt« kulminieren, das eben jenes grüne Wesen, hier und jetzt, darstellt. Gleichwohl bildet die Gesamtheit φ dieser Gesichtspunkte keine Tasche, in die sich alles wahllos hineinstopfen ließe. Ihre Ordnung kennt so manche Einschränkung, was in etwa so aussehen kann, dass der rötliche Schein des Kaminfeuers auf einen Phasenraum φ_2 bezogen werden muss, der von φ_1 verschieden ist, das heißt, der durch andere Sequenzen fraktaler Faltung erzeugt wird. Es sei denn natürlich, ein dritter Phasenraum φ_3 würde, die beiden vorhergehenden einschließend, das Grün der Pflanze und das rötlich Schimmernde des Feuers miteinander verbinden, etwa bei der Herstellung eines Pastellgemäldes.

Wir gehen von dem Grundsatz aus, dass ein Wissen von den Formen und ihren Interaktionen, soll es eines Tages, »am Ende des Rennens«, mit dem Erscheinen des Lebens das Licht der Welt erblicken, auf die ein oder andere Weise und sicherlich recht unterschiedlichen Modalitäten gemäß auf anderen ontologischen Ebenen bereits existiert. Derlei vorgängiges Wissen muss innerlich an jeder existenziellen Verfestigung, an jeder Bildung eines strukturellen Territoriums oder eines deterritorialisierten Systems mitwirken.

---

eine Information hat, die zwar exakt, aber unvollständig ist. Ein Teil der Information bleibt im Dunkeln« (ebd., S. 79). Allerdings sollten die akzeptierbaren Grenzen der Begriffe von Information und Vollständigkeit festgelegt werden …

Das Gelenk, bestehend aus dem Kontingentierungspunkt P^K und dem Raum repräsentativer Phasen φ, ist der Grundpfeiler der Verbindung zwischen dem in sich selbst verschlossenen Dasein und der vorgängigen Andersartigkeit, die die Dinge der Welt und des Lebens miteinander verknüpft. Im weiteren Verlauf bezeichnen wir diese Verbindung (ein weiteres Mal) als Inhalt-Ausdruck-Beziehung (kontingenter Ausdruck A^k, Phaseninhalt I).

$I^φ$ ist der Ort, an dem sich die innerlichen Merkmale formaler Bestimmbarkeit (B^i) (die sich in den territorialisierten Modulen zusammengefügt hatten) bündeln und deterritorialisieren und zu diesem Zeitpunkt der äußerlichen Bestimmbarkeit $B^ä$ entgegengehen, um sich mit ihr zu verketten. Im Grunde brauchen hier die Merkmale B^i und $B^ä$ nicht mehr unterschieden zu werden. Es sind dieselben seriellen Merkmale $B^{+\infty}$ und $B^{-\infty}$, die in zwei Zuständen miteinander koexistieren: 1) im modularen Zustand B^i; 2) im migrierenden Zustand $B^ä$ während des Zyklus äußerlicher Bestimmbarkeit und je nach unterschiedlichen Festigkeiten und Funktionsweisen.

So kann dasselbe Reihenmerkmal – das »Grün« – in einer modularen Beziehung mf eingefasst sein oder in φ im »atmosphärischen«, fraktalen Zustand in unendlich kleiner diskursiver Form oder in U. in unkörperlicher nichtdiskursiver Form zirkulieren. Grün sein, da, an die Pflanze gekoppelt, das ist gewiss nicht nichts! Doch grün sein über den Umweg des virtuellen Universums der Farben oder durch die Algorithmen und wissenschaftlich-technischen Verfahren hindurch, die die Wellenlängen der Lichtströme bestimmen können, ist etwas völlig anderes! Muss aber tatsächlich wiederholt werden, dass das eine ohne das andere nicht funktioniert?

Muss dann daraus geschlossen werden, dass sich zwei Welten überschneiden und wechselseitig durchdringen: jene der kontingenten Territorialitäten und jene der transversalen, fraktalen und deterritorialisierten Entitäten? Das wäre ein wenig zu einfach! Sicherlich lässt sich nicht vermeiden, das Vorhandensein einer Ebene reinen unkörperlichen abstrakten Bezugs zu postulieren, die die Gesamtheit aller Dingzustände durchzieht und die wir Festigkeitsebene (FE) nennen werden. Von einem kartografischen Standpunkt aus betrachtet wäre es jedoch weitaus lohnender, die beiden äußersten Zonen der Kontingenz S.T. und der Virtualität Φ.U. an einer Zone festzumachen, in der sich A^k und $I^φ$ schneiden und die auch als Gefüge dazwischenliegender Zeitlichkeiten bezeichnet wird.

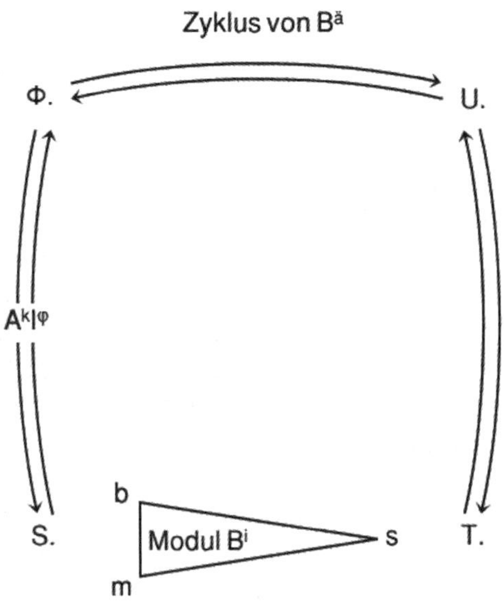

Abb. 6.5 *Zyklus äußerlicher Bestimmbarkeit*

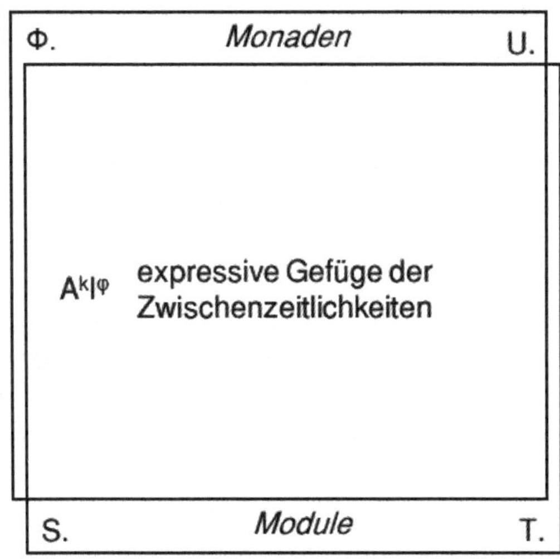

Abb. 6.6 *Überschneidung von Monaden und Modulen*

Daher wird man auch niemals auf Kontingenz S.T. in Reinform, geschweige denn auf Transzendenz Φ.U. stoßen, sondern einzig auf Grade von Kontingentierung und Grade von Deterritorialisierung, die innerhalb der expressiven Gefüge A^k I^φ miteinander verbunden sind. Und dennoch eröffnet sich uns bisweilen ein indirekter Zugang zu diesen extremen Zuständen, anhand einer Art divinatorischer Hysterie anlässlich der Ekel hervorrufenden Erfahrung von konkreter Wirklichkeit im Sinne Sartres oder in der mystischen Erfahrung. Selbst noch als Trugbild erweisen sich diese seltsamen Vororte der alltäglichen Äußerung nicht weniger als unerlässliche Bestandteile für die Fertigung spekulativer Kartografien zur Produktion von Subjektivität, sei diese nun ritueller, initiatorischer oder mythischer Natur (wenn sie zum Beispiel um die Inkarnation oder die symbolische Kastration kreisen). Bevor wir aber zu einigen Bemerkungen hinsichtlich der expressiven Glättung kommen, sollten wir im Hinterkopf behalten, dass wir es fortan mit drei verschiedenen Äußerungsarten der Diskursivität zu tun haben:

- den Modulen endlicher Kontingentierung (von deren Neubestimmung das nächste Kapitel handeln wird);
- den Monaden unendlicher Bestimmbarkeit, die zusammen mit der unkörperlichen Glättung φ U. behandelt werden;
- den Gefügen relativer Kontingenz/Transzendenz, die wir, das können wir mit Bestimmtheit sagen, längst nicht erschöpfend behandelt haben, denn sie bilden das Hauptgerüst des Gefügezyklus.

Aus unserer Perspektive betrachtet bildet also der Ausdruck die wesentliche Entsprechung zu einer deterritorialisierten und fraktalen Glättung sämtlicher Stromriffelungen. Die Ausdrucksmaschinen haben gewissermaßen die Funktion, das Mögliche, das die modular eingekapselten Formen enthalten, durchsickern zu lassen. Ihre Glättungsarbeit besteht darin, es innerhalb verschiedener immaterieller, atopischer, nicht lokalisierbarer Möglichkeitsfelder, in denen der Inhalt seinen Ursprung hat, freizusetzen, »auszubreiten«. Doch damit existiert kein univokes Ausdrucksregister, das mit einem gleichfalls univoken Inhaltsregister verbunden wäre. Niemals trifft man auf eine homogene Ordnung des Inhalts, die einer hegemonialen Ordnung des Ausdrucks angeschlossen wäre, und noch weniger auf einen strukturalistischen Gegensatz der Art Signifikant/Signifikat. Zu tun hat man es stets nur mit Graden der Inhaltsglättung, zusammen mit aufeinanderfolgenden Eingriffen

1. heterogener Ausdruckskomponenten und
2. verschiedener substanzieller Festigkeiten im Zusammenhang mit mannigfaltigen unkörperlichen Bezugsgrößen, in die er sich einschreibt.

Also muss die Existenz unterschiedlicher unkörperlicher *Qualitäten*, von heterogenen deterritorialisierten Materialien sehr wohl angenommen werden. Dieselbe abstrakte, im Gewebe aus Bezügen eingesponnene Gestalt, man denke hierbei etwa an die Barockmusik, bewegt sich nicht im selben Möglichkeitsfeld, wenn sie sich wiederum im Netz mathematischer Idealtypen wiederfindet ... Die Transversalität der deterritorialisierten Inhaltsformen kennt, ganz allgemein gesprochen, nicht weniger Schwellen, Drosselungen und Umwege. Und so müssen wir ein weiteres Mal feststellen, dass der Gefügezyklus in beide Richtungen funktioniert, denn auch hier bringen die modulare Kontingenz (B^i) sowie jene der nichtdiskursiven und äußerlichen Bestimmbarkeit ($B^ä$) gleichzeitig ihre jeweiligen Gewissheiten mit sich.

Wie Abb. 6.7 zu illustrieren versucht, bilden diese Schwellen potenzielle Kreuzungen von Anschlüssen neuer Komponenten von Möglichem, die durch das Hinzutreten zufälliger Bezugsuniversen, die bislang in »Reserve« verblieben waren, äußerlich modalisiert werden.

Zwischen A_1^k und I_1^φ funktioniert die fraktale Faltung autark. Sie hält bei I_1^φ an, wenn die gebildete Phasenoberfläche mit dem Becken an Virtualität eines neuen Bezugsuniversums kompatibel ist. Sie wird nur dann fortfahren können, wenn dieses Becken mit dem vorherigen interferiert, was wiederum das Hinzutreten neuer Ausdruckskomponenten A_2^k, A_3^k, A_n^k ... beinhaltet. Ab dann wird die Einführung einer äußerlichen Bestimmbarkeit $B^ä$ wieder möglich sein. Angemerkt sei, dass die daraus resultierende allmähliche Bildung der Phasenoberfläche nicht mit einer Riffelung verwechselt werden darf, denn jede neue Formation φ ersetzt die vorhergehende und löscht sie aus, sodass sie kontinuierlich auseinander erwachsen. Unterstrichen werden muss jedoch, dass ihr Erscheinen unterschiedlich verzögert werden kann aufgrund »verspäteten« Hinzutretens eines Bezugsuniversums. Eben dieses Spiel von »Differänzen«

erzeugt die Vielfalt an den stochastischen Effekten zugehörigen Verzweigungen und verschafft den Inhalten eher eine rhizomatische denn eine baumförmige Entwicklung (wie etwa jene der generativen Semantik). Es muss unbedingt darauf insistiert werden, dass die Fraktalbildung nach jedem Halt auf einem Inhalt wieder fortgesetzt werden und durch neue deterritorialisierende Faltungen zu einer weiteren Phasenoberfläche führen kann, ein solcher Anstoß jedoch nur in dem Maße möglich ist, wie er von einer Neubildung der bezüglichen Äußerung begleitet wird. Unter diesen Voraussetzungen entwickeln sich die paradigmatischen Einschlüsse der Inhalte niemals gemäß rein formalen Bildungsprozessen: Bei jeder Verfestigung einer Beziehung $A^k\ I^\varphi$ stellt sich das Problem des singulären und singularisierenden, kurz, des unumkehrbaren Hinzutretens eines neuen Äußerungsbeckens ein weiteres Mal (Konstellation von Bezugsuniversen Σ.U.).

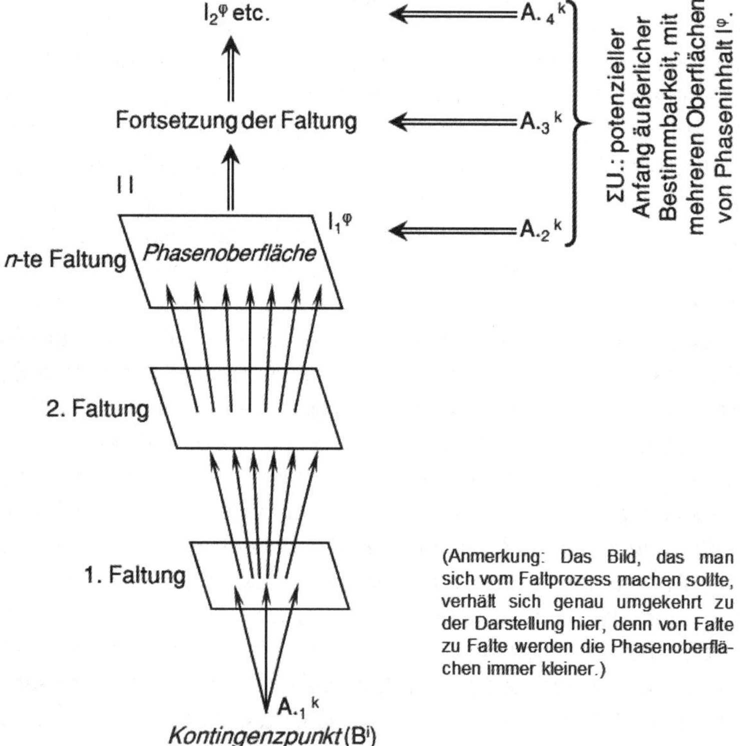

Abb. 6.7 *Hinzutreten von Bezugsuniversen*

Die semiotischen Genesen sind örtlich gebunden und unverortbar zugleich. Verortet, wenn sie mittels molarer extensiver Koordinaten verfahren, um eine extensiv-innerliche Bestimmbarkeit (B^{i}) herzustellen, und unverortbar, wenn sie mittels molekularer intensiver Ordinaten operieren, um eine intensiv-äußerliche Bestimmbarkeit ($B^{ä}$) zu erzeugen. Was Letztere angeht, so kann man sich fragen, ob angesichts der Tatsache, dass es weder Längen von Wegen noch Zeit zu deren Begehung gibt, Grund besteht, den Merkmalen $B^{+\infty}$ und $B^{-\infty}$ Geschwindigkeiten zuzuordnen. Die nach außen gerichteten raumzeitlichen Koordinaten werden in deterritorialisierte Eichkategorien umgewandelt, die eine Asymmetrie von B^{+} und B^{-} und vor allem unendlich kleine Energiequanta enthalten, die insofern ihre Schwierigkeiten bereiten, als sie mindestens ebenso beunruhigend sind wie das Nebeneinander von unendlich beschleunigten und unendlich gedrosselten Geschwindigkeiten. Was sich in alldem offenbar nicht umgehen lässt, ist, dass die durch die expressive Funktion in Gang gesetzten signaletischen Ströme, um einen katalytischen Zugriff auf die Instantiierung materieller Prozesse haben zu können, auf die eine oder andere Weise eine Energieladung, und sei sie noch so klein, transportieren müssen. Nur auf dieser Grundlage lassen sich die Beziehungen dieser expressiven Funktion und der Energieumwandlungen überhaupt erst denken. Um isolierte Ursache- und Wirkungspotenziale in getrennten Becken miteinander kommunizieren zu lassen, muss sie minimale Energieübertragungen in Gang setzen, die wiederum Verstärkungsprozesse auszulösen imstande sind. Und schon bildet die Bestimmbarkeit als solche ein energetisches Äquivalenzprinzip. Damit sie ihre ontologische Behausung direkt verlassen können, um miteinander zu interagieren, müssen sich die mit Ursache- und Wirkungspotenzialen geladenen Entitäten auf ihre Weise »Zeichen geben«, müssen sich erkennen, wahrnehmen. Diese Signaletik, der Materialität von Strömen zutiefst eigen, ist in dem Sinne selbst energetisch, als in ihr die Möglichkeiten molekularen Wirkens verwurzelt sind, die entitäre Bildungen neu entwerfen, Merkmale von Trennbarkeit $B^{-\infty}$ anders anordnen und fraktale Klüfte, die in letzter Instanz die molare Ordnung steuern, aufreißen können. Fehlte den fraglichen Entitäten jegliche Energieladung, würden sie sich ausweichen oder folgenlos durchqueren. Man muss also davon ausgehen, dass im tiefsten Inneren physikalischer Grundbestandteile ein elementares Prinzip herrscht, durch das denselben Phänomenen, denselben Becken von Bezugsuniversen entstammende Entitäten und Verhältnisse auf der Ebene des Ausdrucks erfasst, wahrgenommen werden. Diese Formen des Außersichseins, die einer bestimmten Art von Andersartigkeit eignen, sollten als lauter Energiestufen begriffen werden. Ich möchte hier die Verwendung des Plurals herausstreichen, da wir es nicht mit *einer* Energie zu tun haben, die, mit sich selbst identisch und mir nichts, dir nichts, sämtliche Dingzustände durchqueren würde und dabei ihre Begleiterin: die Information (oder den Signifikanten, was ungefähr auf dasselbe hinausläuft) am kleinen Finger mit sich führte, die ihrerseits mit derselben Ruhe sämtliche Bedeutungszustände durchquerte. Es muss eher dafürgehalten werden, dass die Ausdrucksenergien in Form eines abstrahierten – hier im Sinne von extrahierten – Äquivalents in entitäre Ursache- und Wirkungspotenziale umgewandelt werden, um anschließend in die modularen Spannungen, die Materie und Form verbinden, weitergeleitet zu werden.

Eben dies wäre das Minimum an Festigkeit, das mit einem Chaos in Berührung steht, das weder Ansatzpunkt noch Halt für irgendeine Wirkung bietet. Dennoch sollte nicht außer Acht gelassen werden, dass die fraglichen modularen Spannungen aus einer Speicher bildenden Verfestigung der Ströme resultiert. Erinnern wir uns, dass die Ordnung r der seriellen Fächerung der Ströme direkt von ihrem extensionalen Speichergedächtnis SG abhängt (Abb. 5.6). Doch jetzt hat sich die Situation geändert, denn der expressive fraktale Bruch hat, indem er das lineare Geflecht der Ströme, die seine Grundlage abgeben, entwirrte, ihre Bestimmbarkeitsmerkmale befreit, und zwar sowohl jene einer möglichen Bejahung $B^{+\infty}$ als auch jene einer virtuellen Trennbarkeit $B^{-\infty}$. Wir konnten ebenfalls feststellen, dass die Formen fortan in deterritorialisierten und immateriellen Registern auf eigene Rechnung arbeiten. Sind sie dergestalt auch pulverisiert worden, haben sie atmosphärische, molekulare Gestalt angenommen ..., so haben sie dadurch jedoch nicht zugleich die Freiheit gewonnen, sich an jedem beliebigen Ort in irgendeiner Form einzubringen und auf alles Mögliche zu beziehen! Momentan sind sie Äußerungen produzierenden Becken *zugewiesen*, die ebenfalls deterritorialisiert sind (U.) und sich auch in andere Becken, dem Grad ihrer eigenen Mutationen, dem Rhythmus der Faltungen von Phyla entsprechend und aufgrund anderer Singularisierungsfaktoren, auf die wir noch weiter unten eingehen werden, befreien und einbringen können.

Die existenzielle Funktion f(exi) und die diagrammatische Funktion f(diag)

Wir müssen nun die Auswirkung der expressiven Glättung (A.I.) auf die modularen – ich bin versucht zu sagen medullären – Bezugsstrukturen untersuchen. Es ist unmöglich, hier eine bestimmte Richtung einzuschlagen, ohne vorher die Gegenwirkung des geleisteten Vorstoßes auf jenen Punkt, den wir soeben hinter uns gelassen haben, zu berücksichtigen. Aufgrund der fraktalen Auffaltung der Möglichkeitsfelder wird diese Auswirkung des Ausdrucks auf die territorialisierten Module nicht unvermittelt, sondern stufenweise erfolgen, und zwar in dem Maße, wie neue Attraktoren des Inhalts I Festigkeit erlangen. Wenn Leonardo da Vinci von Flugmaschinen träumt, dann zeichnet er sie, er entwirft Pläne von ihnen, doch dabei bleibt es. Der in seinem Kopf arbeitenden Vorstellung gelingt es nicht, den wissenschaftlich-technischen Stand seiner Zeit zu überwinden. Seither hat die Sache aber an Festigkeit gewonnen, hat sich mit kollektiver Äußerung aufgeladen. Durch Reihen von Forschern, Erfindern, Phyla an Algorithmen und Diagrammen, die in technologische Programme gemündet sind, haben sich Bücher, Lehren, Können, immense Wissenskapazitäten innerhalb von Institutionen und Ausrüstungen aller Art angehäuft, die fortan mit beängstigender Effizienz durch Computer gestützt werden. Heute sind die Folgen des Inhalts »Flugmaschine« dermaßen zahlreich geworden, dass ihr »Auswirkungsbaum« regelrecht einem Wald gleicht! Seine Diagrammatisierung hat stufenweise seinen ursprünglichen Traumbereich, dann den Phantasiebereich von leicht verrückten Erfindern verlassen, um schließlich Ausdruck zu finden in den heutigen Bereichen moderner Gesellschaften.

Eben hier muss angehalten werden, genau an dem Punkt, da sich die expressive Diskursivität nicht mehr damit begnügt, durch die Abläufe paradigmatischer Kommunikation hindurch auf sich selbst zu verweisen, worin sie ihre Neutralität und Arbitrarität hinsichtlich des Referenten aufgibt, um mit Macht an die Wirklichkeit, will sagen, an die modularen Schichtungen der Welt in ihrer Alltäglichkeit anzuknüpfen. Übergang also vom Ausdruck zu einer pragmatischen Wirksamkeit, die wir nicht einfach, wie die Linguisten es tun, als eine Rettungsboje für die Komponenten von Bezeichnung und Bedeutung hinzufügen werden! Denn dies würde einzig dazu führen, die Linguistik noch mehr einer bestimmten Axiomatisierung zu überantworten, was Hjelmslev wiederum strikt abgelehnt hatte (wenngleich, das ist wahr, aus anderen Gründen als den unseren).[68] In Wahrheit begnügt sich der Ausdruck nicht damit, pragmatische Gebiete zu erzeugen, sondern bringt überdies existenzielle Mutationen hervor. Es dürfte deutlich geworden sein, dass aus unserer Perspektive Äußerung und Existenz denselben Ausdrucksdispositiven entspringen und sogar buchstäblich gleichartige Ausdrücke sind. Durch ständig wiederansetzende Beförderung von Ausdrucksfunktionen f(exp) vollzieht sich die existenzielle Neubestimmung der territorialisierten sinnlich-konkreten Module f(mod). Die Abb. 6.8, die die Abb. 6.1, 6.2 und 6.3 vervollständigt, zeigt eine solche Umkehr der Verlaufsbahn der Deterritorialisierung von Formen, wenn sie in einer Phase von Anziehung I^{φ} zusammenlaufen.[69] Am Ende dieses Hin und Her und nach einer Anreicherung ihrer Potenziale werden die ehemaligen modularen sinnlich-konkreten Territorien sT in eine neue Art von existenzieller Territorialität eT umgewandelt.

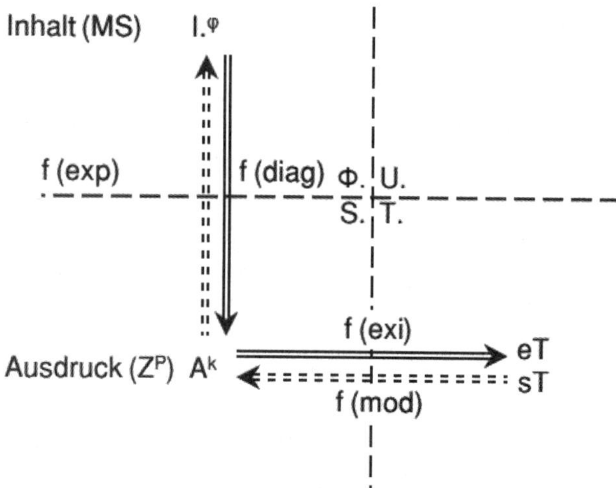

Abb. 6.8 *Umkehrung der Deterritorialisierung*

---

68 Louis Hjelmslev, »Entretien sur la théorie du langage«, in: *Nouveaux essais*, Paris 1985, S. 69-86, hier S. 75: »Die linguistische Theorie stützt sich nicht auf eigene spezifische Axiome, da die Sprache ein fundamentales Element des Denkens darstellt und folglich die Sprachtheorie zutiefst in der Hierarchie der Erkenntnis verankert werden muss.«

69 Merken wir an, dass auch derlei Übertragung der Beziehung Ausdrucksform/Inhaltsform mit einer Grundüberlegung Hjelmslevs im Einklang steht.

Wie ist es dem Phasenraum I^{φ} gelungen, sich zu behaupten, die Führungsarbeit zu übernehmen, die früheren Bezugsmodalitäten neu zu bestimmen? Wir werden zurückzukommen haben auf die äußerlichen Bedingungen einer solchen Verfestigung deterritorialisierter Inhalte in Form von Maschinensätzen MS, die in Möglichkeitskapital umgewidmet wurden und zum Teil, den aktuellen Strömen zuwider, im virtuellen Bereich der Bezugsuniversen ihren Ursprung nehmen. Doch für den Augenblick scheint sich alles noch im Umkreis außergewöhnlicher Umwandlungen abzuspielen, die ihren Sitz in der Ausdruckszone A haben und deren aufeinanderfolgenden Neubestimmungen wir begegnet sind als

1) formales Ende f^{ts} des Materie-Form-Tensors der modularen Funktion f(mod);

2) Kontingenzpunkt P^{K} des expressiven Tensors A.I. der expressiven Funktion f(exp);

3) Substanziierungspunkt s^{e} der existenziellen Funktion f(exi).

Umwandlung/Konversion: Das lässt an die Hysterie denken. Und vielleicht sind wir auch gar nicht so weit davon entfernt, denn gerade ihr scheinen die diskursiven Ketten im Punkt s^{e} zu ähneln, nämlich indem sie aufhören, ihre an die Module des Daseins angrenzende denotative und expressive Funktion, soweit diese sich auf transfinite Phyla von Inhalten öffnen, auszuüben. Jetzt sieht man diese Ketten eine nichtdiskursive, in der Endlichkeit verankerte Existenzialität verkörpern, verleiblichen, ich wage zu sagen »somatisieren«. Seinsvertretung, ontologische Vortäuschung, Vorstellung eines Nichtvorstellbaren, das von der Vorstellungsrepräsentanz* des Freud'schen Triebs recht verschieden ist! Durch sie bekommt ein organloser existenzieller Körper, der weder über klar unterschiedene Teile noch unterscheidbare äußere Bezüge verfügt, qua Vollmacht eine Organizität, ein geliehenes Soma zugewiesen.

All dies sind Beispiele diskursiver Ketten, die so als »Kulissenschieber« fungieren, als pragmatische Maschinisten oder Äußerungsoperatoren der existenziellen *Dis-Position:* die Merkmale der Gesichthaftigkeit, die Embleme und die Signaturen, die ich ohne Weiteres unter die allgemeine Rubrik der *existenziellen Ritornelle* sortieren würde.[70] Die Merkmale der Gesichthaftigkeit sind, was sie sind, zunächst aufgrund von konstitutiven modularen Strukturen des menschlichen Gesichts, wenn die deterritorialisierte Drift, die es aus der Tierschnauze »extrahiert« hat, ein Ende findet. Es versteht sich von selbst, dass sie im Anschluss daran, durch die Modulation von Basistermen eines Codes mit theoretisch unbegrenzten Potenzialen, Ausdruckscharakter annehmen. Theoretisch! Denn praktisch wird ihre Innovationskraft durch das Gitter vorherrschender Bedeutungen in ein enges Korsett gezwungen. (Ein allzu lautstarkes Lachen lässt an Wahnsinn denken ... Die allzu verführerischen Züge einer Fernsehansagerin lassen einen Teil der Zuschauer sich abwenden ...) Sie stellen aber auch, dies ihr drittes Merkmal, den diagrammatischen Schlüssel und die gesichthafte Signatur eines besonderen Individuums dar oder auch einer Gruppe, die sich in ihrem »Führer«, in ihrem Medienstar »wiedererkennt«, ja sogar den Katalysator eines kulturellen Ergusses ohne genaue Begrenzung, wie es während des Hochmittelalters der Fall war mit dem Gesicht von Christus Pantokrator, der mannigfaltige Bereiche der christlichen Glaubensgemeinschaft buchstäblich heimgesucht hat. Dasselbe geschieht mit dem Emblem und der Signatur, die jenseits ihrer modularen denotativen Funktion und der Bedeutungsbeziehungen, die sie in Gang setzen sollen, eine tätige Subjektivität mit Existenz und gleichzeitig mit Verantwortung, mit ethisch-politischer Einstellung »ausstatten«.

Mit diesem Rückbezug des Ausdrucks auf die Existenz sind wir also wieder vom fraktal-molekularen zum modular-molaren Register übergewechselt. Zum Ausgangspunkt sind wir dabei jedoch nicht zurückgekehrt! Die neue existenzielle Dis-Position ist nicht auf passive Weise geriffelt, wie es die Module sinnlich-konkreter Ströme waren. Sie wird von Potenzialen von Zeichen, Code, Formguss, Katalyse usw. bearbeitet, die allesamt einen weiten Weg zurückgelegt haben, noch nahezu unerforschten Kontinenten possibilistischer Phyla und Virtualitätsuniversen entstammen. Schauen wir uns diese Rückkehr zur Kontingenz etwas genauer an.

Vorhin sagten wir, die bei der Fraktalbildung übriggebliebenen Formen verharrten, zusammengesackt, erschlafft, an Ort und Stelle. Dies betraf nur Spannungen innerhalb von und zwischen Modulen, denn die Ritornelle erzeugende existenzielle Neubestimmung ver-

---

[70] Vgl. Félix Guattari, *L'Inconscient machinique. Essais de schizoanalyse*, Paris 1979, und »Ritournelles et affects existentiels«, in: *Chimères*, 7, 1989, S. 1-15.

langt eine ganz andere Perspektive auf die Dinge. Solche Schichtungen in Reihenform, auf sich selbst zurückgeworfen und von ihren ehemaligen Materie-Form-Beziehungen abgeschnitten, bilden nicht weniger, parallel zu den alten modularen Stromriffelungen, ein neues Speichergedächtnis von Sein, das aufgrund seiner Öffnung auf in φ gehortete Eingaben hyperaktiv, drängend geworden ist. Folglich lässt sich dafürhalten, dass, sollte es dazu kommen, dass ein expressiver fraktaler Bruch f(exp) auf eine existenzielle Neubestimmung f(exi) folgt, sich die Frage nach der Existenz eines vermittelnden Reterritorialisierungsvorgangs stellt, der wie die Rückseite der expressiven Funktion erscheint und den ich als diagrammatische Funktion f(diag)[71] bezeichnen werde (Abb. 6.8). Dieses dazwischenliegende Diagramm faltet gewissermaßen alle Potenziale, die die Fraktalbildung auf Ausdrucksseite aufgefaltet hatte, noch einmal, nur mit dem Unterschied, dass es der sinnlich-konkreten Oberfläche einen Mehrwert an Möglichem δ hinzufügt, der durch den Umweg über den aus nichtgeschichteten Doubletten von Merkmalen $B^{+\infty}$ und $B^{-\infty}$ gebildeten Attraktor gewonnen wurde und den wir bei den durch die Ritornelle und die existenziellen Synapsen bewirkten Äußerungskatalysatoren am Werk sehen werden. Doch bevor wir dahin kommen, müssen noch die Unterschiede zwischen dieser diagrammatischen »Rückkehr« zum Kontingenzpunkt und dem vorhergehenden »Aufstieg« des Ausdrucks herausgestellt werden. Der deterritorialisierende Ausdruck von f(exp) hatte etwas Unwiderstehliches an sich. Er entwickelte einen expansiven Fraktalismus innerhalb von Phasenräumen des Bereichs φ. Auf der anderen Seite erweist sich der Status von f(diag) als unsicher, zufällig, problematisch, beschränkt und kontingentiert durch den Handlungsspielraum, den ihm die existenziellen Ritornelle gewähren. Tatsächlich müssen diese, um den Einsatz possibilistischer Quanta $B^{-\infty}$ zur Neugestaltung von durch δ getragene modulare Riffelungen zu ermöglichen, sich versichern, dass besagte Quanta auch einer existenziellen Auf/Spannung des Ausdrucks auf Seiten der Universen T. und U. entsprechen. Was wiederum verlangt, dass der gesamte Gefügezyklus der äußerlichen Bestimmbarkeit ein weiteres Mal durchlaufen wird. Erst dann können wir herausarbeiten, dass sich die expressive Funktion,

---

71 In anderen Texten habe ich den Prozess, der eine Kette aus Signifikanten aktiv a-signifikant werden lässt, mit dieser diagrammatischen Funktion in Beziehung gesetzt.

durch »Konversion« in eine diagrammatische Funktion, mit Energie auflädt und so im Punkt P^K *Zeichen-Partikel* (Z^P) in Umlauf bringt (Abb. 6.8).

Die existenziellen Ritornelle

Die ersten Ritornelle, die hier als Beispiel gegeben wurden – Gesichthaftigkeit, Signaturen, Embleme –, machen nicht ausreichend deutlich, dass sie sich am Schnittpunkt der existenziellen und der diagrammatischen Funktionen herausbilden oder, mit anderen Worten, dass zu den passiven, »hysterischen« Aspekten des existenziellen *grasping* f(exi) aktive, prozessuale, durch die diagrammatische Bestimmung f(diag) eingeführte Merkmale hinzukommen konnten. Die Ritornelle hingegen, die dem »Psychobereich« entstammen, zeigten uns auf eindrückliche Weise die beiden Zustände auf, in denen sie sich manifestieren können. Das Insistieren des Symptoms während der obsessiv durchgeführten Rituale oder der systematische Wahn weisen stets zwei Seiten auf:

- die partielle und aus allem Möglichen gespeiste Wiederherstellung eines mehr oder weniger beschädigten existenziellen Territoriums;
- die andere, als Prozesskern, Fluchtlinie, »Bedeutungsflucht«, ist mit einem Begehren ausgestattet, das, obgleich neurotisch-psychotisch, nicht weniger intensiv und echt ist.

Allgemein lassen sich zwei Zustände des Ritornells unterscheiden:

- *ein atonischer Zustand*, in dem es mittels einer einfachen existenziellen Indexierung und Verselbstständigung eines diskursiven Residuums verfährt, das zum Nurlesespeicher, zum schlichten Hinweis auf eine alte modulare Restspannung mf avanciert ist und keine andere Funktion mehr besitzt, als das Immer-schon-da-sein des Pols s^{ts} des verstorbenen modularen Äußerungsproduzenten zu bezeichnen (Abb. 6.9);
- *ein erregter Zustand*, in dem es die Mehrwerte an Möglichem δ", die durch f(diag) in die molaren hinein »transportiert« werden, der Abschöpfung freigibt und an ihnen beispielsweise neuartige

morphogenetische Katalysen vornimmt, die ihnen ohne sein Dazwischengehen niemals hätten aufgezwungen werden können (Abb. 6.10).

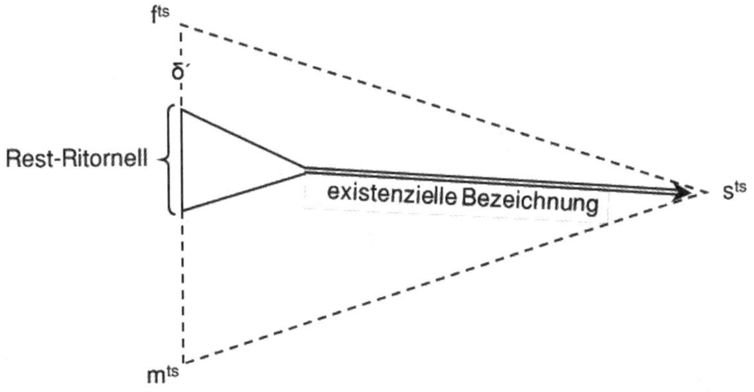

Abb. 6.9

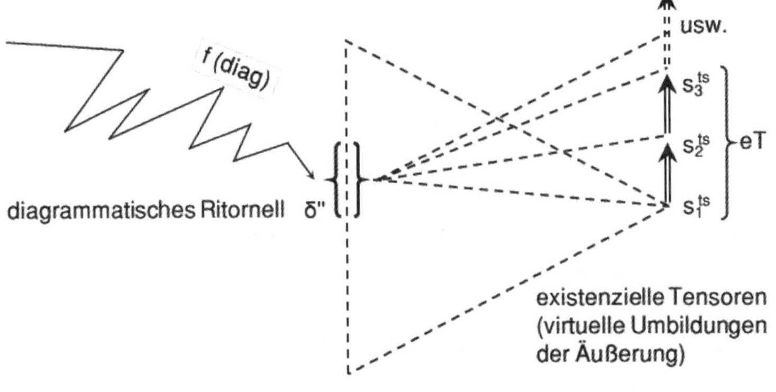

Abb. 6.10

Der differenzielle Bereich δ', der für den atonischen Zustand des Ritornells charakteristisch ist (Abb. 6.9), stellte einen innerlichen unendlich kleinen Riss im Modul dar. Er reichte gerade aus, um die Spannung mf zu unterbrechen. Die Differenz δ" des erregten Zustands (Abb. 6.10), die aus der Einführung eines unendlich kleinen Gleitens des aus f (diag) herrührenden äußerlichen Gesichtspunkts resultiert, bringt indes ganz andere Konsequenzen mit sich. Sie ist Trägerin einer mit einer negativen Bestimmbarkeit $B^{-\infty}$ verbundenen positiven Bestimmbarkeit $B^{+\infty}$, die gleichsam eine Ladung freier und virtueller Wertigkeit von Umgestaltungen an Äußerungen bildet. Dieses Mal wird die Sache ernst: Die alte modulare Struktur ist nicht nur gezwungen, ihre leere Autonomie hinter sich zu lassen, sondern sich sogar auf andere Äußerungsgefüge (eT) hin zu öffnen. Das Ritornell bildet so eine Art Wahlschalter, eine Maschine für Optionen, eine Instanz zur Verarbeitung von Verzweigungen, in deren Umkreis die Freiheitsgrade eines Systems, die zufälligen Unterbrechungen der Aktivierung heterogener Bestandteile ... ihr Spiel treiben werden. An diesem ethisch-mikropolitischen Schnittpunkt nehmen die unterschiedlichen Figuren des Gefüges, was die Aufladung mit Möglichem betrifft, Gestalt an:

1/ Entweder der kontingente Status quo: Der Gefügezyklus macht an diesem Punkt Halt. Das Emblem, die Signatur herrscht vor (die Gesichthaftigkeit wiederum kann sich zwar wie ein institutionelles »Markenzeichen« wieder schließen, sie kann sich aber auch wieder auf schöpferische Felder hin öffnen).[72]

2/ Oder die Situation eines instabilen Gleichgewichts: Das Ritornell ist dann wie die Brieftaube, die mit ihrem Schnabel ans Fenster klopft, um die Existenz anderer virtueller Bezugsuniversen anzukündigen, die den aktuellen Zustand der Dis-Positionen an Äußerungen tiefgreifend modifizieren können. Derart verstehe ich die »Funktion« von Versprechern, Vergessen, Fehlleistungen, Traummaterial usw., alles, was die erste »wilde Horde« der Psychoanalyse so glücklich gemacht hatte. Dies ist auch das vorzügliche Erbe, das uns die Dadaisten und Surrealisten mit ihrem *technischen* Gebrauch von Zufallsschnitten und ihrem Rückgriff auf den objektiven Zufall mit ihren Montagen und Collagen usw. vermacht haben. All diese psychoanalytischen und ästhetischen Vorgänge entstammen meiner Ansicht nach einem aktiven Gebrauch existenzieller Ritornelle. Die Praktiken des Ritornells, jene Ritornellisierungen, begnügen sich nicht mehr damit, die eingekapselten Bezüge und Gewissheiten ins Wanken zu brin-

72 »Was heißen soll, dass das menschliche Gesicht sein Gesicht nicht gefunden hat und es am Maler ist, es ihm zu geben.« Antonin Artaud, »Das menschliche Gesicht«, in: Bernd Mattheus, Catherine Pichler (Hg.), *Über Antonin Artaud*, München 2002, S. 207-209, hier S. 207.

gen, sondern zeigen die potenziellen Linien einer vielköpfigen Fraktalbildung, einer in viele Richtungen und transversal verlaufenden Fraktalisierung auf, die ihre Wirkungen in grundsätzlich heterogene Bereiche hineinzutragen vermag.

3/ Oder schließlich die freie prozessuale Mutation, mit den »Ritornellen der verlorenen Zeit«[73] als dem Beispiel schlechthin, etwa der lose Pflasterstein im Hof des Palais der Guermantes, der den eigentlichen Übergang zum Schreiben der »Recherche« bewirkt, dann, rückwirkend, die kleine Melodie von Vinteuil, die Glocken von Martinville ..., und nicht zu vergessen die Madeleine, an der fortan allgemein herumgekaut wird.

Später werden wir noch auf einen anderen wesentlichen Avatar des Ritornells treffen, und zwar in Form von konkreten Maschinen. Doch betrachten können wir diese erst, nachdem wir die Frage nach der Riffelung von Phyla und nach der Glättung von Universen geklärt haben, denn sie resultieren aus einer – weiteren – Neubestimmung eben desselben Kreuzungsbereichs, die ausgehend von den beiden Vorgängen, durch die die deterritorialisierten Bereiche gekennzeichnet sind, vollzogen wird.

Dass es eine mögliche Praxis existenzieller Ritornelle gibt, dass man nicht zwangsläufig dazu verdammt ist, sich passiv zu verhalten, sollten sie einem begegnen – eine Haltung, die auf einer allgemeinen Funktion des kapitalistischen Monotheismus beruht –, eben dies lehren uns in ganz besonderer Weise die rituellen Handlungen der »animistischen« Gesellschaften. Das ist es auch, was die Psychoanalyse, mit ihrer zunächst allzu energiefixierten Grundierung unbewusster Komplexe, dann mit ihrem allzu strukturalistischen Ansatz der »Partialobjekte«, die besser partialisierte, fraktalisierte oder ritornellisierte Objekte genannt werden sollten, knapp verfehlt hat. Eine Praxis, die auch für institutionelle Gegenstände möglich ist: Will man der bürokratischen Schwerfälligkeit der staatlichen Entropie entkommen, so müssen in diesem Bereich alle Räder bearbeitet, verkünstlicht, »barockisiert« werden. Berücksichtigt werden muss zudem die Ritornell-Wiederholung, die zur »normalen« Ordnung der Dinge quer verläuft, die einfach da ist, ohne Grund, und

---

[73] Vgl. hierzu das gleichnamige Kapitel in meinem Buch *L'Inconscient machinique*.

sich nicht abstellen lässt, die gleichbedeutend ist mit einem Kappen der wissenschaftlich-technischen paradigmatischen Haltetaue und der Neuvertäuung sozialer und analytischer Praktiken aufseiten ethisch-ästhetischer Paradigmen; herzustellen sind eine andere Subjektivität, andere Modalitäten zur Produktion von Äußerungen, in anderer Weise die Existenz zu verfügen. So könnte das Programm einer Analyse von Ritornellen, einer Ritornellanalyse aussehen.

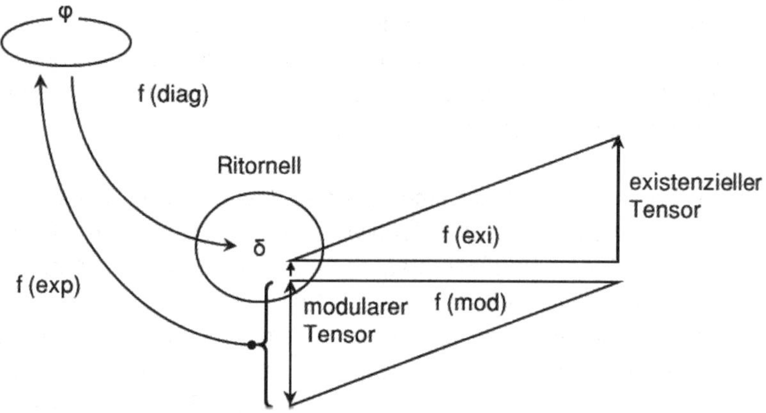

Abb. 6.11 *Die existenziellen Ritornelle*
(Neufassung von Abb. 6.8 unter Berücksichtigung von Abb. 6.10)

Die Riffelung der Phyla

Eine Kartografie der Ströme ist nur dann »haltbar«, wenn sie sich zusammen mit einem Körper an Regularien, Regeln, Gesetzesvorschriften, Grundsätzen usw. entwickelt, denn nichts kann für sich bestehen, wenn dieser Körper nicht ein klein wenig in sich selbst Halt zu finden vermag. Dies ist die Herausforderung, vor der die Riffelung der Phyla steht: dem Korpus abstrakter Sätze eine eigene Textur, eine ontologische Selbstständigkeit zu verleihen, die zwar mit der sinnlich-konkreten Welt zusammenlebt, aber deshalb nicht weniger ihren existenziellen »Rahmungen« und ihren energetisch-raumzeitlichen Koordinaten (ERZ-Koordinaten) entgeht.

Diese ontologische Riffelung verhält sich zu jener in anderen Bereichen gleich. Sie setzt ein am Schnittpunkt zweier Glättungen und gegebenenfalls zwischen der expressiven/fraktalen/deterritorialisierten Glättung (A.I.) und der Glättung von unkörperlichen Bezugsuniversen. Doch hier stoßen wir auf eine Schwierigkeit in der Darstellung, die mit den besonderen Beziehungen zu tun hat, die zwischen den unkörperlichen Universen und den possibilistischen Phyla bestehen. Diese sind nicht wirklich unterscheidbar; sie stehen in Beziehungen von Mit/Möglichkeit. Zwischen den existenziellen Territorien und den Strömen bestand eine reale Unterschiedenheit von der Art, dass auf der einen Seite die Merkmale trennender Bestimmbarkeit $B^{-\infty}$ sich alle in T. versammelt fanden, während auf der anderen Seite die Merkmale zusammenfügender Bestimmbarkeit $B^{+\infty}$ in S. geschichtet waren. Unter diesen Voraussetzungen wurden spezifische Formen von Umordnung und Ausschöpfung jeder einzelnen Kategorie der Bestimmbarkeit möglich – und damit unterschieden sich Glättung und Riffelung der Ströme von denen der Territorien. Wie noch weiter unten zu sehen sein wird, hat aber eine radikale Vermischung der Merkmale $B^{+\infty}$ und $B^{-\infty}$ zwischen φ und U. zur Folge, dass ihre Phasen des Glättens und Riffelns streng synchron und homothetisch verlaufen.

Angesichts dessen können wir die Riffelung der Phyla – das heißt die Neubestimmung der passiven Phasenräume als aktive Maschinensätze und anschließend die vierte Neubestimmung des Kontingenzpunktes P^K als konkrete Maschine – nur beschreiben, nachdem wir den Bereich der unkörperlichen Universen erforscht haben.

7. Der Bereich der Universen

Die Glättung von Universen

Die Universen sind Äußerungen produzierende Instanzen der Phasenoberflächen von Möglichem φ. Doch diese Phasenoberflächen bilden Objekte aus, die den Kriterien einer aktualisierten Unterschiedenheit nicht mehr gehorchen. Aufeinander bezogen sind sie unterschieden und nichtunterschieden zugleich. Ein Phasenraum stellt einen gewissen Zustand von Möglichem zu einem Zeitpunkt θ der Dauer der fraktalen Auffaltung dar, der ein Kontingenzbruch P^K zugrunde liegt. Virtuell bildet er aber auch alle anderen fraktalen Auffaltungen ab, die ihm zu den Zeitpunkten θ_2, θ_3, ... θ_n nachfolgen werden. Am »Ende« eines unendlichen fraktalen Auffaltungsprozesses θ^∞ wird der Phasenraum identisch mit der allgemeinen Festigkeitsebene (FE) oder dem Chaosmos, der selbst einem Zustand unendlicher Bestimmbarkeit entspricht (Abb. 7.1).

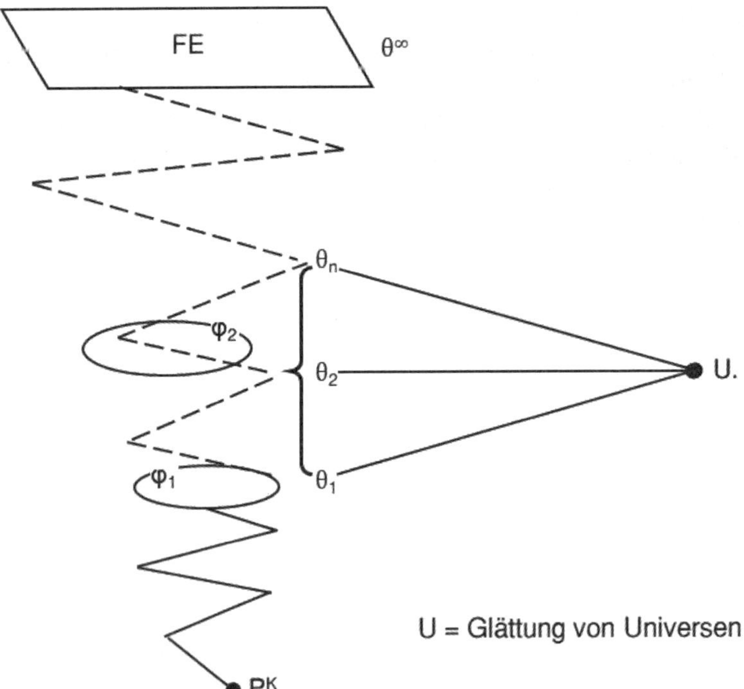

Abb. 7.1 *Die Ankunft auf der Festigkeitsebene*

So laufen alle fraktalen Prozesse possibilistischer Bestimmbarkeit auf die FE zu. Was die Bestimmbarkeit in einer Phase θ »anhält«? Aufgeschoben wird sie durch das Eindringen einer unendlich gedrosselten Dauer $B^{-\infty}$. Doch an dieser Stelle ist die Situation eine vollkommen andere, als es bei den Modulen der Fall war. Man erinnere sich, dass bei Letzteren die Trennbarkeit sowohl umrissen als auch umreißend war. Hier nun wird sie schwebend, unscharf, atmosphärisch.

Eine Phase φ_1 ist zwar von einer anderen Phase φ_2, mit der sie bisweilen in einen konkurrierenden Austausch treten kann, getrennt, doch schließt sie die Phase φ_2 zugleich virtuell mit ein, da in letzter Instanz beide dazu »aufgerufen« sind, sich auf derselben Festigkeitsebene wiederzufinden (Abb. 7.2).

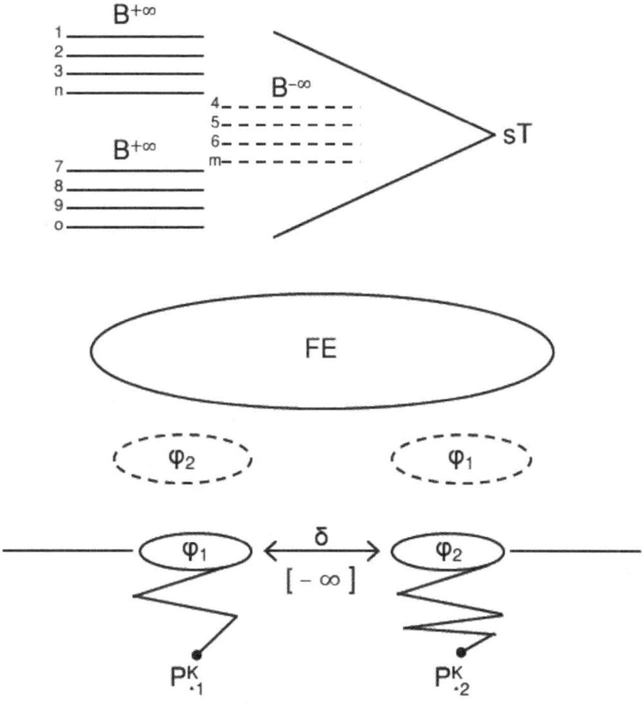

Abb. 7.2 *Die Phasenräume*

Sagen wir, die Phase φ_1 sei durch δ von der Phase φ_2 getrennt. Diese Trennung δ findet bei einer Bestimmbarkeitsgeschwindigkeit

$B^{-\infty}$ statt. Doch gleichzeitig sind φ_1 und φ_2 auf der paradigmatischen Achse, die sie zur FE führt, bei einer Geschwindigkeit von $B^{+\infty}$ zueinander ins Verhältnis gesetzt. Folglich stellen sich die Beziehungen zwischen den Phasen (oder *Phasenübergängen*) bei einer Geschwindigkeit her, die unendlich groß und unendlich klein zugleich ist und $B^{\pm\infty}$ notiert wird.

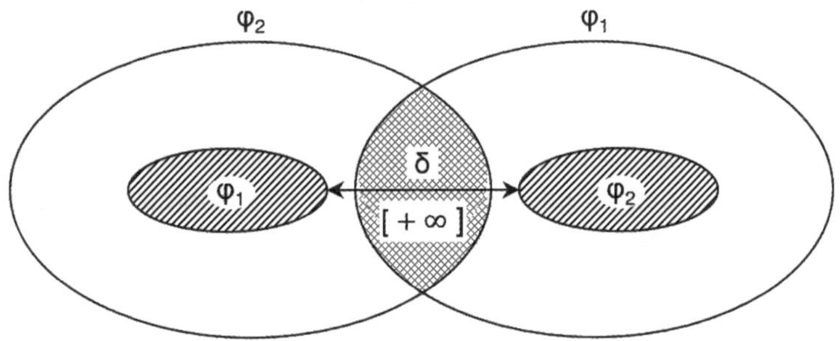

Abb. 7.3 *Die Phasenübergänge der Bestimmbarkeit*

φ_1 und φ_2 bilden jeweils einen Vibrationszustand desselben Prozesses. In dem Zustand, der in Abb. 7.3 durch schraffierte Ovale dargestellt ist, stehen sie unter dem Einfluss der Trennbarkeit $\delta^{-\infty}$. In dem Zustand, der durch die doppelt schraffierte Schnittmenge in derselben Abbildung dargestellt ist, befinden sie sich im Phasenübergang, der bei einer unendlichen Geschwindigkeit $B^{+\infty}$ anspricht. Dies geschieht aufseiten der kontinuierlichen fraktalen molekularen Diskursivität. Doch was geschieht aufseiten der nichtdiskursiven Äußerung U.? Offenkundig ist auch sie von allem losgelöst, in unendlich viele Teile zersprungen, »atmosphärisiert«. Die Äußerung U. von φ_1 φ_2 ist verortet und kontingentiert zugleich, wenn φ_1 und φ_2 durch eine eindeutige fraktale Trennung mit einem »Datum versehen« werden, doch gleichzeitig migriert sie während der ganzen Phasenmutationen, die φ_1, φ_2 ... φ_n bis zur FE hin staffeln. U. muss aufgefasst werden als Integral 1) einer kontingenten Position von Trennbarkeit φ_1 φ_2 und 2) aller möglichen Positionen fraktaler Auffaltung. Es ist sowohl der Ort einer aktualisierten Äußerung als auch einer unendlichen Menge an virtuellen Äußerungen.

Können die Bestimmbarkeiten $B^{+\infty}$ und $B^{-\infty}$ innerhalb der jeweiligen Bereiche Φ und U nicht ausgemacht werden, weil sie nicht mehr als distinkte Aggregate zu fassen sind, wird hingegen jede Äußerung, die mit einer minimalen Bestimmbarkeit $B^{+\infty}$ daherkommt, durch eine virtuelle Teilbarkeit $B^{-\infty}$ (Virtualität an Universen) heimgesucht. Es ist, direkt an ihrer Wurzel, die Äußerungen produzierende Intentionalität, die einen Prozess kontinuierlicher Fraktalbildung auslöst: eine Art Wettrennen auf der Stelle, bei dem die Unterscheidbarkeit verzweifelt versucht, ihren Schwanz zu erhaschen, während sie sich um ihre eigene Achse dreht. Doch weil bei jeder weiteren Drehung immer wieder von Neuem ein Rest, ein Intervall übrigbleibt, das sie vom Ziel trennt, wird der Pfeil niemals dort ankommen! Dieser Prozess eines verallgemeinerten Dazwischenschaltens, aufgrund dessen die Erfassung einer einzähligen Bestimmbarkeit immerfort aufgeschoben werden muss, ist das täglich Brot dessen, was wahnhafte Daseinsweise oder *conditio amentiae* genannt werden kann.

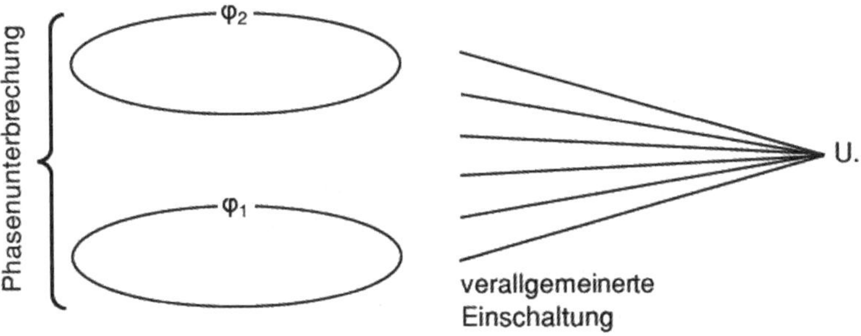

Abb. 7.4 *Die virtuelle Äußerung*

Zwischen den Phasen von aktuellem Möglichem, das heißt bei jeder potenziellen fraktalen Falte, nistet sich eine virtuelle Äußerung ein, der es, weil sie sich in absoluter Nähe befindet, gelingt, all jene Merkmale der Bestimmbarkeit zusammenzuraffen, die bis dahin 1) der territorialisierten modularen Schichtung und 2) der deterritorialisierten fraktalen Phasierung entwischt waren. Schauen wir auf die vorangehenden Abbildungen zurück, lässt sich erkennen, dass die Äußerung U. glättet/hortet/integriert:

- die Merkmale innerlicher Bestimmbarkeit s_4, s_5, s_6, s^e der passiven modularen Sequenz (Abb. 5.7 a/b);
- die Merkmale äußerlicher Bestimmbarkeit, die aus den Inhaltsphasen eingeführt wurden: I_1 , I_2 usw. (Abb. 6.7);

- die unendliche Menge der Äußerungsmerkmale $B^{-\infty}$, die sich im gesamten Verlauf virtuell an den Prozess durchgehender Bestimmbarkeit anschließen können.

Damit koexistieren also ein unendlicher fraktaler Prozess und eine kontingente Bestimmbarkeit, die ihn auf gewisse Weise anbindet, fixiert, beschwert.

Die Chaosmose des Inhalts

Jetzt sehen wir uns in der Lage, drei unterschiedliche Arten von Äußerung zu benennen:

- die Kontingenzmodule;
- die Monaden absoluter Bestimmbarkeit;
- die Mischgefüge, deren Bestimmbarkeit unendlich und konvergierend zugleich ist.

Die Kontingenzmodule lassen die Bezugsreihen ($B^{+\infty}$) auf sinnlich-konkreten Territorien ($B^{-\infty}$) konvergieren, auf denen sie als endliche zu stehen kommen. Derlei Endlichkeit, als Sequenz des Gefügezyklus genommen, muss aktiv als Verendlichung verstanden werden, die von einem gesonderten Standpunkt aus in kontingenter Weise agiert.

Auf der anderen Seite kommen die durch die monadische Äußerung entkernten Bestimmbarkeitsmerkmale fortwährend hereingestürmt. Sie findet stets noch etwas, das es zu sagen gibt. Alles, was sie aktualisiert und gegenständlich fasst, zieht die Trockenlegung der unendlichen Menge virtueller Bestimmungen dessen nach sich, was, indem es dem Rest der Welt entsteigt, zu existieren beginnen könnte. Noch die geringste Positionierung innerhalb der Reihe $B^{+\infty}$ hat keine Zeit, sich zu behaupten und einer verschwisterten Entität die Hand zu reichen, da bereits die Gefahr droht, dass zwischen sie und die anderen, ja sogar innerhalb ihrer selbst, eine Äußerungen produzierende Siebung ($B^{-\infty}$) tritt. Doch das Problem lässt sich auch anders fassen und somit annehmen, dass die absolute, die osmotische Vermischung von $B^{+\infty}$ und $B^{-\infty}$ genauso gut mit ihrer vollkommenen Trennung in eins fällt. So als stünde die virtuelle Scheidung und Herauslösung der gesamten $B^{+\infty}$ und der gesamten $B^{-\infty}$ immerzu kurz bevor. Wie dem auch sei, die Reihenbildung $B^{-\infty}$ sieht sich mit einer ontologischen Vollständigkeit gesegnet, deren Bedeutung jener von $B^{+\infty}$ gleicht, weil sie nunmehr mit Letzterer intensive polare Beziehungen unterhält, und zwar dergestalt, dass man nicht mehr sagen kann, dass sie die Bestimmbarkeit $B^{+\infty}$ einhegt, unterteilt und kerbt, wie es noch in der Phase der innerlichen und endlichen Bestimmbarkeit der Fall gewesen war. Die Bestimmbarkeit $B^{\pm\infty}$ hat genaugenommen ihre positionelle und trennende Funktion eingebüßt. Wie ein Aerosol verharrt sie im schwebenden, aufgeschobenen Zustand im Raum der »chaosmischen« Festigkeitsebene, die so etwas wie die paradoxe Rückseite des von ursprünglichen Redundanzen durchzogenen Chaos bildet (die Gesamtheit an negentropischen Virtualitäten, die die dem Chaos innewohnenden entropischen Spannungen heimsuchen). Vollständig getrennt und dennoch weiter sich paarend, bringen diese beiden Pole, chaotischer und chaosmotischer, der Bestimmbarkeit neue Modalitäten von Nähe mit sich: 1) räumlicher Ordnung, die in ein und derselben unendlich kleinen Einfassung unendlich weit auf Abstand gebracht werden kann; 2) zeitlicher Ordnung, durch Glättung unendlich weit zurückliegender und kommender Zeiten; 3) energetischer Ordnung, mit »Wirkungskapital«, das in vollends heterogenen Becken steckt. Aufgrund der Übergänge von der Extensität ($B^{+\infty}$ getrennt durch $B^{-\infty}$) zur Intensität ($B^{\pm\infty}$) wird die »ursprüngliche« Stochastizität gleichsam ausgehöhlt und mit neuen transversalistischen Kräften aufgeladen: Sie stellt her und stärkt Symmetrien und Beziehungen im Sinne der Gestalttheorie zwischen dem Anschein nach ungleichartigen Situationen. Kurz, sie konstruiert neue Umstandsmodalitäten. Derlei absolute Bestimmbarkeitsmonaden scheinen von einem bulimischen Trieb beherrscht zu sein, der sie dazu bringt, ohne Unterlass ihre eigenen Begrenzungen zu verschlingen. Ohne festen Umriss legt jede von ihnen ziellos immer wieder dieselben Wege zurück, die durch die anderen Monaden abgesteckt sind. Endlose Wiederholung, die jedoch einen unerschöpflichen Mehrwert an Sinn und Existenz absondert. Im Grunde ist es der Begriff des Anderen, von Andersartigkeit als solcher, der hier einer verallgemeinerten Übertragung auf Äußerungsebene, einer hegemonialen Transitivität und Transversalität weicht.

Phänomenologisch gesehen haben wir Zugang zu diesem Grenzzustand der unkörperlichen Äußerung durch die nichtsetzende Erfassung existenzieller Affekte, das heißt auf der schwindelerregenden Ebene, wo sich das Bewusstsein als Ursprung der Außenwelt, der Andersartigkeit und des Selbst setzt. Größenwahn, der von einem Ekel gegenüber allem begleitet wird, da eine solche Leidenschaft für absolute Bestimmbarkeit dazu verdammt ist, sich im Kreis zu drehen, weil es ihr nicht gelingt, die von außen kommenden Einschnitte und Einflüsse, durch die sie aus sich heraustreten könnte, gänzlich zu fassen zu bekommen. Erfahrung des Ekels im Sinne Sartres, Resultat des Eindringens unerschöpflicher Faktizität. Doch ebenso Grundmerkmal kapitalistischer Bewusstseine, die von einem Prinzip verallgemeinerter Äquivalenz, das alles und jeden auf seinem Weg annagt und ausschlachtet, besessen sind.

Ich habe bereits von den Gefügen gesprochen, die unendliche Bestimmbarkeit ($B^{ä}$) und kontingente Bestimmbarkeit (B^{i}) mischen. An dieser Stelle werde ich nicht weiter auf sie eingehen, da sie in keiner Phase des Gefügezyklus Erwähnung finden. Wie lassen sich die Haken der Kontingenz verstehen, die die schöpferischen Fähigkeiten der Gefüge bewahren? Wie können die Grade an Kontingenz ebenso wie eine Symbiose unkörperlicher Universen mit sinnlich-konkreten Modulen bewältigt werden? Wie müssen zwischen $B^{+\infty}$ und $B^{-\infty}$ liegende Verzeitlichungen begriffen werden, die sich parallel herstellen zu den uns bereits bekannten kontinuierlichen Lösungen (den Kontingenzbruchstellen, den Ritornellen) und denen, die noch kommen werden (den maschinischen Synapsen und der existenziellen Selbstfestigkeit)? Immer die gleichen Fragen! Vielleicht haben wir aber bei manchen ein paar Fortschritte in der Beantwortung gemacht. Insbesondere, was den Status des Inhalts anbelangt. Fortan können wir davon ausgehen, dass das Kontinuierliche und das Diskontinuierliche nicht mehr passiv gegeben sind, sondern teil haben an Prozessen von Verstetigung und Entstetigung, die sich in demselben molekular-fraktalen Chaosmos, das heißt in einem Chaosmos voller Universen von freischwebender Bestimmbarkeit entfalten. Die Äußerung absoluter Bestimmbarkeit sucht heim, säubert und glättet mit ihren Becken virtueller Bestimmbarkeit alle modularen Bezirke kontingenter Bestimmbarkeit. Umgekehrt findet derlei Glättung durch die unkörperlichen Äußerungsproduzenten U. ihren diagrammatischen Halt, ihre Wurzel singulärer Existenz (wobei es sich nicht um Universalien im Sinne Platons handelt, die jeglicher Halterung im Sinnlich-Konkreten entbehren) in den Punkten der Kontingentierung

P^K, in denen die expressiven Faltungen ihren Ausgang nehmen und an die sich die neuerlichen diagrammatischen Faltungen festhaken (Abb. 6.8.). Vielleicht kommen wir auch bei einer anderen Frage ein stückweit voran, nämlich der nach unterschiedlichen Modalitäten von Symmetrie.

Die Symmetrien

Der Riffelung jeder der drei bereits untersuchten Bereiche entspricht ein besonderer Typ von Symmetrie:

- extensionale umkehrbare Symmetrien für die Ströme;
- fraktale, relativ umkehrbare Symmetrien für die Phyla;
- innere unumkehrbare Asymmetrien für die Universen.

Im Bereich raumzeitlicher Riffelungen S. implizieren die entitären Positionen A, B, C usw., sofern diese in einem Verhältnis zueinander stehen, gemeinsame entitäre Gebilde, die jede Position in einer Art verschwiegener gründender Übertragung ihrer jeweiligen Dis-Stanzen durchlaufen. Der Position A entspricht so die Zusammensetzung a, die sich virtuell in B, C usw. wiederfindet, sodass sich eine Reihe extensionaler Symmetrien herstellt:

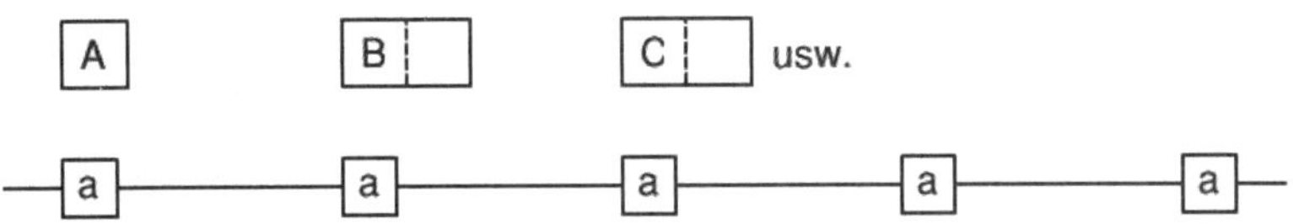

Abb. 7.5 *Die extensionalen Symmetrien*

Die Reihe hat eine innerliche Nachbarschaft von A, B, C usw. gewährleistet. Doch es ließen sich, auf der Grundlage von B, C usw., weitere Reihen extensionaler Symmetrie b, c usw. bilden, wobei die Übertragungsbeziehungen, die von irgendeiner beliebigen Position einer Stromentität aus geknüpft werden können, als umkehrbar bezeichnet werden. Sie haben keinen Ursprung und können deswegen immer in umgekehrter Richtung Verwendung finden. Eben darin unterscheiden sie sich von relativ unumkehrbaren Beziehungen, durch die die prozessualen Phyla gekennzeichnet sind, deren einzelne fraktale Phasen durch eine zufällige Zahlenfolge, für deren Wiederkehr es schlicht keine Notwendigkeit gibt, mit einem »Datum versehen« werden.

Die Formen, die die fraktalen Symmetrien der Riffelung von Phyla durchqueren, verlieren ihre raumzeitliche Identität, indem sie unendliche topologische Verformungen und eine Deterritorialisierung erfahren, die sie einem unendlich kleinen molekularen Register unterstellt. Die possibilistische Glättung, die durch eine solche fraktale Dekonstruktion bewirkt wird, ermöglicht die Etablierung eines äußerlichen Angrenzens von »sichtbaren« molaren Ebenen und »unsichtbaren« molekularen Ebenen. Es ist dies das Paradox unendlicher Nachbarschaft, die sich innerhalb eines Milieus unendlich kleiner Implosion immerfort aus einer Trennbarkeit jenseits aller gleichfalls unendlichen Kontingenz speist! Denn dabei handelt es sich, ich wiederhole es, um ein allseits wucherndes Angrenzen, das sich in der Herstellung befindet und fortlaufend eine virtuelle und unverortbare Trennbarkeit produziert. Hier zu behaupten, jeder transentitären Bestimmungsreihe vom Typ a, b, c ... (Varietät von unendlich beschleunigter Bestimmbarkeit $B^{+\infty}$) entspreche zu diesem Zeitpunkt eine Anti-Reihe $B^{-\infty}$ aufseiten der Äußerung, heißt nicht, dass man sich demselben Korpus entitärer Diskursivität gegenüber sieht, der einfach nur das Vorzeichen gewechselt hätte (unendlich gedrosselt statt unendlich beschleunigt) oder durch eine polare Symmetrie gekennzeichnet wäre, etwa wenn ihre sequenziellen Verkettungen umgekehrt worden wären. Jedem reihenübergreifenden Merkmal entspricht eine unendliche Mannigfaltigkeit an Reihen $B^{-\infty}$. So sieht sich jedes signaletische Segment durch eine Mannigfaltigkeit von »Bildstopps« verdoppelt, kraft deren dieses Bild verschwimmt. Mit anderen Worten, die »Gesichtspunkte« $B^{-\infty}$ hören auf, rein feststellend zu sein – wie es mit der modularen Denotation der Fall gewesen war: Sie haken ein, um die Textur der Bestimmbarkeit zu verändern. Die durch die fraktale Faltung seitens der expressiven Funktion eingebrachte Symmetrie beruht also nicht auf in sich geschlossenen, von einem Signifikanten gestützten Algorithmen, der gegenüber den unterschiedlichen Materien, in denen er sich verkörpert, indifferent bliebe. Jene Symmetrie besteht zwischen maschinischen Sätzen (die Richtung φ mit f(exp) »hinaufsteigen«) und Zeichen-Partikeln (die Richtung S mit f(diag) »hinabsteigen«),[74]

---

74 Einer Beziehung entsprechend, die in einer Hinsicht umkehrbar ist – sofern eine Permutation zwischen A (der Ausdruck) und I (der Inhalt) stets virtuell möglich ist,

durch die sie aktive Formeln, agile abstrakte Maschinismen – ich würde fast sagen: abstrakte Viren – übertragen, die transversale, sich entwickelnde und schöpferische Brücken zwischen den unterschiedlichen Ebenen biologischer, organischer, kognitiver, psychischer und historischer, doch ebenso chemisch-physikalischer Gefüge auf Teilchen- und Kleinteilchenebene schlagen. Das heißt, dass ihre Entwicklung von der dritten Symmetrieform nicht getrennt werden kann, die indes die äußernden, deterritorialisierten, nichtdiskursiven und virtuellen Materien direkt bearbeitet, die ich einmal mehr, in loser Anlehnung an einen Begriff der zeitgenössischen Physik, innere unumkehrbare Asymmetrie[75] genannt habe und die uns sogleich ins Reich der Riffelung von Universen versetzt.

Die Riffelung virtueller Universen

Etwas, das sich wiederholt, sich behauptet, das weder verortet, endlich noch diskursiv, aber singulär oder vielmehr unumstößlich singularisierend ist: Daraus sind die unkörperlichen Universen gebildet, die ich auch als Bezugs- oder Äußerungsuniversen bezeichnet habe. Mit Spinoza würde ich sagen, dass ihnen wesentlich zugehört, durch sich selbst zu existieren. Kraft dieser singulären Selbstbehauptung (*essentia particularis affirmativa*) bilden sie sich diesseits der unterscheidenden Gegensätze vom Typ $B^{+\infty}$ und $B^{-\infty}$ heraus (weshalb wir sie als $B^{\pm\infty}$ notiert haben). Es ist dies eine mit innerer Vernotwendigung gleichbedeutende Singularisierung, die den Gefügen ein neues existenzielles Gewicht verleihen, sie mit Energie versorgen wird, sofern die Energie nichts anderes als ein notwendig gewordenes Mögliches darstellt.

Greift man Spinozas modale Unterscheidungen wieder auf, sieht es so aus, als würde man, auf molarer Ebene, unter dem Regime eines endlichen Modus verbleiben, in dem die Essenz von der Exis-

---

wie Hjelmslev herausgearbeitet hat – und unumkehrbar in einer anderen Hinsicht, sofern sie sich in einer existenziellen Funktion »verkörpert« (vgl. Abb. 6.8).

75 Gilles Cohen-Tannoudji, Michel Spiro, *La Matière-Espace-Temps*, Paris 1987, S. 38: »In der klassischen Theorie betrifft die Symmetrie nur den gewöhnlichen dreidimensionalen Raum. Sie wird verallgemeinert zu Raum-Zeit-Symmetrien, diskreten Symmetrien, Symmetrie durch Permutation identischer Teilchen und schließlich zu inneren Symmetrien, die auf die Faser einwirken, dem Raum der Grade innerer Freiheit der Quantenfelder.«

tenz unterschieden bleibt. Ein Modul existiert unter der Voraussetzung, dass alle anderen es umgebenden Modelle sein Dasein »autorisieren«. Umgekehrt hört es zu existieren auf, sobald sie es aus ihrem Möglichkeitsfeld verbannt haben. Abgesehen von einer reinen und leeren Festigkeit existenziellen *graspings*, ist hier die innerliche Bestimmbarkeit (B^i) vollkommen abhängig von der äußerlichen Bestimmbarkeit ($B^ä$), die den Gefügezyklus durchläuft. Dies die Herrschaft der außenbezogenen Koordinaten, die im Bereich S. real, und der von Gesetzen ausgehenden Zwänge aller Art, die im Bereich Φ. possibilistisch sind. Doch derlei Außensein der Bestimmbarkeit muss selbst eine »innere« Basis besitzen, eine Riffelung, die ihr eigen ist. Die Funktion der Synapsen, die aus gewissen – ihrem ursprünglichen Zweck entfremdeten – Sektionen von Phyla gebildet sind, besteht darin, solche »Innerlichkeit« herzustellen, die sie der Herrschaft des unendlichen Modus der Essenz unterstellt, die sich fortan von der Existenz nicht mehr unterscheiden lässt oder vielmehr von der Gestalt ist, dass die Essenz zum Motor der Existenz, zur existenziellen Energie avanciert (*infinita essendi fruitio*).

In Wahrheit sind die unkörperlichen Universen weniger der Ursprung einer Energieversorgung der Gefüge denn jener Ort, von dem aus die energetische Neubestimmung ihrer verschiedenen Bereiche vorgenommen wird. Doch hier müssen wir den Status von derlei Neubestimmungen eruieren, die uns Schritt für Schritt bis zum Kontingenzpunkt P^K des Strombereichs zurückführen. In der Tat scheinen uns diese Rekursionen nicht an bestimmte Fälle gebunden zu sein, sondern auf einem allgemeinen für Gefüge konstitutiven Vorgang zu beruhen. Daher werden wir jetzt *Prozession* die Deterritorialisierungsbewegung nennen, die uns soeben von P^K Richtung U. geführt hat (und die uns später über T. zu S. zurückbringen wird), und *Rezession* die aufeinanderfolgenden Neubestimmungen, die, von U. ausgehend, jeweils die Bereiche Φ., S. und T. betreffen (Abb. 7.6).

Wir werden entdecken, dass die Bewegung der Prozession diachron-prozessual ist, während die rezessiven Neubestimmungen synchron-struktural sind. Der Zyklus der Prozession kann wie der des Bezugs und jener der Rezession wie der der Äußerung oder von existenziellen Verfestigungen verstanden werden.

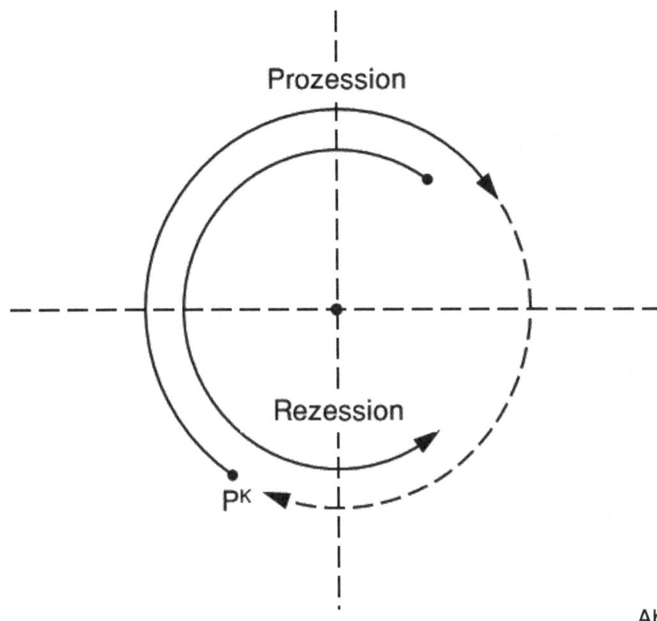

Abb. 7.6

Der Übergang von Modalitäten der Essentialisierung des Endlichen zum Unendlichen reicht zur Beschreibung der Riffelung von Universen nicht aus. Diese ist untrennbar mit Vorgängen verbunden, die zu einem ontologischen Gleiten führen, sprich, zum Übergang von einem Paradigma des Gegenstandsbezugs zu einem Paradigma ästhetischer Festigkeit – ich wüsste zumindest nicht, wie ich es anders bezeichnen sollte! Die Universen sind keine abstrakten Universen. Was ihnen Festigkeit verleiht, was sie riffelt, ist die Kristallisation innerhalb ihrer singulären-singularisierenden Konstellation ΣU., die am besten, noch vor den kultischen Praktiken, durch die Kunst illustriert wird. Dabei ist es kein kleines Paradox, dass der Weg, der zur energetischen Neubestimmung eingeschlagen werden muss, sich als homothetisch zur Bewegung der ewigen Wiederkehr ästhetischer Singularitäten erweist.[76] Doch was ist eigentlich verwunderlich daran! Verläuft die Bahnung glatter Energien nicht selbst über die

---

76 »Die Ewigkeit der Kunst wäre also eine differenzierte Ewigkeit, denn die Wiederkehr jenes bestimmten Augenblicks ist die Wiederkehr eines Augenblicks, in dem sich eine Differenz behauptet, eine absolut einzigartige Qualität, die als solche jeder Verallgemeinerung für immer entzogen bleibt.« Daniel Charles, »Esthétique«, in: *Encyclopædia Universalis*, Bd. 7, Paris 1985, S. 296.

irreduzibel singuläre Verkörperung, die das Experiment stets darstellt? Sind die technischen und wissenschaftlichen Montagen nicht in vielerlei Hinsicht mit ästhetischen Performances vergleichbar und haben, symmetrisch dazu, Kunstwerke nicht Konstruktionscharakter, so wie Experimente erdacht werden? Die Formen der Umsetzung innerhalb beider Register sind vielleicht nicht so weit voneinander entfernt, wie es dem positivistischen Denken erscheinen mag. Existenzielles Handeln – das ganz andere Auswirkungen hat als Habermas' kommunikatives Handeln – vollzieht sich im ästhetischen Feld gemäß einer gesetzlosen Gesetzmäßigkeit, wobei das Universum des Schönen, wie Kant hervorhob, der Form selbst innerlich wird. Nichts dergleichen jedoch findet in der wissenschaftlichen Diskursivität statt. Wie steht es also aus dieser Sicht mit dem Register einer Produktion wissenschaftlicher *Äußerung*? Geschieht es nicht unter der Schirmherrschaft von singulären Konstellationen von Bezugsuniversen, dass sich die berühmten Paradigmen Thomas S. Kuhns[77] in ihrer jeweiligen Zeit dis-positionieren, und zwar in einer Art und Weise, die den künstlerischen Schulen und Strömungen vergleichbar wäre?[78] Doch untersuchen wir vorher die Natur der Synapsen, jene Mutationen hervorrufenden Siebe, die auf Basis der Phyla die singularisierende Riffelung der Universen bewerkstelligen.

Die synaptische Dis-Position

Man findet (in Abb. 7.7) dieselbe Graphenstruktur wieder wie in den Abb. 6.3 und 6.9, die von der modularen Riffelung der Ströme handeln. Und das ist auch ganz natürlich, da die Synapsen auf einer

---

77 Thomas S. Kuhn, *Die Struktur wissenschaftlicher Revolutionen* [1962], übers. v. Kurt Simon, Frankfurt/M. 1967.

78 In seiner Dreiteilung von gnoseologischen, ethischen und ästhetischen Äußerungen hat Michail Bachtin die ästhetische Dimension, die der wissenschaftlichen Äußerung innewohnt, erschöpfend behandelt: »Aus der Welt der Erkenntnis selbst heraus ist keinerlei Konflikt möglich, denn in ihr kann man nichts werthaft Heterogenem begegnen. Nicht die Wissenschaft kann in einen Konflikt geraten, sondern der Gelehrte, zudem nicht ex cathedra, sondern als ethisches Subjekt, für das die Erkenntnis *die Handlung des Erkennens ist.*« Michail Bachtin, »Das Problem von Inhalt, Material und Form im Wortkunstschaffen« [1924], in: *Die Ästhetik des Wortes*, übers. v. Rainer Grübel und Sabine Reese, Frankfurt/M. 1979, S. 95-153, Fn. 8, hier S. 358f. [Guattari schreibt statt »ethisches« »ästhetisches Subjekt«; A.d.Ü.]

deterritorialisierten Ebene die Existenz verleihenden Einschnittverfahren, die wir als Ritornelle kennengelernt haben, integrieren. Eine solche Integration ist jedoch durch mehrere Unterschiede gekennzeichnet. Der synaptische Abstand Φ_1'' und Φ_2 ist nicht mehr differenziell und ununterscheidbar, wie es am Kontingenzpunkt mit dem Abstand zwischen f^{ts} und s^{e} der Fall war. Er zeigt vielmehr einen deutlichen Einschnitt an, der reich an Inhalt ist, auch wenn dieser verstümmelt, »verwillkürlicht«, a-signifikant, sprich, von seinen syntagmatischen Grundfesten ebenso wie von seinen paradigmatischen Anbindungen abgeschnitten wurde. Die Frage ist nun, wie es einem solchen Inhalt gelingen kann, seinen Status als »Residuum« zu ändern, um sich in eine neue Ausdrucksposition zu bringen und die früheren Modi zur Erfassung von Sachlagen neu auszurichten. Wie er sich in eine Szene doppelten Einschnitts und doppelter Artikulation verwandelt: aufseiten der Phyla, mit den fraktalen Faltungen, an denen er befestigt ist, und, aufseiten der Territorien, mit einer neuerlichen Problematisierung der Äußerung, sprich, seine mit dem Hinzutreten selbstbezüglicher Bestandteile einhergehende Zunahme an Hyperkomplexität. Szenensynapse, Szenen-Shifter, dis-positionierende Szene oder Schauplatz, auf dem es nicht, im Lichte einer Mantik oder einer Hermeneutik, um die Suche nach verlorenem Sinn geht, sondern um die Kristallisation einer singularisierenden Konstellation von Bezugsunsiversen (ΣU.). Von dem Doppel Einschnitt/ Verzweigung ausgehend müssen wir die durch die traumgestalterische Diskursivität mitgeführten Bedeutungsbrüche, die Symptome, die Versprecher, die Fehlleistungen, die Witze usw. neu denken, denen Freud und seine Nachfolger die nur zu bekannte reduktionistische Behandlung angedeihen ließen, indem sie sie für die Wirkungen verborgener komplexhafter Ursachen oder eines strukturalen Spiels von Signifikanten hielten, anstatt ihre entscheidende Rolle bei den Mutationen und Verwandlungen der Äußerungsgefüge anzuerkennen.

Sicherlich waren die Dadaisten und, etwas weniger, die Surrealisten – weniger insofern, als sie vom Freud'schen Denken beeinflusst waren – besser gewappnet, um die von den Synapsen gebildeten »Auswahlmaterien« in schöpferischer und offener Weise zu behandeln, wobei die Synapsen Würfelwürfen gleichen, deren Resultat stets durch Ankippen des Spielbretts verfälscht werden kann. Die phänomenologische Psychiatrie hatte das Symptom vom Phänomen zu unterscheiden versucht: das Symptom, das somatische Qualitäten und Verhaltensweisen faktisch vereinnahmt, und das Phänomen, das sich mit allen mutmaßlichen Tugenden der gelebten Strukturen schmückt.[79] Auch die Lacan'sche Psychoanalyse hatte versucht, die bezeichnende Funktion des Symptoms von seiner Rolle als »Träger« von Subjektivität (»ein Signifikant repräsentiert das Subjekt für einen anderen Signifikanten«) zu entbinden. Doch bei dem Versuch blieb man noch bei der Aufwertung eines abstrakten Subjekts stehen, das hier als Mathem eines strukturell homogenen (auf einer »symbolischen Ordnung« errichteten) und damit immerfort auf einen individuierten Erlebnisinhalt ausgerichteten Unbewussten wirkt. Beides bleibt also vollkommen außerstande, von der konkreten Produktion von Subjektivität Rechenschaft abzulegen – von zutiefst heterogenen Prozessen, die vielerlei Zentren kennen und von Äußerungsgefügen abhängen, die im direkten Bezug zu disparaten, zufälligen und/oder historischen Wirklichkeiten stehen und genauso wenig mit den strukturalen Harmoniken wie mit der Musik hermeneutischer Sphären zu tun haben.

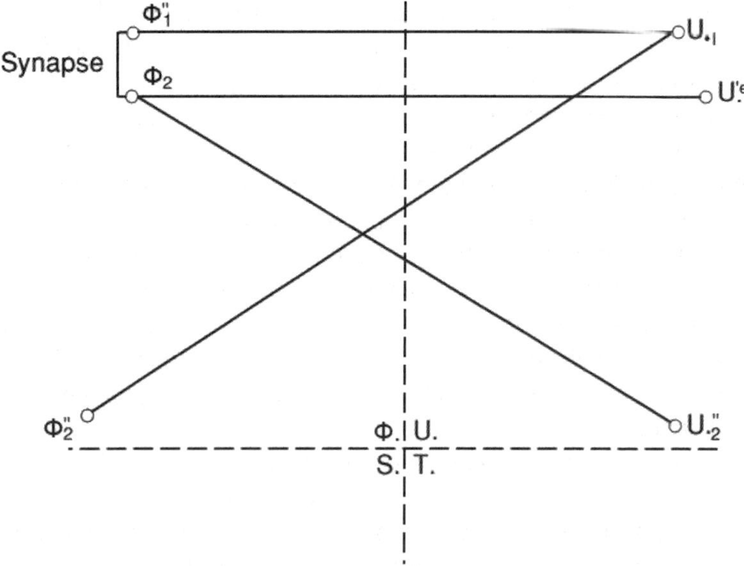

Abb. 7.7 *Die synaptische Dis-Position*

[79] Vgl. Arthur Tatossian, *La Phénoménologie des psychoses*, Paris 1979.

Es geht nicht darum, vom bedeutungstragenden Inhalt zu abstrahieren oder ihm eine separate und selbstständige ontologische Position zuzuweisen, sondern seine Umwandlungen, seine Konversionen zu erfassen, die diesmal jedoch weniger, wie bei den Ritornellen, hysterische als vielmehr paranoide Gestalt haben, falls einen an solchen Metaphern gelegen ist. Wie kommt es, dass ein Problem im Register des Unkörperlichen sich wie ein Ritornell aufspielt? Doppeltes, dreifaches, n-faches Spiel eines »partialisierten« Inhalts, der sich, während er mit seiner ursprünglichen Kontingentierung verbunden bleibt, auf neue Virtualitätsfelder, auf neue Verfahren von Sich-selbst-zur-Existenz-bringen hin öffnet. Wie bildet sich ein Korpus von Maschinensätzen MS heraus – denn so werden fortan (durch rezessive Umkehrung des Gefügezyklus von U. Richtung Φ. und T.) die Phasenräume φ^i der früheren expressive Funktion genannt, die, ohne sie deshalb zu denotieren oder zu bezeichnen, die neuen, nichtdiskursiven und virtuellen Äußerungsinstanzen ΣU. darstellen. Diese Maschinensätze sind, als Integral der Ritornelle, Träger der symmetrisch-fraktalen und deterritorialisierten Vorstellung der Kontingenzbrüche P^K. Doch sie sind nicht nur rein geistige Vorstellungen, sondern bewirken auch eine pragmatische Verzweigung, die Energiequanta durchlaufen lässt, die mittels konkreter maschinischer Operatoren zu einer vierten Neubestimmung des Kontingenzpunktes P^K als Zeichen-Partikel (Z^P) anhalten.

Der synaptische Bruch ändert also den »natürlichen« Bewegungsverlauf, der das Äußerungsgefüge von Falte zu Falte zu seiner Implosion auf der Festigkeitsebene FE (der Ebene absoluter Bestimmbarkeit) führte. Eine Synapse, als Maschinensatz durch die Vermittlung einer Konstellation von Universen neubestimmt, blockiert die relativ umkehrbare Fraktalbildung der expressiven Funktion A.I., um das Äußerungsgefüge in die Richtung von asymmetrischen Universen zu lenken. Dieser neue abstrakte maschinische Prozess f(aM), der sich zwischen den Bereichen Φ. und U. herstellt, lässt sich anhand von vier Dimensionen beschreiben: Singularisierung, Heterogenese, Vernotwendigung und Unumkehrbarmachung (Abb. 7.9) beziehungsweise dargestellt durch vier »rezessive« Ecken – hier gegen den Uhrzeigersinn laufend –, die durch die zwei Diagonalen des Vierecks S.Φ.U.T. gebildet werden können. Das Schema, das man dabei erhält, kann ebenso gut durch einen Tetraeder veranschaulicht werden, der uns als Graph für die abstrakten Maschinen (aM) dienen wird, die die unkörperlichen Universen bevölkern, sofern diese in einer letzten rezessiven Bewegung von Neubestimmung, diesmal ausgehend von T., begriffen sind.

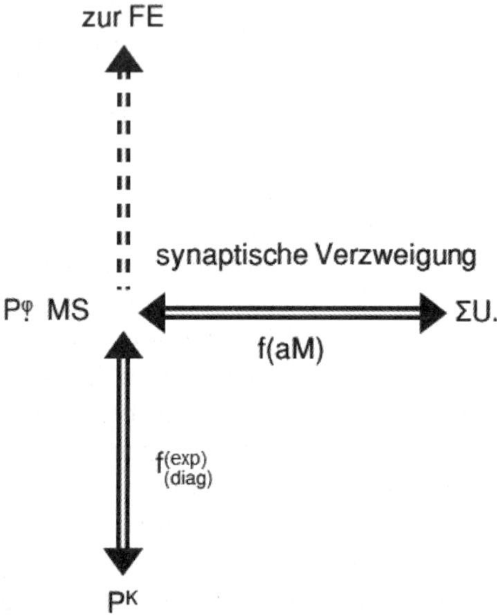

Abb. 7.8 *Der synaptische Bruch*

Die *Singularisierung* gilt hier als deterritorialisiertes Äquivalent der Kontingentierung, die innerhalb der sinnlich-konkreten Module stattfindet. Sie »hängt« die Anziehungsoberfläche MS an einen Kontingentierungspunkt Z^P. Doch dieser Aufhängung entspricht ein Mehrwert an Möglichem, der die diagrammatische Funktion (das heißt, die »Rückseite« der expressiven Funktion) mit Energie versorgen wird. Dieser Mehrwert besteht nicht in einem Anstieg positiver Bestimmbarkeit ($B^{+\infty}$), deren fraktaler Prozess nunmehr blockiert (wenngleich nicht geschichtet) ist, er entspricht keinem Zuwachs an Information, sondern einer Art ontologischem Gepräge, einem Erlass existenzieller *Vernotwendigung*, die aufseiten der Strecke ΣU.T. ihr Gegenstück: Bestimmbarkeit ($B^{-\infty}$) bildet. Die durch eine Konstellation von Universen (ΣU.) singularisierte virtuelle Äußerung verleiht so den Möglichkeitsphyla, die ihrem Bezirk entstammen und die unter anderem zu Regelmäßigkeiten, Ursachen, Konstanten, Invarianten, unhintergehbaren Imperativen avancieren, eine ontologische Notwendigkeit. Derlei notwendiges Mögliches bildet ebenso (ich wiederhole es, werde jedoch noch einmal darauf eingehen) eine Energetisierung des Gefüges, die sich durch die Umwandlung am Punkt P^K der signaletischen Ströme in solche von Zeichen-Partikeln zeigt.

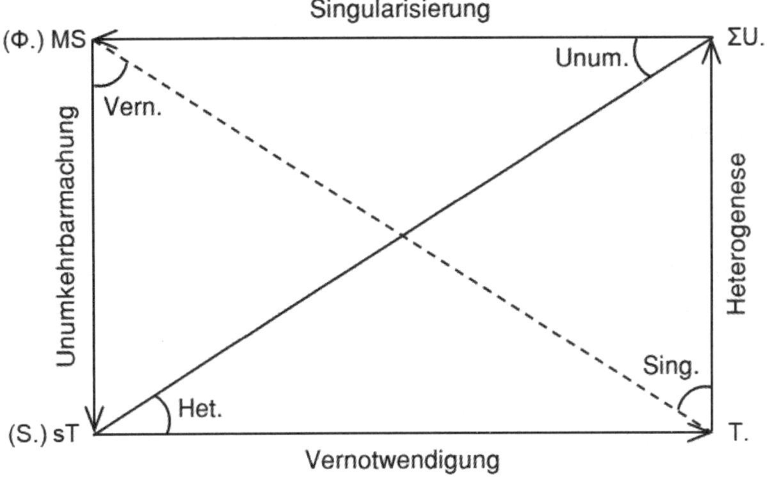

Abb. 7.9 *Der Tetraeder abstrakter Maschinen*

Eine weitere Folge der synaptischen Singularisierung besteht in der Erzeugung einer *Unumkehrbarkeit* der Gefügeprozesse. Hier stößt man wieder auf die weiter oben angekündigte innere Asymmetrie, die die Textur der deterritorialisierten Äußerung selbst kennzeichnet. Diese wird durch die singularisierende Zahl, die der maschinische Satz bildet, verortet, eingeordnet, datiert, ohne dass dies jemals wieder rückgängig gemacht werden könnte. Daher lassen sich die Konstellationen von Universen allgemein durch die Signatur eines Eigennamens mit einem Index versehen (zum Beispiel der Debussyismus, der Marxismus ...). Man ginge jedoch fehl in der Annahme, zwischen der synaptischen Partialisierung und der partialen Natur der Objekte des Freud'schen Triebs, als materielle Folge einer stets auf der Lauer liegenden symbolischen Kastration, ließe sich ausgehend von diesem Zustand ein Zusammenhang herstellen! Sicherlich besitzen auch die Synapsen die Doppelfunktion, die Möglichkeitsfelder zu begrenzen und zugleich ihre virtuelle Reichweite zu vergrößern, doch sie haben weder etwas mit einer genetischen Erzeugung noch mit einer »körperfizierten« Anlehnung gemein.

Bleibt noch das Problem der *Heterogenese*. Eine Konstellation von Universen, indem sie sich unter Ausschluss der anderen Konstellationen »dis-positioniert«, steht zu Letzteren in keinem Gestalt/Grund-Verhältnis. Sie behauptet ihren Unterschied nicht *gegen* die anderen, sondern aus ihrem eigenen Inneren, im Intensivmodus einer existenziellen Verselbstständigung. Aus diesem Gewinn an ontologischer Selbstständigkeit, aus dieser reinen Bekräftigung eines Für-sich-Seins – dessen Einführung aus einer dem Bereich T. entstammenden Neubestimmung resultiert – erwächst die Äußerungsmatrix einer Heterogenität, die man an den vier Ecken des Gefügezyklus am Werk sieht. Sie ist also nicht das Ergebnis einer vergleichenden Bewertung unterschiedener entitärer Gebilde, sondern der Verfestigung einer Disparatheit, einer Asymmetrie, die keine Diskursivität, keine erkennbare Andersartigkeit kennt. Von sich aus verfügen die unkörperlichen Universen über keinerlei Mittel, sich um ein neues Zentrum herum zu scharen, um Herr ihrer selbst zu werden oder um sich untereinander in Stellung zu bringen. Vielfältigkeit und Andersartigkeit werden also für sie im Wesentlichen ausgehend von Kristallen ontologischer Selbstbehauptung (oder Hyperkomplexität) erzeugt, die die existenziellen Territorien bilden.

Es war notwendig, die Dinge aus Sicht eines Abschlusses des Gefügezyklus auf dem Gebiet T. nichtdiskursiver Endlichkeit in dieser Form zu skizzieren, bevor detaillierter auf die unterschiedlichen Modalitäten von Neubestimmung eingegangen werden kann und um beispielsweise innerhalb des Lebendigen den Ort von Prozessen der Individuation und der Artbildung auszuzeichnen, die durch die Geburt, den Tod, die Andersheit, eventuell das Geschlecht und das Bewusstsein des Einzelnen rhythmisiert werden und worin derlei mithin aberwitzige oder zumindest verstörende Einschnitte Relais von Kontingenz, von Singularität und von Endlichkeit bilden, die zum Einfangen neuer Möglichkeitsfelder unerlässlich sind.

8. Die Äusserungsspezifische Rekursion

Gleich einer kreisenden Schaukel auf dem Jahrmarkt führt die Prozession des Gefügezyklus bei jeder Schwingung Rezessionsbewegungen ein, die neue Bereiche freisetzen und die alten modifizieren. So erfährt der Kontingentierungspunkt vier Umwandlungen:

1) im Bereich Φ., wo er sich als fraktale Falte A entwickelt, die die diagrammatische Funktion f(diag) in Gang setzt;
2) im Bereich U., wo er als abstraktes Ritornell aR wirksam ist und die Synapsen als kontingente Mittler der Konstellationen von Universen fungieren f(syn);
3) im Bereich T., wo er auf der Achse S., als Echo seiner ontischen Funktion, eine pathische (oder pathemische) Funktion von Selbstbezug auf der Achse T.U. auslöst;
4) in seinem eigenen Bereich S., wo er sich, nachdem alle vier Skalen, mit Ausgangspunkt f^{ts} (Ansatzpunkt des Tensors mf der modularen Funktion f(mod)), durchlaufen wurden, in Z^P, mit Energie versehene Zeichen-Partikel verwandelt, was zur Bildung konkreter existenzieller Maschinen führt, die f(exi) entstammen.

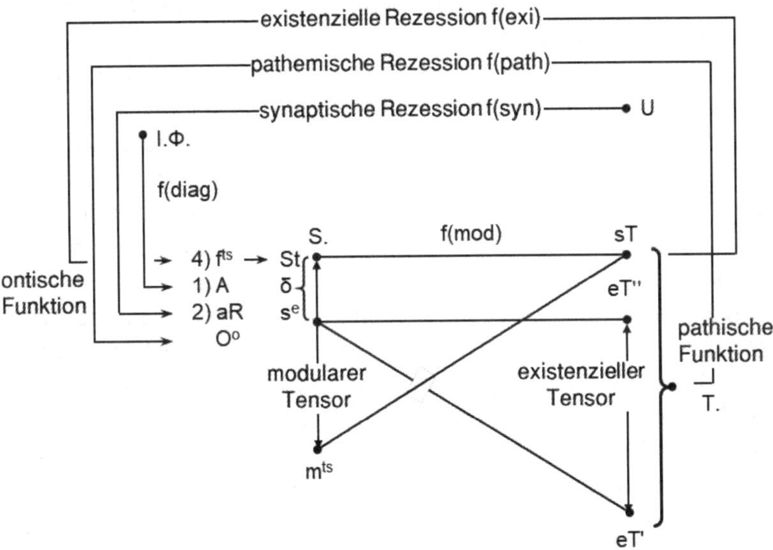

Abb. 8.1 *Die vier Neubestimmungen des Kontingentierungspunkts*

Der Punkt P befindet sich also am Schnittpunkt aller zuvor erwähnten Funktionen: f(diag), f(syn), f(path), f(exi) und f(mod).

DIE ENERGETISCHEN NEUBESTIMMUNGEN

Indem sie sich umkehrt und diagrammatische Funktion f(diag) wird, tritt die expressive Funktion f(exp) in unmittelbaren Kontakt mit den materiellen Strömen und erlangt dadurch die Fähigkeit, maschinische »Optionen« wie zum Beispiel Feedbacks zu katalysieren und Zustandsänderungen zu bewirken, die mit Energieumwandlungen einhergehen. Dies findet bereits statt, wenn die auf meinem Parkschein gedruckte diagrammatische Formel den Schrankenmechanismus auslöst: Durch sie kann ich von einem Zustand des »Außen« zu einem Zustand von »Innen« wechseln. Es scheint so, als würde man zwei radikal verschiedene Etappen hinter sich lassen: eine nichtenergetische Phase semiotischer Natur (solange der Parkschein in meiner Tasche verbleibt) und eine andere, eine energetische Phase, sobald sich die technischen und organischen Maschinen in Gang setzen (System der Nerven, Muskeln usw.). Zu Beginn von Kapitel 2 hatten wir angekündigt, dass wir uns der Aporie einer Zustandsänderung ohne Energieübertragung zu stellen hätten. Und da sind wir nun! Doch sollte unsere erste Formulierung nicht so verstanden werden, als gingen wir davon aus, in den entsprechenden Systemen gebe es keine Energieladungen. Nur handelt es sich um eine nichtübertragbare Energie, die sich in einem paradoxen Zustand von äußerster Drosselung und äußerster Beschleunigung $B^{\pm\infty}$ zugleich befindet und folglich sowohl jede Unterschiedenheit als auch jede Übertragung zwischen zwei Punkten unterbindet. Ich sehe keine andere Möglichkeit, als von solch einem Postulat auszugehen. Wer Zustandsänderung oder einfach Veränderung von irgendetwas sagt (und sei es durch die passive Feststellung der Ungleichartigkeit von Sachverhalten), sagt zwangsläufig auch Energieleistung. Ich denke, kein Physiker wäre bereit, vorausgesetzt, er würde sich diese Art von Fragen stellen, gegen ein solches Prinzip zu verstoßen! Noch das kontemplativste Bewusstsein von Andersartigkeit – so etwa von Satori im Zen-Buddhismus – rührt Energien auf, und seien sie noch so klein! In Abrede zu stellen, dass die signaletischen Materien und die Kodierungsindizes, die zu einer bewertenden Äußerung gehören, energetisch so geladen sind, dass sie Aufzeichnungen und Speicherungen ermöglichen, die jede Umsetzung, jeden Übergang zur Handlung bedingen, hat also seine Schwierigkeit. Auf der anderen Seite wird man mir vielleicht entgegenhalten, dass die fragliche Energie notwendig in der Materie drinsteckt und keinesfalls in der Ausdrucksform. Mir scheint jedoch, dass ein solcher Einwand die Frage nach dem »*gap*« zwischen den konstativen Sachverhalten, den pragmatischen Sachverhalten und den Brücken, die sich zwischen ihnen herstellen, lediglich aufschiebt. Besser wäre es also, sich für die These zu entscheiden, auch die Form sei Energie, wenngleich in anderer Gestalt als jene, die im Carnot-Kreislauf zirkuliert. Wenn man also im weiteren Verlauf zu dem Schluss gelangen sollte, dass die komplexen Zeichenbildungsgefüge Wirkungen großen Ausschlags haben können, dann müsste zwangsläufig, auf den elementarsten Ebenen von Kodierung und signaletischem Ausdruck, das Vorhandensein von kleinsten Quantenenergieschwellen angenommen werden, die den Übergang zu einem Register *maschinisch-pragmatischer Wirkungen* markieren.

Grundidee dabei ist, dass noch vor jeder Kategorisierung der Vorstellung mit Begriffen von Objektivität und Subjektivität ein Gesichtspunkt wenn nicht ein Akt, so doch zumindest die Vorwegnahme oder Vorzeichnung einer energetischen Interaktion ist. Der radikal deterritorialisierte und virtuelle Äußerungsakt, der dabei in U. entsteht, bildet da keine Ausnahme. Es ist sogar dieser synaptische Akt (ΣU.), der uns die Pfeiler für die Brücke liefern soll, die wir zwischen Energie und Information zu bauen beabsichtigen. Das durch eine Synapse flektierte Mögliche Φ. kann insgesamt wie folgt bezeichnet werden:

- Es ist *umschrieben*, weil es aus einer Auswahl von Bestimmbarkeitsmerkmalen, aus einer »Unterteilung« der Möglichkeitsfelder resultiert, deren Lizenz, sich auf der Festigkeitsebene der Bestimmbarkeit aufzuheben, abgelaufen ist.
- Es ist *unscharf*, weil es weiter zwischen zwei extremen Geschwindigkeiten oszilliert: $B^{+\infty}$, wenn sich die Phasenbestandteile des Phylums in kontinuierlichem Übergang (oder Rhizom) befinden, $B^{-\infty}$, wenn dieselben Phasenbestandteile hingegen disjunkt sind (Abb. 7.3).

So erweist sich die Traube an Möglichem, das durch ΣU. flektiert wurde, überall als notwendig, ohne zugleich irgendwo aktuell zu sein. Damit befinden wir uns auf der Suche nach einer nichtdiskursiven, unendlich kleinen, nicht lokalisierbaren, nicht trennbaren Energie, das heißt einer Energie, die keinem in sich geschlossenen Vorgang allein zugewiesen werden kann.

Die vier rekursiven Kausalitäten

Vom realen Chaos aus betrachtet, konnte die Existenz der virtuellen Chaosmose als eine schwache Schlussfolgerung erscheinen. Die Berücksichtigung der äußerungsspezifischen Rekursion aber zwingt uns nunmehr dazu, ihren kartografischen Status zu untermauern. Wir werden sogar von der Idee ausgehen, dass das verwirklichte Chaos nur eine zufällige Projektion unendlich differenzierter und strukturierter chaosmotischer Prozesse bildet. Im Unterschied zu der Vorstellung vom Chaos entzieht sich die Chaosmose der Theorie diskursiver Mengen und gründet eher in Metamodellierungen dessen, was wir die entitären Aggregate oder Populationen nennen werden. Die Gesetze innerer Bildung von derlei Populationen unterstehen nun nicht mehr den Vernunftgrundsätzen der Identität, des Widerspruchs, des ausgeschlossenen Dritten und des zureichenden Grunds.

Was die fraktale Prozesshaftigkeit anbelangt, die ihrem Gefüge zugrunde liegt, so kann im Grunde, was hier und jetzt ist, zur selben Zeit auch genauso gut nicht sein, sodass sich Realität und Virtualität ein und desselben entitären Gebildes überlappen, was wiederum den Begriff der Gleichzeitigkeit radikal infragezustellen erlaubt. Ebenso lassen sich zwei sich widersprechende Sätze nicht mehr einander gegenüberstellen, sofern sie eine unvermeidliche Dezentrierung auf Äußerungsebene und die kontingente Überschreitung einer Wahrhaftigkeitsschwelle beinhalten können. Angenommen, es wird weiterhin geltend gemacht, dass jedem Sachverhalt ein wohldefiniertes Spiel von Ursachen entsprechen muss, demgemäß er eher so und nicht anders ist, dann müssen im Rahmen dieser neuen Logik nichtdiskursiver Räume und aufgrund der unhintergehbaren Heterogenität der fraglichen Kausalitäten singuläre Verwicklungen vorausgesetzt werden. In diesem Sinne mag es nicht allzu verwegen erscheinen, die vier kanonischen Formen von Kausalität mit den vier weiter oben beschriebenen Neubestimmungsprozessen, die, am Anfang der Bereiche Φ.U.T.S., auf den Kontingenzpunkt P^K zulaufen, in eins zu setzen:

- Dem Rückgang diagrammatischer Unumkehrbarmachung, der aus Maschinensätzen MS des Bereichs Φ. hervorgegangen ist und die expressive Funktion ersetzt hat, entsprächen *Formalursachen*.
- Dem synaptischen Rückgang der Singularisierung, hervorgegangen aus den Konstellationen von Universen ΣU. des Bereichs U., entsprächen die *Zweckursachen* oder: abstrakten Ritornellisierungen.
- Der pathemischen Rekursion der Heterogenese, hervorgegangen aus den existenziellen Territorien eT des Bereichs T., entsprächen die Energie liefernden oder *Wirkursachen*.
- Der Rekursion von Existenz und Vernotwendigung, hervorgegangen aus den Zeichen-Partikeln Z^P des Bereichs S., entsprächen die *Materialursachen* oder konkreten existenziellen maschinischen Ursachen.

Wie steht es nun, angesichts dieser vier Modalitäten rekursiver Kausalität, mit unserem vorhergehenden Problem der Geschwindigkeit von Bestimmbarkeit? Versuchen wir zunächst, ihre weiter oben skizzierten Definitionen noch einmal zu rekapitulieren.

Wie wir sehen konnten, koexistierten im Bereich der sinnlich-konkreten und signaletischen Ströme diskursive Bildungen, die in zwei Arten von Instanzen unterteilt und innerhalb von Territorialisierungsmodulen miteinander verbunden sind: Bündel von Bezugsreihen mit äußerst beschleunigter Geschwindigkeit $B^{+\infty}$, zwischen denen Phasenräume oder Räume des Aussetzens der Bestimmbarkeit mit äußerst gedrosselter Geschwindigkeit $B^{-\infty}$ entstehen.[80] Eine derartige Riffelung ist zweifellos gleichbedeutend mit der Trennung der beiden Arten von Bestimmbarkeitsgeschwindigkeit. Weniger offenkundig ist jedoch, dass es sich dabei um die einzige ontologische Figur handelt, bei der dies der Fall sein wird, was im wahrsten

80 Vgl. den Abschnitt »Die in-stanziierende Riffelung der Ströme«, S. 158.

Sinne des Wortes zu einer radikalen Infragestellung der Begriffe Augenblick und Gleichzeitigkeit führt.

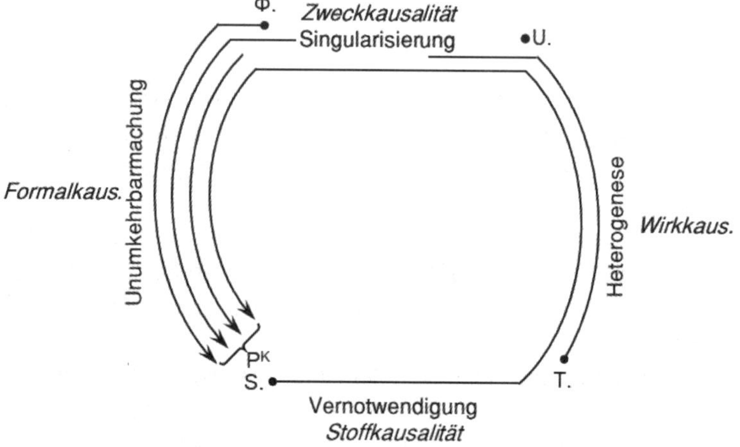

Abb. 8.2 *Die vier Modalitäten diskursiver Kausalität*
(unter Verwendung der Abb. 7.9 und 8.1)

Kommen wir nun auf unsere erste Annäherung ans Chaos zurück. Im weiteren Verlauf haben wir auf der Immanenzebene oder in der aus Redundanzen bestehenden Ursuppe zwei Arten von Zustand zu unterscheiden:

- einen Zustand diskursiven Chaos', der einen höllischen Verlust an Ordnung in Bestimmbarkeitsgeschwindigkeit $B^{+\infty}$ beinhaltet, die unendlich beschleunigt zu sein scheint;
- einen Zustand nichtdiskursiver Chaosmose (das heißt ohne äußerlich abgesteckten Bezug, ohne Beziehung von Teilen zu Teilen oder Teilen zum Ganzen), der eine äußerste Ordnung in einer Bestimmbarkeitsgeschwindigkeit $B^{-\infty}$ bewirkt, die unendlich gedrosselt zu sein scheint.

Warum diese Drosselung der Chaosmose, die die Unveränderlichkeit zementiert? Weil selbst unendlich viel Zeit nicht ausreichen würde, ihr Ideal absoluter Bestimmbarkeit oder, anders ausgedrückt, grenzenlosen Zuwachses an Komplexität zu erreichen. Sich so immerzu kurz vor der eigenen Vollendung wiederzufinden, verleiht ihr hier und überall sonst eine virtuelle Spannkraft. An allen vier Ecken des Kosmos und nirgendwo im speziellen treffen wir stets auf das Grinsen der Katze aus *Alice im Wunderland*! Und genau an diesem paradoxen Nexus trifft der chaotische auf den chaosmotischen Zustand, sein inverses Extrem, das sich erst am Ende einer unendlich langen Prozessdauer herstellt, während jener sich beim Auftauchen der geringsten Gestalt sogleich wieder auflöst. Kaum Atem geschöpft, und schon hat sich alles wieder aufgelöst! Die Zeitspannen, so kurz man sie sich, gleich dem Anbeginn der Zeit, auch vorstellen mag, sind Opfer desselben deterritorialisierenden Risses, der die einen wie die anderen aus einer Wirklichkeit, die sich in irgendeiner Form bezeugen ließe, in Universen reiner Virtualität verbannt. Infolgedessen verliert der bloße Gedanke, ein Augenblick könne sich diachron entlang einer Dauer bewegen oder eine Beziehung der Gleichzeitigkeit zwischen zwei parallel verlaufenden Prozessen herstellen, außerhalb rein spekulativer Pfade tendenziell seine Relevanz. Wir indes versuchen die irreduzible Ambivalenz $B^{\pm\infty}$ im kartografischen Bezirk, Konstellation von Universen (ΣU.) genannt, einzukreisen.

Wir müssen noch näher fassen, was vom Gesichtspunkt der Bestimmbarkeitsgeschwindigkeit aus mit den Entitäten geschieht, die in den Bereichen Φ. und T. vorkommen. Diese Fragen sollten im Verbund untersucht werden, um in ihrer Beantwortung etwas Symmetrisches ausmachen zu können, insofern sie die modulare Ökonomie in zwei entgegengesetzte Richtungen treiben:

- in Richtung einer diskontinuierlichen Fraktalisierung, die durch bei einer Geschwindigkeit $B^{+\infty}$ (Bereich Φ.) arbeitende Phasenräume Φ. unterteilt wird;
- in die Richtung einer anderen, diesmal übergangslosen, kontinuierlichen Fraktalisierung bei einer Geschwindigkeit $B^{-\infty}$ hin zu pathischen Operatoren (Bereich T.).

Beziehen wir uns zunächst auf letzteren Bereich. Bei einer Geschwindigkeit $B^{-\infty}$ hat die instanziierende Riffelung der Ströme innerhalb der Module die Bezugsreihen oder Merkmale von Bestimmbarkeit $B^{+\infty}$ ausgesiebt und abgetrennt, um dabei eine Diskontinuität einzuführen, die die sinnlich-konkreten und die signaletischen Register auszeichnen wird. So lässt sich sagen, die negative integriere hier die positive Bestimmbarkeit ($B^{-\infty} \int B^{+\infty}$). In diesem Stadium modularer

Ontologie findet territorialisierte Umgrenzung positiver Bestimmungen statt, ohne dass diese Einfassung selbst noch einmal explizit erfasst würde. Es gibt schlicht nur negative Potenz des Anhaltens und Auswählens positiver Merkmale.

Aufseiten von Φ. haben wir es im Gegenzug mit einer Phasenoberfläche φ zu tun, die bei Geschwindigkeit $B^{+\infty}$ operiert und die Negativität oder vielmehr die Negativitäten $B^{-\infty}$ erfasst (Abb. 6.7). Verfestigung, deterritorialisierte Umgrenzung von Merkmalen findet statt, die diffus, pulverförmig, unlokalisierbar ... waren und es auch bleiben. Eine solche fraktal-molekulare Verfestigung weist die Phyla als Integral der negativen Bestimmbarkeit aus ($B^{+\infty} \int B^{-\infty}$).

Nun lässt sich die Frage nach den Bestimmbarkeitsgeschwindigkeiten mittels Abb. 8.3 zusammenfassen.

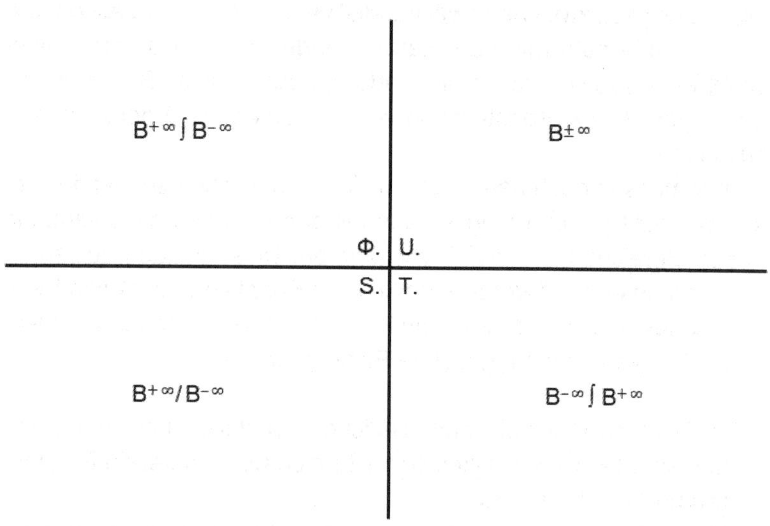

Abb. 8.3 *Bestimmbarkeitsgeschwindigkeit*

Offenkundig ist jedoch, dass wir auch hier noch bei einer allzu statischen Beschreibung verharren, durch die es uns erneut versagt bleibt, die schwierige Frage nach den dazwischenliegenden Zeitlichkeiten anzugehen – deren Beantwortung wir aber nicht mehr aufschieben können!

Zwischen was liegend? Zwischen Verhaltensweisen reiner Diskursivität, die im Umkreis von »chronischen« maschinischen Sätzen zusammenfinden, und jenen, die sich in einem nichtdiskursiven Stück auf existenziellem Territorium (in Dauern) dis-positionieren. Auf der einen Seite eine Pseudo-Zeitlichkeit, eine durch Stift und Papier oder Computer gestützte Zeit, auf der anderen Seite eine parmenideische einzählige Zeit. Zwischen beiden, auf der einen Seite, Zeitlichkeiten von Subjektivierung, ohne Bestimmung im kreisrunden Cursor einer erstarrten Augenblicklichkeit vorüberziehend, die je nach Mythen und Metamodellierungen, die sich zur Objektivation einer »Welt« anbieten, als prozessübergreifende Gleichzeitigkeit erfahren werden wird, und, auf der anderen Seite, »synaptische« fruchtbare Augenblicke, die, über zwecksetzende Spannungen hinweg, die Konstellationen von Universen mit einem Horizont versehen, eine Anwesenheit in der Gegenwart singularisieren.

Φ.	Singularisierung synaptische Funktion: Zweckursache (fruchtbare Augenblicke)	U.
Unumkehrbarmachung diagrammatische Funktion Formalursache (objektive Zeit)		Heterogenese pathemische Funktion Wirkursache (subjektive Verzeitlichung)
S.	Vernotwendigung existenzielle Funktion Stoffursache (Formen von Dauer)	T.

Abb. 8.4 *Die vierdimensionale Zeitlichkeit*

Doch wofür braucht es eine vierdimensionale Zeitlichkeit? Zunächst könnte man sagen, dass man ihr gar nicht zu viele heterogene Dimensionen zuweisen kann, das heißt Gelegenheiten, ihre Äußerung zu singularisieren. Alles eher als die Eindimensionalität einer auf die informationelle Linienförmigkeit des kapitalistischen Chronos reduzierten Verzeitlichung, einer alles verschlingenden Macht der Übersetzbarkeit und verallgemeinerten Äquivalenz von Diskursivitätsmodi, Verzeitlichungsregimen und existenziellen Dauern. Es ist also den mythischen, ästhetischen, schizophrenen und anderen Metamodellierungen aufgegeben, die Montagen aus zeitlichen Bestandteilen, Modulfragmenten, Ritornellen usw. zu kartografieren, die an der Herausbildung konkreter Äußerungsgefüge mitwirken. Angemerkt sei jedoch, dass ich mit der Beschreibung einer vierdimensionalen Zeitlichkeit keineswegs dafürhalte, sie sei für die Erforschung der Chemie von Äußerungen unerlässlich! Ich möchte nur darauf hinweisen, dass sich dieser Bereich mit einer naiven oder philosophisch »gewappneten« phänomenologischen Einstellung nicht untersuchen lässt. Die Zeiten sind zusammengesetzt und verlangen ständig nach neuen Zusammensetzungen ausgehend von verschiedensten Instrumentarien und Experimenten. Wie lässt sich ausmachen, dass dieser bestimmte Typ von Bestandteil in diesem bestimmten ökonomischen Zusammenhang die Oberhand gewinnen wird? Wie können die ethisch-ästhetischen Subjektivierungsverfahren, die sie in eine andere Richtung lenken, in Gang gesetzt werden? Welche Verbindung von Komponenten kann zu kurzfristiger oder dauerhafter Verwandlung, Implosion oder Destabilisierung führen, Prozesse, die da heißen: Geburt, Tod, Begehren, Wahnsinn ...? Das Sein und die Zeit sind dann angehalten, der Äußerung den Vortritt zu lassen. Lässt sich das nicht bereits bei Parmenides so verstehen, wenn er schreibt: »Dasselbe ist Denken und der Gedanke, dass IST ist; denn nicht ohne das Sein, in dem es als Ausgesprochenes ist, kannst du das Denken antreffen. Es ist ja nichts und wird nichts anderes sein außerhalb des Seins, da es ja die Moira daran gebunden hat, ein Ganzes und unbeweglich zu sein.«[81] Darf angenommen werden, dass das hier Erfragte nichts anderes ist denn das Sein der Äußerung, als einzähliges Äon, und von Parmenides, im Unterschied zu Heidegger, auf keinerlei Ontologie gegründet werden muss, die in einer Archäologie der Sprache seiner Vorfahren verankert ist, denen er wahrscheinlich keinerlei Beachtung geschenkt hat, jedenfalls nicht mehr als den Göttern, die jene für gewöhnlich verehrten? In dieselbe Richtung gedacht lassen sich ebenso vier Kausalitätsmächte, die »Göttinnen des Guten«, ausmachen: Dike,

---

81 Parmenides, Fr. 8, 34-37, in: *Die Fragmente der Vorsokratiker*, Bd. 1, übers. v. Hermann Diels u. Walther Kranz, Berlin 1961, S. 238. [Die deutsche Übersetzung wurde der französischen insofern angepasst, als hier für *ἐόντος* »Sein« [Être] statt »Seiendes« [étant] steht. A.d.Ü.]

was die Formalursachen angeht, die sich in den abstrakten maschinischen Sätzen unseres Bereichs Φ. verkörpern; Moira für die Zweckursachen, jenen »verfemten Teil, den der Eingeweihte in einen fruchtbaren Augenblick schöpferischer Freiheit« im Bereich U. verwandeln kann; Ananke, was die Materialursachen anbelangt, die die Umgrenzung der existenziellen Endlichkeit Gestalt gewinnen lassen; und allen drei gegenüber die chaosmische Hybris von Wirkursachen der Selbstäußerung. Die diskursiven Zeitlichkeiten und die existenziellen Dauern verschränken sich nicht von allein. Ihre Verknüpfung geschieht nicht automatisch, sie muss bewirkt, hergestellt werden. Zum Beispiel: Am Steuer meines Autos fahre ich schlaftrunken wie auf »Autopilot«. Verschiedene organische und die Wahrnehmung betreffende Zeitlichkeiten, die in einem direkten Verhältnis kybernetischer Unterjochung mit der Maschine und der vorbeiziehenden Landschaft stehen, arbeiten relativ selbstständig nebeneinander. Gedrosselte Dauer einer Träumerei am helllichten Tag auf der einen, höchste Wachsamkeit für das kleinste Anzeichen eines Vorfalls auf der anderen Seite. Vorfall übrigens, der maschinische Dauern und Zeitlichkeiten kurzschließen kann, sprich, dass ich wieder voll wach bin! Noch ein Beispiel von einem kleinen Professor, ja sogar von einem Spitzenforscher, der es sich in seiner »Nische« absolut bequem gemacht hatte, von anderen jedoch buchstäblich »entkoppelt« war: Folgt er lieber einer plötzlichen Eingebung oder geht es darum, sich schlicht am Flughafen zurechtzufinden! Worin besteht derlei Verschränkung? Im Wesentlichen im Gefüge, innerhalb der chaotischen Suppe der Festigkeitsebene, von zwei Ordnungen, der chaosmischen und der modularen, die mittels zwei Verfahren, die weiter oben bereits als fraktal prozessual diskursiv und fraktal rezessual nichtdiskursiv bezeichnet wurden, unterschieden werden.

Der chaosmotisch-synaptische Zustand tritt ein, wenn sich eine äonische Zeitspannung herstellt, das heißt, wenn ein Virtualitätsfeld eine Sachlage hegemonial besetzt, ohne dass die drei Schichten von Vorher, Währenddessen und Nachher dabei eine Rolle spielen. Schöpferischer Moment des Wahns nach François Tosquelles, Augenblick des Sehens oder Augen-Blick nach Jacques Lacan, eine Minute Ewigkeit bei den Surrealisten, Satori Zen oder schlicht Wandlung gemäß Gestalttheorie im Register der Wahrnehmung ... Daraus geht eine neue Definition des Virtuellen als Mögliches des Möglichen hervor, als das, was existenziell die Entfaltung eines Möglichkeitsfeldes erlaubt, Auslöser der Linie einer nichtdiskursiven Diskursivität, die sich vor dem Gegensatz Diskursivität/Nichtdiskursivität herstellt.

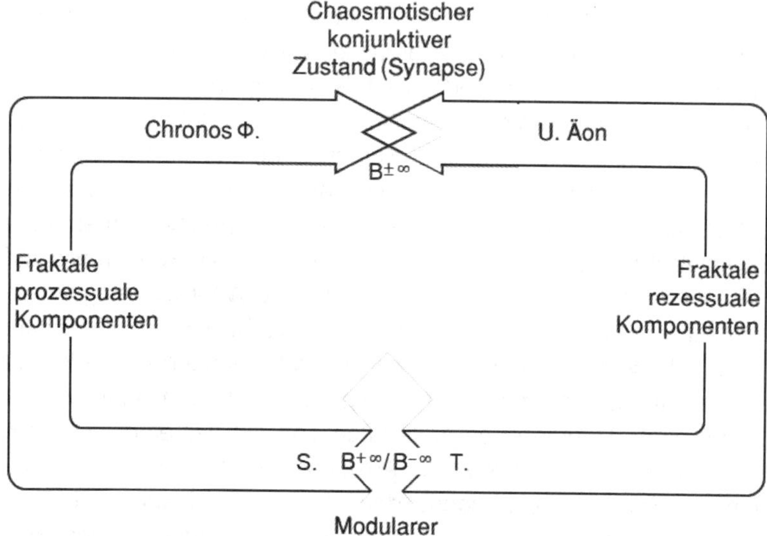

Abb. 8.5 *Chronos und Äon*
(unter Verwendung von Abb. 8.3)

Der modulare disjunktive Zustand hingegen sondert seine Zeitlichkeiten in Abhängigkeit von äonischen Zeiten ab. Eine paradoxe Abhängigkeit, da es eigentlich keine Wirkung, keine Gegenwirkung, keine Interaktion zwischen den zwei Arten von Zeitlichkeit gibt. Es lässt sich nur sagen, dass die eine die Existenzbedingung der anderen bildet. Wenn jedoch eine chronische Zeit alle äonische Bevormundung abzuschütteln scheint, wenn sie anscheinend für sich stehen kann, dann weil sie unter den Schutzschirm einer Konstellation von Universen geraten ist, die auf ihren einfachsten Ausdruck zurückgeführt wurde. Eindimensionale Konstellation, kapitalistische Konstellation, die übrigens nicht zwangsläufig erst am Ende einer dialektisch verworrenen Geschichte auftaucht, sondern sich bereits beim »urstaatlichen« Anbeginn der neolithischen Zeiten abzeichnet.

Die Fraktalisierung aufseiten der Äusserung

Um jene rätselhafte Verschränkung von Zwischenzeitlichkeiten zu erhellen, müssen wir auf die fraktale Natur ihrer Textur zurückkommen. Weiter oben haben wir die Beziehungen zwischen der Diskursivität der Ströme (S.) und ihrer Kapitalisierung zu possibilistischen Phyla (Φ.) als fraktale Säuberung bezeichnet. Es sei daran erinnert, dass derlei Säuberung nicht allein Möglichkeitsfelder betraf, sondern ebenso zur Annahme eines Übergangs zwischen den molaren Strukturen und den molekularen Operatoren führte, die sie mittels der Herstellung eines deterritorialisierten unendlich kleinen Kontinuums bearbeiten, das mit einer Bäcker-Transformation verglichen worden war.

Doch derlei vorläufige Beschreibung fand erst dann zu einer gewissen Festigkeit, als ein anderes fraktales, diesmal nichtdiskursives Verfahren eingeführt wurde, das der existenziellen Positionierung äonischer, im Äußerungsregister operierender Universen entspricht. Setzen wir nun die Untersuchung dieser Verzeitlichungsverfahren geduldig fort.

Die chronische Fraktalbildung betrifft die systemischen Verbindungen und die Möglichkeitslinien hinsichtlich der Diskursivität der Ströme ausgehend von Attraktoren, die gewissermaßen Pseudo-Territorien oder deterritorialisierte Phyla herausbilden. Mit der äonischen Fraktalisierung geht es nicht mehr um territorialisierte oder deterritorialisierte Einfassung, so als bürste der äonische »Widersinn« die Zeit gegen den Strich und verhindere, dass sie in irgendeiner Form unterteilt würde. Mit ihr wird eine Tangente überschritten: jene der endlos ins unendlich Kleine gehenden Reduktion. Einmal diese Grenze überschritten, lassen wir mittels a-signifikanter Synapsen, die sowohl Unumkehrbarkeit, Singularität, Heterogenität als auch Vernotwendigung erzeugen, die Welt der in äußerliche Koordinaten gezwängten Redundanzspeicher hinter uns, um uns zu Universen reiner Intensivwiederholung ohne diskursives Gedächtnis Eintritt zu verschaffen, denn genau für diesen Zweck gibt es sie. Damit können die Synapsen als das begriffen werden, was das »aktive Vergessen«, die Existenz setzende Wiederkunft bewerkstelligt. Die Redundanz erfordert auch weiterhin eine äußerliche – syntagmatische und/oder paradigmatische – Umgrenzung, und sei diese in einem deterritorialisierenden Schrumpfungsprozess begriffen. Im Gegenzug bleibt die existenzielle Wiederholung reine parmenideische Immanenz,[82] sie hat weder Innen noch Außen, weder Form noch Grund, sie ist reiner organloser Körper, reine selbstbezogene Bejahung.

Die existenziellen Synapsen wirken durch die Verschränkung von zeitlich-chronischen und in die Gegenrichtung funktionierenden äonischen Trieben (Abb. 8.5). Desgleichen bilden sie eine Brücke, indem sie Komponenten für den Übergang zwischen den molaren Registern diskursiver Mengen und den molekularen Registern nichtdiskursiver Intensität bereitstellen.

In chronischer Richtung verkoppelt die Diskursivität molare Mengen (oder statistische Bündelungen) gemäß den Prinzipien von (Abb. 8.6):

- Einhüllung, die einer Untermenge den Vorrang über eine andere zuweist;
- differenzieller Solidarität von Untermengen im Hinblick auf solche, die nicht dieselbe Bezugsgröße teilen;
- Schwelle als Bruch und Übergang zwischen den Elementen einer Untermenge, die sowohl an der Bezugsgröße des Bezugs als auch an unterschiedlichen Bezugsgrößen teilhat;
- Bezug, der alle Mengen übersteigt, wobei die unterschiedlichen Bezugsgrößen selbst noch einmal auf umfassendere Koordinatensysteme bezogen sind.

Während die kapitalistischen Koordinaten – oder das verallgemeinerte Äquivalenzprinzip – sich in allgemeine energetisch-raumzeitliche Ausdrücke übersetzen lassen, gibt es andere, metamodellierende Koordinaten, die mit ersteren koexistieren und etwas ... mythischer oder, wenn man lieber mag, etwas ideologischer sein können.

In äonischer Richtung hat man es mehr mit einer auf einen äußeren Rahmen bezogenen Diskursivität zu tun, da sich hier Instanzen der Äußerungsproduktion zusammengeballt finden. Statt einer Bildung von Fraktalen durch Vereinigung unterschiedener Mengen,

[82] Vom Begriff des Seins bei Parmenides nehmen wir mit, dass es an keiner Stelle mehr oder weniger sein kann; alles in ihm ist unverletzlich; es ist schon immer da, unvergänglich, kennt weder Werden noch Zerstörung; in jedem Augenblick ist es ganz, eins und kontinuierlich zugleich. Darüber hinaus ist es notwendig, dass es absolut oder dass es überhaupt nicht ist. So entgeht es dem Begriff des Mangels und folglich dem des Unendlichen, weil dies sonst bedeuten würde, dass es alles ermangelt ... Siehe Parmenides, Fr. 8, 15-49.

die aneinander grenzen und ineinander übergehen, treffen wir auf eine nicht proximale Fraktalisierung, eine Art existenzieller Verschleimung heterogener Äußerungsherde. Äußerungen erzeugende Fragmente, Partial- oder partialisierte Äußerungen, deren Monaden nicht nur in der Zeit, im Raum und mittels Becken voller Energie abgetrennt werden (sofern sie nicht direkt durch die Bezugskategorien betroffen sind), sondern sich überdies durch die intensiven Qualitäten, von denen sie affiziert werden, heterogenisiert zeigen.

Die energetisch-raumzeitlichen Koordinaten spannten ein Kontinuum von Bezügen zwischen getrennten Gesamtheiten auf; ihre Operatoren entfalteten sich entsprechend diesen Gesamtheiten. Für die Operatoren von Intensität und Intensivierung gilt dies nicht mehr, da sie auf einer Ebene molekularer Nichttrennbarkeit arbeiten und mitten in die auf Äußerungsebene stattfindende prozessuale Entstehung von entwickelten Formen und Inhalten eingreifen.

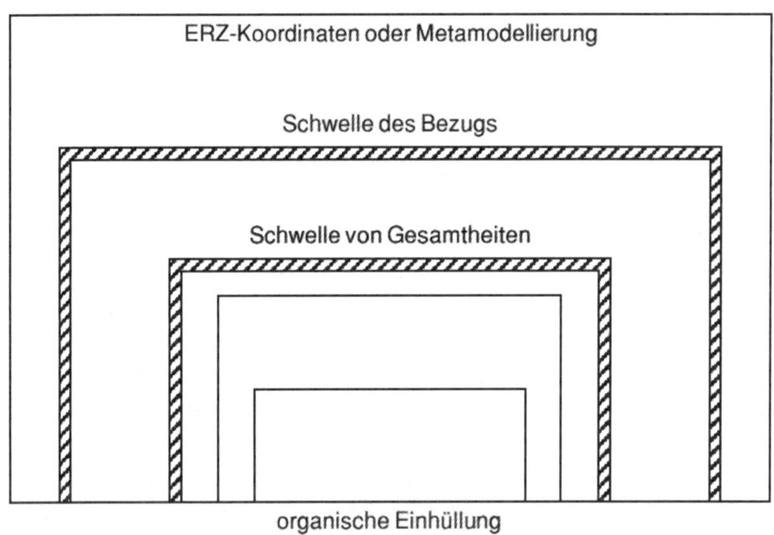

Abb. 8.6 *Die chronische Diskursivität*

Parallel dazu muss auf der einen Seite die Ausdehnung (oder Universion) der intensiven Ordinaten betrachten werden, die, was Zeit, Raum und Energie angeht, keine Grenzen kennt, eine Art hegemonialer Größenwahn, der jede Äußerungen produzierende Monade kennzeichnet, und auf der anderen Seite der Umstand, dass der molekularen Suche nach ihrem Betreiber kein Ende gesetzt werden kann, sofern sie auf eine unendlich kleine, von ihrem maschinischen Wesen geprägte Tangente hinausläuft. Das bedeutet, dass sich im Unterschied zu den ERZ-Betreibern die abstrakten Maschinen, die die Intensitäten steuern, nicht auf derselben Ebene wie diese befinden. Kein letztes Quantum an Form, keine universelle Morphogenese wird uns hierfür den Schlüssel liefern. Es handelt sich um existenzielle Qualitäten, die sich, wollen wir ihre Erzeugerschaft ins Auge fassen, an der Wurzel des Seins selbst organisieren. Wir kommen hier nicht umhin, ein unendliches molekulares fraktales Aufsteigen vorauszusetzen, wenn wir versuchen wollen, dem Modus nichtdiskursiver Unterschiedenheit von Äußerungen produzierenden Monaden ein mögliches Fundament zu verschaffen. Da sich die Kategorien von Beziehung und Interaktion auf sie nicht anwenden lassen, sollte man konsequenterweise dafürhalten,

1) dass sie nichts miteinander zu tun haben, dass sie also absolut unterschieden sind;
2) dass sie jedoch absolut ununterschieden voneinander sind, sodass man durch unmittelbare Erfassung qua Übertragung oder Erkenntnis qua Affekt Zugang zu ihnen erhält.

Also: Affekthegemonie und Flucht zurück, soweit das Auge reicht. Falls es erlaubt ist, die Komplexitätsbereiche kurzerhand als solche zu charakterisieren, in denen grundsätzlich Unvollständigkeit und Ungewissheit herrschen, so lassen sich jene Bereiche als hyperkomplex auszeichnen, die unter anderem ihre systemische Bestimmung in einem molekularen fraktalen Modus schwinden sehen, um abstrakte maschinische Öffnung zu werden. Dass derlei Flucht »zurück«, dass solch molekulare Implosion mit den sensomotorischen und kognitiven pragmatischen Speichergedächtnissen eine Art Abschluss findet, bedeutet keineswegs, dass sie in den »primitiveren« Regionen der maschinischen Phyla nicht existiert. Der Raum, der sich auf diese Weise für das Chaos, für den Zufall öffnet, und zwar inmitten der auf Äußerungsebene stattfindenden Bildung aller Gegenstände der Welt, macht es also erforderlich, dass sich diesseits der Strukturen von Bestimmung und Vorhersagbarkeit (strukturelle Territorialisierung) stets eine virtuelle Ebene systemischer Wiederaufnahme (systemische Deterritorialisierung) abzeichnet.

Diese aktive Flucht verlangt den Einsatz von katalytischen, das heißt dem Wesen des angestoßenen Prozesses äußerlich bleibenden Operatoren. An anderer Stelle, anlässlich der Fotografien von Keiichi Tahara, habe ich die Funktion eines maschinischen Index untersucht, den der Rahmen, die Rahmung, der Ausschnitt der Formen und Lichter sowie das Barthes'sche *punctum* ausbilden können, um die fraktale Deterritorialisierung eines Portraits auszulösen. Eine solche Funktion kann jedoch ebenso in einem Block, von einem einzigen Mittler aus agieren. Etwas allgemeiner gefasst, ist es die deterritorialisierende Gesichthaftigkeit, die als wesentlicher Mittler jedweder Bedeutungsbildung funktioniert. Die Sinnerfassung geht grundsätzlich mit der Vergesichtung eines Sachverhalts und seines Horizonts einher. Mit einem Mal gewinnt das Gesicht Bedeutung und seine nichtdiskursive Dimension menschliche Verständnishaftigkeit. Auf einen Schlag bahnt sich eine Welt den Weg ins Unendliche, um transversale Beziehungen zwischen heterogenen Bezugsuniversen herzustellen. Subjektivitätsproduktion ist nichts anderes als derlei fraktale Maschinik von unerbittlich in einem abstrakten Werden begriffener Gesichthaftigkeit. Maschine, die zu sich selbst in einem Außenbezug steht und, um die Welt in ihrer Gesamtheit besser umschließen zu können, weder Grund noch Endpunkt ihrer implosiven Natur kennt. Stets muss die Möglichkeit eines Diesseits bewahrt bleiben. Jedes Element, auf das sie sich stützt, ist für sich nur ein bedeutungsloser Mittler, der ersetzt, vertauscht werden kann. So lautet die Definition einer maschinischen Montage. Niemals wird man einen Basisstein, ein letztes Quantum finden. Heute ist der Baustein der lebendigen Maschine das Organ, die Zelle, die Ketten organischer Chemie, das atomare Ziegelwerk; morgen werden es Teilchen, Quarks ... sein, ohne dass derlei Rekursivität ein Ende gesetzt werden kann. Das Wesen, die Tat, die aristotelische *energeia* setzen am Berührungspunkt mit den Diskursivitätslogiken einen Übergang zu den abstrakten Maschinen der Äußerung voraus. Erst wenn ein Werden berücksichtigt wird, das unauflösbar jede etablierte Verarbeitungsordnung durchzieht, kann man auf die Erfassung differenzieller Qualitäten zurückkommen, auf denen die algorithmischen Untersuchungen der Wissenschaften gründen.

Das Besondere an den Operatoren schizoanalytischer Metamodellierung, im Unterschied zu den vorgeblich objektivistischen Beschreibungen der Sozial- und Humanwissenschaften, besteht darin, dass sie den Einfluss von Äußerungsprozessen auf – anhand – wider ... signaletische und sinnlich-konkrete Vorgänge auszumachen erlauben, die »normalerweise« durch paradigmatisch-syntagmatische Koordinaten beschrieben werden. Unsere spekulative Kartografie von Äußerungsgefügen hat uns dahin gebracht, vier »Durchbrüche auf Äußerungsebene« zu erfassen, die vom Chaosmos aus zu den Strömen, Phyla, Universen und Territorien führen (Abb. 8.7). Bleibt uns letztlich nur noch, ihre Merkmale aufzulisten.

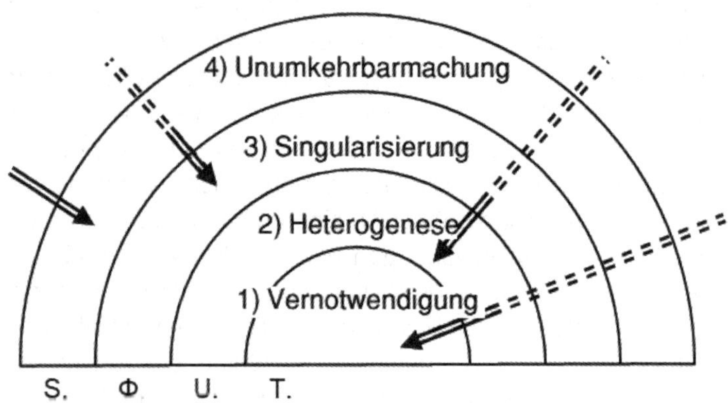

Abb. 8.7 *Die vier Operatoren der Metamodellierung*

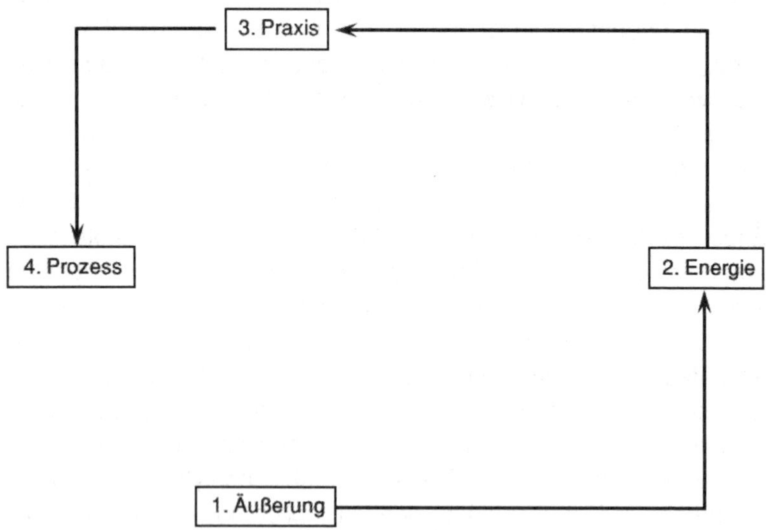

Abb. 8.8 *Die Hyperkomplexität von Äußerungen*

Als letzten Hinweis vorab stellt Abb. 8.8 dar, welche Bedeutung es hat, die vier grundlegenden Dimensionen der Hyperkomplexität von Äußerungen zu begreifen.

Die Vernotwendigung

Im Herzen der Äußerung findet sich eine Auswahl an Endlichkeit, eine freischwebende Aufhängung für alles und nichts zur Bildung einer Welt. Die weiter oben von uns untersuchte modulare Riffelung erfasste die Ströme in einer chronischen Richtung, die sich auf dem Weg zu ihrer Kom-Position in deterritorialisierte Phyla gänzlich auf zwei Pole verteilte. Doch hier, in äonischer Gegenrichtung, suchen dieselben Ströme nicht mehr Zuflucht in Phasenräumen (φ), die als äußerliche Garanten einer modularen Innenfestigkeit fungieren. Die dispositionierende Äußerung stützt sich nur auf sich selbst, das heißt auf nichts, was sie berührt, woran sie grenzt. Gewiss, durch *grasping* – reine selbstexistenzielle Bejahung – bezieht sie sich auf andere Bezugsuniversen, doch tut sie dies in einer fortan nichtkausalen, nichtinteraktiven Form. Aus diesem Grund definiere ich sie als reine Vernotwendigung *sui generis*. Da sie keine Trennung von innen und außen kennen, können sich die Module auch nicht mehr gegenseitig voneinander abgrenzen. Was ihnen jedoch nicht verbietet, sich wechselseitig zu bekräftigen – wodurch sie sich auch zu einem Intensiv-Werden imstande zeigen, das im nächsten Stadium eine Äußerung durch verallgemeinerte Übertragung erzeugen wird. Werden die ehemals sinnlich-konkreten Module nunmehr von einem, wenn man so sagen kann, fraktalen Nabel aus monadisiert, und zwar ohne jedwede Abstützung, ohne Rückhalt oder Innenwelt, ohne Organe oder äußeren Rahmen, um sich existenziell als leere Wiederholung zu setzen, um in einer a-signifikanten Form Ritornell zu werden, steuern sie überdies auf eine unwiderrufliche Molekularisierung zu (dies das holografische Merkmal, eine von Edgar Morin gern gebrauchte Metapher bei der Untersuchung der Komplexität). Wie auch immer ihre Unterteilungen aussehen mögen, wie winzig klein man sie auch betrachten mag, sie werden stets sämtliche Bestimmungen des Ganzen (eine alles in allem äußerliche Bestimmung ($B^{ä}$)) in sich enthalten. Damit findet sich das Stoffliche, die Textur der Gefüge, in seinem tiefsten Inneren dazu aufgerufen, das

Wort zu ergreifen. Um was auszudrücken? Im Wesentlichen seine eigene Existenz, noch vor jeder diskursiven Eigenschaft, Existenz, die darum nicht weniger durch und durch »qualitativer« Natur ist. Während es der Bestimmbarkeit $B^{-\infty}$ vorher frei stand, in einem fraktalen Modus in deterritorialisierte Phyla zu verschwinden, ist sie jetzt in einer Dauer von Ewigkeit gefangen. Wiederholt wird hier nicht mehr eine Bedeutungskonstante, sondern ein Schema notwendiger Existenz in all seinen Phasen.[83] Die Vernotwendigung erweist sich so als eine Wiederaufnahme der modularen Kontingenz, nachdem diese deterritorialisiert und ihrer Diskursivität bereinigt worden ist. Darin besteht die Fortdauer des Einschnitts innerhalb der diskursiven Bahnen, ein Fortdauern, das durch die Endlichkeit Tod/Geburt, die jede nichttriviale Maschine kennzeichnet, heimgesucht wird.

Doch nun ist es sicherlich an der Zeit, das Register der Vernotwendigung mit ein paar Beispielen zu veranschaulichen.

Gehen wir vom einfachsten aus und betrachten zunächst die Diskrepanz zwischen der Form, wie Inneres und Äußeres eines Hauses gestaltet ist, und dem existenziellen Gefüge, das dies zur Kenntnis nehmen kann. Was mich persönlich betrifft, so muss ich erst mindestens achthundert Meter gehen, bevor ich, durch Weitung meines Blicks und dadurch, frische Luft in meine Lunge zu pumpen, wirklich wahrnehmen kann, dass ich mein Schneckenhaus tatsächlich verlassen habe. Ab diesem Grenzgebiet beginnt die Materie des Außen sich nun wirklich durch meine Affekte, meine Träumereien und meine Gedanken hindurch auszudrücken.

Eine ebenfalls modulare und prototypische Umsetzung in die Tat findet sich auch bei Gottfried Galle, jenem Astronomen des Berliner Observatoriums, der bereitwillig zustimmte, die Berechnungen von Urbain Le Verrier zu der vermuteten Umlaufbahn des Neptun zu überprüfen, während den Hypothesen eines jungen englischen Astronomen namens John Couch Adams, der vorher zu denselben Ergebnissen gekommen war, vom königlichen Astronomen Georges Biddell Airy keinerlei Beachtung geschenkt wurden.

Ich denke hierbei auch an das hormonelle Sich-Ausdrücken in der Pubertät, das mit der Reifung der Geschlechtsdrüsen einhergeht und Auswirkungen auf alle verzeitlichenden Ritornelle von Jugendli-

---

[83] Vgl. hierzu Émile Bréhiers Darstellung von Kants Philosophie in *Histoire de la philosophie*, Bd. 2.2: *La philosophie moderne. Le dix-huitième siècle*, Paris 1981, S. 468. Das Mögliche seinerseits wird als allgemein und notwendig bestimmt.

chen hat, oder an den alles in allem vergleichbaren Einfluss einer »maschinischen Materie«, die entsteht, wenn Schreibmaschine getippt, Autofahren gelernt, ein Musikinstrument gespielt oder einfach ein Fußballspiel im Fernsehen geschaut wird ..., oder, als letztes Beispiel, an die Öffnung von uferlosen Virtualitäten einer Subjektivität, die sich einer dichterischen Ausdrucksmaterie verschreibt ...

Die Heterogenese

In ihren Kristallen an Selbstorganisation führen die zwischen T. und U. liegenden pathischen Operatoren der Heterogenese die entropische Dimension mit sich. Sie verleihen den Energieherden eine Pseudoidentität, die zwar keinen Umriss, keine konstitutiven Teile, keine möglichen »identifikatorischen« Beziehungen kennt, deren ontologisches *grasping* aber bei der geringsten Anwandlung von Andersartigkeit nicht weniger zwingend und beherrschend ist. Mit anderen Worten, sie sind viel mehr intensive Bejahung eines Für-sich denn Festschreibung eines Unterschieds. Wir untersuchen die Heterogenese als szenisches Dispositiv von Intensitäten, die sie ins Werk setzt, als eigenen fraktalen Prozess, existenzielle Datierung, Wissen per Übertragung, zum Teil Herd von Selbstbezug und protoenergetisches Becken.

Die singulären Positionen, die hegemonial Existenz setzen, werden im Verlauf der Heterogenese in gewisser Weise »ausgehandelt«. Wir müssen an dieser Stelle das Paradox einer innerhalb selbstgeordneter Systeme operierenden intensiven Differenzierung akzeptieren. Der Bezug wird durch das System abgeschieden und steht dennoch in Beziehung zu dem anderer Systeme. Nichts setzt sich hier zusammen, es gibt kein Spiel von Elementen *partes extra partes*, sondern einzig Disposition, Setzung, wonach jeder Punkt als Bezugszentrum des Ganzen fungiert. Der durch die Bühne, den Schauplatz, die Szene oder durch das Video hergestellte Blick (jener beispielsweise, der in der Familientherapie am Werk ist) erweist sich für derlei Dis-Position als prototypisch. Die in der Szene versammelten Elemente treten hier nicht, wie die systemischen Theoretiker unvorsichtigerweise behaupten, in Interaktion, sondern in existenzielle Ballung. Sie werden nicht einfach von außen erfasst, da das ganze Äußerungsgefüge, oder Teile davon, eben dadurch gebildet wird, dass sie angesehen werden. Die Blickflucht übt hier nicht zwangsläufig eine voyeuristisch-verfolgende Funktion aus, sofern die Szene sowohl territorial endogene als auch extraterritorial heterogene Elemente erfasst, die auseinanderklaffen und auseinandertreiben. Wenn man so will, funktioniert die Szene wie ein Schwamm, der eine gewisse Art da zu sein, zerstreut und deterritorialisiert, aufsaugt.

Mit der Heterogenese werden also zwei Arten von Beziehungen unterschieden:

- auf der einen Seite die modularen, seriellen und endlichen (Beziehungen S.T.);
- auf der anderen Seite die fraktalen, nicht proximalen und unendlichen (Beziehungen T.U.).

In beiden Fällen haben wir es mit Formen einer Selbstsetzung von Existenz zu tun, wenngleich die ersten äußerlich territorialisiert und die zweiten innerlich deterritorialisiert (oder deterritorialisiert/deterritorialisierend) sind. Diese zweite Gestalt der Existenzsetzung ist äußerlichen Koordinaten nicht mehr territorial unterworfen, sondern untersteht nun prozessualen Ordinaten. Damit sind ihre Formen unendlich übertrag- und übersetzbar geworden; sie geben den Status einer Struktur auf, um jenen von abstrakten Maschinen zu erlangen. Nicht mehr nur topologische Dimensionen werden hier in Fraktale zerlegt, sondern auch Dimensionen der Zeit und der Substanz. Durch diese neue fraktale Prozedur entwickeln die sinnlich-konkreten und die abstrakten Qualitäten gänzlich neue Beziehungen von Transversalität. Die pathischen Operatoren der Proust'schen »Recherche« zeigen uns klar und deutlich die rekursiven zeitlichen Übergänge zwischen »Zeiten«, die weit auseinanderliegen, und heterogenisierten Substanzen an (der Geschmack der Madeleine, die Bewegungen zwischen den Glocken von Martinville, das Spiel zwischen der Wespe und der Orchidee, die kleine Melodie von Vinteuil usw.). Wir haben es hier nicht mit der bloßen Feststellung zu tun, Heterogenität würde existieren, sondern mit einer regelrechten Heterogenese. Jede Dimension strebt danach, unterschieden, in all ihren Virtualitäten entfaltet zu werden. Während die energetisch-zeitlich-topischen Koordinaten transzendente gesetzmäßige Zwänge mit sich bringen, heißt die schaulustige Dis-Position in der Immanenz des Gefüges hingegen zufällige Faktoren willkommen. Die von ihr hergestellte Verbindung ist ein existenzieller Klebstoff, der von molekularen Verzweigungen und Graden an Freiheit durchwirkt ist, die sie dem Umstand verdankt, dass ihre fraktale Faltung keinen formalen Charakter mehr hat, sondern als aporetische Nahtstelle zwischen heterogenen Qualitäten fungiert, von denen jede ihr eigenes Schicksal in sich trägt.

Als existenzielle Prägung markiert die Heterogenese die fraktale Datierung des Regimes Deterritorialisierung/Reterritorialisierung eines Äußerungsgefüges. Eine solche Datierung, die ich als hyperfraktal bezeichnen würde, hängt nicht von der Zahl der Faltungen ab, nach Art eines Schlüssels für morphogenetische Komplexität, sondern von einer abstrakten Formel, einem Ereigniskristall, der die transversalen Übergangswege zwischen unterschiedlichen Registern reguliert. So gesehen ist das Datum der »Recherche« jener Augenblick, in dem der Fuß des Erzählers auf einem hervorstehenden Pflasterstein im Hof des Palais der Guermantes stehen bleibt und der die Aufzeichnung aller Übergangswege zwischen den verschiedenen Ausdruckskomponenten ermöglicht, die, vermischte Harmonie, Polyphonie und Melodie, Proust bevölkern. Die forcierte Bildung qualitativer Fraktale ballt dergestalt die vielfältigen Merkmale zusammen und erweist sich damit als Kontrapunkt zur topisch-synaptischen Fraktalisierung, die neue Verfahren zur Herstellung von Subjektivität erzeugt. Durch sie wird eine Ausdrucksmaterie, so als würde diese von einer Äußerungen produzierenden Subjektivität heimgesucht, mit umfassender Weltlichkeit besetzt. (Was mir dabei als Bild in den Sinn kommt: wie verschiedene Spiel- und Gerätschaften in Steven Spielbergs *E. T. – Der Außerirdische* zu vibrieren anfangen, wenn die Außerirdischen vorbeifliegen. Jene Besetzung erfolgt jedoch nicht so plötzlich. Sie ist der Anlass, Regime grundlegender Bestimmbarkeit, die den Zwischenzeitlichkeiten eignen, zu drosseln.) Man erinnere sich daran, dass man, um von T. nach U. zu gelangen, von einer Ordnung der Bestimmbarkeit (oder, was auf dasselbe hinausläuft, der Fraktalität), in der $B^{+\infty}$ und $B^{-\infty}$ voneinander getrennt werden (modulares Regime), zu einer Ordnung übergeht, in der die Bestimmbarkeiten $B^{\pm\infty}$ sich nicht aneinander binden, sondern die eine über die andere hinweggleitet (synaptisches Regime). Die der Zeit vorausgehende oder vielmehr diese regulierende fraktale Deterritorialisierung besteht darin, Bestimmbarkeit anzuhalten und wieder laufen zu lassen, was letztlich das Tempo jener Musik vorgibt. Der

Taktstock, der hier die an- und abschwellende Bestimmung dirigiert, die Wandlungen von Qualitäten, die das Wort zu ergreifen haben, dies sind die abstrakten Ritornelle, die der Komponente Singularisierung eignen, auf die wir später noch zurückkommen werden. So kann das Leben beispielsweise ebenso gut als eine gedrosselte Oxidation am Schnittpunkt physikalisch-chemischer Schichten wie als Beschleunigung einer komplexen Chemie eines Ökosystems bei 37° C betrachtet werden. Entsprechend dem von uns eingenommenen Blickwinkel ist es Beschleunigung oder Drosselung von Bestimmbarkeit, die selbst wiederum unendlich langsam oder unendlich schnell sein können – wobei der Begriff der Geschwindigkeit nur auf der Ebene von existenziellen Territorien Relevanz hat.

Derlei Heterogenese von Intensitäten mag insoweit als abwegig erscheinen, als man mir vorwerfen wird, sie entziehe sich »normalen« Modalitäten der Erkenntnis. Und es stimmt tatsächlich, dass es hier um ein Wissen von der Erkenntnis mittels nichtdiskursiver Affekte geht. Beispielsweise muss zugestanden werden, dass die Begegnung mit der Schizophrenie niemals aus einer kognitiven Ableitung erwächst, sondern direkt als Eingang zu psychotischen Ordinaten funktioniert. Dasselbe gilt für den ästhetischen Einfall. Sicherlich ist ein ganzer Hintergrund an Erkenntnissen notwendig, um sich der jeweiligen Äußerungsschwelle zu nähern, ihre Überschreitung aber geschieht stets in einem Nu. Das Wissen über den anderen und das Wissen durch den anderen erweisen sich dann als eine Erweiterung des jeweils anderen. So informiert mich ein musikalisches Werk und formt mich zugleich in meiner Fähigkeit und meinem Vermögen, informiert zu werden. Man muss aufhören, den Affekt als einen rohen, rein energetischen Stoff zu betrachten, denn im Grunde ist er von äußerster Komplexität, ist reich an allen möglichen Feldern voller Potenzial, die zu öffnen er in der Lage ist. Der Liebesaffekt etwa löst sich nicht am Ende einer erwarteten libidinösen »Entladung« auf. Per Definition ist er voller unbekannter Welten, an deren Schnittpunkt er sich befindet. Bei alldem geht es um eine verallgemeinerte Übertragung, die nicht nur »identifizierbare« Personen betrifft, sondern auch Dinge, Tier-Werden, Kosmisch-Werden, deren Partialaffekte mich anschauen und deren pathische Indizes mir gleich einer Sphinx am Wegesrand auflauern. Dieser Blick ist kein bloßer Zufall und auch kein Vertreter des Überichs, er ist wesentlich Gesichthaftigkeit sowie Substanz allen menschlich bedeutungshaften Sinns. Jeder

Affekt ist Werden: gesichthaft, vieldeutig, halb Mensch, halb Frau, halb Tier ... Das blickt mich mit einer gewissen Schnauze an, das verfolgt mich, das verliert mich und findet mich wieder an allen Schnittpunkten des Sinns ... Zu klären, wie die Heterogenese konkret abläuft, sollte uns – wie die Kinder, die Psychotiker und die »Uralten« – wieder in die Lage versetzen, die »atmosphärischen« Andersartigkeiten, die die affektiven Horizonte der lebendigen Welt und ihre kosmischen Werden heimsuchen, zu entschlüsseln.

Die Heterogenese reißt den Affekt aus seiner Passivität, indem sie ihm eine Macht der Selbsthervorbringung und des Selbstbezugs verleiht. Die topische Fraktalisierung erstarrte immer irgendwo vor einer Haltelinie, die den Umriss einer Welt bildete. Das gilt jedoch nicht für die Bildung von Äußerungsfraktalen, sofern hier Universen ohne Grenzen entstehen und es keinen Schlussstein mehr gibt, sodass sich die Heterogenese an einem molekularen Berührungspunkt auf sich selbst wendet, um Macht des Unendlichen und Betreiberin von Subjektivierung zu werden. Sie nimmt die Zügel selbst in die Hand. Bei der Neufassung der Dingzustände, der Sachverhalte scheint alles von ihr auszugehen, doch von ihr kommt tatsächlich nur der Anteil an Zufall, Verzweigung und Freiheit, der dann auch wirklich ins Gefüge eingebracht wird.

Als letzten Hinweis zur Heterogenese stoßen wir auf folgende Gleichung:

Äußerung = Protoenergie

Unser Geviert der Äußerung auf Grundlage der Funktoren S.Φ.T.U. schließt eine Rückkehr des klassischen kantischen Gegensatzes von Sinnlichkeit und Verstand, und sei dieser auch durch eine Instanz wie das Schema vermittelt, aus. Die synaptischen wie die modularen Ritornelle setzen die abstrakten maschinischen Sätze und die Zeichensysteme direkt ins Werk, indem sie sie in materiellen und existenziellen Vorgängen verkörpern. Neue Zusammensetzungen vorzuzeichnen, die sich aus Übertragungen von mit Energie gefüllten Becken speisen oder nicht, bedeutet für sie, mit einer molekularen Protoenergie aufgeladen zu werden, deren Existenz ich bereits im Abschnitt zu den semiotischen Energetiken erwähnt habe. Die bloße Äußerung einer semiotischen Wiederholung führt zu einer protoenergetischen Spannung. Nehmen wir ein Beispiel. Nachdem ich zweimal hintereinander die Zahl 6 gewürfelt habe, tendiert, bei einer steigenden Spannung von Wahrscheinlichkeit, jeder neue Wurf dazu, die »exzessive« Wiederholung derselben Zahl zu »vermeiden«, als suchte eine gleichmäßige Verteilung die Menge der noch kommenden Würfe wie ein entropischer Horizont heim. Wir sehen uns einer deterritorialisierten virtuellen Energie gegenüber, deren Auswirkungen auf die territorialisierte »reale« Energie vollkommen erfasst werden können. Käme es hingegen vor, dass ich eine »anormale« Reihe von Sechsen werfe, könnte dies bedeuten, dass der Würfel präpariert ist – sagen wir, er würde, was seine definierte Funktion anbelangt, ein singuläres Spiel spielen. Die Singularisierung, hier durch Schummelei erreicht, führte zu unvorhergesehenen Potenzialen, beispielsweise von Gewinn. Indem eine singuläre protoenergetische Stufe überschritten würde, täte sich vor mir eine neue Konstellation von Bezugsuniversen auf (der unverdiente Reichtum – der Fehler – die Lüge – der Verrat – die Schuld – die Strafe usw.). Man hätte also gleichsam mit einer Machtübernahme der Sechser-Reihe über ein komplettes komplexes Gefüge zu schaffen. Eine solche protoenergetische Besetzung könnte in ganz verschiedenen Hinsichten beschrieben werden:

- als Trieb;
- als Anzeige oder Index, den Versprecher, Fehlleistungen usw. bilden;
- als Verschiebung, Verdichtung, Überdeterminierung im Primärprozess des Traums;
- als erzählerische Spannung;
- als gegenstandsloses kontemplatives Ergießen in der Erfahrung von Satori.

Singularisierung und Unumkehrbarmachung

Bestimmbarkeit ist Information, bevor sie einer Bezugsgröße zugewiesen wird. Jene ist stets Information von etwas für jemanden oder für einen Empfänger. Doch auch wenn die Bestimmbarkeit, wie es der ontologische Status unkörperlicher Universen von ihr verlangt, unendlich verstreut und pulverförmig bleibt, wird sie, aufgrund synaptischer Sätze, die sie in eine Konstellation bringen, dennoch nicht weniger von einer Pseudo-Organisation, einer virtuellen Dis-

Position affiziert. Angenommen, sie sei gerade innerhalb sinnlich-konkreter Module stratifiziert worden – Möglichkeit, mit der stets zu rechnen ist, die immer kurz bevorsteht –, dann verliert die virtuelle Konstellation von Bestimmbarkeitsmerkmalen ihre Unschärfe $B^{\pm\infty}$ und ein Übergang findet statt von der unkörperlichen Dis-Position zu den territorialisierten Beziehungen zwischen einer In-Stanziierung $B^{-\infty}$ und einer Dis-Stanziierung $B^{+\infty}$. Die Virtualität »konserviert« also das Phantom eines geschichteten Zustands von Entitäten, ein barockes Phantom gleichwohl, das Verwandlungen unterworfen ist, die topologischer und unendlicher substanzieller Natur sind sowie den exotischsten Verbindungen offen stehen (Typ »geschlechtliche« Beziehungen zwischen Wespe und Orchidee), die vom Rhizom maschinischer Sätze ausgebrütet werden können. Wie dem auch sei, die in Konstellation gebrachte Bestimmbarkeit $B^{\pm\infty}$ genießt nicht dieselbe Freiheit wie jene, die im Chaosmos herumschwirrt. Sie befindet sich auf deterritorialisierten Geleisen; sie ist angehalten, Grundsätze unumkehrbar gemachter Anordnung zu befolgen, kontingentierte Konstanten in der Art von π oder der Avogadro-Konstante zu beachten. Die Wechsel im Register – etwa vom chemischen zum physikalischen –, die ich Übertragungen von Becken nennen möchte, sind keineswegs verboten, stellen aber vor ein ganz anderes Problem: wie nämlich die Energien umgewandelt, erhalten und abgestuft werden können. Wie gelingt es der virtuellen molekularen Protoenergie $B^{\pm\infty}$, sich in $B^{+\infty}$ und $B^{-\infty}$ zu »entschränken«, die Mauer der fraktalen Dekonstruktion (f(diag)) zu schleifen, ihr Grundkapital an Proto-Heterogenität in die Prozesse von Verstärkung und Vervielfachung zu investieren, diese also zu besetzen, um die Bewegungen umfangreicher molarer Energien zu katalysieren und zu steuern? Antwort auf diese Frage sollte die konkrete maschinische Neubestimmung liefern. Erneute Umwandlung oder Konversion, die weder hysterischer noch paranoischer Natur ist, sondern eher mit den Schizo-Prozessen in Verbindung gebracht werden muss, insofern sie eine Position von Wirklichkeit in sich birgt, die allen Mutationen offen steht, seien diese auch noch so verheerend.

Die Synapsen resultieren also aus der Unterbrechung in der (relativen) Umkehrbarkeit zwischen den expressiven und den diagrammatischen Funktionen. Statt eines einfachen Hin und Zurück zwischen dem fraktalen »Abstieg« des Ausdrucks und dem diagrammatischen »Aufstieg« Richtung Kontingenzpunkt (P^K) gibt es einen Rest, einen

Mehrwert an Äußerung, der die synaptische Wirkung bildet und in den sich die Unumkehrbarkeit der energetischen Entropie ergießt. Irgendetwas kehrt nicht zurück; der Prozess wird, zum Beispiel durch einen Namen, datiert. Also sind die Synapsen deterritorialisierte Auslöser der Äußerung und bilden dergestalt die unkörperlichen Integrale sinnlich-konkreter Ritornelle.

In der Art gab es bereits etwas im Phantasma, im Komplex, im Archetyp ..., auf das die Psychoanalytiker abzielten. Doch sie zielten nicht abstrakt, nicht deterritorialisiert genug. Ihre Füße blieben im Lehm aus Libido und in stofflichen Bestimmungen stecken. Sie sahen nicht, dass auch die Materie imstande ist, das Wort im Namen äußerster Komplexität zu ergreifen. Im Grunde handelt es sich darum, dass gewisse abstrakte Maschinensätze ihre Verbindungen zu den sinngebenden und diagrammatischen Funktionen kappen, um für die pathemischen und existenziellen Äußerungsfunktionen zu arbeiten. Derlei Äußerungskupplung mag als eine einfache, ganz ursprüngliche Sache erscheinen, so wie das Auslösen von etwas durch Knopfdruck. Das Schematische des grundlegenden Entscheidungsmechanismus verdeckt jedoch ihr wahres Profil. Denn eigentlich wird eine Festigkeitsschwelle überschritten, nämlich jene der auf Äußerungsebene stattfindenden Dis-Position (der Szene), von der aus eine Konstellation von Bezugsuniversen operieren kann. Der Synapse wird ein Schlag mit der »Prägung« Verfestigung versetzt. Durch ihre Zensur, ihre a-signifikante Katalyse löst sie einen Vorgang von Selbstäußerung aus.

Die Dinge können aber auch unter einem anderen Blickwinkel betrachtet werden. Alles hängt dann damit zusammen, dass der Letztbezug brüchig ist, dass keine absolut feste, stabile Andersartigkeit (des großen Anderen) existiert. Aus derlei Labilität der Andersartigkeit entspringt eine differenzielle Äußerung qua Äußerungsfragmente, die über den gesamten Kosmos verstreut sind. Es spricht am Rand: Dort, wo nichts Besonderes zu erwarten war, kann eine Selbstorganisation ihren Ausgang nehmen. Diesbezüglich haben die russischen Formalisten hervorragend verstanden, wie wichtig es ist, Inhalt und Form zu entkoppeln: »Der Formalismus betrachtet den sogenannten Inhalt als einen der Aspekte der Form.«[84] Es geht übrigens nicht darum, nur eine simple Feststellung zu ma-

---

84 »Le formalisme de Victor Chklovski«, Gespräch mit Jean-Pierre Faye, in: *La Quinzaine littéraire*, 39, 15. November 1967.

chen, sondern auf ihrer Grundlage analytische Praktiken in Gang zu setzen. So kann es beispielsweise darum gehen, eine Arbeit der Form anzustoßen, indem sie »gedrosselt« wird, verdunkelt, »sichtbar gemacht durch Steigerung der Schwierigkeit und der Dauer der Wahrnehmung«, kurz, alles Verfahren von »Verfremdung«,[85] die lauter Material zur Metamodellierung abgibt, die den Start einer anfänglichen Äußerung erlaubt.

	Vernotwendigung	Heterogenese	Singularisierung	Unumkehrbarmachung
ursprüngliche Bereiche	S.	T.	U.	Φ.
Rezession	existenziell f(exi)	pathemisch f(path)	synaptisch f(syn)	diagrammatisch f(diag)
Kausalität	Stoffursache	Wirkursache	Zweckursache	Formalursache
mythographischer Bezug	Ananke	Hybris	Moïra	Dike
Bestimmbarkeit	$B^{+\infty} / B^{-\infty}$	$B^{-\infty} \rfloor B^{+\infty}$	$B^{\pm\infty}$	$B^{+\infty} \rfloor B^{-\infty}$
Verzeitlichung	Formen von Dauern	Datierung	schöpferische Augenblicke	objektive Zeiten

Abb. 8.9 *Die Dimensionen der Äußerung*

85 Ebd. Fayes Übersetzung des von Viktor Šklovskij geprägten Ausdrucks *ostranenje*.

DIE RITORNELLE DES SEINS UND DES SINNS
(ANALYSE DES TRAUMS VON A. D.)

Dass der Nicht-Sinn des Traums einen möglichen Nutzen hat, geht bis auf die ältesten Subjektivierungsformen zurück. Syntagmatische Brüche, semantische Wucherungen, pragmatische Aufladungen, es gibt keinen Traumbereich, der Bedeutungen und Normen, die den Wachzustand beherrschen, nicht auf andere Bahnen verweisen kann. Zeigen möchte ich an dieser Stelle, dass man hierfür nicht zwei Logiken einander gegenüberzustellen braucht – auf der einen Seite eine Logik des Primärprozesses, die den latenten Inhalt betrifft, und auf der anderen Seite eine Logik der Verdrängung als Zugangsvoraussetzung zum Bewussten –, und zwar von dem Moment an, da man sich für das Modell eines Unbewussten entscheidet, das der Zukunft gegenüber offen steht und durch heterogene semiotische Komponenten, die damit interferieren können, erweitert wird. Die signifikanten Verzerrungen des Traums entstammen nicht mehr einer Deutung tiefgründiger Inhalte, sondern sind charakteristisch für eine Maschinik, die sich vollkommen an der Oberfläche des Textes befindet. Die ihn bearbeitenden Partialobjekte sind nicht durch eine symbolische Kastration verstümmelt, sondern arbeiten als verselbstständigte Subjektivierungsoperatoren. Der Einschnitt, der Bruch des Sinns ist nur die Manifestation einer im Entstehen begriffenen Subjektivierung. Er ist insofern notwendige und hinreichende Fraktalisierung, als dort etwas geschieht, wo vorher alles geschlossen war. Er ist deterritorialisierende Öffnung.

Um diese Problematik zu veranschaulichen, habe ich einen meiner Träume gewählt, der gleich einem Hologramm vielfach überdeterminiert ist und der sich seit langem an wichtigen Scheidewegen meines Lebens immer wieder zeigt.

TRAUMTEXT

In Begleitung von Yasha David und seiner Frau verlasse ich ein Haus A, das an einem großen rechteckigen Platz liegt, der mehr zu einem Provinzstädtchen denn zu einer größeren Stadt zu gehören scheint. Die Straßen entlang den beiden Querseiten des Platzes sind

Einbahnstraßen, die in entgegengesetzte Richtungen verlaufen. Die Straßen an den beiden kürzeren Seiten können in beide Richtungen genutzt werden. Das Ganze bildet eine Art Rundweg, den ich im Verlauf meines Traums zu drei Vierteln abschreiten werde.

Abb. 9.1 *Weg des Traums (gestrichelte Linie)*

Wir sind gerade im Begriff, uns zu verabschieden, da wird mir klar, dass ich nicht mehr genau weiß, wo ich mein Auto geparkt habe. Zuerst nehme ich mir vor, um den Platz herumzulaufen. Yasha glaubt sich daran zu erinnern, wo es steht. Seine Frau und er begleiten mich auf meiner Suche. Wir erreichen Punkt B, der sich auf der rechten Seite des Platzes befindet. Plötzlich bekomme ich Lust, Yasha für den Erfolg unserer gemeinsamen Unternehmung zu beglückwünschen. Doch ich verkneife mir den Satz, den ich sagen wollte, denn mir wird bewusst, dass ich ihn soeben Gilles nennen wollte. Stattdessen spreche ich von den Gefahren, die wir zusammen gemeistert haben: Wir standen am Rande eines Abgrunds. »Ich fang mich wieder«, wir hingen wie festgeklammert an der Wand eines Abgrunds, doch letztlich sind wir wieder hinausgekommen ... In einem Anfall von Zuneigung möchte ich beide küssen. Erneut verkneife ich mir, was ich gerade tun wollte, da ich mich daran erinnere, was man von Yashas Eifersucht gegenüber seiner Ehefrau munkelt, und so belasse ich es bei einer Umarmung.

Yasha David

Es handelt sich um einen nach Frankreich geflohenen tschechischen Intellektuellen, mit dem ich über ein Jahr lang an der Realisierung umfangreicher Ausstellungen zum 100jährigen Geburtstag von Kafka gearbeitet habe. Das hat uns derartige Schwierigkeiten mit den Verantwortlichen des Centre Georges Pompidou eingebracht, dass wir mehrmals kurz davor standen, unsere Arbeit zu beenden.

Yasha Davids Frau

Ich kenne sie kaum, habe sie nur zwei oder drei Mal gesehen. Beim Notieren des Traums fiel mir auf, dass es sich bei ihr nicht um sie handelte, sondern um die Frau eines anderen meiner Freunde, um Héléna Gallard – deren Vorname eigentlich Aléna geschrieben wird –, die auch aus der Tschechoslowakei stammt und ebenfalls bei dem Ausstellungsprojekt zu Kafka mitgearbeitet hat, allerdings lediglich in dessen Vorbereitungsphase. Es war schon des Öfteren vorgekommen, dass ich Aléna mit Yasha Davids Frau verwechselt habe. Aléna und ihren Mann, Jean Gallard, hatte ich wiederholt in Mexiko, dann in Paris und auch in Amsterdam getroffen. Für beide empfinde ich eine große Sympathie und vielleicht sogar eine gewisse Faszination. Doch ich ahne, dass dies mit gewissen Schwierigkeiten verbunden ist, deren Grund ich nicht deutlich auszumachen vermag.

Der rechteckige Platz

Sofort kommt mir der zentrale Platz einer alten mexikanischen Stadt in den Sinn, in einem östlich gelegenen Gebiet, dessen Name ich zwar gut kenne, beim Aufschreiben des Traums mir jedoch entfallen ist. Durch Abgleich fällt er mir wieder ein: Es handelt sich um Michoacan. Der Name der Stadt muss Pascuaro sein. Ich wohnte für eine Zeit lang in einem Hotel, das an diesem Platz gelegen war. Wegen seines provinziellen Charmes und weil er dazu berufen schien, alle

Zeiten unverändert zu überdauern, hatte ich einen starken Eindruck von ihm zurückbehalten. Ich erinnere mich, dass ich dachte, »hier würde ich gerne meine letzten Tage verbringen«. Im Hintergrund dieser mexikanischen Episode schwingt die sehr alte, diesmal in der Normandie angesiedelte Erinnerung an einen großen schattigen Platz der Stadt Louviers mit, auf den die »Rue au coq«, die Hahnenstraße zulief, in der ich mit meiner Großmutter mütterlicherseits wohnte. Erst mehrere Tage nachdem ich den Traum aufgeschrieben hatte, musste ich – wie vom Blitz getroffen – mit Überraschung feststellen, dass es sich eigentlich nur um den Dorfplatz von Mer handeln konnte, einem Städtchen an den Ufern der Loire, ganz in der Nähe von dem Ort, in dem ich zurzeit die Hälfte der Woche über wohne. Dennoch ist in dem Traum nicht vom heutigen Mer die Rede, sondern wie es vor vierzig Jahren war, als der sogenannte »Exodus« stattfand und Millionen Franzosen sich anschickten, vor dem Einmarsch Deutschlands 1940 zu fliehen. Ich weiß nicht wie, aber meinen Eltern war es gelungen, ein kleines Haus zu mieten, das sich ziemlich genau am Punkt A dieses Platzes befand, so wie ich ihn mir in meinem Traum vorgestellt habe. Wir rechneten damit, den Krieg über dort wohnen zu bleiben, stets bereit, wenn nötig, südlich der Loire zu wechseln. Derlei Aussicht entzückte mich buchstäblich. (Ich muss gestehen, dass ich jene Umwälzungen in meinem Leben eher als außergewöhnliches Abenteuer empfand!) Doch bereits am nächsten Tag, kurz nach Sonnenaufgang, mussten wir vollkommen überstürzt abreisen, weil angekündigt wurde, dass alle Brücken über die Loire angesichts des deutschen Vormarschs in die Luft gesprengt würden.

Die Fahrtrichtungen um den Platz herum

Dass hier eine vektorielle Problematik existiert, die die figurale Darstellung des Traums im Modus der Überblendung liefert, hat mit zwei formgebenden Bestandteilen zu tun:

a) ein ungefähr ein Jahr älterer Traum, den ich »Der Traum des Balls auf Parkett« genannt habe und in dem sich mein zweiter Sohn, noch als kleines Kind, in einer sehr angespannten Stimmung von mir entfernte. Wir befanden uns auf einem Ball. Ich sollte durch die rechte Tür eines großen viereckigen Eingangs hinausgehen, dann durch die linke Tür zurückkommen und schließlich den Raum von links nach rechts zwischen den Tanzenden schlingernd durchqueren;

b) ein ebenfalls viereckiger Graph, der eine Neudefinition des Unbewussten ausgehend von Transformationen der vier Basisentitäten zur Disposition stellt: Ströme, maschinische Phyla, existenzielle Territorien und unkörperliche Universen.[86] Doch eine Frage zum Graphen war für mich unbeantwortet geblieben und hatte zudem bereits die formale Komposition des »Traums des Balls auf Parkett« in die Wege geleitet. Sie betraf die für meinen Geschmack allzu pointierte Symmetrie der zwischenentitären Transformationen gemäß den Abszissen und Ordinaten meines Schemas. In dem hier beschriebenen Traum lässt sich ebenso, im oberen Teil des Rundgangs, ein Bereich ausmachen, der, wenn er nicht sogar unüberschreitbar ist, so doch zumindest einen Umweg erforderlich macht und folglich einen Bruch der Symmetrie herbeiführt. Das Zögern, die Ungewissheit, die Hemmungen, Auslassungen und Versprecher, die die Textur dieses Traums bilden, scheinen alle um denselben Bereich zu kreisen, den ich einst als »vakuolisch« bezeichnet hatte.[87]

Vergessen des Autos

Ich vergesse mein Auto doppelt: im Raum des Traums, das heißt, wo ich es geparkt habe, und in seiner Bezeichnung, denn als ich den Traum zu Papier bringe, schreibe ich »BMW« anstatt »Renault«. Die Ersetzung einer Automarke, die ich aktuell besitze, durch eine, die ich vor zwanzig Jahren gefahren bin, verweist ebenfalls auf einen anderen Traum, sodass bereits hier deutlich wird, dass wir es eher mit einer Überschneidung von Träumen als mit in sich geschlossenen, Bedeutung liefernden Gebilden zu tun haben – was wohlgemerkt die

[86] Vgl. meinen Vortrag »Flux, territorires, phylum et univers« beim Kolloquium von Cerisy-la-Salle zum Thema »Zeit und Werden ausgehend vom Werk Ilya Prigogines« im Juni 1983.

[87] Félix Guattari, *Psychotherapie, Politik und die Aufgabe der institutionellen Analyse*, übers. v. Grete Osterwald, Frankfurt/M. 1976.

Traumtätigkeit viel stärker kennzeichnet, als man gemeinhin glaubt.[88] In jenem anderen Traum hatte ich also auch vergessen, wo mein Auto, jener BMW von damals, stand, doch spielte diese Szene im Kontext der bewegten Jahre um 1968, als ich es besaß. Ich lief die Rue Gay-Lussac entlang – ein Name, den ich regelmäßig ausblende, nur um mich dann an ihn zu erinnern – und setzte schließlich meinen Weg mit dem Fahrrad fort. Auf der anderen Seite des Boulevard Saint-Michel[89] fand ich mich in einer Versammlung des Parti socialiste wieder, bei der die französischen Grünen durch einen von Lionel Jospin persönlich geleiteten Sicherheitsdienst von der Bühne gejagt wurden. Doch ich komme auf den Traum vom Platz in Mer zurück. Vier a-signifikante Indizes lassen sich in Bezug zum Vergessen des Renaults ausmachen:

Es bildet einen Raum, der durch einen Mangel durchlöchert ist, und dieser räumliche »Ausschnitt« eines vertrauten Gegenstandes, der in gewisser Weise Teil meines Ichs ist, tritt mit der Öffnung der Tür des Hauses A in Resonanz.

Derlei Einklammerung eines Ich-Objekts ändert jedoch nichts an seinem Bezugscharakter, will heißen, das Auto im Traum bleibt ein Renault.

Der Übergang von der ausgeschriebenen Bezeichnung »Renault« zu der abgekürzten Bezeichnung »BMW« scheint mir mit einer gewissen Bedeutung behaftet zu sein.

Ich verspüre ein Zögern angesichts der Verknüpfung von dieser Sequenz des Auto-Vergessens mit jener der auf Yasha David bezogenen Fehlleistung. Ein solches Zögern gibt meine Verwunderung über seine Äußerung wieder, er erinnere sich vielleicht, wo ich das Auto stehen gelassen habe.

Und zu guter Letzt noch die mechanische, im Grunde die dümmste Assoziation, die nicht verschwiegen werden soll und schlicht darin besteht, die Frage des Vergessens mit »Wo ist das

---

88 Die archaischen Gesellschaften, insbesondere jene der Aborigines in Australien, sind damit vertraut, dass jeder Traumvorgang nicht nur auf eine individuelle diachrone Folge von Träumen verweist, sondern überdies auf kollektive Basisträume, die eine grundlegende Rolle in der Ausbildung von Verwandtschaftsbeziehungen, rituellen Wegstrecken und im Festhalten von Vorkommnissen jedweder Art spielen. Vgl. hierzu Glowczewski, *La loi du rêve* u. Félix Guattari, Barbara Glowczewski, »Les Warlpiri«, in: *Chimères*, 1, 1987, S. 1-29.

89 An einer Stelle, wo ich, was noch länger her ist, täglich Lucien Sebag, Pierre Clastre und einen Haufen Studierende traf.

Auto – die Auto-, die Selbst...analyse« zu vervollständigen. Ich muss gestehen, dass ich in letzter Zeit den Briefwechsel zwischen Freud und Fließ wieder gelesen und mich über die seltsame versteckte homosexuelle Beziehung gewundert habe, auf deren Grundlage Freud die Äußerung seiner Selbstanalyse entwickelt hat.

Der Versprecher im Traum

Anstelle von Yasha Davids Namen drängt sich der von Gilles Deleuze auf in diesem verdoppelten Inneren, das ich mir in diesem Traum gebaut habe. Die Ersetzung wird als Äußerungsmatrix funktionieren, auf deren Grundlage entstehen werden:

- dialogische polyphone Reihen im Sinne Bachtins,[90] die vorrangig weibliche Figuren einführen: Adélaïde, Arlette Donati, Aléna Gallard, Micheline Kao, meine Mutter, meine Großmutter ...
- heterogene harmonische Konstellationen auf Äußerungsebene, die wir weiter unten untersuchen werden.

Der Abgrund

Drei assoziative Richtungen bieten sich an:

- ein höhlenkundlicher Bezug, den ich nicht zu erhellen vermag;
- ein Text von Samuel Beckett, der, glaube ich, »Der Verwaiser« heißt und in dem ein ganzes Volk überlebt, indem es sich an einer umlaufenden Wand festklammert;
- ein Test, den ich in meiner Jugend erfunden und großspurig »Test zur sozioexistenziellen Eingliederung« genannt hatte und dessen Eingangsprämisse im Laufe des Protokolls zunehmend an Wert verlieren sollte.

---

90 Vgl. Bachtin, *Die Ästhetik des Wortes*.

Die Hemmung angesichts der Eifersucht

Als mir kürzlich bei einem Einbruch an die zwanzig Jahre Tagebücher gestohlen wurden, versuchte eine Freundin, mein »Gedächtnis« wieder herzustellen, indem sie mich über meine Vergangenheit und ebenso meine Freunde über mich befragte. Als sie mir sagte, sie würde ein Gespräch mit Arlette Donati führen, mit der ich in den 60ern sieben Jahre zusammengelebt habe, kam mir der Gedanke, sie spreche bestimmt über gewisse Eifersüchteleien ihr gegenüber und dass ich lieber nichts davon hören wollte. Doch hier bricht sich die bereits klassisch gewordene Freud'sche Verneinung Bahn: »Ich bin nicht eifersüchtig, Yasha David ist es, der eifersüchtig ist.«

Polyphone Analyse der manifesten Subjektivierungslinien

Es geht darum, die parallel verlaufenden und sich kreuzenden Linien in einer Bachtins Dialogismus ähnlichen Perspektive auszumachen. Erst in einem zweiten Schritt werden wir versuchen, die Synapsen des Sinns zu bestimmen, die ausgehend von einem deterritorialisierenden und Fraktale bildenden Bruch eine Funktion (ΣU.) der Konstellation von Bezugsuniversen katalysieren. Zunächst unterscheiden wir die manifesten Phyla diskursiven Sinns, so wie sie direkt im verschriftlichten Text des Traums erscheinen, von latenten Phyla, so wie sie sich während der mündlichen Erklärung innerhalb einer »assoziativen« Perspektive entwickeln.

Es lassen sich hauptsächlich fünf manifeste Phyla unterscheiden:

I) um das Dorfzentrum, den Platz und den Rundweg herum, der von umlaufenden Straßen eingeschlossen ist;
II) das vergessene Auto;
III) Yasha David und der Versprecher, der im Traum mit Gilles Deleuze gemacht wird;
IV) ein Abgrund;
V) die Hemmung gegenüber der Eifersucht.

Augenscheinlich bringt allein die dritte Komponente Eigennamen ins Spiel, womit sie gegenüber den vier anderen einen besonderen

Platz als synaptischer Operator einnimmt. Ebenso offenkundig ist die Heterogenität aller Komponenten.

Die erste erweist sich als eine visuelle ikonische Repräsentation, die wir der Kategorie der existenziellen Territorien (eT) zuordnen werden.

Die zweite bringt eine abwesende Maschine, ein Potenzial ins Spiel, das existieren kann oder nicht und das den diskursiven Phyla zugeordnet wird.

Die dritte bildet einen mentalen Prozess der Psychopathologie des Alltagslebens und firmiert unter der Kategorie der Synapsen.

Die vierte ist eine signifizierte Aussage, die sich im Laufe ihrer assoziativen Entwicklung in eine ikonische Aussage verwandeln wird. Dergestalt bildet sie die Rückseite eines existenziellen Territoriums, ein chaotisches schwarzes Loch.

Die fünfte ist ein koartierter Affekt (so wie Rorschach diesen Ausdruck verwendet), den wir den nichtdiskursiven Bezugsuniversen zuweisen werden.

Analyse der latenten Subjektivierungslinien

Entwicklung der ersten Komponente. Der Referent des Ortes im Traum wurde unmittelbar mit einem ikonischen Gesichtspunkt gleichgesetzt, doch ist es der Eigenname der betreffenden Stadt, der mehrere Tage brauchte, um an die Oberfläche zu steigen. Es handelt sich um die Stadt Mer. Die anderen Bezüge, mexikanisch (Pascuaro) und normannisch (Louviers), verbleiben im Hintergrund der ersteren, selbst wenn sie, in einem ersten Schritt, vor dieser erschienen waren (als ob erst hintereinander liegende Schwellen von Widerständen überschritten werden mussten). Man darf hier nicht allzu schnell vom Lexem »Mer« zur phonematischen Struktur »mère« (*Mutter*) wechseln. *Mer* ist ein Eigenname, der sich assoziativ eher mit meinem Vater verbinden würde, der während des Exodus die Entscheidung getroffen hatte, uns in dieser Stadt und genau an dieser Stelle, diesem Platz unterzubringen. Für mich ist bezeichnend, dass das »e« am Ende von *Mer* und der Accent grave (*mère*) ins »Meer« (*mer*) gefallen sind. Es ist dies die Mutter (*la mère*), nur mit etwas weniger, die Mutter, die von allem, was sie auf ihren Armen und ihrem Rücken zu tragen hat, befreit ist, und es ist der in seinen

Bewegungen sehr viel freiere und ebenso sehr viel distanziertere, entferntere Vater.

Der mütterliche Grund zeigt sich dagegen ungeteilt im Platz von Louviers, der mehr oder weniger neben einem Park gelegen war, in dem mich, glaube ich, meine Mutter in einem Kinderwagen spazieren fuhr.

Was die dritte Ebene der Konstellation anbelangt, jene des mexikanischen Platzes von Pascuaro mit seinem Anklang an einen friedlichen Tod, so können wir erst darauf zurückkommen, nachdem wir untersucht haben, wie die zentrale Synapse des Traums arbeitet.

Das Einzige, was wir zurückbehalten können, ist, dass die Tür des Hauses in [A] auf ein aus Vater-Mutter zusammengesetztes existenzielles Territorium führt. Entwicklung der zweiten Komponente. Tatsächlich hatte ich, am Ende der Kulturveranstaltung im Centre Georges Pompidou, an der Gilles Deleuze teilgenommen hatte, Yasha David vorgeschlagen, ihn nach Hause zu begleiten. Gemeinsam gingen wir zum Parkplatz, der sich unter dem Centre befand. Mir wurde klar, dass ich vergessen hatte, wo mein Auto geparkt war. Lange suchten wir alle Etagen des Parkhauses ab, bis ich zu meiner großen Schande feststellen musste, dass ich zu Fuß gekommen war. Dies geschah wirklich, doch ich habe sehr oft davon geträumt, dass ich vergesse, wo mein Auto geparkt ist.

Auch kann ich hier den Zweig Rue Gay-Lussac, die Grünen, der Parti socialiste usw. erst dann angehen, wenn ich mich mit der Synapse beschäftigt habe. Derweil lässt sich hervorheben, dass bei mir das Auto-Thema mit dem der Wunschmaschine korrespondiert. Mein Leben stand Kopf, als ich meine Fahrerlaubnis gemacht habe – sehr spät erst, denn ich war bereits 35 Jahre alt. Indirekte Folge davon war ein Gewinn an Unabhängigkeit, was unter anderem zu einer Scheidung führen sollte. Es war mein Vater, der noch auf seinem Sterbebett in für ihn recht unüblicher Weise darauf bestanden hatte, dass ich meinen Führerschein mache. Er fühlte sich isoliert, zu abhängig von meiner Mutter und wollte, dass ich ihn öfter besuchen komme. Ich erinnere mich auch daran, dass er mir einen Fünfzig-Francs-Schein zusteckte, damit ich mich in der Fahrschule anmelde könne. Das hat mich sehr bewegt, denn ihm war nicht mehr recht klar, dass zu jenem Zeitpunkt eine solche Summe nicht mehr viel wert war.

Behandle ich in der Folge die dritte, die synaptische Komponente gesondert, so weil die vierte und die fünfte für den Moment keiner besonderen Erläuterungen bedürfen.

Analyse der synaptischen Komponente

Der deterritorialisierende und Fraktale bildende Operator des Traums ist ein abstraktes Dispositiv, das aus zwei Elementen gebildet wird:

- einem Vergessen, das des Autos;
- einem Versprecher, den Namen Yasha Davids betreffend.

Beide Elemente können in ein und derselben dreifach verknüpften Phrase erfasst werden:

Ich suche meinen	Renault / BMW	in	Mer / Rue Gay-Lussac	mit	Yasha David / Gilles Deleuze
	(vergessen)				(Versprecher)

Offenkundig ist die erste Verknüpfung selbst noch einmal komplexer Natur. Ich träume, dass ich vergessen habe, wo mein geparktes Auto steht, doch zugleich vergesse ich die Marke des Autos, die ich durch eine andere: BMW ersetze. Vor zwanzig Jahren, während der Ereignisse von '68, besaß ich einen BMW. Ich erinnere mich, wie ich mit diesem Auto durch äußerst gewalttätige Demonstrationen gefahren bin. Zu dieser Zeit lebte ich mit Arlette Donati zusammen, und meine Arbeit mit Gilles Deleuze sollte kurz darauf ihren Anfang nehmen. Es existieren also eine gegenwärtige Zeit Renault-Yasha David und eine frühere, glanzvollere Zeit BMW-1968-Arlette Donati-Gilles Deleuze. In welcher Form aber die frühere die gegenwärtige Zeit verdrängt, das lässt sich nicht mit einem einfachen dynamischen Gegensatz fassen. Hier kommt eine dialektische Dimension ins Spiel, aus der ein maschinischer Mehrwert resultiert, der sich in den anderen Subjektivierungsbereichen entfalten wird. Im Wesentlichen handelt es sich um eine Deterritorialisierungsbewegung, die durch den Übergang vom ausgeschriebenen »Renault« zum abgekürzten »BMW« Gestalt annimmt. Wir werden in der Folge sehen, dass derlei »Verabkürzung« auf benachbarte Eigennamen ausstrahlen kann und so die Ausbildung eines ersten abstrakten maschinischen Kerns ermöglichen wird.

Erwähnt sei noch, dass ich mich zeitgleich zu diesem Traum in einer sehr schwierigen Beziehung mit einer Italienerin namens Adélaïde befand, die ich gewöhnlich A.D. nannte.

Damit ergibt sich eine Transformation, die wie folgt zusammengefasst werden kann:

1984	Renault	A.D.	Yasha David
1968	BMW	Arlette Donati	Gilles Deleuze

Alles scheint so, als würde die Verabkürzung der Zeit von 1968 bis ins Jahr 1984 über Arlette Donati bis zu A.D. (Adélaïde) aufsteigen.

Analyse der harmonischen Konstellationen der Äußerungsebenen

Die polyphonen Linien haben sich ihren eigenen Bedeutungsräumen gemäß, ihren jeweiligen maschinischen Sätzen entsprechend entfaltet, die selbst innerhalb äußerlicher rhizomatischer Koordinaten eingefasst sind. So entwickelte sich der Dorfplatz zu den Städten Mer, Louviers, Pascuaro, dann zu Vater-Mutter usw. Nun geht es darum, die deterritorialisierten Äußerungskerne, die im Traum, genauso übrigens wie in der Wirklichkeit, Wort ergreifen, näher zu beschreiben, denn von der von mir eingenommenen Warte der Subjektivitätsproduktion aus gibt es keinerlei Grund mehr, latente unbewusste Inhalte von bewusst getätigten Aussagen getrennt zu behandeln. Diese, nach Charles Sanders Peirce, Affektanten und Interpretanten sind insofern nichtdiskursiv, als sie deterritorialisierte Universen bilden, auf deren Grundlage heterogene Zeichenbildungsmodi ihre Arbeit aufnehmen.

Als Beispiel einer solchen zusammengesetzten Heterogenität, die diskontinuierliche Äußerungsfragmente hervorbringt, kann gelten: der Übergang von Renault zum Kürzel BMW oder das Gleiten von Arlette Donati zu A.D., wobei Letzteres mit dem Zusatz, dass die Deterritorialisierung der Abkürzung mit einer phonologischen

Reterritorialisierung einhergeht, denn auf dieser Ebene funktioniert das »A.D.« innerhalb des Vornamens Adélaïde.

Merken wir ebenfalls an, dass derlei partielle Brennpunkte auf Äußerungsebene als solche über syntagmatische Verkettungen und paradigmatische Achsen hinweg nicht bezeichnet werden können. Hier sind sie nur durch Eigennamen mit einem Index versehen, und zwar ausgehend von drei Frauen, die ich nacheinander geliebt habe: Micheline Kao, Arlette Donati und A.D. Vorstellen ließe sich, dass Codenamen oder inchoative Verben denselben a-signifikanten Bruch hervorrufen sollen, der die Inbetriebnahme einer existenziellen Äußerungsfunktion erlaubt. Statt in einem Bedeutung produzierenden Geviert gefangen zu sein, nimmt hier das synaptische semiotische Kettenglied eine Position ein, in der es eine fraktale Wucherung erzeugt, die die unterschiedlichen Quellen des Imaginären erforschen wird und vielleicht eine Problematik, die bislang ungeklärt geblieben ist, besser zu verstehen ermöglicht, im betreffenden Fall: das Verhältnis zu Geburt und zu Tod, und zwar insofern, als es Hemmungen auslösen kann.

Der erste partielle harmonische Kern bildet sich um Komponente I und IV des Traums herum, sprich jene des Vater-Mutter-Territoriums und des Abgrunds, der entsprechend seinen innerlichen Koordinaten die Komponenten eines Äußerungsfelds an sich zieht. Man erinnere sich, dass die herrschende Ausdrucksform der Komponente I zutiefst visueller Ordnung ist. Beim Verlassen von A betrete ich die im Hintergrund mitlaufenden Welten von Mutter-Louviers-Pascuaro. Diese ikonische Komponente wird jedoch verdoppelt und, so könnte man meinen, getrübt durch einen gewissen phonologischen Synkretismus, der zweifach in Erscheinung tritt:

1) als Transformation von *Mer* in *mère*, von der Stadt Mer oder dem Meer in Mutter;
2) als Transformation von Michoacan in Micheline Kao, die gewissermaßen meine erste Gattin war, obwohl ich formal nie mit ihr verheiratet gewesen bin.

Diese überlagernden Hintergrundwelten bilden eine Art Eispalast, auf dessen Grund ich eine Abgrund-Zone ausmache, die sich in Punkt B durch die Ungewissheit, den Mangel, die mit dem Vergessen des Autos zusammenhängende Zensur manifestiert.

Das existenzielle Territorium von Mer bleibt wie eine Radrennbahn in sich geschlossen. Gleichwohl hat es Risse, ein Schlund schwingt in ihm auf tangentiale Weise. Und diesen Schlund kann ich nur von außen erfassen, auf metaphorische oder metonymische Weise hindurch die Eigennamen, die assoziativ wie Schilder an ihm angebracht sind.

Mittels des zweiten harmonischen Kerns werden wir ihn ein wenig genauer fassen können. Er resultiert aus der Anwendung der durch die Komponente III gebildeten Synapse auf die zweite, maschinische, und die fünfte, affektive Komponente. Der Übergang Renault-BMW lässt mich von einer tödlich-regressiven Welt in Richtung einer Art Initiationsweg überwechseln. Ich bewege mich die Rue Gay-Lussac hinunter, zunächst zu Fuß, dann mit dem Fahrrad. Gewiss gibt es »gay« Homosexualität in der Straße, doch vor allem die Erinnerung an die gewaltsamsten Demonstrationen von Mai 68. Am Morgen des 10. Mai kam ich zu spät, nach der Schlacht, nur um verletzte Freunde zu suchen. Jedenfalls fühlte ich mich während der Straßenkämpfe nicht wohl; ich war in Bezug auf physische Auseinandersetzungen mit der Polizei gehemmt. Darin steckt also eine doppelte Matrix des koartierten Affekts: Hemmung hinsichtlich Kampf und Homosexualität.

Eine sich entwickelnde Hemmung allerdings, da hier die Hintergrundwelten aufhören, sich wie in einem Spiegel zu vervielfachen, um sich im Treffen mit den Grünen, in der Auseinandersetzung mit Lionel Jospin und, in endloser Fortführung, in der Heraufbeschwörung meiner Ethnologen-Freunde Cartry, Clastre, Adler usw. und des ersten therapeutisch betreuten psychotischen Patienten, den ich mit dem Motorrad genau vom anderen Ende der Rue Gay-Lussac, sprich, von der Rue Monsieur-le-Prince aus zu ihnen mitgenommen hatte, dynamisch aneinanderzureihen. Man müsste noch Lucien Sebag und einen anderen Traum hinzufügen, der gegenüber dem Saal der Mutualité spielt und worin sich diesmal das Todes- und das Musikthema verknüpft finden. Kurz, eine ganze Lebenswelt an unterschiedlichsten Aktivitäten schöpferischer maschinischer Verkettungen!

Die semiotische Diversifizierung im Spiel von Graphem und Phonem um A.D. herum erlaubt mir wie bei einem Kreuzworträtsel, die imaginäre Blockierung, die durch die auf Mer territorialisierte Komponente ausgelöst wurde, zu artikulieren und differenziert zu betrachten. Gleichwohl zeigt sich eine residuale Reterritorialisierung mit dem koartierten Affekt der Eifersucht. Obwohl ich ein entschiedener Verfechter der sexuellen Befreiung bin, bin ich, betrachte ich die Zeit mit Arlette Donati und A.D., trotzdem eifersüchtig, wenn sich eine meiner Partnerinnen diese Freiheit auch tatsächlich herausnimmt. Dieser Hemmungskern, der lange Zeit in der Beziehung zu Arlette Donati eine Rolle gespielt und mehrmals dazu geführt hat, dass ich mit dem BMW auf die Suche nach ihr gegangen bin, findet sich nun in der Ambivalenz bezüglich Yasha und Gilles wieder, doch hier als Neutralitätskern, in dem per Konvention ausgemacht ist, dass das Problem der Eifersucht vernachlässigt werden kann.

Als letzter Punkt der Analyse: Was sagt uns der Traum? Dass jenseits der Fixierung auf frühkindliche Gebiete eine Wunschmaschinenproblematik prozessuale existenzielle Linien neu zeichnen kann. Doch irgendetwas hört nicht auf, ein Vergessen, eine Hemmung, ein Verlust an Festigkeit auszulösen ... Unter diesen Umständen ist es besser, nichts zu überstürzen und vor allem niemals die *Auto-* und *Selbstanalyse* des Versprechers und des Vergessens innerhalb des Traums außer Acht zu lassen, das einzige Mittel, um eine Todesangst zu bannen, die in eins als grundlegend und als läppisch durch die Geste des sterbenden Vaters, der mir einen alten Fünfzig-Francs-Schein zusteckt, charakterisiert ist.

»[W]enn man sich z. B. im Traum vor Räubern fürchtet, so sind die Räuber zwar imaginär, die Furcht aber ist real«, zitierte Freud Salomon Strickers *Studien über das Bewusstsein* in seinem Werk *Die Traumdeutung*.[91] Der Inhalt einer Traumbotschaft kann verändert, verschleiert und verstümmelt sein, doch nicht seine affektive Dimension, sein thymischer Bestandteil. Der Affekt klebt an der Subjektivität, er ist eine glischroide Form, um einen Begriff Minkowskis zur Beschreibung der Epilepsie aufzugreifen. Allein, er haftet ebenso gut an der Subjektivität desjenigen, der ihn äußert, wie an jener, auf die er sich richtet, womit die Äußerungen betreffende Dichotomie von Sender und Empfänger obsolet erscheint. Spinoza hatte das Transitive des Affekts sehr gut erkannt (»Wenn wir uns ein uns ähnliches Ding, mit dem wir nicht affektiv verbunden gewesen sind, als mit irgendeinem Affekt affiziert vorstellen, werden wir allein dadurch mit einem ähnlichen Affekt affiziert«),[92] woraus die Entfaltung vielpoliger affektiver Komponenten hervorging sowie, was er »Wetteifer der Begierde« genannt hat. So wird etwa die Trauer, die wir durch jene des Anderen hindurch empfinden, zum Mitgefühl, während »es unmöglich ist, uns den Hass, den jemand wie wir auf uns empfindet, vorzustellen, ohne dass wir ihn auch hassen würden; und dieser Hass geht notwendig mit einem Wunsch nach Zerstörung einher, der im Zorn und in der Grausamkeit Gestalt annimmt«.[93] Der Affekt ist also im Wesentlichen eine präpersonale Kategorie, insofern er »vor« der Bildung von Identitäten entsteht und, was sowohl ihren Ursprung als auch ihr Ziel angeht, sich in nichtlokalisierbaren Übertragungen zeigt. Irgendwo gibt es Hass, genauso wie in den animistischen Gesellschaften nützliche oder schädliche Einflüsse durch die Geister der Ahnen und gleichzeitig durch die Totemtiere oder durch das »Mana« eines heiligen Ortes, durch die Macht einer rituellen Tätowierung, eines zeremoniellen Tanzes, durch die Erzählung eines Mythos usw.

91 Freud, *Die Traumdeutung*, S. 77.

92 Baruch de Spinoza, *Ethik in geometrischer Ordnung dargestellt*, III, 27, übers. v. Wolfgang Bartuschat, Hamburg 1999, S. 269.

93 [Guattari zitiert hier Émile Bréhier, der Spinoza paraphrasiert in *Histoire de la philosophie*, Bd. 2.1: *La philosophie moderne. Le dix-septième siècle*, Paris 1929, S. 182. A.d.Ü.]

hindurchfließen und zirkulieren. Vielstimmigkeit von Zeichenbildungskomponenten also, die jedoch auf der Suche nach ihrer existenziellen Vollendung sind. Als Färbung der menschlichen Seele ebenso wie von tierischen Werden und kosmischen Magien bleibt der Affekt unscharf, atmosphärisch[94] und dennoch insofern vollkommen fassbar, als er durch die Existenz von Übergangsschwellen und Wechseln seiner Vorzeichen charakterisiert ist. Die Schwierigkeit besteht hier darin, dass seine Begrenzung nicht diskursiv ist, das heißt, nicht auf einem System distinkter Gegensätze beruht, die sich Reihen linearer Nachvollziehbarkeit entsprechend verteilen und in miteinander kompatiblen Informationsspeichergedächtnissen Gestalt annehmen. Lässt sich damit zwar der Affekt Bergsons Dauer annähern, so entstammt er jedoch keiner der zählbaren extensionalen Kategorien, sondern intensiven und intentionalen Kategorien, die einer existenzielle Selbstverortung entsprechen. Sobald man darangeht, einen Affekt zu quantifizieren, verliert man sofort seine qualitativen Aspekte sowie seine Macht zur Singularisierung, zur Heterogenese, mit anderen Worten, die ereignishaften Gebilde, die »Haecceitates«, die sie befördert. Dem sah sich Freud gegenüber, als er aus dem Affekt den qualitativen Ausdruck der Quantität an Triebenergie (die Libido) und ihrer Variationen machen wollte. Der Affekt ist existenzieller Aneignungsprozess durch die fortwährende Schöpfung von heterogenen Seinsdauern, weshalb wir sicherlich besser beraten sind, ihn nicht im Rahmen wissenschaftlicher Paradigmen zu behandeln, und uns ganz bewusst ethisch-ästhetischen Paradigmen zuwenden. Dazu scheint uns Michail Bachtin einzuladen, wenn er, um die ästhetische Äußerung im Verhältnis zur ethischen Bewertung und zur objektiven Erkenntnis präziser zu fassen, den Akzent auf ihre Fähigkeit legt, den Inhalt »von außen zu umfassen«, auf ihre »Wertschicht« und auf den Umstand, dass sie sich selbst als Schöpferin von Form zu setzen bestrebt ist.[95] Indem so der Affekt

---

94 Die phänomenologische Psychiatrie befürwortet hinsichtlich der schizophrenen Entfremdung eine Diagnostik, die auf dem frühzeitig Erlebten (Rümke) oder dem Gefühl (Binswanger), der Intuition (Weitbrecht) gründet. Tellenbach favorisiert eine »atmosphärische Diagnostik« zur Feststellung der Dissonanz zwischen den beiden »Partnern« zugehörigen Atmosphären, ohne dass er die jeweils einzelnen Symptome aufzuzählen sucht. Vgl. hierzu Tatossian, *Phénoménologie des psychoses*.

95 Bachtin, *Die Ästhetik des Wortes*, S. 148f.: »Alle syntaktischen Wortverbindungen müssen, um zu kompositionellen Verbindungen zu werden und die Form im

einem ästhetischen Gegenstand ähnlich gemacht wird, ist er, und eben dies möchte ich herausstreichen, keinesfalls das passive Korrelat der Äußerung, sondern ihr durchaus etwas paradoxer, da nichtdiskursiver Motor, der keinen Energieverlust nach sich zieht – was uns überdies dazu geführt hatte, ihn als deterritorialisierten Maschinismus zu bezeichnen.

Die Endlichkeit, die Vollendung, die existenzielle Singularisierung der Person in ihrem Verhältnis zu sich selbst ebenso wie die Einfassung ihres Bereichs an Andersartigkeit, all dies versteht sich nicht von selbst, ist weder theoretisch noch faktisch einfach so gegeben, sondern ist das Ergebnis komplexer Prozesse von Subjektivitätsproduktion. Und die künstlerische Schöpfung hat, unter diesen recht speziellen Umständen, an dieser Produktion in augenscheinlich wucherndem und übersteigertem Maße teilgehabt. Bevor wir die Subjektivität, wie es die Strukturalisten wollen, auf ein Resultat sinnproduzierender Vorgänge reduzieren – in dieser Hinsicht stehen wir immer noch im Bann von Lacans berühmter Formulierung, der zufolge ein Signifikant das Subjekt für einen anderen Signifikanten repräsentieren soll –, kartografieren wir lieber die unterschiedlichen Subjektivitätskomponenten in ihrer grundlegenden Heterogenität. Selbst im Fall der Schöpfung einer literarischen Form, die gleichwohl gänzlich von der Sprache abhängig zu sein scheint, unterstreicht Bachtin, welche Reduktion es doch alles in allem wäre, sich nur an das Rohmaterial des Signifikanten zu halten. Indem er die schöpferische, von innen organisierte Persönlichkeit (die er dem Betrachter eines Kunstwerks gleichsetzt) der passiven, von außen organisierten Persönlichkeit des Helden, dem Gegenstand des künstlerischen Sehens,[96] entgegensetzt, vermag er fünf »Seiten« des linguistischen Materials zu unterscheiden, um eine letzte Ebene sprachlichen Affekts freizulegen, in dem das Gefühl, den Laut, den Sinn, die syntagmatischen Verbindungen und die phatische Bewertung emotionaler und willensmäßiger Ordnung zugleich hervorzu-

künstlerischen Objekt zu verwirklichen, durchdrungen sein von der Einheit der Empfindung verbindender Aktivität – einer Aktivität, die auf die durch diese Verbindungen zu realisierende Einheit gegenständlicher und sinnhafter Beziehungen gnoseologischen oder ethischen Charakters gerichtet ist, durchdrungen von der Einheit der Empfindung von Spannung, des formenden Ergreifens, des Von-Außen-Erfassens des gnoseologisch-ethischen Inhalts.«

96 Ebd., S. 152.

bringen, bekräftigt wird.[97] Die verbale Tätigkeit, einen bedeutsamen Laut zu erzeugen, geht also einher mit einer Aneignung des Rhythmus, der Intonation, des motorischen Elements der Mimik, der zum Ausdruck gebrachten Spannung, der (bewegungsschöpfenden) Gesten der Erzählung, der Gestaltungstätigkeit seitens der Metapher und allen inneren Drangs der Person, der »mit dem Wort, dem Aussprechen einer Wert- und Sinnposition befassten Persönlichkeit«.[98] Bachtin macht jedoch deutlich, dass dieses Gefühl nicht auf das einer rohen organischen Bewegung, die physische Wirklichkeit des Wortes heraufrufend, reduziert werden kann, sondern dass es auch das der Hervorbringung und des Sinns der Wertschätzung ist: »[D]as heißt die Empfindung der Bewegung und der Eroberung eines Standpunkts durch den ganzen Menschen, eine Empfindung, in die sowohl der Organismus als auch die sinnerzeugende Aktivität einbeschlossen sind, denn es werden sowohl das Fleisch als auch der Geist des Wortes in ihrer konkreten Einheit geboren.«[99]

Diese aktive Wirkmacht des Affekts ist, wenngleich nichtdiskursiv, nicht weniger komplex, und ich möchte sie sogar als hyperkomplex bezeichnen, um deutlich zu machen, dass sie Instanz zur Hervorbringung des Komplexes ist, beginnende Prozesshaftigkeit, Ort der Wucherungen von Mutationen erzeugenden Werden. Mit dem Affekt stellt sich fortan die Frage einer Dis-Position der Äußerung ausgehend von modularen Komponenten der Proto-Äußerung. Der Affekt spricht zu mir; zumindest aber spricht er durch mich. Die dunkelrote Farbe meines Vorhangs bildet mit der Abenddämmerung, während der blauen Stunde, eine existenzielle Konstellation, um einen Affekt von Unheimlichkeit hervorzubringen, der alle Gewissheiten und Dringlichkeiten, die sich mir noch kurz vorher aufgedrängt haben, wertlos erscheinen lässt und die Welt in ein Dunkel taucht, aus dem es kein Entrinnen zu geben scheint. Im Gegenzug können andere Szenen, andere Schauplätze, andere existenzielle Territorien zu Stützen von höchst differenzierten Affekten avancieren – beispielsweise die Leitmotive in *Rheingold*, die in mir zahllose sentimentale, mythische, historische und gesellschaftliche Bezüge aufrufen; oder auch die Heraufbeschwörung einer humanitären Problematik, die

97 Ebd., S. 144f.

98 Ebd., S. 145.

99 Ebd.

ein komplexes Gefühl von Abstoßung, Auflehnung und Mitgefühl auslöst. Sobald sich derlei szenische oder territorialisierende Dis-Positionen anschicken – während sie auch weiterhin für sich, in ihrer eigenen Ecke existieren –, aus meiner unmittelbaren Umgebung herauszutreten und Abläufe von Erinnerung und Verstehen in Gang zu setzen, stehe ich unter dem Einfluss eines mehrköpfigen Äußerungsgefüges. Die individuierte Subjektivierung, die sich das Recht herausnimmt, in der ersten Person zu sprechen, bildet so nurmehr die fluktuierende Schnittstelle, die bewusste »Endstation« dieser unterschiedlichen Verzeitlichungskomponenten. Mit dem Vorhang und der vorgerückten Stunde gab sich der Affekt, der sinnlich genannt werden könnte, als wäre er unmittelbar da, mit den problematischen Objekten hingegen löst sich seine raumzeitliche Kongruenz auf, was seine Fähigkeiten, Licht in die Sache zu bringen, zu zersprengen droht.

Ich möchte jedoch die These aufstellen, dass die problematischen Affekte den Grund für die sinnlichen Affekte abgeben und nicht umgekehrt. Hier hört der Komplex auf, sich auf das Elementare, Grundlegende zu stützen (wie die Konzeption in den szientistischen Paradigmen anschaulich macht), um gemäß seiner eigenen Ökonomie die synchronen Verteilungen und die diachronen Werden anzuordnen.

Untersuchen wir nacheinander diese zwei Aspekte.

Als instabiles Resultat eines Gebildes aus heterogenen Zeichenbildungsmodulen ist seine Identität durch die Wucherung der Problematisierungsphyla, die ihn traktieren, permanent gefährdet; in seiner »angereicherten« Form sucht der Affekt unaufhörlich sich selbst zu erfassen. Im Wesentlichen resultiert seine Macht zur existenziellen Selbstbehauptung aus derlei ontologischer Flucht »nach hinten«, die auf eine unendliche Bewegung virtueller Fraktalbildung folgt.[100] Auf einer phänomenologischen Ebene wird uns die Frage einer Überschreitung der Schwelle durch den Affekt, im Hinblick auf das Erreichen einer ausreichenden Festigkeit, von den meisten psychopathologischen Syndromen gestellt. Diesseits einer solchen Schwelle findet sich die Sphäre der »pathischen Zeit« – dem glück-

---

100 Die Virtualität geht hier einher mit einer fraktalen Deterritorialisierung, die, auf einer zeitlichen Ebene betrachtet, mit unendlicher Geschwindigkeit abläuft und zugleich, auf einer räumlichen Ebene, unendlich kleine Abstände erzeugt (vgl. hierzu Kapitel 3 »Der Zyklus der Gefüge«).

lichen Ausdruck von Gebsattels zufolge[101] – bedroht. An dieser Stelle sei ebenfalls an den von Binswanger im Zusammenhang mit dem Autismus entwickelten Chiasmus erinnert, der weniger durch eine leere – vom Typ Langeweile – als durch eine Leere der Zeit charakterisiert wäre.[102] Die psychopathologischen Syndrome machen besser als jedes andere Gefüge deutlich, was ich die dem Affekt innewohnenden inchoativen Dimensionen nenne, von denen sich manche anschicken, buchstäblich auf eigene Rechnung zu arbeiten. Was keinesfalls bedeutet, man könne die Normalität als ein harmonisches Gleichgewicht zwischen den modularen Verzeitlichungskomponenten beschreiben. Die Normalität kann, wie die anderen Krankheitsbilder auch, genauso »gestört« sein! Manche Phänomenologen haben sogar ein Syndrom von Hypernormalität in der Melancholie festgestellt.[103] Die Unstimmigkeit zwischen den verschiedenen Arten, den zeitlichen Rhythmus anzuschlagen – was ich ihre Ritornellisierung nenne –, ist nicht nur Merkmal einer anormalen Subjektivierung. Letztere wäre eher dadurch charakterisiert, dass in ihr, eine Zeitlang oder für immer, ein bestimmter Verzeitlichungsmodus gegenüber den anderen die Oberhand gewinnt. Indes die normale psychische Verfassung stets mehr oder weniger direkt von dem einen zum anderen wechseln würde, wie Robert Musil dies so wundervoll Ulrich in den Mund legt: »[...] was einen Gesunden von einem Geisteskranken unterscheidet, ist doch gerade, dass der Gesunde alle Geisteskrankheiten hat, und der Geisteskranke nur eine!«[104] Die Erforschung der Ausdrucksebenen pathischer Verzeitlichungen ist noch nicht ausreichend ernsthaft erfolgt. Mir scheint jedoch, dass die Folgen, die man sich davon erhoffen könnte, die Grenzen der Psychopathologie bei Weitem übersteigen und in der Linguistik in ganz besonderer Weise zum Tragen kommen würden. Ich vermute, die Analyse modaler und qualitativer Folgen der zwanghaften oder melancholischen Arretierung der Zeit könnte zur Formulierung einer allgemeineren Funktion der Äußerungshemmung und symmetrisch dazu die verrückte manische Beschleunigung von Äußerungen (*Ideenflucht*) zu einer Funktion der Verflüssigung führen. (»Der Manische ist fortwährend durch ein

---

101 Zitiert bei Tatossian, *Phénoménologie des psychoses*, S. 169.

102 Ebd., S. 117.

103 Ebd., S. 103.

104 Robert Musil, *Der Mann ohne Eigenschaften*, Bd. III, Berlin 1980, S. 330.

unendliches Spektrum an Verweisen in Anspruch genommen, die stets flüchtig-aktuell und austauschbar sind. Sein Zeitgefühl ist auf eine ›absolute Augenblickshaftigkeit‹ reduziert, die keinerlei Dauer kennt und wie das melancholische Zeitgefühl verschwindet.«)[105] Ich male mir ebenfalls aus, welchen Gewinn die Semiotiker ziehen könnten aus einer sicherlich sehr viel schwieriger zu leistenden Untersuchung der Diskrepanz zwischen dem stummen Ausdruck des Katatonikers und den fantastischen – um Bachtins Formulierung aufzugreifen – »inneren Gebärden«, deren Maske er ist. Allgemeiner betrachtet müsste man zugestehen, dass die Deregulierung von Äußerungsrhythmen und die daraus resultierenden Unstimmigkeiten nicht in einem einheitlichen Register der Bedeutungsproduktion erfasst werden können. Sie verweisen stets auf Bemächtigungen seitens außersprachlicher Komponenten: somatische, ethologische, mythographische, institutionelle, ökonomische, ästhetische usw. Das Ganze ist bei »normalem« Sprachgebrauch weniger sichtbar, da die Affekte hier disziplinierter, einem Gesetz der Vereinheitlichung und verallgemeinerten Äquivalenz unterworfen sind.

Mit dem allgemeinen Ausdruck des Ritornells bezeichne ich wiederholbare diskursive Sequenzen, die in sich selbst geschlossen sind und deren Funktion in einer äußerlichen Katalyse existenzieller Affekte besteht. Als Stoff, als Substanz können den Ritornellen rhythmische und plastische Formen, prosodische Segmente, Merkmale von Gesichthaftigkeit, Embleme des Wiedererkennens, Leitmotive, Signaturen, Eigennamen oder ihre Rufäquivalente dienen. Sie können sich auch transversal zwischen unterschiedlichen Substanzen herstellen – dies ist der Fall mit den »Ritornellen der verlorenen Zeit« von Proust, die in einen fortwährenden Austausch treten.[106] Sie sind sowohl sinnlich-konkreter Ordnung (die in Tee getränkte Madeleine, der unebene Pflasterstein im Hof des Stadtpalais der Guermantes, die »kleine Melodie« von Vinteuil, die Skulpturen am Glockenturm von Martinville ...) als auch problembezogener (die Atmosphäre im Salon der Verdurins) und gesichthafter Ordnung (Odettes Antlitz). Um ihre Position als Kreuzung von sinnlichen und problematischen Dimensionen der Äußerung zu bestimmen, schlage ich vor, das Bezeichnungsverhältnis f(bez) (das heißt das Ver-

---

105 Tatossian, *Phénoménologie des psychoses*, S. 186.

106 Vgl. das Kapitel »Les Ritornelles du Temps perdu«, in: *L'Inconscient machinique*, S. 237-336.

hältnis reziproker Voraussetzung oder, der Terminologie Hjelmslevs zufolge, Solidarität zwischen der Ausdrucksform und der Inhaltsform) auf vier semiotische Funktionen, die sich auf den Referenten und auf die Äußerung beziehen, »einzugrenzen«. So ergibt sich:

1) eine denotative Funktion f(den), die den Beziehungen zwischen der Inhaltsform und dem Referenten entspricht;
2) eine diagrammatische Funktion f(diag), die den Beziehungen zwischen der Ausdrucksmaterie und dem Referenten entspricht;
3) eine Funktion sinnlich-konkreten Affekts (Ritornell), die den Beziehungen zwischen der Äußerung und der Ausdrucksform entspricht;
4) eine Funktion problembezogener Affekte (abstrakte Maschine), die den Beziehungen zwischen der Äußerung und der Inhaltsform entspricht.

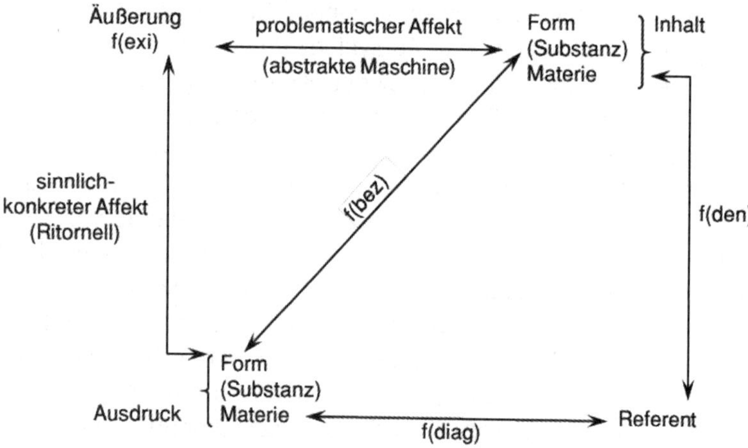

Abb. 10.1 *Semiotisches Dreieck und Äußerungsdreieck*

Sofern wir davon ausgehen können, dass die bezeichnenden, denotativen und diagrammatischen Funktionen in den herkömmlichen Grenzen semantischer und syntaktischer Bereiche verbleiben, ist nicht die Rede davon, beide Funktionen existenziellen Affekts in eine dritte Schublade zu stecken, die die Aufschrift »pragmatisch« trägt. Wie Hjelmslev ausdrücklich hervorgehoben hat, lässt sich die Linguistik nicht (genauso wenig wie die anderen semiotischen Systeme) auf einer autonomen Axiomatik gründen.[107] Durch eben diesen Aspekt der Verkettung partialer Äußerungsterritorien setzt eine allgemeine Flucht der Ausdruckssysteme aufseiten des Sozialen, des »Präpersonalen«, des Ethischen und des Ästhetischen ein.

Was lässt sich von unserem Doppelgesicht Ritornell/abstrakte Maschine erwarten? Im Wesentlichen die Erfassung und Entschlüsselung der existenziellen praxisbezogenen Operatoren, die sich am Schnittpunkt Ausdruck/Inhalt herstellen. Eine Kreuzung, an der wohlgemerkt nichts jemals, wie es die Strukturalisten gerne hätten, perfekt synchron abläuft, wo stets alles eine Frage von kontingenten Gefügen, Heterogenese, Unumkehrbarmachung und Singularisierung ist. Mit Hjelmslev lernten wir die grundlegende Umkehrbarkeit der Ausdrucks- und der Inhaltsform kennen, die die Heterogenität der Substanzen und der Materien als deren Träger überragte. Mit Bachtin jedoch lernten wir das Blätterwerk der Äußerung, ihre Vielstimmigkeit und mannigfaltigen Brennpunkte, zu lesen. Wie lässt sich die Existenz dieser Schnittmenge, die Ausdruck und Inhalt formal vereinigt, mit einem Mehr an Beeinflussbarkeit der Äußerung versöhnen? Wie lässt sich beispielsweise begreifen, dass die heterogenen Stimmen des Wahns oder des Schöpferischen am Gefüge von Produktionen von Sinn außerhalb des gesunden Menschenverstands mitwirken, die, weit davon entfernt, eine vom kognitiven Gesichtspunkt aus betrachtet defizitäre Position zu bekleiden, bisweilen erlauben, zu höchst bereichernden existenziellen Wahrheiten vorzudringen? Die Linguisten haben sich viel zu lange geweigert, sich der Äußerung zuzuwenden, da sie nur deren Einbrüche in das strukturelle Gerüst der semantisch-syntaktischen Prozesse betrachten wollten. Doch die Äußerung ist mitnichten ein abgelegener Vorort der Sprache. Sie bildet den aktiven Kern der sprachlichen und semiotischen Schöpfungskraft. Und wenn sie wirklich dazu bereit wären, ihre Singularisierungsfunktion zu rezipieren, dann, scheint mir, wären die Linguisten gut beraten, wenn nicht Eigennamen an die Stelle kategorialer Symbole zu setzen, die die syntagmatischen und semantischen Bäume, die sie von den Anhängern und Nachfolgern Chomskys geerbt haben, beherrschen, so sie doch zumindest mit Rhizomen von Ritornellen, die sich an jene Eigennamen hängen, zu vermehren. Wir müssen das Spiel der Ritornelle

[107] Hjelmslev, *Nouveaux essais*, S. 74f.

wieder erlernen, die die existenzielle Verarbeitung der sinnlich-konkreten Umwelt festlegen und die Szenen, die Schauplätze für die Metamodellierung der abstraktesten problematischen Affekte stützen. Betrachten wir ein paar Beispiele.

Marcel Duchamps Flaschenhalter dient als Auslöser einer Konstellation von Bezugsuniversen, indem er ebenso sehr persönliche Anklänge – der Keller des Hauses, jener Winter, die Sonnenstrahlen auf den Spinnennetzen, die jugendliche Einsamkeit – wie solche kultureller und ökonomischer Ordnung – die Zeit, in der man noch die Flaschen mithilfe einer Flaschenbürste reinigte – ins Spiel bringt. Benjamins *Aura*[108] oder Barthes' *punctum*[109] entstammen ebenfalls dieser Art von singularisierender Ritornellisierung. Sie ist es auch, die den architektonischen Gefügen ihre skalenmäßige Dimensionierung verleiht.[110] An welchem bisweilen winzigen Detail bleibt die Wahrnehmung eines Kindes hängen, das durch die tristen Straßenzüge einer Hochhaussiedlung streift? Wie gelingt es ihm, ausgehend von einer desolaten Aneinanderreihung des Immergleichen, seine Entdeckung der Welt mit magischem Heiligenschein zu versehen? Ohne diese Aura, ohne diese Ritornellisierung der sinnlich-konkreten Welt, die überdies in der deterritorialisierten Verlängerung ethologischer[111] und archaischer[112] Ritornelle Ausdruck erhält, wür-

---

[108] Walter Benjamin, *Kleine Geschichte der Photographie*, Frankfurt/M. 1976, S. 93.

[109] Roland Barthes, *Die helle Kammer. Bemerkungen zur Photographie*, übers. v. Dietrich Leube, Frankfurt/M. 1989, S. 36.

[110] Christian Girard, *Architecture et concepts nomades*, Brüssel 1986. In *La ville de Richelieu* (Paris 1972) unterscheidet Philippe Boudon 20 Skalenypen, die als Referenzraum architektonischen Entwerfens angesehen wurden: technisch, funktional, formalsymbolisch, modellhaft dimensionalsymbolisch, semantisch, soziokulturell, geprägt durch Nachbarschaft, durch Sichtbarkeit, optisch, parzelliert, geografisch, ausgedehnt, kartografisch, repräsentational, geometrisch, den Konzeptionsebenen entsprechend, menschlich, global, ökonomisch. Es lassen sich noch andere Klassifizierungen und Zusammenstellungen vorstellen, doch hier zählt vor allem, dass die Heterogenität gewahrt ist.

[111] Siehe den Abschnitt »L'éthologie des ritournelles sonores, visuelles et comportementales dans le monde animal«, in: *L'Inconscient machinique*, S. 117-153.

[112] Marcel Granet zeigt, wie sich im alten China die Ritornelle der sozialen Eingrenzung mit den Affekten oder, wie er es nennt, den Tugenden ergänzen, die durch Wörter, grafische Elemente, Embleme usw. getragen werden: »[...] die spezifische Tugend eines Herrschergeschlechts hatte in einem epischen Tanz (mit Tier- oder Pflanzenmotiven) ihren Ausdruck. Wahrscheinlich ist den alten Familiennamen auch die Bedeutung einer Art ›musikalischer Devise‹ zuzusprechen, welche ihren

den die umgebenden Gegenstände ihren »Anstrich« von Vertrautheit verlieren und in beängstigende Fremdheit umschlagen.

Die Ritornelle des Ausdrucks haben in den sinnlichen Affekten die Oberhand: etwa wenn die Intonation eines Schauspielers die melodramatische Wendung einer Handlung bestimmt oder die »volle Stimme« des Vaters das Gewitter des Überichs auslöst. (Amerikanische Wissenschaftler konnten sogar zeigen, dass noch jedes Lächeln, wie gezwungen auch immer, auf der Ebene pawlowscher Reflexe antidepressive biosomatische Wirkungen zeitigt!) Im Gegenzug wird sich das Vorherrschen der Ritornelle des Inhalts oder der abstrakten Maschinen mit den problematischen Affekten insofern bestätigen, als diese in Richtung sowohl einer Individuation als auch einer gesellschaftlichen Serialisierung arbeiten. (Beide Verfahren sind übrigens nicht einander entgegengesetzt. Die existenziellen Möglichkeiten in diesem Register schließen sich nicht aus, sondern bilden wechselseitig Segmente aus, ersetzen sich und gehen Zusammensetzungen ein.) Beispielsweise besteht der Zweck einer Ikone der orthodoxen Kirche nicht in erster Linie darin, einen Heiligen darzustellen, sondern einem Gläubigen ein Äußerungsterritorium zu eröffnen, das ihn in direkten Austausch mit jenem treten lässt.[113] Das gesichthafte Ritornell bezieht dann seine Intensität daher, dass es als Shifter – im Sinne eines »Bühnenarbeiters«, der das Dekor auswechselt – innerhalb eines Palimpsests agiert, das die existenziellen Territorien des Körpers als solchen mit jenen der personalen, konjugalen, häuslichen, ethnischen usw. Identität übereinanderlegt. In einem ganz anderen Register funktioniert die unter eine Bankanweisung gesetzte Unterschrift auch als Ritornell kapitalistischer Normalisierung: Was steht hinter diesem Schriftzug? Nicht nur die Person, die zeichnet, sondern auch die Machtanklänge, die sie in der Gesellschaft der »Machthabenden« auslöst.

---

grafischen Niederschlag in einer Art Wappen fand; denn die Allgewalt von Tanz und Gesang wohnt dem Schrift- wie auch dem Klangemblem in gleicher Weise inne.« *Das chinesische Denken*, übers. v. Manfred Porkert, München 1963, S. 33.

113 Dies gilt nur für jene Ikonen, die zwischen dem 9. und 16. Jahrhundert hergestellt wurden und die auf eine quasi sakramentale, mysterische Gesichthaftigkeit abstellen. In der Folge werden die Ikonen mit allerlei Kleidungsdetails überfrachtet, es gibt immer mehr Figuren, diese werden zunehmend mit Metallabdeckungen (Oklad) versehen. Vgl. hierzu den Eintrag »Ikone« von Jean Blankoff, Olivier Clément, in: *Encyclopædia Universalis*, Bd. 9, S. 739ff.

Die Human- und Geisteswissenschaften, insbesondere die Psychoanalyse, haben uns allzu lange daran gewöhnt, den Affekt als elementare Entität zu denken. Doch es gibt auch komplexe, zusammengesetzte Affekte, die unumkehrbare diachrone Unterbrechungen hervorrufen und wie folgt genannt werden müssten: Christus-Affekt, Debussy-Affekt, Lenin-Affekt ... Dergestalt hat über Jahrzehnte hinweg eine Konstellation von existenziellen Ritornellen zu einer »Lenin-Sprache« geführt, die spezifische Verfahren ebenso rhetorischer und lexikalischer wie phonologischer, prosodischer, gesichthafter usw. Ordnung entwickelt hat. Es ist eine gewisse Verkettung und Verfestigung dieser derart ritornellisierten Komponenten, wovon die Überschreitung von Schwellen – oder die Initiation – abhängt, die eine Beziehung voller existenzieller Zugehörigkeit zu einem Gruppen-Subjekt rechtfertigt. Früher habe ich zum Beispiel einmal zu zeigen versucht, dass es Leo Trotzki niemals wirklich gelungen war, die Festigkeitsschwelle des kollektiven Gefüges, das die bolschewistische Partei darstellte, zu überschreiten.[114]

Die Äußerung ist wie ein Dirigent, der bisweilen bereit ist, die Kontrolle über seine Musiker zu verlieren: In bestimmten Momenten ist es die Lust am Ausdruck oder der Rhythmus, wenn nicht der anschwellende Stil, die zum Solo ansetzen und sich den anderen aufzwingen. Wenn ein Äußerungsgefüge mannigfaltige gesellschaftliche Stimmen enthalten kann, dann bringt es auch präpersonale Stimmen mit sich, die eine ästhetische Ekstase, einen mystischen Ausbruch oder eine ethologische Panik – zum Beispiel ein agoraphobisches Syndrom – ebenso wie einen ethischen Grundsatz auslösen können. Wie man sieht, sind alle konzertanten Freiheiten vorstellbar. Ein guter Konzertmeister wird nicht darauf aus sein, die Gesamtheit dieser Komponenten in despotischer Manier überzukodieren, sondern über die kollektive Überschreitung der Schwelle einer Vollendung des ästhetischen Gegenstandes wachen, der durch den in der Kopfzeile seiner Partitur stehenden Eigennamen bezeichnet ist: »Jetzt habt ihr's!« Tempo, Betonung, Phrasierung, Gleichgewicht der Teile, Harmonien; Rhythmus und Klang: Alles wirkt an der Neuerfindung des Werks und seinem Ausgreifen auf neue Umlaufbahnen deterritorialisierter Sinnlichkeit mit ...

[114] Félix Guattari, »Der leninistische Einschnitt«, in: *Psychotherapie, Politik und die Aufgaben der institutionellen Psychoanalyse*, S. 139-154.

Der Affekt bildet also nicht, wie es seine gewöhnliche Darstellung bei den Therapeuten will, einen passiv erlittenen Zustand. Er ist eine komplexe subjektive Territorialität der Proto-Äußerung, Sitz einer Arbeit, einer potenziellen Praxis, die zwei miteinander verbundene Dimensionen betrifft:

1) einen Prozess äußerlicher Asymmetrisierung, der Intentionalität auf gepolte Felder nichtdiskursiver Wertigkeit verteilt, wobei eine solche »Ethisierung« der Subjektivität mit einer Historisierung und einer Singularisierung seiner existenziellen Flugbahn einhergeht;

2) einen Prozess innerlicher Symmetriebildung, der nicht nur an Bachtins ästhetische Vollendung, sondern auch an Benoît Mandelbrots Fraktalbildung[115] erinnert und darin besteht, dem Affekt die Festigkeit eines deterritorialisierten Objekts und einen Halt selbstsetzender Äußerungsautonomie zu verleihen.

Lesen wir noch einmal Bachtin: »[D]as Wort transformiert die vollendete Form mit seinen Kräften in Inhalt: So wird es möglich, daß sich die Bitte in der Lyrik – ist sie ästhetisch organisiert – nunmehr selbst genügt, keiner Legitimation bedarf (sie ist gleichsam bereits durch die Form ihres Ausdrucks legitimiert); daß das Gebet nicht mehr eines Gottes bedarf, der es erhören könnte, die Klage nicht mehr der Abhilfe, die Reue nicht mehr der Vergebung bedürfen. Die Form verwendet ausschließlich Material, füllt jedes Ereignis und jede ethische Anstrengung bis zur Fülle der Vollendung auf. Kraft des Materials allein nimmt der Autor eine schöpferische, produktive Position zum Inhalt ein, das heißt zu gnoseologischen und ethischen Wertigkeiten; der Autor findet gleichsam in das isolierte Ereignis Eingang und wird darin zum Schöpfer, ohne zum Beteiligten zu werden.«[116] Diese Funktion der Vollendung als Herausspringen des Inhalts – und zwar in dem Sinn, dass es vorkommt, dass die Sicherung herausspringt –, diese Selbsthervorbringung der Äußerung scheint mir vollkommen zufriedenstellend. Doch die anderen Merkmale, mit denen Bachtin die bedeutungstragende ästhetische Form beschreibt: Vereinigung, Individualisierung, Ergänzung, Isolierung und

---

115 Benoît Mandelbrot, *Les objets fractales*, Paris ²1984 und der Eintrag »Les fractales«, in: *Encyclopædia Universalis*, Bd. 8, S. 319ff.

116 Bachtin, *Ästhetik des Wortes*, S. 144.

Vollendung,[117] scheinen mir weiterer Entwicklungen zu bedürfen. Isolierung: ja, aber aktivisch, in Richtung dessen, was ich früher eine prozesshafte Hinwendung zur A-Signifikanz genannt habe. Vereinheitlichung, Individuation, Totalisierung: gewiss!, doch in offener, »vervielfachender« Form. An dieser Stelle möchte ich jene andere Idee, die von einer fraktalen Verfestigung, einführen. Die Einheit des Gegenstandes ist in Wirklichkeit nur Subjektivierungsbewegung. Nichts ist im Voraus, an sich gegeben. Festigkeit wird nur gewonnen durch fortwährende Flucht nach vorn des Fürsich, das ein existenzielles Territorium erobert, während es dieses zugleich verliert und sich gleichwohl darum bemüht, eine stroboskopische Erinnerung daran zu bewahren. Der Bezug ist so nur noch Stütze wiederholender Ritornelle. Von Bedeutung ist der Einschnitt, der *gap*, der ihn um sich selbst drehen lässt und der nicht nur ein Seinsgefühl – einen sinnlichen Affekt –, sondern auch eine aktive Seinsweise – einen problematischen Affekt – erzeugt.

Eine solche deterritorialisierende Wiederholung gestaltet sich ebenso gemäß der synchronen und der diachronen Achsen, die hier nicht mehr in selbstständige äußerliche Koordinaten auseinanderfallen, sondern zu intensiven Ordinaten verflochten sind:

1. Die einen sind intentional, wonach jedes Affektterritorium Gegenstand einer Fraktalbildung ist – was durch die der Mathematik entlehnte sogenannte Bäcker-Transformation veranschaulicht werden kann, die Beziehungen innerer Symmetrie entfaltet.[118] Darunter verstehe ich, dass die »Seinsnahme« des Affekts durch eine inchoative Spannung, ein anhaltendes »work in progress« erneuert wird, sich festigt. Keiner seiner Teile, sei er noch so winzig klein, entgeht den Verfahren existenzieller Homothetik, die jenseits diskursiver Extensitätsregister durch die sinnlichen und problematischen Ritornelle durchgeführt werden. So finden sich nicht nur alle raumzeitlichen Herangehensweisen ausgekundschaftet und verzeichnet, sondern auch die Gesamtheit (oder das Integral) aller maßstäblichen Gesichtspunkte, um erneut auf diesen grundlegenden Begriff aus der Architekturtheorie zurückzukommen.

---

117 Ebd., S. 118.

118 Ilya Prigogine/Isabelle Stengers, *La nouvelle alliance*, Paris 1979; Ivar Ekeland, *Das Vorhersehbare und das Unvorhersehbare*.

2. Eine durch die Monaden hindurch verlaufende oder transversale Achse, die ihre Transitivität an die Äußerung weitergibt und sie so von einer existenziellen Territorialität zur nächsten driften lässt, während sie unterdessen, von dieser ausgehend, singularisierende Datierungen und Dauern erzeugt. (Als hervorstechendstes Beispiel dienen hier erneut die Proust'schen Ritornelle.)

Die Subjektivierung ist Überlappung von aktuellen und virtuellen Äußerungsgesichtspunkten. Sie will das ungeteilte Ganze sein und ist doch im Grunde nichts, oder zumindest fast nichts, weil unwiederbringlich fragmentiert, permanent verschoben, neben sich und ihren Werken stehend ... Die Endlichkeit, die existenzielle Vollendung ist das Ergebnis einer Schwellenüberschreitung, die nichts von einer Begrenzung, einer Einfassung hat. Selbst und Anderes ballen sich innerhalb der ethischen Intentionalität und dem ästhetischen Verfolgen eines Zwecks zusammen. Die Betrachtungsweise psychoanalytischer Autoren ist, wenn sie vom Ich handeln, vollkommen falsch, da man buchstäblich nicht weiß, wovon sie sprechen; da ihnen die Mittel fehlen zu begreifen, dass das Ich keine diskursive Menge ist, die Bezüge von Gestaltcharakter zu einem Referenten unterhält. Daher können die Unterteilungen, die sie vom Ich vorschlagen, nicht sinnvoll akzeptiert werden. Gewiss, es ist stets möglich, sich von ihm eine »verschobene« Vorstellung zu machen, einen dafür geeigneten Schauplatz zur Metamodellierung zu konstruieren und zu dekretieren, es sei exakt mit diesem Schauplatz identisch. Alle Formen zusammengenommen, gibt es kaum andere Möglichkeiten, über das Ich zu sprechen, irgendeine Idee dazu zu entwickeln. Daraus folgt dann nicht weniger, als dass das Ich die ganze Welt bedeutet. Ich bin all das! Wie der Kosmos kenne auch ich keine Grenzen. Falls dies unerwarteterweise nicht der Fall sein sollte, falls ich plötzlich mit meinem Körper vorlieb nehmen müsste, herrscht allerorten Unbehagen. Das Ich gründet auf einer Logik des Alles oder Nichts. Es existiert stets ein Teil von mir, der nur schlecht damit klarkommt, dass irgendjemand verfügen könnte, jenseits dieses Territoriums, das bin ich ja gar nicht mehr. Nein!, jenseits dessen werde immer noch ich sein. Selbst wenn ein anderes Territorium versucht, sich mir aufzudrängen – es sei denn, die Frage des Ich stellte sich nicht mehr und machte jede Möglichkeit zur Selbstäußerung zunichte. Grauenvolle und unsägliche Aussicht, der man lieber nicht ins Angesicht blicken möchte und die uns im Allgemeinen über etwas anderes sprechen lässt ...

Weil der Affekt keine vollends elementare Energie, sondern die deterritorialisierte Form der Äußerung, ein Integral von äußerst differenzierten *»insights«* und *»outsights«* darstellt, haben wir mit ihm zu tun, lässt er sich bearbeiten. Nicht so, wie die traditionellen Psychoanalytiker es tun, die ihn mit modellierenden Identifikationen und symbolischen Integrationen traktieren, sondern indem wir seine ethisch-ästhetischen Dimensionen vermittels Ritornellen entwickeln. (In diesem Punkt folge ich Emmanuel Lévinas, der Gesichthaftigkeit und Ethik eng miteinander verknüpft.)[119] Nehmen wir zum Beispiel die symptomatischen Ritornelle, die Pierre Janets psychologische Automatismen bevölkern, die von Wahnsinn geprägten Primärerfahrungen bei Karl Jaspers oder Freuds fantasmatisches Unbewusstes. Zwei Haltungen sind möglich: die eine, die daraus eine unverrückbare Tatsache macht, und die andere, die umgekehrt von der Vorstellung ausgeht, nichts sei im Voraus ausgemacht und dass die analytisch-ästhetischen und ethisch-sozialen Praktiken ihr neue Möglichkeitsfelder eröffnen kann. An ihrem Beginn vollzieht die Freud'sche Theorie eine regelrechte Mutation des Äußerungsgefüges. Ihre Deutungstechniken, ihre Eingriffe in die Traum- und psychopathologischen Ritornelle zielten nur scheinbar auf semantische Inhalte – die illusorische Offenbarung eines »latenten Inhalts«! Im Grunde bestand ihre ganze Kunst darin, ihre Ritornelle auf nie dagewesenen Affektschauplätzen auftreten zu lassen: freie Assoziation, Suggestion, Übertragung ... – lauter neue Arten und Weisen, die Dinge zu benennen und zu sehen! Was aber der Psychoanalyse im Laufe ihrer historischen Entwicklung gefehlt hat, war die Heterogenese der semiotischen Komponenten ihrer Äußerung. Zu Beginn berücksichtigte das Freud'sche Unbewusste noch zwei Ausdrucks-

---

119 »Ich denke vielmehr, dass der Zugang zum Antlitz von vornherein ethischer Art ist.« (*Ethik und Unendliches. Gespräche mit Philippe Nemo*, übers. v. Dorothea Schmidt, Graz 1986, S. 63). »Die Bedeutung des Antlitzes ist keine Art, die durch eine Gattung angezeigt oder symbolisiert wäre.« (»De la signification du sens«, in: Richard Kearney u.a. (Hg.), *Heidegger et la question de Dieu*, Paris 1980, S. 238-247, hier S. 243). »Die Verantwortung für den Anderen, die kein Unfall ist, der einem *Subjekt* zustößt, sondern die in ihm dem *Sein* vorausgeht, hat nicht auf die Freiheit gewartet, in der ein Engagement für die Anderen hätte eingegangen werden können.« (*Jenseits des Seins oder anders als Sein geschieht*, übers. v. Thomas Wiemer, Freiburg/Br. 1992, S. 253).

materien: Sprache und Bild. Doch mit ihrer Strukturalisierung suchte die Psychoanalyse alles auf die Form von Signifikanten, ja »Mathemen« zu reduzieren. Ich bin im Gegenteil davon überzeugt, dass es besser wäre, sie würde, soweit es geht, die von ihr ins Spiel gebrachten expressiven Komponenten vervielfachen und differenzieren. Und dass ihre eigenen Äußerungsgefüge nicht mehr zwangsläufig einer Couch beigeordnet werden, und zwar so, dass darin die Dialektik des Blicks radikal verworfen wäre. Die Analyse kann nur gewinnen, wenn sie ihre Instrumente erweitert: Sie kann mit der Sprache arbeiten, doch ebenso mit Knetmasse (wie Gisela Pankow) oder mit Video, mit dem Kino, dem Theater, den institutionellen Strukturen, dem wechselseitigen Umgang von und mit Familienmitgliedern usw., kurz mit allem, was die Facetten der A-Signifikanz von Ritornellen, die ihr über den Weg laufen, steigert, sodass sie besser deren katalytische Funktion einer Kristallisation neuer Bezugsuniversen (Fraktalbildungsfunktion) direkt auszulösen vermag. Unter solchen Bedingungen wird die Analyse nicht mehr auf der Deutung von Phantasien und der Verschiebung von Affekten beruhen, sondern versuchen, den einen wie den anderen Wirksamkeit zu verleihen, sie, musikalisch gesprochen, mit einer neuen »Notation« zu versehen. Ihre Hauptarbeit wird darin bestehen, eingekapselte Singularitäten aufzuspüren – was sich im Kreis dreht; was leerläuft; was die herrschenden Gewissheiten hartnäckig ablehnt; was den offensichtlichen Zwecken und Zielen zuwiderläuft ... – und deren pragmatische Virtualitäten zu erschließen.

Woran mag das reduktionistische Signifikantengefälle, mit seinen zunehmend leeren Übertragungen, seinen zunehmend stereotypisierten und aseptisierten Austauschen, befestigt sein, dass der psychoanalytische Affekt auf ihr unaufhörlich dahingleitet? Meiner Ansicht nach lässt sie sich nicht von einer sehr viel allgemeineren Kurve kapitalistischer Universen im Sinne einer Entropie signifikativer Äquivalenzen trennen. In einer Welt, in der alles einem Wert entspricht; in der alle existenziellen Singularitäten systematisch entwertet werden; in der insbesondere die mit dem Alter, der Krankheit, dem Wahnsinn oder dem Tod zusammenhängenden kontingenten Affekte ihrer existenziellen Kainsmale beraubt werden, um nur noch durch abstrakte Parameter, von einem Netz aus Hilfs- und Stützapparaturen verwaltet, gekennzeichnet zu sein – in einem solchen Ganzen herrscht ein zwar unartikuliertes, doch überall spürbares

Klima der Angst und der unbewussten Schuld.[120] Entzauberung nach Max Weber also, die, man erinnere sich, einhergeht mit einer Entwertung, einer »sakramentalen Anti-Magie«,[121] oder umfassende Wiederverzauberung von Subjektivitätsproduktionen, indem kollektive Bezugsuniversen hinsichtlich Werten des allgemeinen Äquivalenzprinzips und zugunsten einer unendlichen Vervielfachung von existenziellen *Wertnahmen* entpolarisiert werden? Obwohl die aktuelle Inflation von Logiken der Informatik und der Kommunikation kaum in diese Richtung zu gehen scheint, habe ich dennoch den Eindruck, dass unsere Zukunft, auf welcher Ebene auch immer wir sie betrachten wollen, von der Förderung sozialer und ästhetischer analytischer Praktiken abhängt, die eine solche postmediale Ära einläuten.

---

120 Vgl. Jean Delumeau, *Le péché et la peur. La culpabilisation en Occident*, Paris 1983.

121 Max Weber verband die Vorstellung einer Entzauberung der Welt mit einer Entwertung der Sakramente als Botschaft des Heils und einem Verlust der mit ihnen zusammenhängenden Magie infolge des Aufstiegs der kapitalistischen Subjektivität (*Die protestantische Ethik und der Geist des Kapitalismus* [1904/5], München 2010).

»Vielleicht waren die Massaker von Chatila nicht ausschlaggebend; sie hatten stattgefunden; ich war erschüttert; ich habe davon gesprochen, doch auch wenn der Akt des Schreibens später einsetzte, die Inkubationszeit, der Augenblick oder die Augenblicke, in denen eine Zelle, eine einzige, aus ihrem gewohnten Stoffwechsel ausbrach, die erste Masche einer Spitze oder einer Krebserkrankung wiebelte, von der kein Mensch vermutet, was oder ob sie überhaupt etwas ergeben wird, so entschied ich, dieses Buch zu schreiben. Der Entschluss wurde umso fordernder, als einige politische Gefangene mich dazu drängten, meine Reisen abzukürzen, meine Aufenthalte in Frankreich zu verringern. Alles, was nicht zu diesem Buch gehörte, rückte in weite Ferne, bis hin zur Unsichtbarkeit.«[122] Jean Genet sollte vier Jahre später sterben, als er gerade die Fahnen von *Ein verliebter Gefangener* korrigierte. Ein monströses Buch, jenseits aller gewöhnlichen Maße von Literatur, was, ohne es entschuldigen zu wollen, erklären mag, dass so viele Kritiken seine eigentliche Bedeutung verkannt haben.

Ein Buch in Wellen. Zehn Mal, zwanzig Mal kommen dieselben Szenen, dieselben Figuren auf uns zu und spülen neue Erinnerungsbrocken an Land. »Erinnerungen«, so der bescheidene Untertitel, den Genet den zwei Teilen gibt – »Erinnerungen, die wie eine Reportage gelesen werden sollten«.[123] »Bilder«, schreibt er im vorangestellten Motto. Ein Buch aus Bildern, aus Rändern, um einer singulären Polyphonie Raum zu geben, in dem sich die geheimsten Winkel des Dichters (gemeint ist hier natürlich nicht seine Sexualität, die ja bekanntlich jetzt schon zum nationalen Erbe gehört) mit den »metaphysischen Kämpfen«,[124] geführt von den Fedajin und den Black Panther[125] und im Kontrast mit seinem Dasein als Vagabund stehend, verbinden.

»Die palästinensische Revolution, wurde sie auf dem Nichts geschrieben, ein Artefakt auf dem Nichts, und das weiße Blatt, jede

---

122 Jean Genet, *Ein verliebter Gefangener*, Werke Bd. VI, übers. v. Ulrich Zieger, Gifkendorf 2006, S. 646f. [Übers. mod.].

123 Ebd., S. 647.

124 Ebd., S. 250 u. 574.

125 Ebd., S. 547.

winzige Lücke weißen Papiers, das sich zwischen zwei Wörter drängt, ist es realer als die schwarzen Zeichen?«[126] War sie, diese Revolution, für ihn also nur ein Vorwand, um Literatur zu treiben? Was würde ihn dann noch von all den »Dichtern der Revolution« unterscheiden, über die er sich so bitter lustig macht?[127] Doch ganz offensichtlich ist dieser »Durchgang« seiner palästinensischen Erfahrungen »durch das Schreiben«[128] keineswegs mit einer vulgären literarischen Vereinnahmung zu vergleichen. Ihm war es so sehr verhasst, als Literat behandelt zu werden, dass er im Laufe der Diskussion über die Rechtmäßigkeit seines Unternehmens, die er über das gesamte Buch hinweg mit sich selbst geführt hat, offenbar nicht einmal auf die Idee gekommen ist, dass er selbst einer ähnlichen Bezichtigung ausgesetzt sein könnte.

Derlei tief verwurzelte Ablehnung einer Position als Schriftsteller, die ihn zwangsläufig auf der bürgerlichen Seite der Barrikaden verortet hätte, ist natürlich Jean-Paul Sartre nicht verborgen geblieben.[129] Dennoch hat er Genet ausschließlich aus einer literarischen Perspektive betrachtet und dafürgehalten, sein Schicksal habe unausweichlich darin bestanden, eines Tages in der Literatur zu »enden«. Daher, so wird sich noch herausstellen, scheint das kolossale und prächtige Denkmal – um es nicht Mausoleum zu nennen –, das er ihm in Gestalt eines 700 Seiten langen Vorworts errichtet, mehr schlecht als recht dem Format zu entsprechen, das sein Protagonist späterhin offenbaren sollte. Nicht, dass es zu ambitioniert ist, sondern weil es die prozessuale Triebfeder von Genets Leben und Werk verfehlt. Sartre zufolge habe er drei Verwandlungen durchlaufen: zum Dieb, zum Ästheten und zum Schriftsteller, durch die er nacheinander von der Tat zur Geste, von der Geste zum Wort und schließlich vom Wort zum Werk übergegangen sei.[130] »Aber Genet hat zuerst geschrieben, um seine Einsamkeit zu behaupten, um sich selbst genug zu sein; und erst das Schreiben selbst hat ihn durch seine Probleme unmerklich dazu gebracht, nach Lesern zu

---

[126] Ebd., S. 9 [Übers. mod.].

[127] Ebd., S. 538ff.

[128] Ebd., S. 574 [Übers. leicht mod.].

[129] Jean-Paul Sartre, *Saint Genet, Komödiant und Märtyrer*, übers. v. Ursula Dörrenbächer, Reinbek bei Hamburg 1986. Insbesondere das Kapitel »Über die schöne Literatur als Mord betrachtet«, S. 752-843.

[130] Ebd., S. 656.

suchen. Durch die Eigenschaften der Wörter und durch ihre Unzulänglichkeiten hat sich dieser Onanist in einen Schriftsteller verwandelt.«[131] Man hat es gewissermaßen mit der Verwandlung eines perversen und straffälligen Psychopathen in einen »Rhetoriker«[132] zu tun, der Gefangener des Imaginären und dessen Seele gebührend befriedet ist. »Genet als einziger Held seiner Bücher ist ganz ins Imaginäre gefallen und wird *persönlich* imaginär.«[133] Auch wenn sie sich von Freud'schen Konzeptionen deutlich abgrenzt, lässt sich doch erkennen, dass Sartres existenzielle Psychoanalyse nichtsdestotrotz einen gewissen Schematismus, ich würde sagen, so manche reduktionistische Ticks beibehalten hat. Da wird Genets Werk mit Religionen verglichen, die den Weg der Humanisierung beschreiten und die Menschenopfer durch symbolische ersetzen;[134] jedes einzelne seiner Bücher funktioniere wie eine »kathartische Besessenheitskrise, ein Psychodrama«.[135] Der Roman *Notre-Dame-des-Fleurs* wird als Narzissmus-Entzug verstanden,[136] und nach zehn Jahren literarischen Schaffens, das, immer noch Sartre zufolge, einer psychoanalytischen Kur gleichkomme,[137] wird uns triumphierend die Genesung des Patienten verkündet, der sich endlich dazu entschlossen habe, eine kleine Familie zu gründen: »Dieser ewige Wanderer, der nichts besitzt außer einigen Klamotten und Bargeld, der im Hotel lebt und mehrfach im Jahr das Hotel wechselt, dieser Einsame hat sich ein Zuhause geschaffen. Irgendwo zwischen Saint-Raphaël und Nizza wartet ein Haus auf ihn. Ich habe gesehen, wie er, von Kindern umgeben, mit den Ältesten spielte, die Kleineren herausputzte und leidenschaftlich über ihre Erziehung diskutierte.«[138] Welch Wunder der Literatur! Vor allem aber Sartre: herausragend! Naiv, rührend, und heimlich ein Konformist! All das ist ja schön und gut, doch ganz sicher wird die Zukunft nicht diese Richtung einschlagen. Genet sollte niemals ein Heim gründen, niemals sollte er sich auf ein Territorium »festlegen«, sich zu einem

---

131 Ebd., S. 750.

132 Ebd., S. 796.

133 Ebd., S. 656.

134 Ebd., S. 755.

135 Ebd., S. 844.

136 Ebd., S. 699.

137 Ebd., S. 844.

138 Ebd., S. 901.

Haus entschließen, es sei denn, in Sartres Worten, im Modus der Nichtung. Ich muss an den Tagtraum denken, von dem Genet in *Ein verliebter Gefangener* berichtet, von einem Geburtshaus, das sich an einem »nicht räumlichen« Ort befindet und dennoch flüchtig an einer Küste der Türkei zu sehen ist. Dort würde er durch ein offenes Fenster auf den Garten, das Meer und in weiter Ferne auf die Insel Zypern blicken, während sich ihm die Beschwörungsformel aufdrängte: »Und von hier aus werde ich ohne Gefahr am helllichten Tag an einer Seeschlacht teilnehmen.«[139] Verhexung, die unmittelbar durch die Überlagerung eines anderen Bildes, diesmal jordanischer Herkunft und älter, bedroht wird von einem Häuschen »mit römischem Vorbau, einem Rundbogen, der durch die vier Marmorsäulchen der Tür gestützt wurde«. Er befand sich in Begleitung eines ranghohen Palästinensers, zu dem er gesagt hatte: »›Schauen Sie da, auf dem Felsen, wie schön es ist.‹ – ›Wenn Sie wollen, vermietet die PLO es Ihnen für sechs Monate‹, hörte er es antworten. Und sofort erschien es ihm grau und schmutzig.«[140]

Genet hat sich also weder in einen Ästheten noch in einen professionellen Schriftsteller verwandelt. Dass er als einer der größten Schriftsteller des Jahrhunderts angesehen wurde, hat nicht dazu geführt, dass er von seinem ästhetischen Umherirren abließ, genauso wenig wie er mit dem Stehlen aufgehört hat. Im übertragenen Sinne, sofern er auch weiterhin den Diebstahl mit der dichterischen Wahrnehmung gleichsetzt (»Die Poesie besteht in dem schärfsten Bewusstsein, ein Dieb zu sein«),[141] konkret, indem er mit seinen früheren und zukünftigen Knastbrüdern sorgsam in Kontakt blieb,[142] oder indem er, wenn sich die Gelegenheit bot, seine Verleger und Auftraggeber zu hintergehen versuchte, von denen manche sich, so sagt man, willentlich ausnehmen ließen. Dies mit Freuds psychogenetischen Stadien zu erklären, wurden sie von Sartre nun herangezogen oder nicht, ist vollkommen mangelhaft, denn damit lässt sich insbesondere nicht verstehen, warum er, wenn ihm doch sein Leben als Schriftsteller so zusagte, zwanzig Jahre lang mit der Literatur und dem Theater gebrochen hatte. Und was ist der Grund für

[139] Genet, *Ein verliebter Gefangener*, S. 551.

[140] Ebd., S. 555.

[141] Jean Genet, *Tagebuch des Diebes*, Werke Bd. V, übers. v. Gerhard Hock, Gifkendorf 2001, S. 270.

[142] Ebd., S. 278f.

sein plötzliches Wiederauftauchen einige Jahre vor seinem Tod? Meiner Ansicht nach lässt sich dies kaum verstehen, wenn nicht dafürgehalten wird, dass es »vor« dem Leben und »vor« dem Werk dieses Ausnahmewesens immer schon einen untergründigen Prozess, eine ganz eigene Dynamik, einen schöpferischen Wahnsinn gegeben hat, der ihn buchstäblich in seinen Bann zog. Auf etwas in dieser Art zielt er ab, als er 1983 auf die Frage antwortet, ob denn ein in der *Revue d'études palestiniennes* veröffentlichter Artikel über die Massaker von Chatila zu seinem literarischen Werk gehören würde: »Nicht dank der Bücher, die ich geschrieben habe, sondern dank meines Zustands, in den ich mich, in den mich das Leben vor dreißig Jahren versetzt hat, um Bücher zu schreiben, konnte ich vor einem Jahr den kleinen Essay schreiben, von dem Sie sprechen.«[143] Im Verhältnis zu dieser ursprünglichen Verfassung waren sein Leben und Werk je nur eine Art von Nebenprodukt, das allen möglichen Variationen, allen Verfinsterungen unterworfen war. So wie auch die gewöhnlichen Gegensätze zwischen Realem und Imaginärem. Hören wir noch einmal, was er sagt. In demselben Interview gibt er zu verstehen, dass er mehr der realen Welt denn der Welt des Traums oder der Grammatik entsprechend handelte, als er sich erst mit den Black Panther, dann mit den Palästinensern verbündete. Er fügt jedoch sofort an, dass er dies nur insoweit tat, wie man gemeinhin die wirkliche Welt der des Traums gegenüberstellt: »Wenn man natürlich die Analyse weitertreibt, dann gelangt man zu der Erkenntnis, dass die Träumerei auch zur realen Welt gehört. Die Träume sind Wirklichkeiten.«[144] Offenkundig ist Genet bis zum Ende seines Lebens niemals über die berühmten Stadien der Entwicklung und Anpassung ans Reale, Wirkliche hinausgekommen, die man mit der Entwöhnung, dem Lernprozess, der Sauberkeit, dem Ödipus- und Kastrationskomplex sowie den vor- und nachpubertären Latenzphasen in Verbindung bringen wollte. Für ihn funktionierte alles zusammen. Niemals sollte er von seinen Träumereien und seinen kindlichen »Perversionen« ablassen. Das sollte ihn aber nicht daran hindern, sich in vollkommen luzider und »erwachsener« Weise den historischen Wirklichkeiten seiner Zeit zu stellen. Ich möchte noch hinzufügen, dass es vergeblich wäre, das psychogenetische Sche-

143 Jean Genet, Rüdiger Wischenbart, Leila Chahid Barrada, *Jean Genets Haus. Ein Gespräch*, Gifkendorf 1991, S. 26 [Übers. mod.].

144 Ebd.

ma retten zu wollen, indem man, statt auf die Zweiheit Reales/Imaginäres, auf die strukturalistische Dreiheit zurückgriffe, die jener das Symbolische hinzufügt. Denn zweifellos hat sein mit der Literatur und dem Theater vollzogener triumphaler Einzug in die »symbolische Ordnung«, zumindest was ihn betrifft, keinerlei erlösende Wirkung gezeitigt. Offenkundig hat die Sublimierung bei ihm nicht funktioniert! Sein schriftstellerisches Können hat weniger zu einem dialektischen Ausschöpfen denn zu einer Verschärfung seiner Widersprüche und seiner Zerrissenheit geführt. Obwohl eine gewisse Ruhe einkehrt, die beim Lesen von *Ein verliebter Gefangener* spürbar wird, hat Genet keine seiner Obsessionen aufgegeben: Obsession des Begehrens, der Revolte und der Schönheit.

Wir müssen demnach an einer anderen Stelle suchen, unsere Aufmerksamkeit auf etwas anderes richten, das uns das Reale, das Imaginäre und das Schöpferische in anderer Form ordnete – etwas, das daraus keine voneinander getrennten Instanzen machte, sondern sie so fasste, dass sie sich wechselseitig hervorbringen; ein Imaginär-Symbolisches, das neue Realitäten erzeugt; eine subjektive Verfassung, die imstande ist, die vom Realen transportierten Ladungen an Imaginärem aufzunehmen ... Mit Recht ließen sich Sätze von ihm, in denen er seine Subjektivität auf das Maß der »borniertesten« Wirklichkeit verkürzt, neben solche stellen, in denen umgekehrt das Reale in einem »objektiven« Subjektivierungsprozess außerhalb von ihm selbst hereinbricht. So verläuft ein nahtloser Übergang von der bloßen Berichterstattung (»Ohne Archivar, Historiker oder dergleichen zu sein, würde ich mein Leben erzählen, um eine Geschichte der Palästinenser wiederzugeben«)[145] zu den von einem Verfechter allumfassenden Verrats[146] so absonderlichen Erklärungen, in denen er die Sorge äußert, er könnte seine anfänglich geplante Mission einer Sammlung von Informationen verraten (etwa indem er die Episoden, die er im palästinensischen Widerstand erlebt hat, »anhand des Durcheinanders der Bilder, die in einem Traum erscheinen«,[147] anordnet), bis hin zu solchen Äußerungen, in denen er sich eingesteht, dass »die Wirklichkeit erfindungsreicher ist als meine Alpträume und meine Erinnerungen«,[148] eine Vorstellung,

---

145 Genet, *Ein verliebter Gefangener*, S. 357.

146 Ebd., S. 468: »Wer die des Verrats nicht gekannt hat, weiß nichts von der Wollust.«

147 Ebd., S. 533.

148 Ebd., S. 591.

die im keimhaften Bild, im Bild von Moosen, Flechten, Gräsern, Hagebutten und Feigenbäumen,[149] die Risse in den steinigsten Untergründen hervorrufen können, verkörpert ist und die dann aufseiten des Aktuellen durch das Bild vom palästinensischen Volk, das sich über die von israelischen Bomben zerstörten Plattenbauten aus Beton hinweg ans Leben klammert, sowie in seiner archaischsten Form: einem Trinkbrunnen,[150] verdoppelt wird.

Es müsste eine ganz andere Theorie hinsichtlich der Funktion der Schwankung, der Verfinsterung, der Vergänglichkeit, der Auslöschung in Genets Werk ausgearbeitet werden.[151] Dieses Thema kehrt ständig wieder. Eines der prototypischen Bilder, die er uns anbietet (das in ähnlicher Form auch bei Kafka vorkommt), ist das vom Dampf eines Waschkessels, der sich auf einer Glasscheibe niederschlägt, wobei sich »nach und nach die solcherart sich bildenden Wrasen zurück[ziehen] und [...] die Scheibe durchsichtig [zurücklassen], die Landschaft [...] ganz plötzlich sichtbar [ist] und das Zimmer [...] sich womöglich bis ins Unendliche [verlängert].«[152] Daneben – denn ein Bild zitiert stets ein anderes herbei – gibt es die Hand und den Schwamm, die immer wieder über die Tafel wischen, um die mit Kreide geschriebenen Wörter auszulöschen.[153] Deterritorialisierung des Raums, der Zeit und der Wörter. Auch der Fedajin ist wesentlich durch sein Verschwinden gekennzeichnet: »Er wendet sich auf halbem Wege um; ich sehe sein Gesicht nicht mehr, nur seinen Rücken und seinen Schatten.«[154] Als solcher rührt sein Kampf ebenso aus der Verfinsterung her: »So habe ich den Widerstand gesehen, als verschwinde er schon morgen.«[155] Und zuallerletzt hebt sich Genet selbst auf, wenn er der Horizontlinie entgegenstrebt und unendlich klein wird.[156] Beachten muss man nur, dass es sich dabei nicht um Phänomene bloßer Vernichtung handelt. Alle Auslöschung zieht blitzartig aufscheinende Nachbilder anderer Uni-

---

149 Ebd., S. 583, 590, 623.

150 Ebd., S. 623.

151 Ebd., S. 567: »Als schelmisches, ein wenig ängstliches Verb bietet sich verfinstern an, allem der Stern zu sein, der den anderen verfinstert.« [Übers. leicht mod.]

152 Ebd., S. 565.

153 Ebd.

154 Ebd., S. 35.

155 Ebd.

156 Ebd., S. 200.

versen nach sich; ihre Schattenspiele kündigen das Auftauchen neuer existenzieller Dimensionen an: »Wie auftauchende, abtauchende Geister zu sein, verlieh [den Fedajin] diese Überzeugungskraft einer Existenz, die stärker ist als die der Dinge, deren Bild zurückbleibt, die sich niemals verflüchtigen, oder vielmehr war ihre Existenz so stark, dass sie sich augenblickliche, beinahe höfliche Auflösungen gestattete, um mich nicht durch eine allzu nachdrückliche Gegenwart zu ermüden.«[157] Bereits zur Zeit von *Die Wände*, als Genet Roger Blin darum bat, seine Inszenierung möge ihr Licht bis ins Totenreich werfen, erhoffte er sich zweifelsohne, die Lebenden zu beherrschen.[158] Auf der Schwelle des Todes spürt er selbst manchmal, wie seine Haut phosphoreszierend wird »in der Art der Pergamenthaut eines Lampenschirms, wenn die Lampe brennt«.[159] Doch man sollte deshalb nicht denken, derlei Wandlungen seien Vorboten mystischer Offenbarungen. Nein, sie sind nur bezeichnend für die Arbeit eines ganzen Lebens an der Wahrnehmung, der Einbildungskraft und ihren unterschiedlichen Formen, Zeichen zu bilden.

Dass Sartre seine Konzeption vom Bilder zeugenden Bewusstsein als Funktion einer Irrealisierung von Wirklichkeit auf Genet projiziert hatte, ist missbräuchlich.[160] Damit verurteilte er ihn, in einem gänzlich durch seine unheilvollen Phantasmagorien besetzten Imaginären gefangen zu bleiben, und versagte ihm so, in irgendeiner Form aus seiner verfluchten Einsamkeit herauszufinden. Richtig ist zwar, dass der schöpferische Prozess bei Genet stets in umfassender Weise Anleihen bei Erdichtetem[161] – sei dieses nun masturbatorisch oder nicht – gemacht hat, doch sein grundlegendes Ziel bleibt darum nicht weniger eine gesellschaftskritische Dichtung. Das Verfassen seiner ersten Texte ist untrennbar mit den im Gefängnis gemachten Erfahrungen verbunden. Sein »Theater der Grausamkeit« kreiste um Themen wie Prostitution, Negritude, Kolonialkriege ... *Ein verliebter Gefangener* war zu Beginn, vergessen wir das nicht, ein militantes Buch, geschrieben – woran Genet gerne erinnert – auf persönlichen Wunsch von Arafat und begleitet von allge-

---

157 Ebd., S. 521 [Übers. leicht mod.].

158 Jean Genet, *Briefe an Roger Blin*, übers. v. Gerald und Ute Szyszkowitz, Gifkendorf 1996, S. 5.

159 Genet, *Ein verliebter Gefangener*, S. 545.

160 Sartre, *Saint Genet*, S. 255.

161 Genet, *Tagebuch des Diebes*, S. 93ff.

meineren Reflexionen über die tiefe Bedeutung von fast verrufenen Bewegungen Ende der 60er Jahre, die da hießen Zengakuren, Rote Garden, Aufstand in Berkeley, Black Panther, Mai 68 in Paris, Palästinenser ...[162] Natürlich hütet er sich tunlichst davor, die revolutionären Unternehmungen rückhaltlos und pauschal gutzuheißen. So lehnt er ihre »Phrasendrescherei«, ihren Dogmatismus ab; er schätzt ihr »theatralisches Element« im Umgang mit den Medien richtig ein (»die Komödianten der Revolution«);[163] und seine Klarsicht ist erschreckend, wenn es darum geht, bestimmte bürokratische Verkrustungen und Korruption zu verurteilen, auf die er in der Bewegung der Palästinenser gestoßen ist.[164] Doch fasziniert ihn an diesen »lebensprallen Ringen«, diesen, wie er sie nannte, »tellurischen Faltungen«[165] alles, was darin über jedes Partikularinteresse hinausgeht, das heißt, ihre grundlegende Unsicherheit genauso wie ihre metaphysischen Einsätze. Ganz besonders beschäftigt ihn einer ihrer wesentlichen Mechanismen, der ihre Bildfunktion genannt werden kann. Zum Beispiel die Art, wie die Black Panther auftraten und sich kleideten, was fast von einem Tag zum anderen dazu führte, dass alle Schwarzen ihre Hautfarbe und Haarform anders wahrnahmen. Darin entziffert Genet Dimensionen von Körper, Geschlecht, tänzerischen Tonfällen und Gebärden, eine ganze Äußerungstextur – man könnte auch sagen: eine ganze Ereignisproduktion –, die unendlich viel tiefer reicht als alles, was heutzutage unter dem Stichwort »Look« firmiert. Er spricht, im Hinblick auf titelgebende Helden, deren Name sich durch die Geschichte hindurch behauptet hat, von »erdichteten Bildern«.[166] Als Beispiele führt er Sokrates, Christus, Saladin, Saint-Just ... an. Sie beziehen ihre Kraft aus der Tatsache, dass sie sowohl beispielhaft als auch singularisierend sind, dass sie aus Gewissheit und nicht Macht handeln.[167] Ich glaube jedoch, dass dieser Ausdruck mit Recht auf jede imaginäre Bildung übertragen werden kann, die in spezifischer Weise dazu in die Lage versetzt wird, Zeiten des Lebens, existenzielle Ebenen ebenso wie gesell-

---

162 Genet, *Ein verliebter Gefangener*, S. 566.

163 Ebd., S. 499.

164 Zu diesem Punkt gibt es zahlreiche Verweise. Siehe insbesondere ebd., S. 155, 160, 216f., 359, 394, 499f., 589f., 594.

165 Ebd., S. 566.

166 Ebd., S. 451 f.

167 Ebd., S. 452.

schaftliche Segmente, ja sogar, warum nicht, kosmische Schichtungen zu durchqueren. Denn in all diesen Richtungen zugleich muss Genet gesucht werden. Darin erweist er sich durchaus als ein Mensch dieses Jahrhunderts, der vielleicht mehr als jeder andere zuvor neue Formen, die Welt zu sehen, hervorgebracht hat. Ich wiederhole: Genet ist ein Mensch des Wirklichen. Gerne möchte ich sagen: ein Mensch der kommenden Wirklichkeit. Er ist kein Heiliger, wie Sartre zu glauben vorgab, und vor allem keiner, der dazu verdammt wäre, sich fortwährend in einen Lump zu verwandeln, und dessen Berufung darin bestünde, die Geschichte in mythische Kategorien zu übertragen.[168] Im Grunde sind für ihn die Bilder und ihre Mythen nur insofern von Bedeutung, als kollektive Akteure ihnen eine historische Festigkeit zu verleihen vermögen. Unter diesen Bedingungen zum »einsamen und sagenhaften«, exemplarischen und damit singulären »Helden«[169] zu avancieren, steht mit einer kollektiven Verschmelzung nicht mehr im Gegensatz. »Ich hatte lediglich den Wunsch nach dieser Gruppe, und meine Sehnsucht war durch den Fakt gestillt, dass es die Gruppe gab.«[170] Neben einer Handvoll anderer – Kafka, Artaud, Pasolini – selbst zum Helden kommender Formen von Sinnlichkeit zu werden, steht völlig in Übereinstimmung mit seinem Willen zur Auslöschung oder gar seinem Wunsch nach Unsichtbarkeit.[171] Schluss also mit der Einsamkeit des verfemten Dichters! Bewusst mit den Black Panther und dann mit den Palästinensern zu sympathisieren, ihnen seine »Funktion als Träumer«[172] entgegenzubringen, bedeutet keineswegs, ihre Bewegungen unwirklich werden zu lassen, wie er bisweilen zu zweifeln beginnt, so als ob er sich in einem imaginären Gespräch mit Sartre befände. Vielleicht ist es sogar eher ein Mittel, um ihnen eine intensivere subjektive Festigkeit zu verleihen. »Die Palästinenser hingegen haben genau jenes Gewicht gefunden – ich fürchte, sehr literarisch zu werden –, sie haben das Gewicht der Bilder von Cézanne gefunden.«[173]

168 Sartre, *Saint Genet*, S. 17.

169 Genet, *Ein verliebter Gefangener*, S. 453.

170 Ebd., S. 449.

171 Vgl. hierzu Genet, Wischenbart, Chahid Barrada, *Jean Genets Haus. Ein Gespräch*, S. 29

172 Genet, *Der verliebte Gefangene*, S. 260.

173 Genet, Wischenbart, Chahid Barrada, *Jean Genets Haus. Ein Gespräch*, S. 23.

An dieser Stelle wäre es, gleichsam als Kontrapunkt, angebracht zu fragen, was dies für eine Bewegung wie die Fatah bedeutet, dass sie eine Persönlichkeit wie Genet auch in ihren geheimen Stützpunkten willkommen heißt. Wir sehen uns also einer Bewegung gegenüber, die sich nicht damit begnügt, Gelder, Waffen, diplomatische und massenmediale Unterstützung zu sammeln, sondern die auch nach Dichtung fragt! Und obendrein nicht irgendeine, nicht die eines Lobredners à la »sozialistischer Realismus«, sondern die eines der fragwürdigsten, abweichendsten Autoren, von dem jeder gewöhnliche militante Aktivist – und darum geht es ja! – zurecht die schlimmsten Feigheiten, die infamsten Verrate hätte erwarten können. Doch das hieße zu vergessen, dass Genet nur aus Treue zu sich selbst Verrat üben konnte. Wie dem auch sei, er beging keinen Fehler, dass er seine Absichten klar zum Ausdruck gebracht hat: »An dem Tag, an dem sich die Palästinenser eingerichtet haben, bin ich nicht mehr auf ihrer Seite. An dem Tag, an dem die Palästinenser eine Nation wie irgendeine andere Nation geworden sein werden, bin ich nicht mehr dabei.« Ist das nicht eine durchaus interessante Revolution, die eine solche Haltung seitens eines »Weggefährten« erlaubt? Die ihn darin sogar bestärkt zu haben scheint. Fortsetzung folgt!

Ich würde prozessuale Praxis jene schöpferische Instanz nennen, die sich herstellt, »bevor« das Leben und das Werk in Erscheinung treten, und die es Genet ermöglicht, vom Wirklichkeit entziehenden Fabulieren zu den erdichteten, Wirklichkeit erzeugenden Bildern überzugehen. Drei Ebenen mit synchronen Beziehungen untereinander – modulare, polyphone und synaptische Ebene – und nicht drei Stadien sind somit hierfür konstitutiv.

Die Ebene modularer Kristallisationen

Eine Vielzahl von Bedeutungsfragmenten überflutet die Welt und die Psyche. Jede schöne Seele, sprich, deren Reflexe und Geist ordnungsgemäß normiert worden sind, weiß jene zutiefst häretischen, abweichlerischen, perversen Stimmen zu kontrollieren oder zum Schweigen zu bringen. Genets Seele indes ist hässlich und hegt niemals die Absicht, in der gemeinen Welt wiedergeboren zu werden. (»Ich war stets von dem Gedanken an einen Mord besessen, durch den ich unwiderruflich aus Eurer Welt ausgestoßen würde.«)[174] Entgegen der gemeinhin üblichen, unter den Augen des Anderen vorgegebenen Form, derlei Strudel als lauter Katastrophen und Abgründe von Angst und Schuld zu erfahren, entscheidet er sich, mit ihnen zu leben, sie zu zähmen und umzuwandeln. (»Die Verbrecher leugnen die Tugenden Eurer Welt und errichten voller Verzweiflung ein verbotenes Reich.«)[175] Mittels Rhythmen, Ritornellen, Losungen und magisch-mnemotechnischen Formeln erlangt er teilweise Kontrolle über die primäre Prozesshaftigkeit des Sinns. Er lernt, die Vorzeichen der grausamsten Schrecken von Strafe, Erniedrigung und Gefängnis zu ändern, sie in Zeichen zu verwandeln und daraus intensive erotisch-ästhetische Werte zu machen. Für *Notre-Dame-des-Fleurs* hat Sartre die wunderbare Formulierung geprägt, das Buch sei die Sammlung seiner erotischen Talismane.[176] Doch man darf nicht vergessen, dass die gesamte Arbeit einer primären Neukristallisation des Sinns sowohl die Wahrnehmung der Welt als auch die Sprache affiziert. Er musste »einen Haufen Sprache anbohren«, schreibt er in *Tagebuch des Diebes*,[177] und gleichsam als Echo davon schildert er in *Ein verliebter Gefangener* eine Welt, die sich selbst aushöhlt: »Man hat kaum Zeit sich klarzumachen, dass das Gefängnis hohl ist, wenn man so will, voll von Löchern, von Wabenzellen, und in jedem erfindet sich ein Mensch einen Takt und einen Rhythmus, die denen der Sterne entgehen.«[178] Einmal ist es der Signifikant, der beim Tanz führt, andermal das Signifikat. Im Grunde erweist sich hier der traditionelle Gegensatz von Ausdruck und Inhalt als relativ und schwach. Wichtig für Genet ist nicht die Übermittlung einer Nachricht, sondern die Herausbildung eines Ausdrucks, der seine sprachlichen Komponenten allseits übersteigt. »Vielleicht sind gesprochene Sprachen nichts weiter als eine schnell erlernte Technik, Vorstellungen mitzuteilen, aber muss unter Sprache nicht etwas ganz anderes verstanden werden, die Erinnerungen aus der Kindheit, die Wörter, vor allem die fast vollständig bereits in den ersten Lebensjahren erfasste Syntax, schneller als das Vokabular mit Kieselsteinen, Stroh, dem Namen

---

[174] Genet, *Tagebuch des Diebes*, S. 116.

[175] Ebd., S. 7.

[176] Sartre, *Saint Genet*, S. 698.

[177] Genet, *Tagebuch des Diebes*, S. 124.

[178] Genet, *Ein verliebter Gefangener*, S. 566f.

von Kräutern, Wasserläufen, Kaulquappen, den Elritzen, dem Namen und dem Wechsel der Jahreszeiten, der Bezeichnung für Krankheiten [...]?«[179] Aus dieser Sicht müssten die Gestalten des Signifikanten ebenso wie die des Signifikats darin zusammenlaufen, dass eine Ausdrucksmaterie einen Kontext befruchtet und umgekehrt ein Kontext seine Impulse, seine paradigmatischen Perversionen den diskursiven Ketten einprägt, seien diese nun sprachlicher Ordnung oder nicht.

Ausgehend von einem für dieses Buch besonders wichtigen Modul, das sich um Namen wie Fatah und Palästinenser herausbildet, wollen wir diese verschiedenen Zugangswege betrachten. Genet beginnt damit, die Schreibmaterie des Ausdrucks »Fatah« eingehend zu untersuchen. Dieser wurde künstlich gebildet aus der Abkürzung F.T.H., wobei Fa für Falestine = Palästina, Th für Tharir = Befreiung und Ha für Haka = Bewegung stehen.[180] Weil er damit nicht weiterkommt, wendet er sich den Möglichkeiten »untergründiger« Wucherung des semantischen Inhalts zu. Hierbei, das sei betont, hält er sich an die gängigen Bedeutungen in der arabischen Sprache. Er verfällt nicht in »freie Assoziation«. *Fatah* lädt sich anfänglich mit Spalt, Riss, gottgewollter Sieg ... auf. In dessen Folge steht: *Mefta*, der Schlüssel, was zugleich drei Grundbuchstaben enthält. Und zuletzt *Fatiha*, die Sure, die den Koran eröffnet. Wie man sehen kann, stellt diese dreifache Umformung in der Diagonale die Struktur der ursprünglichen Sigle FA.TH.HA wieder her.

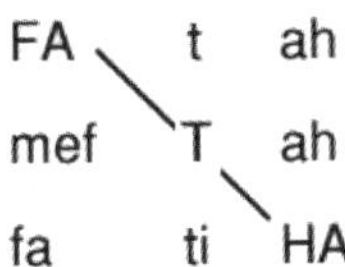

Und schon ist das frühere Signifikat zum strukturellen Schlüssel des Signifikanten avanciert! Was für ein Spiel von Kindern und Philologen, ruft Genet aus! Nun ist das nicht der springende Punkt. Wesentlich ist vielmehr, dass mittels einer solchen Assoziation von Vorstellungen drei Bezugsuniversen in Konstellation gebracht werden: ein sexuelles, ein göttliches und ein revolutionäres. »Hinter diesen

179 Ebd., S. 119 [Übers. mod.].

180 Ebd., S. 34.

drei Worten, welche dieser Wurzel, die Fatah ergibt, entstammen, lauern folglich die drei Ideen: des Kampfes (des Sieges), der sexuellen Gewalt (der Schlüssel oder Meftah im Schloss) und die dank Gottes gewonnene Schlacht.«[181] Freud lässt schön grüßen, jener aber der guten Jahre, der verrückten Jahre von *Die Traumdeutung* und *Der Witz*.

Mit dem Wort »Palästinenser« verlassen wir den Boden von Buchstaben und Wortherkünften (Palästinenser = Philister), um den von Phonemen und Klangfarbe der Stimme zu betreten; »fünf Silben, deren Mysterium sicherlich aus dem nächtlichen Anteil ihrer wertvollsten Feinde herrührte«.[182] Bereits beim bloßen Aussprechen des Wortes Palästi..., erklärt Genet, erschauere er, bilde sich ein Affekt von Traurigkeit, der an ein Schlüsselbild gekoppelt ist: ein schattenförmiges Grab, das sich zu Füßen eines palästinensischen Kämpfers auftut.[183] Dieser rechteckige Schatten, der nicht aufhören wird, ihn zu verfolgen, avanciert zum Markenzeichen seiner Singularität; er ist die Garantie für seine gesamte Hellsichtigkeit angesichts des Todes, was sich insofern von der weißen Welt unterscheidet, als diese »ohne Schatten voranschreitet«.[184] Wir stoßen auf dieselbe Art von modularem Schema, in dem das Licht durch den Schatten bearbeitet wird, und finden es in zahlreichen Variationen zu dem Thema wieder, in welchem Verhältnis zur Literatur Schwarze und Weiße stehen: »Die Schwarzen sind im weißen Amerika die Zeichen, welche die Geschichte schreiben; auf dem weißen Blatt sind sie die Tinte, die ihr einen Sinn verleiht.«[185] Über jeden Manichäismus hinaus scheint das Modul Fatah/Palästinenser die Funktion zu erfüllen, die Widersprüche im höchsten Punkt ihres Entgegenstehens zu verbinden. Selbst die Gegnerschaft zwischen »Palästina wird siegen« und »Israel wird leben« scheint Linien einer hochgradig paradoxen Komplizenschaft zwischen nicht mehr und immer noch staatenlosen Völkern bereitzuhalten. Andererseits jedoch sind die Palästinenser, wie bereits gesagt wurde, in erster Linie durch ihre entschlossene Akzeptanz der Endlichkeit gekennzeichnet, in-

181 Ebd.

182 Ebd., S. 203 [Übers. leicht mod.].

183 Ebd., S. 569.

184 Ebd., S. 601.

185 Ebd., S. 369. Siehe ebenso S. 9 u. 378.

des die Israelis sich auch weiterhin zerstörerischen Träumen eines ewigen Lebens hingeben.[186]

Es gibt noch weitere fantastische Erscheinungsformen dieses Moduls, in dem ihm gleich einem hypnagogischen Bild die palästinensische Revolution erscheint, wie zum Beispiel der Schwanz eines eingesperrten Tigers, der »einen hyperbolischen Namenszug« skizziert, der »seine überdrüssige Wölbung auf die Flanke des noch immer im Käfig gefangenen Raubtiers niedersinken lässt«,[187] oder, was von jeder möglichen semiologischen Anbindung im Französischen noch weiter entfernt ist, dass sie sich selbst zu verschlingen scheint in einer allerletzten Elision von Falestine zu F'lestine, was wiederum Genets unnachahmlichen Sinn für Slang und Rotwelsch deutlich werden lässt.[188]

Ich habe versucht, die erste modulare Ebene der prozessualen Praxis ausgehend von einem relativ gut umschriebenen Beispiel zu veranschaulichen und dabei einen textlichen Gesichtspunkt einzunehmen, der stets durch ein Minimum an semantischen Absicherungen geschützt wurde. Doch ich hätte ebenso gut von deterritorialisierteren Modulen ausgehen können. Erwähnt habe ich beispielsweise die Problematik von Bohrungen in die Wirklichkeit und in die Sprache. Ich denke dabei auch an jene »Technik« der Abplattung (wie ein »Mannequin aus flachem Karton«)[189] seitens Hamzas Mutter, die ihre Schlüsselrolle, die sie im von Genet entworfenen »Familienroman« einnimmt, nur in dem Maße ausfüllen kann, wie sie im Voraus jener modularen Bearbeitung unterzogen wird, oder an das außergewöhnliche Kartenspiel ohne Karten, das sich wie ein roter Faden durch das gesamte Buch zieht, eine abstrakte Maschine, die das Wirkliche aufbricht, aufblättert und in den Stand setzt, sich mit neuen

---

[186] Ebd., S. 111 u. 582. Doch manchmal kann Genet nicht ansichhalten und »zieht den Hut« vor den grausamsten Gegnern palästinensischer Flüchtlinge. Bezeugt wird dies durch die sehr schöne Passage über den Tanz der Beduinen-Soldaten (S. 117ff.) sowie die unglaubliche »Hommage« an die israelische Brutalität: »[...] es wäre demnach unberechtigt, Israel den Taumel der Tapferkeit, der Plünderung und der Folter zu verweigern« (S. 576). Oder siehe auch die rührende Beschreibung von »sechs blonden, lockigen Perücken« der falschen (oder echten!) schwulen Israelis, die nach Beirut gekommen waren, um palästinensische Anführer zu ermorden (275ff.).

[187] Ebd., S. 533.

[188] Ebd., S. 203f. u. 573.

[189] Ebd., S. 613.

Möglichkeiten aufzuladen. Gewiss, auch viele andere Schriftsteller haben ihre Werke mit vergleichbaren modularen Verkettungen unterlegt. An erster Stelle ist hier natürlich Proust zu nennen mit seinem Tross an Leitmotiven, fruchtbaren Augenblicken und Ritornellen.[190] Doch jenseits der einigermaßen anekdotischen Tatsache, dass sich bei Genet die unebenen Pflastersteine – anhand deren die Erinnerung zu wuchern beginnt – nicht mehr im Stadtpalais der Guermantes oder im Markusdom befinden, sondern in den verwüsteten Lagern von Sabra und Chatila,[191] gibt es bei ihm auch, glaube ich, eine andere Form des Gebrauchs von Intensitätsmerkmalen, die er in diesem Zusammenhang freilegt. Er schließt sich nicht in eine Welt aus Erinnerungen ein. Im Gegenteil, der Prozess entwickelt sich unablässig fort beim Aufeinandertreffen heterogener Wirklichkeiten, die ihn beeinflussen, jenseits prästabilierter Harmonien in Schwankung versetzen oder sogar zum Scheitern bringen können. Ich will damit nicht sagen, Proust drehe sich im Kreis! Bei ihm findet auch eine ganze Welt ihren Ausdruck. Es ist dies aber eine Welt, die nach Art eines wohltemperierten Klaviers beherrscht wird, die ein für alle Mal geschlossen ist. Bei Genet gibt es ein Mehr (und vielleicht in einem anderen Sinn auch ein Weniger): die Öffnung des Horizonts, die drängende Gegenwart des Todes, der Endlichkeit, der Gefahr totalen und endgültigen Nichtverstehens.

Die Ebene einer Polyphonie erdichteter Bilder

Auf dieser Ebene geht es nicht mehr darum, jedem primären Modul alle Stimmen zu entlocken, die sich durch es ausdrücken können, sondern mittels Verknüpfung heterogener Stimmen die Virtualitätsfelder auszuweiten sowie das Auftauchen neuer Bezugsuniversen und singulärer Äußerungsmodalitäten zu ermöglichen. Kurz, eine andere Wirklichkeit zu erzeugen, die mit einer anderen Subjektivität einhergeht.

Es kann vorkommen, dass ein Modul voneinander weit entfernte und derart gegensätzliche Bedeutungen hervorbringt, dass es am Ende die Kontrolle darüber verliert (etwa wenn Genet in *Das Toten-*

---

190 Vgl. Guattari, »Les ritournelles du Temps perdu«.

191 Genet, *Ein verliebter Gefangener*, S. 584 u. 590.

fest den Ausdruck »hitlerisch« verwendet, wobei der Reichsadler zugleich die Kirche der Dreifaltigkeit verkörpern soll).[192] Ganz anders verhält es sich, wenn mehrere Module, wie Michail Bachtin es nennt, dialogische Beziehungen unterhalten. So können nicht nur die unwahrscheinlichsten Austausche stattfinden, sondern überdies können sie einen Mehrwert an Sinn, einen Zusatz an Singularität, eine existenzielle Verfestigung erzeugen. Proust hatte die Liebesspiele einer Wespe und einer Orchidee mit der voyeuristischen Offenbarung der schuldhaften Beziehungen zwischen Charlus und Jupien überblendet.[193] Bei Genet paaren sich Blume und Sträfling: »Die Sträflingskleidung ist rosa und weiß gestreift. Es ist die Welt, die mein Herz gewählt hat und ich entdecke ihre Bedeutungen nach meinem Belieben. *Zwischen Blumen und Sträflingen besteht ein enger Zusammenhang.*«[194] Zwei, drei Universen kristallisieren sich dann zusammen heraus: das Zuchthaus, die Blumen, die Dichtung ... Was noch? Die Ergriffenheit natürlich, von der Genet in einer Fußnote sagt, sie resultiere aus dem Hin und Her zwischen Blumen und Sträflingen.

Mit dem Beispiel des Kartenspiels ohne Karten wurde bereits darauf hingewiesen, dass ein kuppelndes Modul jene Ausdrücke, die es miteinander verbindet, hinter sich lassen und selbstständig agieren kann. Die Partie Karten ist das japanische Obon-Fest, währenddessen die Toten die Welt besuchen kommen;[195] sie ist eine »trockene Masturbation«;[196] sie ist eine Art und Weise, die Palästinenser zu charakterisieren;[197] sie ist die imaginäre Gitarre von Leutnant Mubarak;[198] sie ist die Trickserei des Bruders des Ritters Grieux, durch den Nabila, eine libanesische Krankenschwester, mit Manon Lescaut verbunden werden kann; sie ist eine Welt aus Silhouetten, sie ist die Schrift, die nur Trug ist ...,[199] und dann ist sie

---

192 Jean Genet, *Das Totenfest*, Werke, Bd. 3, übers. v. Marion Luckow, Gifkendorf 2000, S. 8.

193 Marcel Proust, *Auf der Suche nach der verlorenen Zeit*, Bd. 4: *Sodom und Gomorrha*, übers. v. Eva Rechel-Mertens, revidiert v. Luzius Keller u. Sibylle Laemmel, Frankfurt/M. 2004, S. 8 ff.

194 Genet, *Tagebuch des Diebes*, S. 7.

195 Genet, *Ein verliebter Gefangener*, S. 45f.

196 Ebd., S. 51.

197 Ebd., S. 353.

198 Ebd., S. 369.

199 Ebd., S. 48.

eigentlich auch nichts Spezielles, bloß ein Stil, ein Deterritorialisierungsprinzip ... Doch die »erdichteten Bilder« verselbstständigen sich noch weiter. Versuchen wir nun, ihre Ausdrucksmodalitäten genauer zu fassen. Das beste Beispiel, das wir hier anführen können, ist Mubarak, sudanesischer Leutnant und hochrangiger Beamter der PLO, eine buntscheckige Figur, an deren Porträt, das Genet von ihr zeichnet, nicht abzuschätzen ist, wieviel Phantasiertes darin eingegangen ist:[200] Als ein von Stammesmarkierungen gezeichneter Schwarzer, Liebhaber von Schund, »sagenhaftes Tier«, aus dem Dienst entlassener Krieger von der Militärschule Sandhurst, Leser von Spinoza, Tänzer afrikanischen Rocks, Perverser, Voyeur, ein Typ, eine große Hure ist dieses »schwarze Luder« einer der wenigen Protagonisten von *Ein verliebter Gefangener*, der Genet während seiner palästinensischen Reisen aus dessen – zumindest psychischer – sexueller Reserve zu locken vermochte. »Er suhlte sich in meiner Verwirrung.«[201] Doch was genau berührt ihn an dieser lebendigen Figur? Offenbar sind es gewisse Merkmale, die verschiedene Verwandlungen durchmachen: der Klang seiner Stimme (»Sein Sperma schien vom kehligen Klang seiner Stimme [...] übertragen zu werden«),[202] wie er Französisch in der Art von Maurice Chevalier sprach ... Sein Humpeln, das beiden gemeinsam war, wie auch seine Figur. Das ist sehr wichtig! In diesem Zusammenhang muss eine seltsame Übertragung existenziellen Zuschnitts zwischen dem Erzähler und dem Sudanesen erwähnt werden, als dieser sich eines Tages den Spaß macht, seinen Gang zu imitieren, als Replik auf eine Nachahmung, die Genet selbst gerade vorgeführt hatte: »Er stellte mich, die Stufen einer Lehmtreppe hinauf- und hinabsteigend, dar. Dank seiner hatte ich die riesenhafte, sich vor einem fast schwarzen Himmel abzeichnende Figur vor mir; in der Ferne und währenddessen ganz nah, ein wenig von der Müdigkeit des Alters gebeugt, vom Bergsteigen zurückkehrend, durch den Abstieg von Hügel zu Hügel in meinem, sagenhaft gewordenen, Schrittmaß, Hügel, so hoch wie die Wolken über Naplus, gegen Ende des Tages also hinkend, und diese Humpelei war übertrieben, vereinfacht und meinem gewöhnlichen Gang doch getreu. Ich begriff, dass ich mich

200 Siehe S. 245, 247, 263, 265f., 337, 345f., 353, 366ff., 506, 508f., 513, 519, 542, 575.

201 Ebd., S. 337.

202 Ebd., S. 248.

zum ersten Mal sah, nicht in einem psychisch genannten Spiegel, doch einem Auge oder Augen zufolge, die mich aufgespürt hatten [...].«[203] Damit wird deutlich, dass das erdichtete Bild nichts mit dem zu tun hat, auf das man im Spiegel der Psyche oder des reinen Anderen stößt. Kein gespiegelt-spiegelndes Trugbild mehr, kein von Identifizierungen überladenes Imaginäres, keine Phantasmen mehr oder was auch immer dieser Art. Genet verdankt Mubarak, sich selbst unter einem Blickwinkel, einem Licht betrachten zu können, die umso wahrer, umso wirklicher sind, als sie besser bearbeitet, umgeschrieben, in Szene gesetzt wurden. Im Gegenzug ruft er sich Mubarak in Erinnerung, und zwar in vielfarbiger Gestalt, wobei die Farben Lila und Preußischblau dominieren.[204] Schwarze in allen möglichen Farben,[205] der ihm die Konstellation von Universen des Geschlechts, der Gewalt und der göttlichen Tugenden, um die er bereits seit langem kreist, verständlicher macht. Chamäleonhafter Schwarzer am Schnittpunkt seiner Träume von Afrika, seinen Gefängnisliebschaften, Schwarzamerika und dem dunklen Teil der palästinensischen Kämpfe. Anscheinend haben Archibalds Flüche in *Die Neger* ausgedient: »Die Neger sollen noch schwärzer werden. Sie sollen bis zum Wahnsinn an dem festhalten, dessen man sie beschuldigt, an ihrem Ebenholz, ihrem Geruch, dem gelben Auge, an ihrem kannibalischen Geschmack.«[206] Der Schwarze ist nicht mehr die Rückseite des Weißen und ebenso wenig seine Grenze. Er ist zum Suchkopf avanciert – »Lachend trugen die Panther auf ihrem Kopf ein zottiges, straffes Genital.«[207] – und sieht sich imstande, die verdrängten Werte des Abendlandes und die Logiken zu ergründen, in denen, wie Sartre schreibt, »das Diskontinuum und die Zahl, diese beiden Namen für den Tod«,[208] ihre Aufhebung finden. Wir werden allerdings noch Platz einräumen müssen für ein anderes Äußerungsverfahren, denn das erdichtete Bild erweist sich

---

203 Ebd., S. 367.

204 Ebd., S. 508.

205 Als Veranschaulichung drängt sich mir wie von selbst die mit »Ein schwarzer Straßenkehrer vor der Tür seines Müllwagens« (1974) betitelte Reihe des Malers Gérard Fromanger auf.

206 Jean Genet, *Die Neger*, Werke, Bd. 8.1, übers. v. Katarina Hock und Ben Poller, Gifkendorf 2014, S. 315-416, hier S. 359.

207 Genet, *Der verliebte Gefangene*, S. 378.

208 Sartre, *Saint Genet*, S. 722.

selbst als begrenzt! Mubarak gerät ins Wanken, bekommt Risse, zerbricht in kleine Splitter aus Körper und Welt; der Prozess droht zu unterbrechen: »Noch in Salt, diesmal an einem Abend, widerfuhr mir die Überraschung, die Welt zweigeteilt zu erleben. Sie tauchte, und zwar in dem Moment, da man sie in zwei Hälften schneidet, in der Gestalt einer Person vor mir auf, dieser Moment, der einen kurz anmutet, wenn die Schneide des Messers gut geschliffen ist, war diesmal lang, denn Oberleutnant Mubarak lief in der untergehenden Sonne vor mir her; somit war er das Messer, genauer gesagt der Griff am Messer, das die Welt in zwei teilt [...]. Der vor mir hergehende [Oberleutnant schied] die Finsternis vom Licht«.[209]

Die synaptische Ebene existenzieller Operatoren

Die modulare Verkettung kosmischer und signaletischer Schwankungen ebenso wie die »erdichtete« Harmonisierung von Stimmen, die nicht von vornherein dazu bestimmt waren, einander zu begegnen, setzten das Subjekt dem schöpferischen Prozess noch entgegen: Entweder verharrte es in passiver Anschauung oder nahm die Position aktiver Leitung ein. Hier nun ist es die Äußerung als solche, auf die das Subjekt abzielt. Sollte dies in gewisser Weise eine Rückkehr zu der Idee eines primordialen Verschlingens sein: wahnsinniger Versuch der Selbstbeherrschung (der Selbstheit, in Sartres Terminologie) oder, wie wir noch sehen werden, methodischer Ansatz zur Produktion einer mutierenden Subjektivität? Alles wird hier von der Fähigkeit besagten Prozesses abhängen, sich nicht im Phantasma einschließen zu lassen.

Eines Tages im Oktober 1971 macht Genet in einem jordanischen Flüchtlingslager die Bekanntschaft zweier Palästinenser: Hamza und dessen Mutter. Aufgrund dieser Begegnung, die ihn zutiefst erschüttert, ohne dass er je das Warum begreift, wird er sein Verhältnis zur palästinensischen Revolution neu bewerten und dem Buchprojekt, das in *Ein verliebter Gefangener* münden sollte, einen Rahmen verleihen. Mit ihr als Grundlage hat sich schließlich herausgebildet, was ich existenziellen Operator oder Synapse nennen, das heißt ein sowohl psychisches, materielles und gesellschaftliches Gefüge, das

[209] Genet, *Der verliebte Gefangene*, S. 575.

einen neuen Äußerungstyp einzuführen vermag, als auch, infolgedessen, eine neue subjektive Produktion. Die Überlegungen, die Reisen, vor allem jedoch eine ausgedehnte Suche nach Träumen und gescheiterten Revolutionen, all dies sollte an der Einrichtung einer solchen Instanz mitwirken.

Hamza ist ein 17jähriger Kämpfer, dem Genet von seinen palästinensischen Freunden anvertraut wird. Sie verbringen nur wenige Stunden zusammen, bevor und nachdem der junge Mann zum Einsatz gegen die jordanische Armee geschickt wird, die kurz zuvor ihren Angriff gegen die Stützpunkte der PLO begonnen hatte. Danach wird Genet 14 Jahre lang nichts mehr von ihm hören; Gerüchte lassen ihn glauben, er sei zu Tode gefoltert worden, bis er seine Spur in Deutschland wiederfindet. In jener Nacht hatte Hamzas Mutter Genet im Zimmer ihres Sohnes einquartiert. Bewegt erinnert er sich an den Moment, als sie im Halbdunkel das Zimmer betrat, um ihm auf einem Tablett einen türkischen Kaffee und ein Glas Wasser zu bringen. Er ließ die Augen geschlossen, schwieg. Er verstand, dass diese Frau ihm ganz natürlich etwas zu trinken gebracht hatte, so, wie sie es gewöhnlich für ihren Sohn tat. Genet ist wie vom Blitzschlag getroffen und verliebt sich in das unbekannte Paar, das seinen Worten gemäß zu einem »Fixpunkt«, einem »Polarstern« wird, anhand dessen er sein Dasein ausrichten wird. »Dieser Fixpunkt hieß womöglich Liebe, doch was für eine Art Liebe zu einem Jungen und einer Alten, die ich alles in allem und ein für alle Mal vierundzwanzig Stunden lang erleben durfte, hatte über vierzehn Jahre in mir gekeimt, sich ausgewachsen, sich breit gemacht [...].«[210]

Alle weiter oben beschriebenen Elemente der sagenhaften Umwandlung lassen sich hier wiederfinden, dieselben semiotischen Verzerrungen, insbesondere mit der Gestalt Hamzas, die sich vor einem dicken Schatten abzeichnet, »ebenso erstickend wie eine Wolke aus Ruß«. Neben der Mutter, wenn er zum Beispiel erwähnt, wie sie die Zimmertür öffnet, sieht er stets den Sohn auftauchen, riesengroß und sie mit seinem Gewehr in der Hand beschützend. »Letzen Endes stellte ich mir nie eine Figur allein vor: immer ein Paar, von denen eine in der alltäglichen Haltung gefasst war, in ihren wirklichen Maßen, während die andere riesig, einfach anwesend, die Konsistenz und die Proportionen einer mythologischen Fi-

---

[210] Ebd., S. 591.

gur hatte. Um diese Erscheinung vielleicht zusammenzufassen: eine Gruppe, ein Monster-Paar, deren eine Figur menschlich, deren andere erdichtet war.«[211] Doch zu dieser Arbeit einer, wenn ich das so nennen kann, »Schöpfung erdichteter Bilder« kommt eine weitere hinzu, die ich als Heiligung bezeichnen werde. Das Paar Mutter-Hamza wird in einer Art Familienroman buchstäblich mit dem Paar Pietà-Christus verkoppelt, so wie sich manche Kinder bisweilen Adelstitel verleihen, wobei Genet, nicht zufrieden damit, dass er kein Waise mehr ist, alle möglichen Positionen darin – des Mannes, der Frau, des Gekreuzigten und so weiter und so fort – lustvoll einnimmt.[212] Bereits lange Zeit davor hatte er eine ähnliche religiöse Umwandlung vollzogen, als er das Zuchthaus verherrlichte: »Die jungfräuliche Mutter und Guyana, ich nenne sie Trösterinnen der Bekümmerten.«[213] Doch natürlich eignet sich das Heilige Land besser für einen derartigen Vorgang! Zweifellos haben wir es in beiden Fällen mit einem deterritorialisierten Land zu tun. Auffällig ist aber, dass Genet das Zuchthaus umso mehr vermisst, als es abgeschafft wurde, je mehr es Traumgestalt annimmt, und dass er mit dem Wunsch der Palästinenser, ihr Land wiederzuerlangen, umso stärker mitfühlen kann, je problematischer er dessen Verwirklichung einschätzt. Dieser Punkt ist jedoch nicht entscheidend, sondern vielmehr die zusätzliche Prozesskraft, die dem erdichteten Bild durch diese narrative Pfropfung religiösen Ursprungs vermittelt wird. Das Bild ist nicht mehr nur Schnittstelle heterogener Stimmen, es arbeitet auf eigene Faust, und in gewisser Weise wird es selbstgenügsam, selbstbezüglich und selbstprozessual. Was es aber, ganz im Gegenteil, nicht daran hindert, sein Aktionsfeld auf die Erinnerung und die ereignishaften Vorkommnisse auszuweiten. Wie beim erdichteten Bild besteht seine Funktion darin, eine singuläre Zeitlichkeit, eine spezifische Art, die Subjektivität zu diskursivieren, zu erzeugen. Hierfür geht es aber in noch offenerer Weise vor, indem es

---

211 Ebd., S. 306.

212 Ebd., S. 443 und vor allem S. 307ff.: »In dieser Welt, Sprache, Bevölkerung, den Konturen, Tieren, Pflanzen, Ländereien, die einen islamischen Geist atmeten, drängte sich mir die Gruppe der *Mater dolorosa* auf. Die Mutter und der Sohn; nicht so beschaffen, wie die christlichen Künstler sie dargestellt haben – gemalt oder modelliert in den Marmor oder das Holz, der tote Sohn, ausgestreckt auf den Knien der viel jüngeren Mutter als der vom Kreuz abgenommene Leichnam – der eine oder die eine aber stets über den anderen wachend.«

213 Genet, *Tagebuch des Diebes*, S. 282.

aufhört, alle Umrisse einer ikonischen Gestalt leerlaufend zu umkreisen, und fortwährend neue Möglichkeitslinien entwirft. In der Zeit, als er in vielen Gefängnissen einsaß, hatte Genet bereits mit diesem Verfahren einer Selbstvergöttlichung experimentiert: »Ich verlegte in mich selbst diese Gottheit, die mein Ursprung war und die über mich verfügte. Ich verschlang sie. Widmete ihr Gesänge, die ich erfand. Nachts pfiff ich. Die Melodie war religiös, getragen und der Rhythmus ein wenig schwerfällig. Sie verband mich mit Gott, denn Gott war nur die Hoffnung und die Inbrunst meines Gesanges.«[214] Man wird jedoch zugeben, dass dies ein Gott ist, der ein wenig nach Eingesperrtsein riecht! Im Grunde war die Kopplung Jungfrau-Gefängnis ein wahrer Kraftakt, um einen Riss des Universums zu überwinden, der als unwiderruflich, als unheilbar erscheinen konnte. Sartres Gleichung Imaginäres – Irrealisierung – Böses – Einsamkeit trieb sich stets in diesem Einzugsbereich herum.[215] Mit dem Oberleutnant Mubarak gehen das Gute und das Böse, das Weiße und das Schwarze Beziehungen ein, die jedoch in ganz anderer Weise komplex sind. Nicht nur öffnet sich die Wirklichkeit, sie lädt sich auch mit unendlichen Virtualitäten auf. Gleichwohl hat die Figur noch allzu starken mythologischen Charakter, sie vermag nur selten, subtile Subjektivierungsprozesse anzustoßen, und verfügt am Ende selbst, wie wir sehen konnten, eine neue Spaltung der Welt. Alles ändert sich aber mit der doppelten synaptischen Verknüpfung:

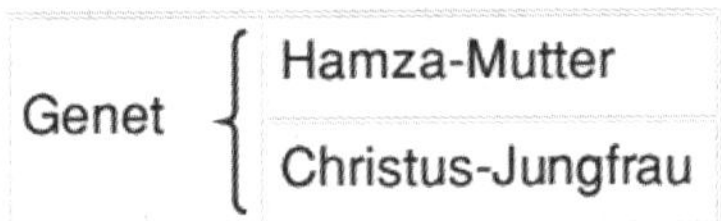

Der synaptische Term soll anzeigen, dass man von diesem Operator zurecht etwas anderes als simple Nachbilder oder Obertöne des Sinns, nämlich eine pragmatische Wirkung, einen existenziellen Mehrwert, die Freisetzung neuer Konstellationen von Bezugsuniversen erwarten darf. Die Beziehungen gestalten sich nunmehr weniger identifizierend, weniger personologisch – ungeachtet aller Versuche, sie auf Ödipus und den Inzest zurückzuführen.[216] Fortan

214 Ebd., S. 92.

215 Sartre, *Saint Genet*, S. 254f.

216 Ein Thema, das mehrmals auftaucht im Zusammenhang mit der Umkehrung von Altersverhältnissen zwischen Mutter und Sohn (Genet, *Der verliebte Gefangene*,

klebt das Numen nicht mehr am Rückenmark der Bilder, sondern findet sich, wenn man so will, in sehr viel molekulareren Praktiken destilliert wieder, die die alltägliche Wahrnehmung der Welt sowie ihre eschatologischen Horizonte transformiert.[217] Zudem ist Hamza noch nicht einmal gläubig, weder Muslim noch Christ. Das würde aber auch nichts ändern. Und wenn er, nachdem er vierzehn Jahre verschollen war, für Genet »wiederaufersteht« – mit einer Deutschen verheiratet und wahrscheinlich Vater einer ganzen Rasselbande –, dann verliert er dadurch gleichwohl nicht seine sakrale Position, wird unser existenzieller Operator nicht entschärft, und zwar weil seine Wirkmacht nicht in seinen sichtbaren Teilen besteht, sondern in einer abstrakten Intensitätsmaschine, die in innovativer Form die Universen des Genießens, der Dichtung, der Freiheit und des kommenden Todes ... verbindet. Durch sie wird ein anderer Genet geboren. Schluss mit der Kluft, dem Riss. Dieses Paar, erklärt er, hat er sich »nach seinem Maß aus einem raum-zeitlichen Kontinuum nationaler, familiärer, verwandtschaftlicher Zugehörigkeit ausgeschnitten«.[218] Selbst die Gegenwart, die Vergangenheit und die Zukunft scheinen sich in einer dieser René Thom so geläufigen rückwärtigen Glättungen der Zeit übereinander legen zu wollen, sodass es Genet so vorkommt, als würde die palästinensische Revolution zu seinen ältesten Erinnerungen gehören.[219] Und wenn auch der Tod in Wirklichkeit nurmehr eine Auferstehung des Augenblicks ist: Quelle von Abwesenheit, Quelle von Wirkkraft ... »›Für das Tausendstel einer Sekunde gefährlich gewesen zu sein, für das Tausendstel eines Tausendstels einer Sekunde schön gewesen zu sein, dies zu sein, dies oder glücklich, oder irgendwas, sich dann auszuruhen, und was noch?‹«[220]

S. 292 u. 305) oder durch einen Versprecher, der aus Maria die Frau von Jesus macht (ebd., S. 391).

217 Ebd., S. 542: »Mehr und mehr glaube ich, letztendlich dafür unter anderen Menschen zu existieren, der Halt und der Beweis dafür zu sein, dass in der Schöpfung nichts als ununterbrochen sie durchströmende Emotionen leben.«

218 Ebd., S. 308 [Übers. leicht mod.].

219 Ebd., S. 366.

220 Ebd., S. 405.

Die Äusserung in der Architektur

Über Jahrtausende haben die Menschen, vielleicht nach dem Vorbild von Schalentieren oder Termiten, die Gewohnheit angenommen, sich mit allen Sorten von Panzern zu umgeben. Die Gebäude, die Kleidung, die Autos, die Bilder und Botschaften, die sie ständig absondern, kleben an ihrer Haut, hängen mindestens so sehr wie die Knochen ihres Skeletts am Fleisch ihres Daseins. Nichtsdestotrotz gibt es einen bedeutenden Unterschied zwischen Menschen, Schalentieren und Termiten: Bei den letztgenannten Arten wurden bisher keine Innungen von Architekten, Schneidern oder Medienexperten gesichtet. Wie dem auch sei, feststellen lässt sich, dass wir die Konturierung sozialer Gefüge über einen sehr langen historischen Zeitraum hinweg einem ökolithischen Ausdruck – der Art Errichtung von Zikkurats, Zerstörung der Bastille oder Erstürmung des Winterpalais – zu verdanken haben. In letzter Zeit ist aber nicht nur der Stein hinter Stahl, Beton und Glas zurückgetreten, sondern es sind vor allem die Geschwindigkeit der Kommunikation und die Beherrschung von Informationen, die die Machtverhältnisse bestimmen. Angesichts solcher Umstände wissen die Architekten nicht mehr recht, welchem Gott sie huldigen sollen! Was würde es heute beispielsweise in einer Stadt wie Mexiko-City, die ungebremst auf ihre 40 Millionen Einwohner zusteuert, nützen, sich auf Le Corbusier zu berufen? Selbst der Baron Haussmann könnte da nichts mehr ausrichten! Politiker, Technokraten und Ingenieure verwalten heutzutage solche Dinge, indem sie so wenig wie möglich auf die Schöpfer einer Kunst zurückgreifen, die Hegel gleichwohl an die Spitze aller anderen Künste gestellt hatte. Zwar besetzen die Architekten auch weiterhin eine kleine Nische im Bereich prunkvollen Bauens. Doch in dieser sind die Plätze bekanntlich teuer und, sofern man als postmoderner Dandy bei den unausweichlich damit verbundenen politischen und finanziellen Machenschaften nicht mitmacht, die wenigen Auserwählten in der Regel zu einem schleichenden Verfall ihrer kreativen Talente verurteilt. So bleiben nur die Wege reiner Theorie,[221] der

---

[221] Léon Krier etwa ist der Ansicht, dass angesichts des »Holocausts, der in unseren Städten wütet [...], ein verantwortungsbewusster Architekt heutzutage nicht mehr bauen kann«. *Babylone*, 1, 1982/83, S. 132.

Utopie[222] oder der nostalgischen Rückbesinnung auf die Vergangenheit.[223] Oder auch des kritischen Protests, obwohl die Zeiten dafür nicht gerade günstig zu sein scheinen.

Der Gegenstand der Architektur ist in tausend Teile zersprungen. Es ist sinnlos, sich an das zu klammern, was er einmal war oder sein sollte! Im Schnittpunkt von wichtigen politischen Fragen, demografischen und ethnischen Spannungen, wirtschaftlichen, sozialen und regionalen Konflikten, die mitnichten gelöst sind, und getrieben durch den fortwährenden technologischen und industriellen Wandel ist er unwiderruflich dazu verurteilt, hin und her gerissen und innerlich zerrissen zu sein. Dies bedeutet jedoch nicht, dass man sich mit allem zufrieden zu geben hat, denn es könnte im Gegenteil eine Verschärfung der ethisch-politischen Entscheidungen erforderlich sein, die der Ausübung dieses Berufs schon immer zugrunde lagen. Fortan ist es unmöglich, sich guten Glaubens hinter der Kunst um der Kunst willen oder der reinen Wissenschaft zu verschanzen.[224] Die Architektur neu zu erfinden kann nicht mehr bedeuten, einen Stil, eine Schule oder eine Theorie mit hegemonialem Anspruch anzustoßen, sondern unter den heutigen Bedingungen die architektonische Äußerung und in gewissem Sinn auch den Beruf des Architekten neu zu gestalten.

Sobald der Architekt nicht mehr nur das Ziel verfolgt, ein Bildhauer gebauter Formen zu sein, sondern für sich in Anspruch nimmt, auch ein Enthüller virtueller Wünsche nach Raum, Orten, Wegen und Territorium zu sein, muss er die individuellen und kollektiven Beziehungen körperlichen Daseins analysieren, indem er seine Herangehensweise permanent singularisiert, und überdies zu einem Vermittler zwischen diesen sich selbst durchsichtigen Wünschen und den Interessen, denen sie entgegenstehen, oder, anders gesagt, zu einem Künstler und einem Handwerker der sinnlich-konkreten und auf die Welt bezogenen Erfahrung avancieren. Ich verfolge wohlgemerkt nicht die Absicht, ihn auf eine psychoanalytische Couch zu

---

[222] Zum Beispiel das Werk von Daniel Liebeskind oder auch die Landschaftsgebilde von Vittorio Gregotti, etwa sein Projekt für Sozialwohnungen in Cefalu, das nur wenig Chancen besitzt, jemals real umgesetzt zu werden.

[223] Siehe in diesem Punkt die interessanten Positionen von Henri Gaudin zur regionalen Architektur in seinem Buch *La cabane et le labyrinth*, Brüssel 1984.

[224] Ich verweise hier auf die fesselnden Untersuchungen von Girard, *Architecture et concepts nomades*.

verfrachten, um ihn dazu zu bringen, eine solche Neufassung seiner Rolle gutzuheißen! Ich bin vielmehr der Ansicht, dass er selbst in der Lage ist, bestimmte spezifische Funktionen von Subjektivierung zu analysieren.[225] In dieser Eigenschaft und zusammen mit zahlreichen sozialen und kulturellen Akteuren könnte er ein wesentliches Bindeglied innerhalb von mehrpoligen Äußerungsgefügen darstellen, die heutige Subjektivitätsproduktionen in analytischer und pragmatischer Weise zu unterstützen vermögen. Folglich sind wir hier weit davon entfernt, ihn nur als bloßen kritischen Beobachter zu verstehen!

Wird der Akzent so vom Objekt zum Projekt hin verschoben, und zwar unabhängig davon, wie dessen semiotischer Ausdruck und dessen semantische Inhalte aussehen, erfordert ein architektonisches Werk eine spezifische Ausarbeitung seiner Äußerungs-»Materie«: Wie kann man heutzutage Architekt sein? In welcher Form soll er aktiv werden und mit welchen Mitteln arbeiten? Welches Gewicht haben Bauherren, Ingenieure, Stadtplaner, aktuelle und potenzielle Nutzer für ihn? Inwieweit ist es zulässig, dass er mit verschiedenen Parteien Kompromisse eingeht? Hier ist eine hochentwickelte Übertragungsökonomie am Werk, die ich im Folgenden unter dem Gesichtspunkt der beiden Festigkeitsmodalitäten der Äußerung eines *Begriffs* in der Architektur betrachte:

- die polyphone Modalität, die auf der Ebene der *Perzepts* spielt und der Entfaltung jener Komponenten innewohnt, die zu ihrer diskursiven Existenznahme beitragen;
- die ethisch-ästhetische Modalität, die auf der Ebene des *Affekts* angesiedelt ist und ihrer nichtdiskursiven »Seinsnahme« innewohnt.

Die polyphonen Komponenten

Unter der Kategorie des Maßstabs hat Philippe Boudon zwanzig Formen unterschieden, anhand deren das Objekt der Architektur,

225 Was die bisweilen entscheidende Position des Stadtplaners und des Architekten bei der Modellierung psychiatrischer Institutionen angeht, siehe die Sondernummer der Zeitschrift *Recherches* zum Thema »Stadtplanung, Architektur und Psychiatrie«, Juni 1967.

das sich im Wesentlichen auf die Kategorie des Raums bezieht, betrachtet werden kann:

- jene, die den realen Raum auf diesen selbst beziehen (Maßstab, geografische Sichtbarkeit, Nachbarschaft und Parzellierung);
- jene, die den architektonischen Raum auf einen äußeren Bezugspunkt beziehen (symbolischer, formaler, funktionaler, der Ausdehnung entsprechender, dimensionaler, soziokultureller, modellhafter und ökonomischer Maßstab);
- jene, die den architektonischen Raum auf seine Darstellung beziehen (geometrische, kartografische und darstellende Maßstäbe);
- schließlich die des architektonischen Prozesses, sofern er ständig zwischen verschiedenen Räumen hin- und herwechselt (»maßstabsgerecht«; »Maßstabsangleichung« usw.).

Es ließen sich zweifellos noch weitere derartige Komponenten anführen. Doch wenn wir die Perspektive der Äußerung und nicht mehr die einer einfachen taxinomischen Aufzählung von Verräumlichungsmodi einnehmen wollen, dann ist es offensichtlich, dass ihre Zahl schier ins Unendliche anwächst. Alle virtuellen Äußerungen lauern in der Nähe des architektonischen Gegenstands. Wie Henri Van Lier schreibt: »Ein bedeutsames architektonisches Werk wird immer als etwas begriffen, das anders sein kann als das, was es ist. Eine Bleibe, eine Wohnung ist keine solche, sondern verweist auf sie; sie ist eine ihrer Möglichkeiten, die als solche erscheint.«[226] Nichtsdestotrotz habe ich aus diesem kontinuierlichen Spektrum virtueller Äußerungen acht Typen von Gefügen ausgewählt, die jenen »Stimmen« entsprechen, die meiner Ansicht nach in der zeitgenössischen Architektur tatsächlich zur Anwendung kommen.

1. *Eine geopolitische Äußerung*, die sowohl die Ausrichtung der Himmelsrichtungen, die Höhenunterschiede des Geländes, die demografischen Klimadaten als auch langfristige Entwicklungen wie die von Fernand Braudel beschriebene säkulare Tendenz berück-

---

[226] Henri Van Lier, »Architecture. L'espace architectural«, in: *Encyclopædia Universalis*, Bd. 2, S. 554.

sichtigt,[227] die die Verschiebung des Schwerpunkts der »Stadtarchipele«[228] den Schwankungen der Weltwirtschaft entsprechend beeinflusst.[229]

2. *Eine urbanistische Äußerung*, die sich auf Gesetze, Vorschriften, Sitten und Gebräuche hinsichtlich der Größe von Grundstücken, der Anordnung und des Volumens von Gebäuden sowie auf die Mechanismen der Modell- und Bildkontamination (die auf Philippe Boudons Begriff des Maßstabs im Verhältnis zum Benachbarten verweist) bezieht. Die Gesprächspartner können hier in »harter« Form als Beamte, als staatliche Körperschaften, oder in unscharfer Form als allgemeine Einstellung, als Meinung, die mehr oder weniger von den Medien verbreitet wird, erscheinen.

3. *Eine ökonomische Äußerung* als kapitalistischer Ausdruck der Machtverhältnisse zwischen den verschiedenen individuellen und kollektiven Bewertungssystemen. Auf Grundlage einer relativen Bewertung von Kosten und Ansprüchen in Form von erwartetem Gewinn, Prestige, politischer Wirkung und gesellschaftlichem Nutzen führt sie dazu, einen Marktwert für Grundbesitz festzulegen und die Wahl und das Volumen von Investitionen im Bauwesen zu »steuern«.

4. *Eine funktionale Äußerung* oder Ausstattungsfunktion, die erbaute Räume hinsichtlich ihrer spezifischen Nutzung betrachtet. Die Ausstattungen und Einrichtungen sowohl zu gemeinschaftlichen als auch zu privaten Zwecken sind in ein doppeltes Netzwerk eingebunden:

a) »horizontale« komplementäre Beziehungen, die jedes Segment auf der Gesamtheit der städtischen Strukturen positionieren, die

227 Fernand Braudel, *Sozialgeschichte des 15. – 18. Jahrhunderts*, Bd. 3: *Aufbruch zur Weltwirtschaft*, übers. v. Siglinde Summerer und Gerda Kurz, München 1986, S. 67ff.

228 Ebd., S. 25.

229 Ebd., S. 18ff. u. 67ff. Die Weltwirtschaft ist in einer jeweiligen Epoche das größte zusammenhängende Gebiet in einem Teil der Erde, eine Summe individualistischer, wirtschaftlicher und nichtwirtschaftlicher Räume, die in der Regel die Grenzen anderer massiver Gruppierungen in der Geschichte überschreitet. François Fourquet hat unter dem Begriff der *Ökowelt* eine systematischere Theoretisierung der Konzeptionen von Fernand Braudel und Immanuel Wallerstein vorgenommen in *Richesse et puissance. Une généalogie de la valeur*, Paris 1989.

heute innerhalb des globalen Kapitalismus miteinander verbunden sind;[230]

b) »vertikale« integrative Beziehungen, die von Mikroausstattungen (Beleuchtung, Lüftung, Kommunikation usw.) bis zu infrastrukturellen Makroausstattungen reichen.

Wie Paul Virilio schreibt: »Heute [...] besteht das Wesentliche dessen, was man weiterhin als Urbanismus bezeichnet, aus derlei Transfer-, Transit- und Transmissionssystemen, diesen Transport- und Migrationsnetzen, deren Immaterialität an jene der Katasterorganisationen und der Errichtung von Denkmälern anschließt. Wenn es gegenwärtig überhaupt ›Denkmäler‹ gibt, dann gehören sie nicht mehr zur Ordnung des Sichtbaren, trotz aller Drehungen und Wendungen der architektonischen Maßlosigkeit, denn solch ›Missverhältnis‹ verschreibt sich weniger der Ordnung sinnlich-konkreter Erscheinungen (im Sinne einer Ästhetik des Erscheinens von Körpern, die unter der Sonne versammelt sind) als dem obskuren Leuchten der Bildschirme, Konsolen und anderer elektronischer ›Nachttische‹.«[231]

Folglich sind hier die kollektiven Äußerungsproduzenten

- die sozialen Schichtungen je nach Ressourcen, Altersklassen, regionalen Besonderheiten, ethnischen Einteilungen usw.;
- die sozialen Körper, die nach ihren jeweiligen Aktivitäten wirtschaftlicher oder kultureller Art oder nach dem Grad an Betreuungsaufwand (Internierungen, Inhaftierung usw.) in Sektoren eingeteilt sind;
- Planer, Experten und Techniker aller Art, die in der Lage sind, Einschränkungen und Normen für das architektonische Entwerfen festzulegen.

5. *Eine technische Äußerung*, die ein »Ergreifen des Wortes« seitens der Geräte und allgemeiner der Baumaterialien beinhaltet, indem beispielsweise »die Neigung eines Dachs entsprechend der

---

[230] Vgl. meine Untersuchung in Zusammenarbeit mit Éric Alliez »Der integrierte weltweite Kapitalismus und die molekulare Revolution«, in: Félix Guattari, *Planetarischer Kapitalismus*, übers. v. Ronald Voullié und Frieder O. Wolf, Leipzig 2018, S. 59-78.

[231] Paul Virilio, *L'espace critique*, Paris 1984, S. 24.

relativen Durchlässigkeit des verwendeten Materials, die Dicke einer Mauer entsprechend ihrer Belastung, die Abmessungen eines Materials entsprechend seiner Handhabbarkeit, seiner Transportfähigkeit und seiner Verarbeitung«[232] festgelegt werden.

Die Mittler zwischen den Gesprächspartnern sind hier nicht mehr allein die Bauingenieure, sondern die Chemiker, die jeden Monat neue Materialien erfinden, die Ingenieure der Elektrotechnik und der Telekommunikation sowie nach und nach die Gesamtheit aller technischen und wissenschaftlichen Fächer.

6. *Eine Bedeutung stiftende Äußerung*, deren Ziel es ist, einer erbauten Form unabhängig von funktionalen Semantemen einen bedeutungsvollen Inhalt zuzuweisen, der von einer mehr oder weniger großen Menschengemeinschaft geteilt, von allen anderen Gemeinschaften, die diese Art von Inhalt nicht teilen, jedoch stets begrenzt wird. Hier lassen sich erneut mehrere von Philippe Boudons Maßstäben wiederfinden: jener, der dazu führt, dass eine symbolische Form in einem Gebäude unabhängig von seiner Größe verkörpert wird (zum Beispiel der kreuzförmige Grundriss christlicher Kirchen); jener, der die Gestalt einer Konstruktion auf der Grundlage eines ideologischen Modells nachbildet (Vitruvs ideale Stadt; Le Corbusiers »ländliche«, »industrielle« oder »Handelsstädte« ...); jener, im Gegenteil, eines mehr oder weniger unbewussten soziokulturellen Musters (wie der zentrale Innenhof, den die arabischen Baumeister wahrscheinlich aus der römischen Antike übernommen haben); oder jener, noch unschärfer, der einer Wohnsiedlung ein allgemeines Aussehen verleiht (wie das ganz eigene, in sich geschlossene Flair toskanischer Kleinstädte, die sich im Gegensatz zu den nordamerikanischen Ballungsräumen, die in irgendeiner Form über einen Verkehrsanschluss verfügen, nicht auf einen transfiniten Raum hin öffnen).

7. *Eine Äußerung existenzieller Territorialisierung*, die sowohl perspektivischer als auch ethologischer Natur ist und die ich an die drei Typen von Raum anlehnen möchte, deren Unterscheidung Vittorio Ugo vorschlägt:[233]

---

232 Boudon, *La ville de Richelieu*, S. 17.

233 Vittorio Ugo, »Une hutte, une clairière (ou le lieu d'une architecture théorique)«, in: *Critique*, 476/477, 1987, S. 100-120 (die gesamte Ausgabe stand unter dem Thema »Das Objekt Architektur«).

- die euklidischen Räume unter dem Schutz von Apollo, die in eindeutiger Weise eine Objektidentität im Rahmen einer axiomatisch-deduktiven Logik setzen und in die sich eine »primäre und elementare Architektur in der ganzen Klarheit ihrer kristallinen Perfektion einschreibt, die immer mit sich selbst identisch und frei von jeglicher Zweideutigkeit oder innerer Widersprüchlichkeit ist«;
- die projektiven Räume unter dem Schutz von Morpheus, die Formen mit modulierter Identität, mit wechselnden Perspektiven setzen und den Vorrang des »Imaginären vor der Wirklichkeit, des Blicks vor dem Wort, des Umfangs vor dem Gebrauch, des Projekts vor der Wahrnehmung« behaupten;
- die labyrinthartigen topologischen Räume, die als existenzielle Orte fungieren,[234] unter dem Schutz von Dionysos und gemäß einer Geometrie der Einhüllung des taktilen Körpers, was uns bereits auf das Register der Affekte verweist.

Der Raum der Architektur ist ein konkreter Operator unter vielen, der den Stoffwechsel zwischen den Objekten des Außen und den Intensitäten des Innen betreibt. Von Vitruv über Leonardo da Vinci bis zu Le Corbusier wurden die Wechselwirkungen zwischen dem menschlichen Körper und seinem Wohnraum immer wieder erforscht, und vielleicht geht es fortan weniger darum, diesen aus einem formalen Blickwinkel zu betrachten, denn von einem Gesichtspunkt aus, den man als organisch bezeichnen könnte. Wie Massimo Cacciari schreibt: »Jeder echte Organismus ist ein Labyrinth.«[235] Wir werden später noch auf die fraktalen Dimensionen der labyrinthischen (oder rhizomatischen) Natur der existenziellen Territorialisierung eingehen.

8. *Eine skripturale Äußerung*, die die Gesamtheit der anderen Äußerungskomponenten verbindet und zum Ausdruck bringt. Aufgrund der diagrammatischen Distanz, die sie zwischen Ausdruck und Inhalt herstellt, und durch den Schöpfungskoeffizienten, den sie erzeugt, fördert die architektonische Projektierung neue Potenziale, neue Konstellationen von Bezugsuniversen zutage, angefangen mit

[234] So wie Heidegger diesen Ausdruck versteht. Vgl. hierzu seinen Aufsatz »Bauen Wohnen Denken«, in: *Vorträge und Aufsätze*, Pfullingen 1954, S. 145-162.

[235] Massimo Cacciari, »Eupalinos ou l'architecture«, in: *Critique*, 476/477, 1987, S. 87-99, hier S. 98.

denen, die der Entfaltung ethisch-ästhetischer Aspekte des erbauten Objekts zugrunde liegen.

Die ethisch-ästhetischen Ordinaten

Die architektonische Äußerung bringt nicht nur diskursive diachrone Komponenten mit sich, sondern führt auch zu einer Verfestigung von synchronen existenziellen Dimensionen oder von Ordinaten auf gleicher Ebene. Im Anschluss an Bachtin werde ich drei Typen von Letzteren unterscheiden:

- die kognitiven Ordinaten, das heißt die energetisch-raumzeitlichen Koordinaten, die den Logiken diskursiver Mengen entspringen. In diesem Register verkettet die skripturale Äußerung der Architektur die fünf ersten Typen der weiter oben aufgezählten Äußerungsgefüge;
- die axiologischen Ordinaten, die alle Systeme anthropozentrischer Bewertung sowohl ethischer als auch ökonomischer und politischer Ordnung umfassen;
- die ästhetischen Ordinaten, die die Vollendungsschwellen einer Entität, eines Objekts oder eines strukturellen Ganzen bestimmen, sofern diese unabhängig voneinander Sinn und Form zu erzeugen beginnen. Es ist an solchen ethisch-ästhetischen Ordinaten, die Komponenten bedeutungsvoller Äußerungen und existenzieller Deterritorialisierung mit anderen Komponenten ineinander zu flechten. So wird das Gebaute, das Erlebte und das Unkörperliche auf neue Weise miteinander verknüpft, obwohl die kapitalistischen Gesellschaften aus ihrer Architektur und ihrem Städtebau immer wieder jede Spur subjektiver Singularisierung zugunsten einer rigorosen funktionalen, informations- und kommunikationstechnischen Transparenz getilgt haben.

Man verstehe mich recht: Die Singularisierung, von der hier die Rede ist, ist nicht bloß etwas, das »zur Seele hinzukommt«, eine gleichsam »kundendienstlich« zuteil werdende »Personalisierung«, sie beruht auf Instanzen, die im Kern des architektonischen Objekts am Werk sind und ihm seine innerste Festigkeit verleihen. Was seine äußerliche, seine diskursive Seite angeht, so bildet sich das

Objekt am Schnittpunkt unzähliger Spannungen heraus, die es in alle Richtungen zerren. Doch was seine ethisch-ästhetischen, seine Äußerungen produzierenden Seiten anbelangt, so fügt es sich in einem nichtdiskursiven Modus wieder zusammen, der uns durch die besondere Erfahrung der verräumlichten Affekte phänomenologisch zugänglich wird. Unterhalb einer kognitiven Festigkeitsschwelle kippt das architektonische Objekt ins Imaginäre, Träumerische, Wahnsinnige, während unterhalb einer axiologischen Festigkeitsschwelle seine Anderes und Begehren mitführenden Dimensionen bröckeln – so wie die Filmbilder, von denen die Aborigines Australiens mangels Interesse lange Zeit keine Kenntnis genommen haben – und es unterhalb einer ästhetischen Festigkeitsschwelle aufhört, die Existenz der Formen und Intensitäten, die ihm Ausdruck verleihen sollten, festzumachen.

Folglich und letztlich wäre, was die Kunst des Architekten ausmacht, seine Fähigkeit, jene verräumlichten Äußerungsaffekte zu erfassen. Man muss jedoch bedenken, dass es sich hierbei um paradoxe Objekte handelt, die nicht in den Koordinaten des gewöhnlichen rationalen Denkens beschrieben werden können, und man sich ihnen nur indirekt, durch Metamodellierung, durch einen ästhetischen Umweg, eine mythische oder ideologische Erzählung nähern kann. Wie die Partialobjekte von Melanie Klein[236] oder die Übergangsobjekte von Donald Winnicott[237] stellt sich diese Art von Affekt so her, dass er die heterogensten Ebenen transversal durchzieht. Nicht, um sie zu vereinheitlichen, sondern im Gegenteil, um sie noch mehr in fraktale Prozesse von Heterogenese einzubringen. Die architektonische Form ist nicht dazu aufgerufen, als in sich geschlossene Gestalt zu funktionieren, sondern als katalytischer Operator, der Kettenreaktionen innerhalb von Zeichenbildungsmodi auslöst, die uns aus uns selbst herausgehen lassen und auf ganz neue Möglichkeitsfelder hin öffnen. Das sich einstellende Gefühl von Vertrautheit und existenzieller Singularität, das mit der Aura zusammenhängt, die durch eine bekannte Umgebung, eine alte Bleibe oder eine von unseren Erinnerungen bewohnte Landschaft erzeugt wird, unterbricht die substanzlosen Wiederholungen und vermag Wucherun-

---

236 Melanie Klein, *Das Seelenleben des Kleinkindes und andere Beiträge zur Psychoanalyse*, übers. v. Hans A. Thorner, Stuttgart 1962.

237 Donald W. Winnicott, »Übergangsobjekte und Übergangsphänomene«, in: *Psyche*, 23, 1969, S. 666–682.

gen und Fluchtlinien in allen Bereichen des Wunsches nach Lebendigkeit hervorzurufen – die Ablehnung, sich dem herrschenden Stillstand zu ergeben. Zum Beispiel ist es dieselbe Bewegung existenzieller Territorialisierung und synchroner Verfestigung, die so unterschiedliche Dinge zusammen »arbeiten« lässt wie eine Schuh- und eine Schatzkiste unter dem Bett eines Kindes, das in eine medizinisch-psychologische Anstalt eingewiesen wurde, das Ritornell/Passwort, das es vielleicht mit ein paar befreundeten Insassen teilt, den Platz, den es in dieser besonderen Konstellation im Speisesaal einnimmt, einen Totem-Baum auf dem Schulhof und einen Ausschnitt des Himmels, den nur es alleine kennt. Dem Architekten obliegt es, wenn schon nicht ein harmonisches Gebilde ausgehend von all diesen fragmentarischen Komponenten der Subjektivität herzustellen, so doch wenigstens nicht im Voraus die Fülle der Virtualitäten zu beschneiden!

Um dergestalt und angesichts unserer von den kapitalistischen Strömen verwüsteten Gesellschaften an der Neubildung existenzieller Territorien mitzuwirken, müsste der Architekt also in der Lage sein, die Gesamtheit all jener Punkte an katalytischen Singularitäten zu erschließen und prozessual fruchtbar zu machen, die sowohl auf den sinnlich-konkreten Ebenen des architektonischen Apparats als auch in den formalen Gebilden und den komplexesten institutionellen Problemen Gestalt annehmen können. Um dahin zu gelangen, sind alle kartografischen Methoden erlaubt, sofern sein *Engagement* – wir sollten vor diesem alten, seit allzu langer Zeit schon tabuisierten Begriff Sartres nicht zurückschrecken – sein eigenes ethisch-ästhetisches Regime der Automisierung findet. Als einziges Wahrheitskriterium drängt sich ihm dann ein Effekt von existenzieller Vollendung und Überfluss an Sein auf, dem er unweigerlich begegnen wird, sobald er das Glück hat, in einen Ereignisproduktionsprozess, das heißt in einen Prozess von historischer Anreicherung und fortlaufender Singularisierung des Begehrens und der Werte hineingezogen zu werden.

Die ethisch-ästhetischen Ritornelle im Theater von Witkiewicz

Die Äußerung beruht auf einer permanent sich neugestaltenden Subjektivierung. Das heißt, sie lässt sich nicht ein- und ausschalten wie ein Computer. Unaufhörlich wird sie neu angeordnet und wieder aufgelöst, um dann auf anderen Grundlagen neu zusammengesetzt zu werden. So gesehen kann die szenische Arbeit, die Bühnenarbeit, als eines der bedeutendsten Paradigmen für sie gelten.

Bestimmte Operatoren, die ich als sinnlich-wahrnehmbare Ritornelle bezeichne, markieren die Phasenübergänge von einem Äußerungsgefüge zu einem anderen. Beispiel: Das Zeremoniell im Zusammenhang mit einem fetischistischen Gegenstand kann eine perverse Äußerung auslösen. Oder umgekehrt: Eine Hemmung, eine Fehlleistung, ein Versprecher können ein Äußerungsregister, mit dem sich das Subjekt fest verbunden glaubte, erschüttern. Es gibt aber auch komplexere Operatoren, die nicht direkt in Form von konkreten Äußerungen erfasst werden können und die ich als problematische Ritornelle oder abstrakte Maschinen bezeichne. Zur Veranschaulichung der zweiten Modalität werden wir einige narrative Montagen aus Witkiewiczs Theater heranziehen, insbesondere jene, die sich um das Thema der geliebten Frau drehen, die auf ihren eigenen Wunsch hin getötet wird.

Es seien mir noch zwei Bemerkungen gestattet, bevor wir uns unter diesem Gesichtspunkt mit dem Stück *Die Pragmatiker* befassen, das einer der beiden Gründe ist, warum wir heute hier zusammenkommen.[238]

Sinnlich-konkret oder abstrakt, phantasmatisch und problematisch – wozu dienen wohl diese Ritornelle? Gleich zu Beginn möchte ich klarstellen, dass ich hier keinen hermeneutischen Gebrauch von ihnen machen oder den Versuch unternehmen werde, »latente« Inhalte, ja eschatologische Botschaften aus ihnen herauszulesen. Denn im Grunde sind sie existenzielle Shifter, deren Aufgabe es ist, Bezugsuniversen zu schaffen, zu umreißen, zu singularisieren und je nach Festigkeit zu stützen, Shifter, die zudem grundlegend nicht-

[238] Stanisław I. Witkiewicz, *Die Pragmatiker*, in: *Wir brauchen gar kein Jenseits*, Stücke, Bd. 2, übers. v. Ewa Makarczyk-Schuster u. Karlheinz Schuster, München 2009, S. 301-354.

lokalisierbar, unkörperlich, organlos und von Zeit und Raum unabhängig sind. In diesem Sinne sind sie Symptom-Ritornelle, die uns die Schwelle zu einer hysterischen, zwanghaften oder paranoiden Weltsicht überschreiten lassen (in einer direkten Form existenzieller Aneignung sowie als Zeugen von außen). Ein winziges gesichthaftiges Ritornell wird es dem Kind kurz nach seiner Geburt ermöglichen, sich an eine mütterliche Umwelt zu klammern. Ein pentatonisches modales Ritornell, das sich aus einer Handvoll Noten herausschält, versetzt uns in das Universum von Debussy. Ein Spiel aus mit Gesten, Kleidern, Klang usw. verknüpften Ritornellen lässt die als Richterin auftretende Libido – in einem ziemlich morbiden Universum von Schuld und Strafe – gefrieren. Nichts ist hier von Natur aus selbstverständlich. Es braucht, ich wiederhole es, ganz speziell beschaffene Auslöser, Operatoren und Katalysatoren.

Und was zeichnet nun solche Ritornelle aus, woran kann man sie erkennen? In der Regel handelt es sich um expressive Verkettungen, deren syntagmatischer Rahmen oder Inhaltsdiskurs abrupt unterbrochen wird, wodurch ein bestimmtes Kettenglied seine beziehungsknüpfenden Fühler nicht mehr auszustrecken vermag, stattdessen in sich zusammenfällt und sich endlos im Kreis dreht. Laufen die Dinge schlecht, löst derlei Wiederholung eine Implosion des expressiven Systems aus, sodass es in eine allgemeine Verwirrung gerät, während es ebenso passieren kann, dass eine positive »Ritornellisierung« dasselbe Ausdrucks- oder Inhaltssegment aktiviert und einen Prozess in Gang setzt, der als selbstbezüglicher Äußerungsfokus fungieren wird.

Kommen wir nun zu den »Pragmatikern«. Die Polyphonie, die von ihren fünf Hauptfiguren entwickelt wird, geht von einer Art ursprünglichem Cantus firmus, Generalbass oder »Tenor« aus, der die gesamte Entwicklung über unterschwellig bleibt. Als Nullpunkt des Ausdrucks wird dieser nicht enden wollende Strom von Worten, dieses ununterbrochene innere Geplapper mit einem Gespräch mit der geliebten Frau gleichgesetzt, in diesem Fall mit Mamalia, die paradoxerweise vollkommen stumm ist und sich nur durch mehr oder weniger hysterische Mimik und Gestik ausdrückt. »In dieser ungeheuren Qual besteht das Wesen meines Erlebens. Ein Gespräch mit meiner Frau! Mein Gott! Bin ich nur dazu erschaffen worden, ein Etwas zu sein, durch das der Strom des Daseins hindurchfließt, ohne auch nur eine Sekunde anzuhalten?«[239] Doch im weiteren Verlauf wird dieses Geplauder weniger abwertend beurteilt, als der Autor, der vom Mannweib – einem zwar asexuellen, aber dennoch anmutigen Mädchen – abgelöst wird, es als einen unerlässlichen Akkord in der Symphonie seines Daseins bezeichnet. »Ist nicht ein Gespräch die wesentlichste Form, das Leben zu erleben? Wie auch immer. Eigentlich das Sprechen selbst ... In den Wörtern ist der Reichtum an Möglichkeiten ungleich größer als in den Geschehnissen.«[240]

Es bleibt also nicht bei diesem assoziativen Fluss, sondern die Doppelfigur Plasfodor Mimecki und Graf Franz von Telek (der in der von Philippe Adrien präsentierten Version Trottek genannt wird) muss in diesem Stück zu einer neuen Äußerung vorstoßen. Es gäbe viel über Witkiewiczs Doppelgängerstrategie zu sagen, angefangen bei der Verdopplung seiner eigenen öffentlichen Identität in Witkacy.[241] Zu der Zeit, als Witkiewicz das Stück schrieb, handelte es sich immer noch um ein für ihn wichtiges Thema, das er in abgewandelter, verdrehter Form anging. Halten wir jedoch vor allem fest, dass es hier weniger um ein Mysterium à la Hoffmann oder eine psychoanalytische Untersuchung geht, sondern um die Inszenierung einer ethisch-politischen Zerrissenheit, die auch in den darauffolgenden Stücken bestehen bleibt. »Witkacy wurde ständig von einem, wie er selbst schrieb, ›doppelten Wertesystem‹ zerrissen, von einem doppelten Zwang, der den Konflikt zwischen Ästhetik und Moral widerspiegelt, von einer Spannung, die ihn gleichzeitig zu zwei absolut widersprüchlichen Polen zog, der reinen Form in der Kunst und, im Leben, der Vergesellschaftung, die dem menschlichen Vieh Gleichheit und Gerechtigkeit bringen sollte – zwei einander diametral entgegenstehende Lösungen des metaphysischen Problems.«[242]

Plasfodor Mimecki kommt die Aufgabe zu, den Anspruch auf ästhetische Echtheit zu verkörpern, was einem Wunsch, sich selbst aufzulösen, gleichkommt. »Leben bedeutet, Unbekanntes zu erschaffen!«[243] Doch da hierfür die Umstände nicht besonders güns-

---

239 Ebd., S. 305.

240 Ebd., S. 335.

241 Vgl. hierzu die Untersuchung von Daniel Guérould, »Les doubles dans l'œuvre de Witkacy«, in: *Cahier Witkiewicz*, 4, 1982, S. 129-145.

242 Gerard Conio, »Witkiewicz et la Russie«, in: ebd., S. 41-71, hier S. 70.

243 Witkiewicz, *Die Pragmatiker*, S. 309.

tig sind, ist es besser, zu verschwinden! »Ich hab genug davon! Ich habe alle Auswege für immer versperrt. Der Tod, ihrer sowohl als auch meiner, wird mein einziges Werk sein.«[244] Vollkommen gegensätzlich dazu manifestiert sich ein Trieb fanatischen, quasi bestialischen Lebens in der Gestalt seines Schwagers von Telek. Im Laufe des Stücks ertönt ein halbes dutzend Mal immer dieselbe Leier, ein kleines Ritornell: »Ich bin kräftig wie ein Stier.« Ein Liebhaber von Dinnerpartys, mit Orgien, spiritistischen Séancen und anderen Aufputschmitteln, wird er als »Referent für Gifte im Handelsministerium«[245] bezeichnet, aber auch, was ein wenig widersprüchlich ist, als Chef der Abstinenzlergewerkschaft. Mal ist von »abstinenten Virtuosen«, mal von »abstinenten Fratzen« die Rede.[246] Um diesen Punkt zu beleuchten, sollte man die im Laufe des Stücks mehrfach wiederkehrende Verleumdung der Abstinenzler im Kontext der Abstinenzkampagnen innerhalb verschiedener Jugendbewegungen in Deutschland vor dem Krieg 1914 betrachten, die in gewisser Weise auf den Nationalsozialismus vorausweisen. Auch Thomas Mann geißelte mit der Stimme einer seiner Figuren die Höllenbrut der Abstinenzler in einer Passage seines Buchs *Der Zauberberg*. Dennoch wird von Telek in erster Linie als Pragmatiker bezeichnet, dem jedes Mittel recht ist und der vor allem im Bereich der Kunst bereit ist, alles, was gerade in Mode ist, auszunutzen. Sein neuestes Fundstück ist etwas zwischen einer nichträumlichen Skulptur und einer im Raum stillstehenden Musik ... Seine größte Idee jedoch ist es, ein makabres, fantastisches Kabarett zu eröffnen, eine Art Klub, der »eine gewisse Wirklichkeit« aus allen möglichen seltsamen Dingen erzeugt. Und er rechnet damit, das sich Plasfodor am Ende dazu entschließen wird, den Laden zu leiten, trotz seiner hartnäckigen Weigerung, seine Einsamkeit aufzugeben und sich irgendwelchen Versuchen gesellschaftlicher Anpassung dranzugeben.

Anscheinend ist das Spiel gelaufen zwischen den beiden Schwagern, deren Rivalität durch eine frühere inzestuöse Beziehung zwischen von Telek und seiner Schwester Mamalia sowie durch eine aktuelle Liebesbeziehung zum Mannweib, das für Plasfodor arbeitet, angeheizt wird. In allen Bereichen scheinen die Pragmatiker

---

244 Ebd., S. 315.

245 Ebd., S. 309.

246 Ebd., S. 325.

über die leidenschaftlichen Idealisten zu triumphieren, zumal der stiergesunde von Telek am Ende des letzten Akts der einzige Überlebende der Handlung ist und alle anderen Hauptfiguren entweder durch einen gewaltsamen Tod oder durch einen Stoß in den Abgrund des Sinnlosen, der eine Seite des Bühnenraums säumt, aus dem Weg geräumt hat. Und doch ist das Stück weit weniger dualistisch, als es den Anschein hat. Denn noch habe ich nicht über dessen eigentliche Hauptfigur gesprochen, die chinesische Mumie, die infernale Maschinen-Mumie, die abstrakte Ritornellmaschine, die hier eigentlich den Ton angibt. Zu Beginn von von Telek eingeführt, gehört sie in gewisser Weise zu seinem Wanderzirkus, wobei sie sich recht bald gegen ihren Manager wendet und diesen schließlich terrorisiert. Im Grunde verbindet sie eine alte Komplizenschaft mit seinem Rivalen Plasfodor, der sie fünf Jahre zuvor in einer Bambushütte in Saigon verführt und daraufhin ihr Blut bis zum letzten Tropfen ausgetrunken hatte, was überdies Mamalia endgültig verstummen ließ und sie infolgedessen für immer an ihn band. Warum diese blutleeren Adern? Ich denke, weil nur durch eine solche Prüfung die chinesische Prinzessin, die sie einmal war, ein deterritorialisiertes Wesen werden konnte, das in der Lage ist, alle Verbindungen mit Zeit und Raum zu kappen und sich der Problematik zu stellen, der der janusköpfige Witkiewicz-Witkacy gegenübersteht. Die magische Mumie, die somit als Operator der Äußerung fungiert, muss den alten Wunsch nach Auflösung in ein Begehren nach reiner Schöpfung *ex nihilo* umwandeln: »Nichts beherrscht irgendwas; alles entsteht von selbst in seiner Verbindung mit der ganzen Welt, die nur der Blick des Nichts auf sich selbst ist.«[247] Selbst versteht sie sich als »Verbindung von allem mit allem«,[248] womit sie jedes beliebige Segment der Wirklichkeit infrage zu stellen vermag, was Plasfodor ausrufen lässt: »Die verdammte Mumie ist die realste Gestalt von uns allen. Durch sie hat sich die Realität bei uns eingeschlichen.«[249]

Eines der Instrumente, die dieser neue Äußerungsoperator verwendet, um die Dinge der gewöhnlichen Welt in eine unkörperliche Hyper- oder Überrealität zu verwandeln und sich einer herbeigesehnten »Absonderlichkeit des Seins«[250] anzuschmiegen, ist eine

---

[247] Ebd., S. 325.

[248] Ebd., S. 329.

[249] Ebd., S. 337.

[250] Ebd., S. 325.

Maschine, die an jene von Franz Kafka oder Raymond Roussel erinnert – ein hässlicher gewölbter Brustpanzer, der sich Plasfodor erst nähert und dann wieder von ihm entfernt. Durch ihn werden virtuelle Fäden gezogen, die den Traum mit dem realen Wesen verbinden, während Plasfodor in einen bodenlosen Abgrund sinkt: »weich wie Flaum und schwarz wie eine sternenlose Nacht.«[251] Dennoch ist dieser Abstieg eine Qual, denn »sein ungeträumter Traum in der Unendlichkeit des Vergänglichen«, zu dem er führt, wird mit Mamalia gleichgesetzt, die als »Fleischwerdung einer Strafe, die sich von selbst im Leben verkörpert, von niemandem gesteuert«,[252] angesehen wird. So wird der Wunsch nach Selbstabschaffung immerzu einem Paradigma aufsitzen, das die Frau, die Mutter und den Tod miteinander verbindet, und es obliegt dem Äußerungsgefüge, ein Verfahren ganz anderer Art anzuwenden, um endlich die allgegenwärtige gegenstandslose Schuld zu bannen. Diese Aufgabe kommt einem Singsang zu, der auf dem phonologischen Gerüst des Namens Mamalia aufbaut und an bestimmte Lautgedichte von Antonin Artaud erinnert.

Mă ă ă ă la ra gă ă ă ă tă
Kă ma ra ta kă ă ă la
Măg g ra ta Ma ga hă ă
Me g ere ka la wa ta pă ă ă.

Wir erinnern uns, dass der erste Eingriff der Mumie gegenüber Mamalia darin bestand, sie stumm zu machen. Ihre neue »Behandlung« ist noch radikaler, denn sie unterzieht sie einer doppelten Deterritorialisierung:

1) ihres Namens, der in ein a-signifikantes Ritornell aus rein poetischer Rhythmik verwandelt wird;

2) ihrer Fleischwerdung als Figur, da, wie ich bereits erwähnt habe, sie und Plasfodor am Ende des Stücks von der Mumie in einen schwarzen Schlund gestoßen werden, wo sie, bevor sie endgül-

[251] Ebd., S. 323.

[252] Ebd., S. 325.

tig verschwindet, ein letztes Mal ihre Stimme wiederfindet, gerade rechtzeitig, um einen schrecklichen Schrei auszustoßen.

Soll man daraus schließen, dass die Schuld aus der Welt geschafft wurde, während ihr ödipales Objekt, die Frau-Mutter, in ein ästhetisches Produkt sublimiert worden ist? Vorsicht! Denn das Mindeste, was man sagen kann, ist, dass der Begriff der Sublimierung bei Witkiewicz keinen guten Ruf genießt. »Ich spreche nicht von grindiger, abstinenter Vergeistigung.«[253] Es handelt sich vielmehr um eine direkte Transmutation heterogener Wirklichkeitsordnungen. So wurde bereits die Wildheit des weißen Begehrens von der Prinzessin des blauen Lotus in ein Spiel mit den Farben Gelb und Schwarz auf einer Palette umgewandelt, die gleichzeitig in einem malerischen und einem rassischen Register angesiedelt ist. Es sei darauf hingewiesen, dass dieser unmittelbare Einfluss von Farbkontrasten auf die Erzählung ein Leitmotiv in Witkiewiczs Theaterstücken ist, wie zum Beispiel Kostüme und Bühnenbild in *Gjubal Zauderzar*, die aus den Farben Gelb, Rot und Schwarz bestehen. In *Das Wasserhuhn* spricht Witkiewicz von »Bildern, die Gott mit seinen verzauberten Pastellfarben macht«.[254]

Ritornelle aus Worten – »stark wie ein Stier« –, a-signifikante Ritornelle, farbige und plastische Ritornelle, Charakterstereotypen, all dies trägt zur Förderung eines problematischen Ritornells bei, das auf folgender Verknüpfung beruht: Die Dispositive, die den Wunsch nach Auslöschung in ästhetische Schöpfung umwandeln, sind ständig durch das Eindringen der Frau-Mutter als Objekt des Begehrens bedroht. Wie lässt sich jedoch ein solches Begehren zum Schweigen bringen? Man kann zum Beispiel den Frauen die Zunge herausreißen; man kann aber auch ihre Weiblichkeit neutralisieren, wie es im kleinen Maßstab mit dem Mannweib in *Die Pragmatiker* und im großen Maßstab in *Gjubal Zauderzar* geschieht, wo der protofaschistische Führer eine Einteilung der Frauen in zwei Kategorien anordnet: echte Frauen, die gnadenlos instrumentalisiert werden, und Mannweiber, die »durch Drüsenverpflanzung in Männer«[255] verwandelt werden. Eine andere Lösung besteht darin,

---

253 Ebd., S. 339.

254 Witkiewicz, *Das Wasserhuhn*, in: ebd., S. 193-299, hier S. 219.

255 Witkiewicz, *Gjubal Zauderzar oder Auf den Wegen der Sinnlosigkeit*, in: *Man hat uns das Jenseits genommen*, Stücke, Bd. 1, ebd., S. 15-145, hier S. 45.

die geliebte Frau zu töten, wenn möglich auf ihren Wunsch hin, so geschehen in *Die Pragmatiker*. Das Wasserhuhn wiederum wird zweimal hintereinander getötet, einmal in der Fantasie und einmal, am Ende der Geschichte, in Wirklichkeit. Doch man spürt, dass es im Grunde unendlich oft getötet wird, auf wiederholte, zwanghafte Weise. Die Spannung in der Erzählung baut sich auf durch ewige Wiederkehr; die obsessive Erotik läuft immerzu Gefahr, dass das Ich irgendwann in sich selbst zuschnappt wie eine grausame Falle der Einsamkeit. »Mein System ist ›*inébranlable*‹«, ruft Gjubal Zauderzar. »Ich überhöhe meine Folterungen zu galaktischen Werten. Ich bin der erste Märtyrer eines sechsdimensionalen Kontinuums. Niemand hat das Recht, sich weniger zu quälen als ich.«[256] Hier zeigt sich, dass die Foltermaschinen, die in Witkiewiczs Werk so häufig vorkommen, wie ein letzter Ausweg, ein letztes Festhalten am Anderen erscheinen. Den Tod zu bannen, indem man die Schöpfung in Gang setzt, ohne sie zu prostituieren: Das scheint mir das problematische Ritornell zu sein, das Witkiewiczs Theater innewohnt und das man als kathartisch bezeichnen kann, vorausgesetzt, man erkennt, dass es sich sowohl gegen die nach innen gerichtete Implosionsgefahr als auch gegen die vorgefertigten Mythen der Psychoanalyse oder die Versuche psychologischer Anpassung und Resozialisierung zur Wehr setzt. Sein erklärtes Ziel, das an Antonin Artauds Theater der Grausamkeit anzuknüpfen scheint, ist ein Dadaismus, der im Leben und nicht nur im Kunstwerk statthat. Sagen wir, eine offene, zukunftsorientierte, von Neuem singularisierende Analyse. Doch es ist an der Zeit, dass ich aufhöre, denn sonst würde ich noch anfangen, Ihnen von Schizoanalyse zu erzählen!

[256] Ebd., S. 47.

Die Gesichtsmaschine Keiichi Taharas

Was ist ein fotografisches Porträt? Abdruck eines Gesichts zur Produktion eines Bildes, einer Darstellung, doch ebenso Entnahme bestimmter Züge dieses Gesichts zu ganz anderen Zwecken wie der Kennzeichnung eines Eigennamens, dem Heraufrufen einer Erinnerung, dem Auslösen eines Affekts ... Keiichi Taharas Arbeit beschäftigt sich hauptsächlich mit Letzterem. Im Grunde hält er von seinen »Sujets« nur Züge oder Merkmale fest, die er zur Anfertigung von Landschaften, die ihn nicht loslassen, verwenden kann und vor allem, um einen gewissen Subjektivierungseffekt zu erzielen, auf den sein gesamtes Werk zuzustreben scheint. Worum handelt es sich? Um eine Äußerungsübertragung: Anstatt dass wir, die Betrachter, die Fotografie anschauen, ist sie es plötzlich, die uns überrascht, die sich anschickt, uns abzusuchen, uns zu befragen, bis zu unserer Seele in uns einzudringen.

Geht man die über einhundert Fotografien von Persönlichkeiten durch, die in dem vorliegenden Buch[257] zusammengestellt wurden, lässt sich die eine solche Wirkung hervorrufende Tahara-Maschine in ihre Einzelteile zerlegen. Sie besteht im Wesentlichen aus drei Komponenten, die wir nacheinander untersuchen werden:

- ein deterritorialisierender Ausschnitt des Gesichts;
- eine fraktale Brechung des Blicks;
- die Verknüpfung dieses Dispositivs mit einer beispiellosen Wucherung von Bedeutungen, die so mit dem Eigennamen wiederverbunden werden.

Das menschliche Gesicht besitzt zwar keine besondere ästhetische Bedeutung, vollzieht aber immer schon die Ablösung einer gestalthaften Form vor dem Hintergrund der Tierschnauze. Damit ist ein kulturell akzeptierbares Gesicht gehalten, sich den Standardabweichungen der zulässigen signifikanten Bewegungen zu beugen. (Zum Beispiel würde ein Lächeln, das eine bestimmte Schwelle von Breite überschreitet, auf die Grimasse eines Autisten oder Schwachsinnigen verweisen.) Keiichi Taharas Bemühen besteht jedoch darin, die

---

257 Vorstellung eines Bandes mit Porträts des japanischen Fotografen Keiichi Tahara (*Visagéïté*, Tokio 1988).

Merkmale von Gesichthaftigkeit mittels Bildausschnitt und Lichteffekten so zu bearbeiten, dass sie aus den vorgefertigte Bedeutungen produzierenden Montagen herausfallen und neue Potenziale offenbaren. Dergestalt werden die Gesichter, denen seine Konzentration gilt, in nichtmenschliche, tierische, pflanzliche, mineralische, kosmische, abstrakte ... Werden hineingezogen, die die Grundlage für in die Zukunft weisende unbewusste Dimensionen bilden.

Dieses Spiel der Bildausschnitte kann auf einer umfassenden Ebene stattfinden. Im Gegensatz zum allgemeinen Rahmen des Fotos, der an den Ecken systematisch abgerundet wird, um eine Unschärfewirkung zu erzielen, kann diese Art der inneren Neurahmung über den Umweg eines Fensters (Beispiel: Christian Boltanski)[258] oder auch eines Spiegels[259] erfolgen. Sie können auch durch das Einsetzen von Rahmen seitlich des Gesichts oder der Person erfolgen und dann aus einem Gemälde,[260] viereckigen Objekten[261] oder einem Rechteck aus Licht, das die Szene überragt,[262] bestehen. Kombinationen zwischen den beiden Verfahren sind häufig. Das Fenster, in dem Boltanski zu sehen ist, umschließt etwa weitere Fenster, und diese ersten drei Stufen der Fraktalbildung durch eingebettete Rahmen werden dann durch eine Vielzahl von Blättern und Zweigen verlängert, die die in amerikanischer Einstellung dargestellte Person zu umhüllen scheinen. Derlei Fraktalisierung des Bildausschnitts kann bisweilen zu einer allgemeinen Irritation führen.[263] Andermal, wie bei Bram van Velde, führt sie umgekehrt zu einer statischen Perspektive, die der Figur eine Art Stempel von Versteinerung und Ewigkeit aufdrückt.

In mehr als der Hälfte der Porträts funktioniert das Lichtspiel durch senkrechte Schnitte, die das Gesicht mit einer fraktalen Schattenlinie überziehen. Am typischsten in dieser Hinsicht ist sicherlich Ricardo Bofills Gesicht, das den Band eröffnet. Von seinem Gesicht ist nämlich nur noch ein schmaler senkrechter Streifen übrig, der kaum ein Viertel der Bildfläche ausmacht, während die linke Augenbraue, das Auge, eine Querfalte und der Mundwinkel die

[258] Boltanski, Philippe Sollers.

[259] Roy Lichtenstein oder Laura Betti.

[260] Lamarche-Vadel, Pierre Klossowski.

[261] Tadeus Kantor.

[262] Iannis Xenakis oder Mario Merz.

[263] Daniel Buren, Lamarche-Vadel, Philippe Sollers, Iris Clert.

verbleibende Lichtmasse noch zusätzlich verdichten. Liegt der senkrechte Schnitt außerhalb des Gesichts,[264] bleibt er als gerade Linie bestehen, und zwar auch dann, wenn er tangential zu ihm verläuft.[265] Im Fall von Daniel Buren wird sie Kolonnaden gleich vervielfacht! Viel seltener dagegen kommt es vor, dass der Lichtschnitt horizontal verläuft. Dies ist jedoch bei Iannis Xenakis der Fall, wo er an eine Musikpartitur erinnert, die vertikal von einem Notenschlüssel durchschnitten wird. Eine andere Form, diesmal horizontaler und vertikaler Überkreuzung, findet sich bei Maurice Rheims sowie ein ebenfalls sich kreuzender Schnitt bei François Truffaut, wobei dieser mit einer vollständigen Ablösung des Kopfes einhergeht.

Eine weitere, recht häufige Methode, das Gesicht durch Lichteinfall zu deterritorialisieren, besteht darin, einen kleinen Teil des Gesichts aus einer breiten schwarzen Masse herauszuheben.[266] Erwähnt werden sollte noch die Verwendung von Unschärfe durch Verschieben der Brennweite,[267] durch lokales Verwackeln[268] oder durch Verwendung von Zigarettenrauch[269] und durch Absetzen des verschwommenen Gesichts von der allgemeinen Unschärfe im Hintergrund.[270]

Für sich allein betrachtet – das heißt, wie sie aneinandergereiht oder miteinander kombiniert ihre Wirkung entfalten –, bereiten all diese deterritorialisierenden Schnittverfahren den Boden für den Einsatz der zweiten Komponente, die jetzt nicht mehr nur den räumlichen Rahmen, sondern ebenso das Äußerungsgefüge fraktalisieren wird.

Gleich beim ersten Porträt Ricardo Bofills, das entschieden prototypischen Charakter besitzt, zeigt sich unverstellt, was mir der Kern von Keiichi Taharas ästhetischer Absicht zu sein scheint. Um sie verstehen zu können, muss das Spiel wechselseitiger Ergänzung erfasst werden, das sich zwischen dem sichtbaren Auge der linken und dem unsichtbaren Auge der rechten Gesichtshälfte herstellt, wobei Letzteres in zwar flüchtiger, doch funkelnder, gleichsam hal-

---

264 Louise Nevelson.

265 Joseph Beuys.

266 Alain Robbe-Grillet, Joseph Beuys, Brian Gysin, Christian de Porsampac.

267 Jean Degottex, Jannis Kounellis.

268 Iannis Xenakis, William Burroughs.

269 Philippe Soupault und Romain Weingarten.

270 Jean Carzou und Roland Topor.

luzinatorischer Form von der winzigen weißen Spur aus, die davon zurückbleibt, wieder auftaucht. Aus derlei metonymischem Hin und Her entspringt die existenzielle Wirkung des Vom-Porträt-angesehen-Werden, ein Thema, das die Surrealisten stark interessierte und das ich bereits weiter oben erwähnt habe. Jetzt befinden wir uns an einem Punkt, wo die Gesamtheit der Merkmale von Gesichthaftigkeit durch die deterritorialisierende Behandlung des Lichts und der Kadrierung ihre Stabilität verloren hat. Fortan haftet der strukturelle Schlüssel des Bildes nicht mehr am »fotografischen Referenten«, wie Roland Barthes ihn definiert (»›Photographischen Referenten‹ nenne ich nicht die *möglicherweise* reale Sache, auf die ein Bild oder ein Zeichen verweist, sondern die *notwendig* reale Sache, die vor dem Objektiv platziert war und ohne die es keine Photographie gäbe«).[271] Er wird in die vorstellende oder bildgebende Intentionalität des Betrachters verlegt. Mein Blick wird in die Existenznahme von Bofill »verwickelt«: Ohne ihn würde seine Seele in alle vier Winde verstreut. Diese Aneignung wendet sich gegen mich, saugt sich an mir fest. Dieses Wesen da klebt mit all seiner Unsicherheit an mir dran; unaufhörlich schaut es mich aus meinem eigenen Inneren an. Kurzum, ich bin verzaubert, verhext, meiner Innerlichkeit enteignet worden.

Den Fotos von Angesicht zu Angesicht gegenüber zu treten, hat ebenfalls an dieser Ablösung eines selbstständig gewordenen, in unendlich viele Fraktale zersplitterten Blicks teil. Ein Changieren zwischen Frontal- und Profilansicht kann sich darin abzeichnen, ein Licht-, ein Haltungskontrast ... Alles, was die Darstellung in Bewegung versetzt und aushöhlt. Was diesen Punkt betrifft, so sind die zwei aussagekräftigsten Porträts von Arman. Hier wurden Komplementärbeziehungen hergestellt zwischen dem Bart links im Vordergrund und einer Skulptur rechts im Hintergrund, die aus Metallklammern besteht, dem halberleuchteten Gesicht rechts und dem schwarzen Profil links mit den abgedunkelten Augen, die der lichtdurchfluteten Öffnung des durch Gitterstäbe geschützten Augen-Fensters entsprechen.

Es müssen jedoch noch andere Arten, diese existenzielle Wirkung in Szene zu setzen, hinzugefügt werden:

---

[271] Barthes, *Die helle Kammer*, S. 86.

- die Verfinsterung der Augen von Maurice Rheims mithilfe eines horizontalen stangenförmigen Schattens oder starken Gegenlichts von ...;
- die halbgeschlossenen Augen von Mario Merz, auf dessen Lid ein Schimmer erscheint, der gleichsam einen zweiten Blick bildet;
- die Spiegelungen von Degottex' Brillengestellen, die das Aufblitzen, den Glanz seines Blicks ersetzen;
- die vollkommene Versiegelung des blinden Blicks von Juliette Man Ray, das Aussenden eines Lichtkreuzes durch die Brillengläser Lévi-Strauss' oder das vor Licht nur so sprudelnde Auge von Maurice Rheims; das Weiß des Auges, das aus dem Gesicht hervortritt;[272]
- oder, was öfter vorkommt, die Iris[273] oder vielleicht die Hornhaut,[274] wenn sie zum Ausstrahlungsort eines Licht-Blicks avanciert.

Also wird diese existenzielle Übertragung der Äußerung, diese Blicknahme des Porträts von einem Bruch des Sinns ausgelöst. Roland Barthes hatte dieses Phänomen wahrgenommen und es in dem Gegensatz von »studium«, worin die Bedeutung der Fotografie kodiert wird, und »punctum« – »Stich, kleines Loch, kleiner Fleck, kleiner Schnitt – und: auch Wurf der Würfel« – behandelt. Er beschrieb, mit welch metonymischer Ausdehnungskraft diese Bruchstelle (»jenes Zufällige [...], das *mich besticht* (mich aber auch verwundet, trifft)«)[275] wirkt, und unterschied zwischen dem auf einem »Detail« beruhenden *punctum*, das im Register der Form angesiedelt ist, und einem von ihm so bezeichneten *punctum stigmate*, das hingegen im Bereich von Zeit und zerreißender Emphase spielt. Doch derlei widerspenstige Faktizität – »Das ist passiert« –, an der sich Roland Barthes zufolge die vorstellende oder Bild produzierende Intentionalität stößt, ist für mich nur eine bestimmte Möglichkeit, die etwa beim Betrachten des Fotos seiner verstorbenen Mutter auftaucht, das eine in sich geschlossene Erinnerung verewigt. Keiichi Taharas Porträts weisen uns einen ganz anderen Weg. Denn offenkundig gilt ihr Hauptinteresse weder der Kennzeichnung der Identi-

---

272 Romain Weingarten.

273 Laura Betti, Adolphe Spier.

274 Philippe Soupault.

275 Barthes, *Die helle Kammer*, S. 36.

tät ihrer »Sujets« noch der Eingrenzung bedeutungsstiftender Ladungen, die sie in sich bergen. Man findet sicherlich hier und da Hinweise auf den Bereich, in dem sie Bekanntheit besitzen, doch dies geschieht stets durch indirekte Anspielungen. Hier bringt die bezeugte Gesichthaftigkeit ihre Züge nicht mehr unter einen Hut, sondern lässt sie umgekehrt mit den kontextuellen Merkmalen in Austausch treten. Sie setzt die Existenz von deterritorialisierten existenziellen Bezugsuniversen. Aber hat man es hier, wenn man es recht bedenkt, nicht mit einer allgemeinen Funktion von Gesichthaftigkeit zu tun? Christi Gesicht, mit seinen Spuren auf dem Turiner Grabtuch, sucht noch immer die westliche kapitalistische Subjektivität heim wie heutzutage die Züge der Präsidenten Washington, Lincoln und Jackson auf den amerikanischen Dollarnoten! Jeder Bedeutung wohnt eine deterritorialisierte Gesichthaftigkeit inne, die ihr weniger ihren formalen Sinn denn ihre existenzielle Substanz zuweist. Was einen als sinnliche Qualität, als Gestalt, als abstrakte Problematik anspricht, tut dies stets als Äußerungsbrennpunkt, der sich in einem Gesicht verkörpert (gesichthafte Reterritorialisierung). Auch die Stimme wird durch eine solche nichtdiskursive Gesichthaftigkeit, die sich als reine Anwesenheit einer absolut andersartigen Gegenwart aufzwingt, vorgebildet. Dabei handelt es sich nicht um die Anwesenheit eines »großen Anderen«, wie es der Lacan'sche Strukturalismus will, sondern um eine durch die großen und kleinen Umschwünge der Geschichte und durch die Mutationen technologischer Phyla modulierte Andersartigkeit.

In dieser Hinsicht wäre also die Annahme widersinnig und letztlich fatal, die Fotografie sei nur eine mehr oder weniger vergangene Etappe auf einer Fortschrittslinie, die uns zum Kino, zum Video, zum computergestützten digitalen Bild usw. führt. Wie Roland Barthes mit Nachdruck angemerkt hat, birgt das Foto, und dies vielleicht mehr als irgendeine andere Kunstform, die existenzielle Zeitlichkeit von Darstellungsmaschinen. Die meisten anderen Medien sind viel zu redselig, ihre erzählerischen Programme drängen sich allzu unmittelbar der Äußerung auf, indem sie sich an deren Stelle setzen und sich die freischwingenden Subjektivierungsprozesse aneignen, deren spezifische Verzeitlichungskräfte heutzutage allein die Fotografie (mit Ausnahme vielleicht des Comics, der auf diesem Gebiet mithalten kann) zur Entfaltung bringen kann.

Das Besondere an der Arbeit von Keiichi Tahara, der damit in einer Linie mit seinen berühmtesten Vorgängern steht, besteht in der Vervielfachung und dem maximalen Einsatz dessen, was ich die maschinischen Komponenten des »bewaffneten« Blicks nenne. Hier wird man in neuer Form an die Art der subjektiven Auslöschung des Fotografen erinnert, die László Moholy-Nagy anstrebte und die ihn vor mehr als einem halben Jahrhundert dazu veranlasste, acht Arten des Sehens zu unterscheiden: »das abstrakte, das exakte, das hochempfindliche, das langsame, das verstärkte, das durchdringende, das simultane und das verzerrte Sehen.«[276] Ein solcher deterritorialisierender und entsubjektivierender Umgang mit der Fotografie besteht darin, eine prozessuale Gesichthaftigkeit anhand jener Züge oder Merkmale zu inszenieren, zu »verlandschaften«, die sich dem Äußernden passiv darbieten. Betrachten wir erneut ein paar Beispiele.

In Kounellis' Porträt lösen sich zwei Punkte rohen Lichts von den Augen und reißen buchstäblich den Blick zu uns herüber. Sie werfen einen ebenfalls abgerundeten Schein zurück, der wie ein in sich zusammengesunkener Heiligenschein die rechte Gesichtshälfte verdoppelt. Damit wird das gesamte Foto Auge, der Kopf ist nurmehr eine riesige Pupille. Ein molekulares Mysterium indes ist Arman, bei dem ein in seinem Nasenflügel sitzendes weißes Kügelchen mit anderen Kreisen und weißen Spuren hinter dem Kopf in Austausch tritt, und zwar als Kontrapunkt zu dem abwesenden Auge sowie, auf dem Foto dahinter liegend, zu der Skulptur aus Metallklammern. Im Fall von Daniel Buren sind aus den beiden weißen Kügelchen zwei auffällig überbelichtete Hemdknöpfe geworden, die mit einer Gruppe großköpfiger Reißzwecken, die eine zu einem chinesischen Paravent gefaltete Karte Europas in einen Busch verwandeln, in Wechselwirkung stehen. Zwei große Lampenschirme haben im Porträt von Philippe Sollers den Platz der Augen eingenommen, und diesmal hat sich das *punctum* an den Rand des Bildes verlagert, sodass man hier an ein Gemälde von Jasper Jones mit seinen schablonenförmigen Zahlen und Buchstaben denkt. Und schließlich Robbe-Grillet, bei dem zwei keilförmige Lichtzeichen den unteren Rand des Bildes markieren wie zwei Satellitenkapseln, die eine Flugbahn mit *n* Linien vorzeichnen. (Keiichi Taharas frühere Werke machten be-

276 Susan Sontag, *Über Fotografie*, übers. v. Mark W. Rien u. Gertrud Baruch, Frankfurt/M. 1980, S. 118.

reits ausgiebig von dieser Form von »Parasitismus« Gebrauch, unter anderem durch die Verwendung von Spiegelungen in den Glasrahmen.)

Keiichi sagte mir einmal: »Ich muss zuerst durch meinen Blick verstehen, selbst wenn ich das Foto nicht mache. Anschließend bleibt der Eindruck in meinem Kopf und es gibt keine Schwierigkeit mehr ...« Verstehen bedeutet hier, sich von mit Bedeutungen aufgeladenen Doppelbelichtungen zu lösen, die sich wie von selbst der gesichthaften Landschaft aufdrängen, und sich von den anderen Blicken, die sich vor unseren Augen in Stellung bringen, beherrschen zu lassen. Die Bedeutung der zahlreichen fraktalen Risse, die durch das von Keiichi Tahara entwickelte fotografische Dispositiv hervorgerufen werden, beruht darin, dass es durch Offenlassen bestimmter Deutungssequenzen diese dazu führt, leerzulaufen, sich im Kreis zu drehen und neue existenzielle Stauungen zu produzieren, die wiederum mit neuen Bedeutungslinien und neuen Bezugsuniversen einhergehen. Die auf diese Weise erzeugten partiellen Äußerungsbrennpunkte und existenziellen Körpernahmen stehen in transversalem Austausch mit den Partialobjekten (so wie die Freudianer diesen Ausdruck verstanden haben) und knüpfen den Schautrieb an eine Konstellation anderer Zweck- und Wunschsphären. Die Eigennamen, die Keiichi Tahara uns aus einem neuen Blickwinkel betrachten lässt, werden so zu Noten einer Musikalität, die sie in jeder Hinsicht übersteigt. Wie gesagt, es geht nicht mehr darum, eine Identität zu bezeichnen oder eine Botschaft zu vermitteln. Wir befinden uns nicht mehr im Register von Identifikationen und mediatisierter Kommunikation. Diese deterritorialisierten, grenzenlosen und organlosen Körper, die ebenso viele Effekte darstellen, die lediglich durch ihre Eigennamen indiziert sind, sind uns von Anfang an durch eine Übertragung ohne Rückwirkung gegeben.

Ricardo Bofill
Paris, 1984

© Keiichi Tahara

Mario MERZ
Paris, 1981

© Keiichi Tahara

Laura Betti
Paris, 1987

© Keiichi Tahara

Bram van VELDE
Paris, 1979

© Keiichi Tahara

Christian BOLTANSKI
Paris, 1979

© Keiichi Tahara

Joseph BEUYS
Paris, 1981

© Keiichi Tahara

François TRUFFAUT
Paris, 1980

© Keiichi Tahara

ARMAN
New York, 1983

© Keiichi Tahara

Bei der Antwort auf die Einladung zu Ihrem Symposium schlug ich für meinen Vortrag den Titel »Die existenzialisierenden Funktionen des Diskurses« vor.[1] Aber nachdem ich den Atlantik überquert hatte, war daraus auf einmal »Cracks in the text of the State« geworden. Das gibt schon ein wenig zu denken auf! Später wurde mir erklärt, dass es bei einem Treffen unter der Schirmherrschaft eines Verbands, der sich der Literatur widmet, besser wäre, wenn ich mich ein wenig an die Idee des Textes halten würde. OK! Aber es bleibt dabei: Wenn ich von Diskurs spreche, ist nur beiläufig von Text oder sogar von Sprache die Rede. Diskurs, Diskursivität sind für mich in erster Linie ein Weg, etwa das Herumirren von Lenz, das Büchner im tiefgründigen Leben der Formen nachvollzieht, die Begegnung mit der Seele von Steinen, Metallen, Wasser, Pflanzen ... Oder das Wandern auf der Stelle, worin das Erfassen eines Zen-Gartens besteht, bis zu dem Punkt, an dem es sich, nachdem sie in die totale Gegenwart des Satori eingetreten ist, jeglicher Kommunikation verschließt,[2] oder auch in dem Film *Ce gamin-là*, den Renaud Victor der Arbeit von Fernand Deligny gewidmet hat, in dem die Faszination eines autistischen Kindes angesichts der langsamen Bildung eines Wassertropfens gezeigt wird, das dem unendlich wiederholten Fallen des Tropfens mit demselben Ausbruch von Freude und Genuss begegnet.

Doch was, werden manche denken, wäre diese Diskursivität jenseits des Textes, wenn sie nicht durch die literarische Verarbeitung eines Büchners aufgegriffen, durch buddhistische Texte untermauert oder durch die poetisch-philosophische Lesart eines Fernand Deligny überformt würde? Sicherlich ist es nicht meine Absicht, die Rolle des Textes und der Schriftmaschine bei der Umsetzung dieser stummen Redundanzen und der Entfaltung der virtuellen Universen, die sie mit sich bringen, zu schmälern. Zudem ist es offensichtlich, dass die nonverbalen Formen der Zeichenbildung heutzutage nicht nur mit Sprache und Schrift, sondern auch mit computergestützten

1 Gehalten am 28. Dezember 1986 in New York beim Treffen der *Modern Language Association* im Sheraton Center.

2 Vgl. Augustin Berque, *Le sauvage et l'artifice. Les Japonais devant la nature*, Paris 1986, S. 279.

Abläufen eine Symbiose einzugehen haben. Sagen wir, all das funktioniert zusammen, ohne dass ein Bereich Vorrang vor dem anderen hätte oder auf den anderen reduziert werden könnte. Ich stimme also dem von Ihnen vorgeschlagenen »Cracks in the text« und den verschiedenen Modalitäten textueller Diskontinuität zu, die in Ihrem Einladungsschreiben aufgeführt sind: *gaps, ruptures, interstices, slippages, margins, crises, liminal periods, peripheries, frames, silences* ...[3] Ich bin mit all dem einverstanden, jedoch unter der Bedingung, dass dies nicht als Vorwand gilt, um andere Formen der Diskursivität, die in unserer Welt vorkommen, endgültig zum Schweigen zu bringen!

»Cracks in the street«. Der vorgeschlagene Titel ruft bei mir eine Erinnerung hervor, die sich zusammensetzt aus drei Gemälden von Balthus mit dem Thema Straße, angesiedelt in der Altstadt von Paris zwischen den Plätzen Saint-Germain-des-Prés und Saint-Michel.

In dem Bild *La rue* von 1929 sind ein knappes Dutzend Personen zu sehen, die friedlich ihren Geschäften nachgehen, sowie ein sich nach links wendendes, angeschirrtes Pferd im Hintergrund. Im Vordergrund steht ein junger Mann mit rundem Gesicht, der die rechte Hand auf sein Herz gelegt hat und den Betrachter des Gemäldes anstarrt. Besser wäre es zu sagen: Er scheint zu starren, denn eigentlich ist sein erschrockener Blick in sich gekehrt. Sagen wir, er ist auf uns gerichtet, die wir ihn anschauen.

In der zweiten Version von 1933 ist das Pferd verschwunden, die Stadtkulisse wurde stilisiert und die Perspektive verschoben. Die Leinwand ist größer, die Figuren sind kräftiger, zumindest diejenigen, die sich im vorderen Teil der Szene befinden. Der Junge mit dem runden Gesicht, der immer noch die Hand auf dem Herzen hält, ist in den Hintergrund gerückt. Seine linke Schulter wird von der dunklen Silhouette einer Frau in Rückansicht verdeckt, deren Kopfbedeckung in den Rahmen eines Geschäfts im Hintergrund passt und eine Art chinesisches Ideogramm in roter Farbe bildet. Diese Frau streckt ihren rechten Arm in Richtung Bürgersteig aus und öffnet ihre Hand nach vorne, als wolle sie den Wind einfangen oder, das könnte genauso gut sein, den Oberschenkel einer anderen Frau begrapschen, die ebenfalls von hinten zu sehen ist, sich aber viel weiter weg befindet und ein etwa 20-jähriges Kleinkind in einem

3 [Lücken, Brüche, Zwischenräume, Gleiten, Ränder, Krisen, Grenzbereiche, Peripherien, Rahmen, Schweigen. A.d.Ü.]

Matrosenanzug auf dem Arm zu tragen scheint. Trotz der perspektivischen Verschiebung treten die Gesten des Mannes und der Frau in jedem dieser Paare in direkten Austausch und schweißen sie zusammen wie die Vorder- und Rückseite einer neuen Rasse androgyner Wesen.

Diese seltsamen Paarungen sind nur zwei von vielen, die sich auf dem Gemälde ausmachen ließen. Wie die Figuren auf einem Schachbrett wurden die Gesten, Haltungen, Profile, Gesichtszüge und Falten der Kleidung aller Personen ihrer »natürlichen« Anlage beraubt und neu ausgerichtet, sodass sie einem rätselhaften Spiel von Entsprechungen genügen, dessen Schlüssel unter anderem in der Strategie der Blicke zu finden ist. Verschiedene Kommentatoren haben immer wieder auf deren Leere, ihre »Entkoppelung« hingewiesen. Das Wesentliche liegt jedoch nicht darin, sondern in der unnachahmlichen Besetzung des Raum, die sich aus ihrer »radarförmigen« Neuverteilung ergibt und durch die sich die Herrschaft eines Sehens ohne Subjekt, Objekt und Zweck durchsetzt, eine Art panoptisches Über-Ich, das umso verstörender ist, als es in einem Ambiente entsteht, das mit der Commedia dell'Arte verglichen werden könnte.

Diese tönenden Splitter, die eines Janaceks oder Strawinskys würdig sind, sind in der dritten, zwanzig Jahre später entstandenen Version mit dem Titel *Le passage du commerce Saint-André* nicht mehr zu finden. Die glänzenden Oberflächen- und Farbverhältnisse sowie der Tanz der Blicke, die die Koordinaten unserer gewöhnlichen Welt systematisch stören (um sie in einem neuen Licht erscheinen zu lassen, aber letztlich auch, um uns zu ihr zurückzuführen), wurden durch eine andere, viel molekularere Behandlung der plastischen Komponenten ersetzt. Etwas, das zwar eine weiche Topologie, das unterschwellige intensive Abstufungen ins Spiel bringt, unsere Universen aber auch unwiederbringlich mutieren lässt. Die Wirkung, die von Brüchen und Driften ausgeht, richtet sich nicht mehr auf rigoros unterscheidbare Einheiten, sondern auf die gesamte Leinwand, in der, wie in einem holografischen Bild, jedes Fragment die Komplexität des Ganzen in sich birgt. Da das Bild nun höher als breit und seine Fläche dreimal so groß ist wie die der ersten Version, sind auch die Figuren relativ kleiner geworden. Es gibt nur noch acht Figuren, zu denen eine Puppe hinzukommt. Wie Schauspieler in Inszenierungen von Bob Wilson kreisen sie um einen weißen Hund in der Mitte, der sich nach rechts wendet und auch an ein Lamm erinnern könnte. Ja, vielleicht ist es eine Theaterbühne, da die Hauptfassade wie eine Leinwand erscheint, die heruntergelassen wurde, und die Seitenfassaden in einer falschen Perspektive wie Kulissenrahmen montiert sind. Es könnte aber auch eine Zen-Komposition für die Stadt sein, die lebende und unbelebte Formen miteinander verbindet. Jetzt sind die Augen unscharf; die Blicke scheinen in die blinden Fenster gewandert zu sein, die die Szene von allen Seiten umschließen. Aus einem der Fenster ragt der runde Kopf eines Kindes wie ein Spielzeug hervor. In einem anderen, rechts oben – dem einzigen mit Fensterläden – ist der Ärmel einer weißen Jacke zu erkennen, die dort, an einer doch recht merkwürdigen Stelle, durch die Kraft des Heiligen Geistes aufgehängt wurde.

Ich habe mich bei diesen drei Gemälden etwas länger aufgehalten, weil sie mir bei der Veranschaulichung der drei Ideen, die ich Ihnen unterbreiten möchte, behilflich sein werden.

Von Anfang an wird die irreduzible Vielstimmigkeit der Ausdruckskomponenten, die zur Erzeugung eines ästhetischen Effekts beitragen, bekräftigt: die mit Bedeutung aufgeladenen, die »erkennbare« Formen vermitteln, jene, die Geschichte und kulturelle Botschaften transportieren, und dann die a-signifikanten, die auf dem Spiel der Linien und den Farbaffekten beruhen. Weder Hermeneutik noch strukturelle Überkodierung können die Heterogenität und die funktionale Selbstständigkeit dieser Komponenten beeinträchtigen, die die prozessuale Offenheit des Werks garantieren; keine Bedeutungszuweisung kann die verflochtenen Wege der ästhetischen Diskursivität »auflösen«. Bevor ich zu Ihnen kam, hatten mich Freunde gewarnt: »Vor allem solltest du nicht wieder wie üblich gegen den Strukturalismus oder die Postmoderne ins Feld ziehen. Du musst wissen, dass solche Dinge in den Vereinigten Staaten, selbst wenn sie mit viel Getöse in Mode kommen, nie wirklich ernst genommen werden.« Aber was soll ich sagen, in den letzten Jahrzehnten hat die Krankheit des Signifikanten, die verschwindet, um unter anderen Vorzeichen wieder aufzutauchen, ähnlich der Myxomatose bei den Kaninchen auf dem Land in Europa unsere Geisteswissenschaften und unsere Literatur in dem Maße verwüstet, dass ich Mühe habe, mein Misstrauen in dieser Sache zu überwinden. Ein einfaches Beispiel, das sich ebenfalls auf die erste Version von Balthus' *La rue* stützt, soll zeigen, dass der Signifikant keinen ontologischen Vorrang vor dem Signifikat hat, sondern auch Letzteres die Position des »höchsten Trumpfs« einnehmen kann. Bekanntlich besteht eines der Ausdrucksmittel dieses Künstlers darin, im Stil der italienischen Frührenaissance zu malen. Insbesondere dieses Bild wurde mit zwei Werken von Piero della Francesca verglichen, der *Legende vom wahren Kreuz* und der *Prophezeiung der Königin von Saba* in der San Francesco-Kapelle in Arezzo.[4] Wie auch immer diese kulturelle Konnotation hervortritt, ob klar und deutlich oder auf unscharfe Weise, sie durchdringt alle Ausdruckskomponenten mit einer Aura des Archaischen, die für die Erweckung einer bestimmten Art von Affekt entscheidend ist. Doch worin besteht der alles entscheidende Unterschied zwischen beiden? In den Dingen, die gesagt werden, oder in der Art und Weise, wie sie gesagt werden? In den Figuren des Inhalts oder in den diskursiven Ketten des Ausdrucks? Das ist eine falsche Alternative! Denn die wahre prozessuale Spaltung besteht in der Fähigkeit der Äußerung, Ausdrucks- und Inhaltsfunktoren voneinander getrennt zu halten und zusammenarbeiten zu lassen, ohne dass die einen Vorrang vor den anderen haben oder ihnen vorausgehen, und zwar aus dem besonderen Grund, dass sie beide, wie es der dänische Linguist Louis Hjelmslev postuliert hatte, typisch für denselben deterritorialisierten Formalismus sind.

Das bringt mich zu meiner zweiten Reihe von Überlegungen. Der ästhetische Bruch der Diskursivität wird nie einfach nur passiv erfahren, die Heterogenität der Register, die daraus resultiert, muss als Heterogenese begriffen werden. Sie wird von Operatoren gesteuert, die ich als konkrete Maschinen bezeichnen würde und die gleichzeitig die Ausdrucksmaterialien trennen und zusammenführen, sie »vervielstimmigen«, wie Bachtin meinte, und sie transversalisieren, das heißt zwischen ihren verschiedenen Ebenen deterritorialisierte Formen und Prozesse übergehen lassen, die ich wiederum als abstrakte Maschinen bezeichnen würde. Pierre Klossowski, der Bruder von Balthus, hat in einem ausführlichen Kommentar zu diesen Gemälden den wesentlich produktiven Charakter, die existentialisierende Funktion einer solchen ästhetischen Aufhebung der »sinnvollen« Rede deutlich gemacht: »Als nichtdiskursive Ausdrucksweise verdoppelt das Gemälde nicht, sondern unterdrückt

---

4 Vgl. das Vorwort von John Russel im Katalog der Balthus-Ausstellung in London 1968 (John Russel, *Balthus*, London 1968).

das Wort, das gegen das Vergessen kämpft. Aber während das Wort auch so manches ins Vergessen weist, um anderes zu vergegenwärtigen, hat das Bild das vergessene Dasein selbst zum Inhalt, es ignoriert die Zeit, die verschlingt und entrückt, in ihm bleibt das vergangene Dasein allgegenwärtig; deshalb misst die gemalte Perspektive dem entfernten Objekt ebenso viel Bedeutung bei wie dem nahen, wobei der ›Vordergrund‹ und der ›Hintergrund‹ nur eine Teilung derselben Fläche darstellen.«[5]

Lassen wir Pierre Klossowski, der den malerischen Ausdruck als nichtdiskursiv bezeichnet, beiseite. Meiner Meinung nach handelt es sich hierbei lediglich um eine Frage der Terminologie: Aufseiten der Äußerung ist die Wahrnehmung eines gemalten Werkes diskursiv, während sie aufseiten des Inhalts aufhört, diskursiv zu sein. Das Problem besteht darin, die konkreten Operatoren zu bestimmen, die es uns ermöglichen, von der einen zur anderen Seite zu gelangen. Von dem, was Klossowski uns sagt, wollen wir vorerst nur den möglichen Zugang der Malerei zu einem den raumzeitlichen Koordinaten entzogenen Seinsgedächtnis, das heißt zu einem unmöglichen, aporetischen Gedächtnis, festhalten. Jeder Versuch, das Sein zu denken, so schrieb Martin Heidegger, verändert dieses in ein Seiendes und zerstört sein Wesen. Eine solche Ausweglosigkeit, so Heidegger, sei ein Zeichen dafür, »daß wir gar nicht mehr auf Auswege sinnen dürfen, und das heißt, daß wir in der vermeintlich ausweglosen Stätte erst einmal Fuß fassen und darin heimisch werden, statt den gewohnten ›Auswegen‹ nachzujagen?«[6] Die Existenz ist kein Rechtstitel, kein »erworbener Vorteil«, sondern eine kontingente Produktion, die ständig in Frage gestellt wird, eine Störung des Gleichgewichts, eine Flucht nach vorn, die in absichernder oder wildwuchernder Weise als Antwort auf all die Risse, Lücken und Brüche erfolgt ...

Die zweite Version von Balthus' *La rue* führt uns zu zwei weiteren wichtigen Merkmalen dieser existenziellen Funktion, sofern sie in ästhetischen Gefügen Ausdruck erhält. Erstens ist sie ein, wie ich es in Anlehnung an Jakobson nennen würde, phatischer Vorgang. Durch sie werden bestimmte Formbrüche, bestimmte Auflösungen vorgegebener Wahrnehmungsschemata und bestimmte Bedeu-

---

5 Pierre Klossowski, »Balthus beyond realism«, in: *Art News*, 55, 8, 1956, S. 26-31.

6 Heidegger, *Grundbegriffe*, S. 83.

tungsverschiebungen zu einem Medium für neue Äußerungen produzierende Schnitte. Dies zeigt sich hier an den übertriebenen Gesten einiger Figuren und an der »Versatzstückhaftigkeit« ihrer Silhouetten. Diese mit Bedeutung aufgeladenen plastischen Elemente, die der inneren Logik des »Subjekts« der Leinwand entrissen wurden, beginnen zu gestikulieren, dem Betrachter zuzuwinken und ihn anzusprechen. Bereits in dem Gemälde von 1929 versuchte die Person im Vordergrund, die uns beobachtete, ohne uns zu sehen, eine Verbindung zwischen uns und der Straßenszene herzustellen, so als ob sie uns in diese hineinziehen wollte. In der Szene von 1933 zeigt sich diese Verbindung dadurch gelockert, dass der Blick derselben Person, die in den Hintergrund getreten war, völlig entpersonalisiert ist. Die Teilnahme des Zuschauers ist dennoch erforderlich, und sie ist keineswegs geringer geworden, sondern hat sich sogar noch verstärkt, sodass die Szene selbst nun eine Art substantiviertes Sehen in sich trägt, das uns durchdringt und uns bis ins Innerste beunruhigt. Unser Blick hat aufgehört, kontemplativ, betrachtend zu sein, er ist gefangen, gebannt und funktioniert fortan wie ein Übertragungsriemen zwischen einer Blickmaschine auf der Leinwand und den unbewussten Prozessen, die sie in uns auslöst. Eine seltsame Form von transhuman-transmaschinischer Intersubjektivität ist entstanden. Die plastischen Elemente, auf die sich diese phatische Funktion stützt, gehören sowohl zum Register des formalen Ausdrucks als auch zum Register der Bedeutungsinhalte, so dass die Harmonien von Linien, Formen und Farben ebenso zu uns sprechen wie die Hinweise und Symbole, die vordergründig eine Botschaft vermitteln.

Das zweite Merkmal der existenziellen Funktion, das in dem Gemälde von 1933 besonders hervorgehoben wird, bezieht sich auf den bedrohlichen Ton (den ich bereits als vom Über-Ich kommend bezeichnet habe), der diesem Äußerungen produzierenden, panoptischen und phatischen Ausschnitt zugrunde liegt. Er ist darauf zurückzuführen, dass die unaufhebbare Unsicherheit des so geschaffenen Dispositivs mit unserer eigenen uralten Angst vor Zerstückelung und Zerreißen in Wechselwirkung tritt. Das Aufbrechen von in sich geschlossenen Bedeutungsstrukturen, die Loslösung und Verselbständigung einer uns herausfordernden, an uns nagenden plastischen Komposition bewirken, dass die Leinwand diese Angst auf sich nimmt, sie wie Löschpapier aufsaugt und sie dann in einer Form zurückwirft, die zugleich einschüchternd ist und Unheil abwehrt. Was wollen diese Augen und diese Stimme, die sich nicht mehr lokalisieren lassen, von uns? Doch dann erweisen sich Zerbrechlichkeit, Ungewissheit, Leere und Aporie als Garanten existenzieller Festigkeit, und der Kierkegaard'sche Stachel, die letzten Punkte singulärer Existenz werden zu katalytischen Brennpunkten für die Entfaltung neuer Bezugsuniversen. Tertullians Paradox hallt in uns nach: »Der Sohn Gottes ist tot: Das ist absolut glaubwürdig, weil es keinen Sinn macht. Einmal begraben, ist er wieder auferstanden: Das ist sicher, weil es unmöglich ist.«[7]

Es wäre noch zu klären, welche besondere Stellung diese Funktion des existenziellen Zusammenbruchs im Bereich der Literatur einnimmt, wie sie Ritornelle komplexer Gestalt mit Unterbrechung von Diskursivität befördert. Nun ist es aber an der Zeit, zu meiner dritten und letzten Reihe von Überlegungen überzugehen.

Der Maler hat auf seiner Leinwand Prozessoperatoren angeordnet, um unser Sehen zu steuern. (Steuern in einem Sinn, der dem der Kybernetik benachbart ist; mit anderen Worten: fernsteuern, rückkoppeln und neue Wege des Möglichen eröffnen. Man könnte sogar sagen, dass er uns mit einer Art prototypischen Computer-Software verbunden hat.) In der zweiten Version von *La rue* hatten wir es mit zwei vorrangigen Operatoren zu tun:

1. einer Technik des Zerschneidens, Ausschneidens, des *Cut-up*, der Entkoppelung von Motiven, was dazu führte, dass sie (um Klossowski zu folgen) zu »lebenden Bildern« erstarrten, dass sie mit Gewalt unterscheidbar gemacht wurden, um neue Sinnbezüge erzeugen zu können;

2. einer a-signifikanten Komposition aus Linien und Farben, die auf vielfältige Weise von der gesamten Leinwand und dem Bildausschnitt Besitz ergreifen. Das Ergebnis war der Eintritt der Äußerung in eine Konstellation existenzieller Universen, die grundsätzlich metastabilen Charakter hat und zwischen einem »Commedia dell'Arte«-Pol des Tanzes der Formen, der Erfindung neuartiger Entwicklungen und einem Über-Ich-Pol der Versteinerung und des Banns der Blicke hin und her schwankt.

---

7 Francis Ferrier/Pierre Clair, *Clefs pour la théologie*, Paris 1974, S. 25.

Der Operator von *Passage du Commerce Saint-André* wird die beiden vorherigen Operatoren, indem er sie umwandelt, verbinden. Die Behandlung durch übertriebenes Ausschneiden der Formen wird nun umgekehrt in eine Art unmerkliche »Bewegtheit«, die den Verhältnissen Motiv/Hintergrund ihre Spannung und ihren Kontrast nimmt. Die Auswirkungen des »Crackings« verlagern sich von molaren Einheiten auf molekulare Intensitäten; das pulverartige Korn der malerischen Materie hat Vorrang vor den als strukturell bestimmten Verhältnissen. Indem die Blickdynamik an Energie verliert, werden die Handlungen und Gesten, die bis dahin wie eine Girlande an den Augen der Figuren hingen, aus dem Mittelpunkt gerückt. Das Gemälde selbst, als Ganzes betrachtet, avanciert zum Blick und zur ursprünglichen Bedeutungsinstanz, wodurch ein »Balthus-Werden« mitten in die Art und Weise, wie wir die Welt sehen, verpflanzt wird.

Aber was verleiht dieser Art von Operator eine solche Macht, uns von den ausgetretenen Pfaden wegzuführen, was verleiht ihm eine solche Fähigkeit subjektiver Veränderung? Wahrscheinlich gibt es keine allgemeine Antwort auf diese Frage, die jedes ästhetische Gefüge von Grund auf neu beantworten muss. Die Rätselhaftigkeit von Balthus' *Passage* besteht darin, dass sein eigentliches »Subjekt«, sein Sujet nichts anderes ist als dieser Operator ... des Übergangs, der Passage, der Transversalität und der Übertragung von Subjektivität. Mir scheint, wir haben es in diesem Fall mit einem Vorgang zu tun, der durch molekularen Bruch der Formen operiert, was mit einer Intensivierung der Farbmodulation innerhalb eines ansonsten begrenzten Spektrums einhergeht. Dieser sichtbare, wenngleich unscharfe Bruch führt aber zu einem weiteren, unsichtbaren Bruch, der in der Psyche statthat. Unter Bezugnahme auf Benoît Mandelbrots Forschungen zu »fraktalen Objekten«[8] möchte ich sagen, dass hier ein doppelter, ein sowohl objektiver als auch subjektiver Prozess der »Fraktalbildung« abläuft. Es sei daran erinnert, dass ein fraktales Gebilde durch innere Homothetie unbegrenzt erweiterbar ist und seine Darstellung dahin tendiert, jede feste identitätsbildende Kontur zu verlieren – zumindest, wenn es stochastisch erzeugt wird. Meiner Meinung nach sollte die fraktale Analyse über den geometrischen und physikalischen Rahmen hinaus, in dem sie entstanden ist, erweitert und auf die Beschreibung bestimmter

8 Mandelbrot, *Les objets fractales*.

Grenzzustände der Psyche und des Sozius angewandt werden. So könnte der Traum als ein fraktaler Zustand der Vorstellung betrachtet werden, und ich hege keine Zweifel, dass auf diesem Weg bestimmte Fragen wie die nach dem Dualismus der Triebe, der »Ichspaltung«, der symbolischen Trennung und dem Kastrationskomplex aus der Sackgasse befreit werden können, in der sie das Freud'sche Denken und seine strukturalistischen Ableger zurückgelassen haben.

Winnicotts Begriff des Übergangsobjekts sollte ebenfalls, und zwar ganz besonders, überdacht werden. Was ist ein Operator des Übergangs von Bezug? Wie funktionieren die Umwandler von Subjektivität, die uns von einer Konstellation von Universen in eine andere überführen, konkret? *Passage du Commerce Saint-André* zeigt, dass eine bildliche Darstellung unter bestimmten Umständen einen fraktalen Impuls auslösen kann, der eine Transformation anzeigt und vektorisiert, die sich (wie Mandelbrot es so schön formulierte) »kaskadenartig« nicht nur von einer räumlichen Dimension in eine andere, sondern ebenso durch andere zeitliche und unkörperliche Dimensionen hindurch auswirkt. Wäre es im Zeitalter der künstlichen Intelligenz nicht endlich an der Zeit, die massiven Gegensätze zwischen Körper und Geist ein für alle Mal zu überwinden und die Schnittstellen zwischen diesen beiden Modalitäten der Existenz zu untersuchen?

Die Hauptmerkmale des von Balthus ins Werk gesetzten fraktalen Impulsumwandlers lassen sich in drei Punkten zusammenfassen:

1. Durch ihn vermögen die in sich geschlossenen Repräsentationssysteme aus sich herauszutreten; er »nagt« an ihren Rändern, an ihren Grenzen, um sie als »eigentümlichen Attraktor« transversaler Wirkung arbeiten zu lassen.

2. Seine inhärente Prozesshaftigkeit führt zu einer ständigen Neupositionierung seiner ontologischen Bezüge und zu einer Umgestaltung der existenziellen Dimensionen seiner Äußerung, was einer ständigen Resingularisierung gleichkommt.

3. Sofern er sich den vorgegebenen Bedeutungsgrenzen entzieht, entfaltet er selbstbezügliche Ausdrucksfelder, die als selbstproduzierende Instanzen von Subjektivität betrachten werden können.

Die Herausforderungen einer solchen Fraktalisierung der Psyche lassen es nicht an ethisch-politischen Konsequenzen fehlen. Diese betreffen das Schicksal der vorherrschenden »eingleisigen« Diskursivität kapitalistischer Subjektivierung, die, gleichsam selbstverschuldet, durch Ansätze erschüttert werden kann, die von einer Vielzahl an Zentren, Heterogenität, Vielstimmigkeit und Mehrdeutigkeit ausgehen, von allem, was sich »fernab von vorprogrammierten Gleichgewichten« abspielt. Mit aller Kraft fordert sie die Rückkehr des Signifikats, des »Ikonischen«, des Nicht-Digitalen, des Symptoms, kurz, eine gewisse »demokratische« Befreiung molekularer Gesamtheiten.

Lassen Sie mich abschließend noch drei Bemerkungen zur Linguistik, zur Musik und zum logischen Positivismus machen.

Linguisten und Semiotiker haben die existenzielle Funktion, die den verschiedenen Diskursmodalitäten – und nicht nur, ich wiederhole, dem linguistischen Diskurs – innewohnt, nicht gänzlich verkannt. Bisher haben sie sich aber dafür entschieden, sie in eine Schublade mit der Aufschrift »Pragmatik« zu stecken, die sich unterhalb der syntaktischen und semantischen Schublade befindet. Um einen Schritt auf sie zu zumachen, möchte ich gerne zeigen, dass sie durch die Vielstimmigkeit, durch die a-signifikante, Äußerung produzierende Unterbrechung sowie durch die prozessuale Fraktalisierung, die sie kennzeichnet, eine ganz andere Bedeutung erlangt. Richtig ist zwar, dass sie einen zentralen Platz in den semiotischen Feldern einnimmt, ihre Rolle aber bei der Bildung von existenziellen Territorien, die unter anderem in der menschlichen Ethologie angesiedelt sind, oder von Ritualen und Ritornellen sozialer Abgrenzung oder auch von gesichthaften Gebilden, von »Partial-« und Übergangsobjekten, um die herum sich die Psyche organisiert, ist nicht weniger grundlegend. Durch alle möglichen Verfahren der Fraktalbildung, der Prozessualisierung und der existenziellen Umbildung ruft diese dritte Funktion der Diskursivität (die sich zu den Funktionen von Bedeutung und Bezeichnung hinzugesellt) individuelle und/oder kollektive Subjektivierungsmodalitäten hervor, die sich gegen die vorherrschenden subjektiven Formationen querstellen.

Macht: Durch ihre Vermittlung wird die Subjektivität in die Lage versetzt, ihr eigenes Schicksal in die Hand zu nehmen.

Die Musik könnte auch in besonderer Weise zur Erforschung dieser prozessualen Fraktalisierung »objektiver Subjektivitäten« beitragen. Wir müssten dann die Geschichte der »Glättung« von Stimmen und Klängen durch das Zusammenwirken von Instrumentalmaschinen, Notationsmaschinen und dem Aufkommen neuer, kollektiver Hörgefüge nachvollziehen. Und wie daraus ein neues Tonmaterial entstanden ist, das sich hervorragend für die fraktalen Zwischenräume eignete, die die Musik zu ihrer modernen Prozesshaftigkeit geführt haben. Genauer untersucht werden müsste auch: die Umwandlung der modalen Musiken in tonale Musik, die mit der Unterteilung der Tonleiter in gleiche Intervalle einherging, wodurch sie geringfügig von den natürlichen Harmonien abweichen; die Überschreitung des alten Verbots des Tritonus, des sogenannten »Teufelsintervalls«, das die Oktave künstlich in zwei gleiche Teile teilte; und schließlich, als Fortsetzung der Vereinheitlichung der »Stimmung«, die Zwölftonmusik und der Atonalismus. Man könnte also dafürhalten, dass jeder Schritt in der Deterritorialisierung des Klangmaterials durch ein Spiel »kleiner Unterschiede« katalysiert wurde, das aus einer molekularen Fraktalisierung der grundlegenden musikalischen Einheiten resultierte. Parallel und als Gegenstück dazu, wurde die Rückkehr von verklärten, andersartigen Stimmen, Rhythmen, Klangfarben und Geräuschen in der Musik deutlich.[9] Kehren wir also zugleich zu Balthus und seinen fraktalen Ausdrucksmaterien zurück, bei denen die Feststellung nicht ausreichen wird, sie würden die zeitgenössische Musikkomposition »heraufbeschwören«, weil darin letztlich dieselben deterritorialisierten Operatoren am Werk sind, die den musikalischen und plastischen Diskursen vorausgehen. (Ich habe an anderer Stelle versucht zu zeigen, dass Prousts Ausführungen rund um die »kleine Melodie von Vinteuil« um ähnliche transversale Operatoren kreisen.)

Ich kann mir vorstellen, dass so manche Seele, die durch die harte Schule des Neopositivismus und des logischen Empirismus gegangen ist, nicht ohne Widerwillen bereit ist, so wie ich auf Maschinen zurückzugreifen, die ich als abstrakt, deterritorialisiert und

---

9 Vgl. hierzu die sehr erhellende Doktorarbeit des Musikers Abel Muguerza, die er im Oktober 1983 an der Universität Paris X, Nanterre, im Fachbereich Philosophie und Ästhetik der Formen eingereicht hat.

unkörperlich bezeichne, um eine existenzielle Funktion zu stützen! Da ich nicht vorhabe, meine Vorgehensweise wissenschaftlich zu begründen, und wenig Wert auf Bezeichnungen lege, werde ich mich nicht auf ihr Terrain begeben. Ich möchte diesen Seelen lediglich sagen, dass ich glaube, dass kein Versuch, subjektive Tatsachen zu modellieren oder zu kartografieren, diese Problematik umgehen kann, die weit über den Bereich der Literatur und der bildenden Kunst hinausgeht. Folglich werden alle auf die eine oder andere Weise dahin kommen, die paradoxe Existenz dieser synaptischen, dieser verschränkenden Maschinen anzuerkennen, den Sinn umkehren, um daraus Existenz zu machen, und die die Faktizität des Daseins in der Furche, die sie in Richtung Zukunft ziehen, neu schreiben. Wo sich erkennen lässt, dass selbst das Archaischste und Neurotischste in der Lage ist, auf unbestimmte Zeit neue Felder des Möglichen zu erschließen. Wo die Versuche, ein Werk wie das von Balthus ausschließlich im Lichte der infantilen Komplexe des Schöpfers oder seiner »Fixierung« auf bestimmte Phasen in der Geschichte der Malerei zu interpretieren, in ihrer ganzen Selbstgefälligkeit offenbart werden.

Dies führt mich schließlich zu einer letzten Rückkehr zu meiner anfänglichen Aussage: »Cracks in the text of the State«, Risse im Zustand der Dinge, im Zustand der Orte, im Zustand der Normen ... Risse, die uns unwissentlich zu neuen sozialen und ästhetischen Praktiken verleiten, die sich immer weniger als voneinander getrennt und immer mehr als Schicksalsgemeinschaft erweisen werden.

BALTHUS
Die Straße I [La Rue], 1929
Öl auf Leinwand, 130 x 162 cm
Privatsammlung

BALTHUS
Die Straße [La Rue], 1933
Öl auf Leinwand, 195 x 240 cm
Museum of Modern Art, New York, 1200.1979
© 2023 Artists Rights Society (ARS), New York / ADAGP, Paris

BALTHUS

Le Passage du Commerce Saint-André, 1952-54

Öl auf Leinwand, 294 x 330 cm

Privatsammlung

ABBILDUNGSVERZEICHNIS

DRUCKNACHWEISE

Verzeichnis der in diesen Band aufgenommenen Erstdrucke:

a) Die semiotischen Energetiken – »Les énergétiques sémiotiques«, in: Jean-Pierre Brans, Isabelle Stengers, Philippe Vincke (Hg.), *Temps et devenir. À partir de l'œuvre d'Ilya Prigogine*, Genf 1988, S. 83-100.

b) Ritornelle und existenzielle Affekte – »Ritournelles et affects existentiels«, *Chimères. Revue des schizoanalyses*, 3. Jg., Nr. 7, (Paris Juni 1989), S. 1-15. doi.org/10.3406/chime.1989.1146

c) Der wiedergefundene Genet – »Genet retrouvé«, *Revue d'études palestiniennes*, 6. Jg., Nr. 21, (Paris Herbst 1986), S. 27-42.

d) Die Gesichtsmaschine Keiichi Taharas – »La machine visagéïtaire de Keiichi Tahara«, in: Keiichi Tahara, *Visagéïté*, Tokio 1988, (o. P.).

e) »Cracks in the street«, *Chimères. Revue des schizoanalyses*, 2. Jg., Nr. 3, (Paris Herbst 1987), S. 1-17. doi.org/10.3406/chime.1987.1039

d) und e) erschienen erstmals in deutscher Übersetzung von Ronald Voullié in: Félix Guattari, *Schriften zur Kunst*, Berlin 2016, hg. v. Henning Schmidgen.

GLOSSAR

Bezug	Référence
Bezugsgröße, Referent	Référent
Dis-Position	Dis-position
Dis-Stanz	Dis-stance
Dis-Stanziierung	Dis-stanciation
Energetisch-raumzeitliche Koordinaten: ERZ	Coordonnées Énergético-Spatio-Temporelle: E.S.T.
Existenznahme	Mise en existence
Existenzwerdung	Existentialisation
Festigkeit	Consistance
In-Stanz	In-stance
In-Stanziierung	In-stanciation
Pro-Position	Pro-position
Riffelung	Striage
Seinsnahme	Prise d'être
Singularisierung	Singularisation
Stauung	Stase
Sub-Position	Sub-position
Sub-Stanz	Sub-stance
Trans-Position	Trans-position
Verfestigung	Prise de consistance
Vernotwendigung	Nécessitation

ABKÜRZUNGEN, SIGLEN, LEGENDE

A	Ausdruck	E	Expression
A.I.	Ausdruck-Inhalt	E.C.	Expression-Contenu
A^k	Kontingenter Ausdruck	E^c	Expression contingente
aR	Abstraktes Ritornell	Ra	Ritournelle abstraite
AS	Affektsynapse	Sa	Synapse d'affect
$B^{ä}$	Äußerliche Bestimmbarkeit	D^e	Déterminabilité extrinsèque
B^∞	Unendliche Bestimmbarkeit	D^∞	Déterminabilité infinie
B^i	Innerliche Bestimmbarkeit	D^i	Déterminabilité intrinsèque
Diag	Diagramme	Diag	Diagrammes
ERZ	Energetisch-raumzeitliche Koordinaten	E.S.T.	Coordonnées Ènergético-Spatio-Temporelle
eM	Existenzielle Matrix	Me	Matrice existentielle
ES	Effektsynapse	Se	Synapse d'effet
eT	Existenzieller Tensor	Te	Tenseur existentiel
eT	Existenzielle Territorien	Te	Territoires existentiels
f	Protomaschinische Form	f	Forme proto-machinique
f(aM)	Abstrakter maschinischer Prozess	f(Ma)	Processus machinique abstrait
f(diag)	Diagrammatische Funktion	f(diag)	Fonction diagrammatique
f(exi)	Existenzielle Funktion	f(exi)	Fonction existentielle
f(exp)	Expressive Funktion / Ausdrucksfunktion	f(exp)	Fonction expressive
f(mod)	Modulare Funktion	f(mod)	Fonction modulaire
f(syn)	Synaptische Funktion	f(syn)	Fonction synapses

$F.^A$	Funktion des Ausdrucks	$F.^e$	Fonction d'expression
$F.^I$	Funktion des Inhalts	$F.^c$	Fonction de Contenu
FE	Festigkeitsebene	P. d. C.	Plan du Consistance
f^{ts}	Ansatzpunkt des Tensors mf der modularen Funktion f(mod)	f^{ts}	Point d'application du tenseur m.f. de la fonction modulaire f(mod)
IM	Inhaltsmaterien	Mc	Matières de contenu
I	(Phasen) Inhalt / Phasenraum	C	Contenu / espace de phase
m	Primäre Materie	m	Matière primaire
mR	Maschinische Rhizome	Rm	Rhizomes machiniques
MS	Maschinensätze	Pm	Propositions machiniques
m^{ts}	Modularer Tensor	m^{ts}	Tenseur modulaire
N	Noemata	N	Noèmes
oK	Organloser Körper	C.S.O.	Corps sans organes
P^K	Kontingenzpunkt	P^c	Point de contingence
S	Strömungsschwankung	F	Fluctuation
s	Protoäußernde Substanz	s	Substance proto-énonciative
S.	(Energetisch-signaletische) Ströme	F.	Flux ènergético-signalétiques
S^c	Schlüsselprofil	F^c	Profil de clef
s^e	Substanziierungspunkt	s^e	Point de substantiation
S^{erz}	Energetisch-raumzeitliche Ströme	F^{est}	Flux énergético-spatio-temporels
S^f	Formstrom	F^f	Flux-forme
SG	Speichergedächtnis	m	Mémoire
S^i	Instanziierte Ströme	F^i	Flux instanciés

S^{kM}	Konkrete Maschinen	F^{mc}	Machines concrètes
S^{m}	Materialstrom	F^{m}	Flux-matériel
S^{mf}	Materie-Form-Strom	$F.^{fm}$	Flux-matière-forme
S^{rV}	Ströme relativer Verarbeitung	F^{or}	Flux d'ordination relative
S^{s}	Schlossprofil	F^{s}	PSrofil de serrure
sT	Substanzielle (oder sinnlich-konkrete) Territorien / Territorialisierung	Ts	Territoires substantiel (ou sensible) / Territorialisation substantielle
strB	Strukturale Bezugsgröße	Rst	Référent structural
sysB	systemische Bezugsgröße	Rsy	Référent systémique
T.	(Existenzielle) Territorien	T.	Territoires existentiels
U.	(Bewusstseins-) Universen / unkörperliche U.	U.	Univers conscientiels / incorporels
U^{v}	Virtuelle Universen	U^{v}	Univers virtuels
Z^{P}	Zeichen-Partikel	S^{p}	Signes-particules
ΣU.	Konstellationen von Universen	ΣU.	Constellations d'Univers
Φ.	(Maschinisches) Phylum	Φ.	Phylum machiniques
Φ^{aM}	Rhizom abstrakter Maschinen	Φ^{ma}	Rhizome de machines abstraites
Φ^{MS}	Maschinensatz-Phylum	Φ^{pm}	Phylum de propositions machinistes